标准与试验

学校现代化标准研制及区域性探索

杨小微 等 ◎ 著

华东师范大学出版社
·上海·

图书在版编目(CIP)数据

标准与试验：学校现代化标准研制及区域性探索/杨小微等著. — 上海：华东师范大学出版社，2024. (基础教育学校现代化研究丛书). — ISBN 978-7-5760-5343-2

Ⅰ. G632.0

中国国家版本馆 CIP 数据核字第 2024EX5987 号

标准与试验——学校现代化标准研制及区域性探索

著　　者　杨小微　等
责任编辑　王丹丹
特约审读　李杨洁
责任校对　张佳妮
装帧设计　卢晓红

出版发行　华东师范大学出版社
社　　址　上海市中山北路 3663 号　邮编 200062
网　　址　www.ecnupress.com.cn
电　　话　021-60821666　行政传真 021-62572105
客服电话　021-62865537　门市(邮购)电话 021-62869887
地　　址　上海市中山北路 3663 号华东师范大学校内先锋路口
网　　店　http://hdsdcbs.tmall.com

印 刷 者　浙江临安曙光印务有限公司
开　　本　787 毫米×1092 毫米　1/16
印　　张　21
字　　数　372 千字
版　　次　2025 年 1 月第 1 版
印　　次　2025 年 1 月第 1 次
书　　号　ISBN 978-7-5760-5343-2
定　　价　88.00 元

出版人　王　焰

(如发现本版图书有印订质量问题，请寄回本社客服中心调换或电话 021-62865537 联系)

教育部人文社会科学重点研究基地重大项目"中国学校现代化标准及区域试验研究"最终成果

序

党的二十大报告首次把教育与科技、人才等方面工作融合起来论述,提出"教育、科技、人才是全面建设社会主义现代化国家的基础性、战略性支撑。必须坚持科技是第一生产力、人才是第一资源、创新是第一动力,深入实施科教兴国战略、人才强国战略、创新驱动发展战略,开辟发展新领域新赛道,不断塑造发展新动能新优势"。通过教育培育创新人才、经由创新人才推动科学技术创新发展,从而推动中国特色社会主义的现代化发展,三者关系的系统性和整体感得以充分揭示。报告中重点谈到了以中国式现代化全面推进中华民族伟大复兴,作为教育工作者,如何理解"中国式现代化",是领悟并推动"中国教育现代化"的一个重要的认识前提。相应地,不仅区域层面的布局将要做出新的调整和规划,学校层面的教育现代化推进也将具有更为丰富的新内涵。

在清末民初新学制引入之前,我国的育人机构有诸多称谓,如"辟雍""泮宫""庠""序""校",其性质与今天的学校迥异其趣,基本形态是年龄参差不齐的孩子跟着先生按各自的进度读书习字;在新学制即壬戌学制颁布实施以后,"学校"的涵义就不再是中国古代"学校"那种"聚而各习之"的概念了,而是开始转型为现代意义上的学校,即按年龄分班、依循大体一致的进度、学习规定的内容、对学业成就进行统一的检测与评价。

我国中小学阶段学校变革与发展的价值追求,是从优质学校(更确切地说是从重点学校)开始的。中华人民共和国成立不久便开启了"重点学校"政策,其意图是通过政策的倾斜来集聚优质的教育资源。尽管"重点校"较少纳入学校现代化视角来研讨,但其在实践中往往被视为当下"名校""品牌学校""优质学校"的源头或前身。20世纪50年代初,经中央批准教育部在全国确定了重点中学194所,占全部中学总数的

4.4%。十年"文化大革命"期间,我国重点学校政策中断,改革开放之后才得以重启。1977年邓小平复出主持工作后,对恢复建设重点学校问题高度重视,几乎在每次有关教育的谈话和批示中都要提及重点学校建设,并对为什么要办重点学校、如何办好重点学校作了多层次思考与阐述。这个时期从大学到中小学的重点学校,在人们心目中就是优质学校。尔后小学初中不再提重点,而高中依然在实际上延续着重点学校的身份,尽管在名称上改为实验性示范性高中,但其重点高中的"形象"乃至实质都不变。近些年来,在上海、江苏等地,提出一个新的概念——"新优质学校",无论高中还是初中和小学,都分批遴选进入。尽管引起社会和学界的一些争议,但扩大优质教育资源的出发点仍是很好的,体现了"办家门口的好学校"的初衷。

然而,"优质"学校并不等于"现代化"学校,至少是不全等于现代化学校,优质学校固然存有相当丰富的现代化元素或基础,但也还有优化和完善的巨大空间,无论是办学理念、课程与教学,还是组织、制度和运作机制,都有待提升与现代教育价值目标及形态特征的契合性和融洽度。

为探索学校现代化的性质与特征,我们借助教育部人文社会科学重点研究基地重大项目计划,特意立项研制中国学校现代化标准及评价指标体系,并开展了一定范围的区域和学校实验来加以验证。从现代化的核心在于理性这一意义上来说,"公平"属于价值理性,"效能"则属于工具理性;又由于学校的变革与发展实质是一种学校内部治理,因而"赋权"是一种刚性的治理方式,表现为一种"制度理性","生态"则是一种柔性的治理状态,亦可视为"文化理性"或"文化生态理性"。这四种价值取向构成了二重价值维度,加上从整体上加以判断和描述的"优质"这一标准,共同构成了学校现代化的"5E"标准,即公平(Equality)、效能(Efficiency)、赋权(Empowerment)、生态(Ecology)和优质(Excellent School)。这5个价值维度关键词的英文首字母皆为"E",所以称之为"5E"标准。为验证上述标准的科学性和可测性,我们先后在浙江杭州、江苏太仓、嘉兴海盐、合肥经开和重庆荣昌等地及所辖学校开展了教育现代化样本区、样本校的合作试验研究。

本书基于项目研究,聚焦中国学校现代化标准的研制及其区域性试验这一主题,从学校现代化发展脉络、现实困境及应对之策等研究背景入手,参照国际相关经验,梳理和确立学校现代化的价值维度,并以此为框架来凝练中国学校现代化标准,进而阐述了这些标准的研制过程及其在样本区、样本校试验的效果,最后从未来学视角想象和展望了学校现代化标准研究的前景。

相信这是一个美好的开端,后续会有更多更好的新著持续跟进。在以高质量发展方式推进中国教育现代化、上下齐心推动社会主义教育强国建设之际,各地各级各类学校迈向现代化的步伐将行稳致远,我们的研究也正未有穷期,相关成果、经验和体悟也将持续不断。衷心感谢作者的辛劳、读者的厚爱以及华东师范大学出版社编辑尤其是教育心理分社彭呈军社长的大力支持!

2024 年 12 月识于漓江之滨

目　录

第一章　研究背景：中国学校现代化的演进　1
　一、中国基础教育学校现代化发展的基本脉络　1
　二、基础教育学校转型与现代化发展面临的主要难题　14
　三、基础教育学校走向未来的改革与发展对策　19

第二章　学校现代化及其评价的国际研究与启示　28
　一、国际组织关于学校质量和办学水平评价的实践与研究　28
　二、国外关于学校公平、效能、赋权和生态等领域的研究　45
　三、学校现代化的国际共识和启示　113

第三章　学校现代化及其评价的国内研究及反思　121
　一、教育现代化评价与学校现代化研究　121
　二、我国学校现代化及其评价的实践探索　136
　三、我国学校现代化及其评价研究的反思　151

第四章　现代性反思与学校现代化的价值维度分析　158
　一、"现代化"与"现代性"：学校现代化的理论背景透析　158
　二、学校现代化标准的价值体系建构　162
　三、学校现代化的五个价值维度　166

第五章　中国学校现代化标准的研制过程　　195
　　一、基于现代化样本校的首轮学校现代化标准研制与实验　　195
　　二、德尔菲法和专家工作坊的标准与指标研制　　201
　　三、学校现代化标准及其评价指标体系解读　　207

第六章　教育现代化样本区样本校试验研究　　223
　　一、教育现代化样本区/校试验概述　　223
　　二、教育现代化样本区/校试验研究案例　　224
　　三、教育现代化样本区/校试验研究反思　　298

第七章　现代化进程中"未来学校"的想象与实创　　303
　　一、国内外未来学校研究进展与评述　　303
　　二、教育现代化未来学校的理论想象与方案设计　　316
　　三、教育现代化"未来学校"初创的成果、经验及反思　　320

后　记　　325

第一章 研究背景：中国学校现代化的演进

中华人民共和国成立70多年来，基础教育的改革与发展先后经历了从新民主主义教育到社会主义教育、从效率优先的重点发展到公平导向的均衡发展、从外延式均衡发展转向内涵式优质均衡发展的重大转变。进入新时代，深化基础教育改革与发展面临的主要难题表现为如下五个方面的矛盾：教育公平诉求与基础教育发展不平衡的矛盾，优质教育诉求与基础教育发展不充分的矛盾，素质教育诉求与应试压力负担屡禁不止的矛盾，学校自主创新、特色发展诉求与政校关系不顺的矛盾，基础教育现代化的远大目标与地方和学校改革发展动力不足的矛盾。针对这些难点问题的基本对策有：以共建共享解决发展的不平衡，以开放创新、特色发展解决发展的不充分，以课程、教学、评价的一体化深度研究与实践来发展素质教育，以治理现代化理念理顺政校关系并推动学校内部治理，以简政放权、鼓励创新来激发地方和学校改革与发展的内动力。

一、中国基础教育学校现代化发展的基本脉络

早在中华人民共和国成立之前，我国教育现代化便已蹒跚起步。清末民初，在西方文化影响之下，中国出现了现代型的学制；随后，又开启了以教育实验为标准的科学化进程。中华人民共和国成立以来，尤其是改革开放以来，中国学校现代化便开启了新的征程。

（一）中华人民共和国成立之前的学校现代化肇始

1. 20世纪上半叶中国面临的大变局

19世纪、20世纪之交，面对列强入侵的岌岌时局以及西方工业文明的兴起和发展，中国在这前所未有的大变局中面临一个严峻的选择：是沿着封建主义老大帝国的老路苟延残喘，还是勇敢地迎接近代化（现代化）挑战而探索一条社会发展的新路？不

同的人对此作出了不同的选择,这些选择也影响了中国教育的选择。

鸦片战争战败后,中国人深感器物之不足,遂有自强运动。至甲午再败,遂痛感制度之不足,即有维新运动。戊戌政变后,则痛感文化之不足,于是,梁启超先生从文化改造入手,希图改变中国、拯救中国。他认为在社会变迁的路径上,文化是最强大抑或最顽固的力量,而它的载体就是人。他在《少年中国说》中深刻地反思道:中国这一历史悠久的老大帝国并非近现代意义上的国家。正因为如此,才危机深重,几近于灭亡。也因为中国从未成为近现代国家,所以它正走在必将成为近现代国家的路上,正在发育、生长为近现代国家之中国,是谓少年中国。梁启超曰:"造成今日之老大中国者,则中国老朽之冤业也;制出将来之少年中国者,则中国少年之责任也。"[①]梁任公在《新民说》中,欲从政治、经济、社会(狭义的)、文化维度全方位诉求人的现代化,通过人的现代化勉力维系并推进艰难的中国近代化。这既是他对中国近代化屡战屡败的教训总结,又是他对中国近代化屡败屡战的不懈追求。现代化既是社会(广义的)的整体跃迁,则唯有通过全维度地形塑现代化的人,才有可能构建其坚实的基础与恒稳的动力。培育具有现代人品质的"新民",无疑是教育的责任。

是否接受和怎样接受西方文化是中国现代化进程探索中的一个关键问题,东西文化观的论战自洋务运动以来,一直延续不断,而且在"五四"前后的新文化运动中达到高潮。梁漱溟先生在《东西文化及其哲学》中从更广阔的视野把中国、印度和西洋三种文明放在一起加以比较,认为中国、印度、西方三种文化分别代表三种不同的发展"路向",各自有不同的价值观和伦理哲学。他把中国文化看作人类进化过程中文化的三种模式之一,人类自然进步的过程,大致要经过西方、中国、印度模式。西方文化主要解决人与环境的问题,中国文化主要解决人与人之间的关系问题,印度文化主要解决人的生物需要和精神需要的关系问题。因此,中国文化比起西方文化来,是一个更高而非更低的阶段。[②]梁漱溟主张的现代化模式是:以社会现代化为取向,以农村为阵地,以文化为核心,通过乡村建设运动实现乡村文明,以促进中国社会的文明和进步。[③]

冯友兰先生用"继往开来"四个字概括了他关于中国现代化方向和途径的主张。"一社会如有一新性,就其在一方面是不合旧情说,这是'开来',就其在又一方面须根据旧情说,这是'继往'。""若把中国近五十年底活动,作一整个看,则在道德方面是继

---

① 梁启超. 少年中国与道德大原:梁启超文学[M]. 上海:上海远东出版社,2023:8.
② 丁元竹. 梁漱溟与费孝通对中国现代化道路的探索[J]. 群言,1992(08):16-17+11.
③ 李东娟. 梁漱溟以文化为核心的现代化模式及其历史启示[J]. 西安政治学院学报,2003(04):70-73.

往;在知识、技术、工业方面是开来。"①他以社会类型论诠释中国问题,对中西文化问题与现代化问题进行了独到的思考,深刻地揭示了中国社会文化现代转型的历史趋势。冯氏的中西文化观经历了从"东方—西方"的空间论到"古代—现代"的时间论复至"农业文明—工业文明"的类型论的递嬗。运用"共相"与"殊相"的辩证法,从社会类型的观点看中西文化问题,冯氏认识到,中西文化之异不在东方与西方之分,亦不在古代与现代之别,而在西洋文化属于一种以工业革命为基础的新兴社会类型,即工业社会。而中国文化则尚未经历工业革命。从生产方式论,西洋社会经过工业革命而从"生产家庭化"的社会转变为"生产社会化"的社会,而中国古老的家族制度则与其前工业社会的"生产家庭化"经济结构有关。冯友兰立基于"共相"与"殊相"关系的社会类型说,超越东方与西方的空间论和古代与现代的时间论,而以工业革命产生的工业社会为中西文明的分野,这种中西社会类型说深刻地揭示了中国农业文明与西方工业文明的本质差异,超越了启蒙时代的中西文化观。②③

2. 清末民初中国现代学制的发端

现代学制的引进,如1902年的"壬寅癸卯学制"、十年后未实施的"壬子癸丑学制"以及又一个十年后真正实施了的"壬戌学制",标志着学校对传统教育的传承、改造及对教育现代性的吸纳。

作为清末"百日维新"的重要成果,后演变为北京大学的京师大学堂,是中国第一所具有真正近代意义的大学。其酝酿与筹建的真正起点,其实应该从光绪二十二年五月初二(1896年6月12日)算起,这一天由梁启超草拟、刑部左侍郎李端棻定稿奏呈的《请推广学校折》是呼吁改革中国传统教育体制的先声,该折开宗明义,提出上奏之由,在于"时事多艰,需才孔亟,请推广学校,以厉人才,而资御侮"。《请推广学校折》第一次比较系统地提出在全国范围内普设新式学堂,同时在州县、省城、京都自下而上构建三级教育机构的设想,其教育思想已与近代国民教育体系非常接近。

从清末废科举、兴学堂的举措中可以看到,新式教育试行几十年来,在艰难的摸索中前进,取得了许多成绩,在推动中国教育现代化的进程中功不可没,但毋庸讳言的是,也同时产生了种种缺憾,许多教育家为此多有指摘。梁漱溟对这些缺憾,更觉"苦

---

① 张萍. 关于冯友兰对中国现代化思考的反思——以《新事论》为中心[J]. 石河子大学学报(哲学社会科学版),2019,33(04):62-67.
② 郑永华.《请推广学校折》:开启中国教育近代化进程的珍贵档案[J]. 北京档案,2019(11):45-47.
③ 高力克. "旧邦新命":冯友兰的中国现代化论[J]. 史学月刊,2019(01):104-110.

闷",甚而成为一种"苦痛",他连篇累牍地发表演说、撰写文章,对新式教育进行了深刻的反省与严厉的批评,他直言不讳地指出"学校制度自从欧美流入中国社会以来,始终未见到何等的成功,倒贻给社会许多的病痛"。① 他说这些病痛非同小可,是"将以起一国之衰","适所以祸国而已"的重大不幸。② 梁启超认为新式教育为祸于中国最大的问题是根本上摧毁了中国这一大乡村社会。③ 因而他选择了通过乡村建设运动尤其是乡村教育实验来实现乡村文明,以促进中国社会的文明和进步。

3. 以教育实验为标准的科学化进程

除了学制这一现代化学校制度的确立,现代化的理性之一的科学也体现在20世纪上半叶兴起的教育实验方面。欧美教育改革家们的实验尝试,如拉伊和梅伊曼的实验教育学及实验教学论、杜威的学校实验及美国进步主义教育实验、欧洲新教育的学校实验等,为20世纪上半叶我国教育实验的先驱者们提供了烛照并诊疗旧教育之具。正如陶行知所认为的那样,缺乏实证性的科学研究是中国旧教育的重大弊病之一,要克服浮泛笼统之弊就必须输入在欧美教育革新中取得巨大成功的"科学的方法"和"科学的工具"。所谓科学的方法就是杜威的实用主义研究方法,所谓科学的工具主要指教育统计和教育测验。陶行知真切地相信,如果每人都存用科学方法去办教育的决心,每人都去研究或解决一个小的问题,"不出三十年,中国教育准有好的成效"。④ 我国第一股教育实验的热浪于20世纪20—30年代掀起,出现了大量微观、严格规范的教学实验,如俞子夷的小学生书法实验和教学方法实验、李廉方的"廉方教学法实验"等,这些微观层面的教育实验大量吸收了自然科学实验的规范和方法,实验具有科学研究性质,以探索教育自身的内部规律为目的。陈鹤琴的"活教育"理论与实验、陶行知的"生活教育"实验,以及晏阳初、黄炎培、梁漱溟等开展的较为宏观的实验研究则主要在学校乃至社会教育整体变革层面力图体现科学的思想和精神。这些实验在改变实践的同时,也推动着中国教育理论研究的发展。

俞子夷为提高中小学教育成绩检测的客观性,模仿桑代克的书法量表进行了小学生书法测验,并为制定小学国文书法量表而进行了写字心理学实验;龚启昌等为解决阅读理解难度和速度问题,进行了阅读生理基础实验及阅读兴趣实验,还根据实验提

---

① 梁漱溟.梁漱溟全集(第四卷)[M].济南:山东人民出版社,2005:842.
② 梁漱溟.梁漱溟教育文集[M].南京:江苏教育出版社,1987:88.
③ 宋恩荣.梁漱溟在中国教育现代化进程中的思考[J].华东师范大学学报(教育科学版),1998(04):81-88.
④ 陶行知.民盟历史文献:陶行知文集[M].北京:群言出版社,2012:87.

出了一些有参考价值的阅读教学原则……这些实验都具有较为浓厚的"科学工具"应用色彩。俞子夷在中国试行了设计教学法,他在小学进行"联络教材"的改革实验,将音乐课教学与儿童游戏结合,以手工课联络其他课,不久,他又推行"分系设计法",直接移植和宣传国外设计教学法。① 李廉方将小学教育列为开展实验的重点课题,小学教育实验中又以现代识字教育实验为主。他通过汲取西方新教育儿童心理理论,改变教学中的师生关系,使儿童成为识字主体,采用"卡片法"从根本上提高了识字速度。李廉方从小学的教育实验起步,成功后将其推广到全国,在此基础上,形成以"廉方教学法实验"为主要内容的、"整体的""合科的""卡片式的"区域性教育实验(主要在开封进行)②。陈鹤琴的幼儿教育实验也影响颇大,他深感研究教育非从儿童实地研究开始不可,研究教育要从基本教育——幼稚教育做起,该实验目的是要建立中国化的、科学的幼稚教育规律;转变幼教思想,尊重儿童,以儿童本身作为教育实验的出发点和中心。③ 陶行知的生活教育实验无论在当时还是在后世都产生了重要的影响,陶行知认为教育实验是"发明之利器","教育界之进步,何莫非由试验而来","试验之消长,教育之盛衰系之"。他用教育实验来探究现实,力图解决本国实际问题。④ 晏阳初的定县平民教育实验把整个定县作为一个大的活的"研究实验室",该实验以教育进行"民族再造",希望从根本上拯救国难。⑤ 上述这些研究主要在教育方法层面和学校(乃至社会)教育整体变革层面力图体现科学的思想和精神。

概言之,20世纪上半叶我国教育实验在方法论上的特点基本上可以用"移植、改造、融合、创新"八个字加以总括,前期以移植改造为主,后期则有了更多的融合与创新。移植表现在两个方面,一是从自然科学研究中移植实验方法,二是从西方国家直接引进思想、理论和实验。移植过程中免不了从国情出发加以改造,如俞子夷在试行设计教学法时,也博采自学辅导、分团教授和道尔顿制的长处,不仅实现了对设计教学法的合理改造,而且创出了"分团式道尔顿制",即针对小学高年级学生有较强自学能力的情况,把国外主要在中学试行的道尔顿制引入小学五、六年级,进一步培养学生自学能力;针对小学算术教学中学生之间容易形成差距,就把分团教授法引入教学,根据学生程度分成四五个"小团",便于教师指导。再如陶行知将杜威的"教育即生活""学

---

① 熊明安,周洪宇. 中国近现代教育实验史[M]. 济南:山东教育出版社,2001:114-115.
② 熊明安,周洪宇. 中国近现代教育实验史[M]. 济南:山东教育出版社,2001:375+378-379.
③ 熊明安,周洪宇. 中国近现代教育实验史[M]. 济南:山东教育出版社,2001:186+201-202.
④ 熊明安,周洪宇. 中国近现代教育实验史[M]. 济南:山东教育出版社,2001:622-623.
⑤ 熊明安,周洪宇. 中国近现代教育实验史[M]. 济南:山东教育出版社,2001:453-454.

校即社会",改为"生活即教育""社会即学校",既保持了教育与生活、学校与社会密切联系的本意,又适应了当时中国社会的实情和需要。这一时期学校变革者在融合上所作的努力多表现在将传统方法与新方法加以互补和结合之上,如俞子夷看到了传统教学法蕴含个人努力、注重整体把握和重视因材施教等积极因素,这些恰好可以补救新教法中偏于兴趣、流于分析讲解、突出效率而忽视个人努力、过分整齐划一等弊端。他因此认为,提倡新法并不是完全排斥旧法,提倡新法要吸收旧法的长处。沈百英也主张,学习西方新教学方法要深究其原理,不要囫囵吞枣,强调新旧教学方法的调和、互补,应"携手同行,同上光明之路"。在创新方面,李廉方、陶行知等的实验是积极追求创新的代表。李廉方主张,教育实验应该创造而不是简单模仿,教育实验的生命是创新而不是形式趋新、脱离实际。他提出,"吾人深感于现今教育,有根本改造之必要","改造而非仿造也"。廉方教学法与很多实验有相似之处,但又有不同,总体水平明显要高于一般实验。所以,人们说廉方教学法是中国人自创的教学法,是中国的教学法。陶行知的"教学做合一""小先生制"等,更是被公认为是具有独创性的变革举措。[①] 从探寻适合中国社会和中国教育的现代化道路开始,到从学制到课程到教学全方位引入教育现代化的理念、内容和方法,且以实验的路径来改造和改进中国的传统教育,为后世树立了正确的方向和极好的楷模。

(二) 中华人民共和国成立后的学校现代化进路

中华人民共和国成立以来,我国教育经历了从具有民族性、科学性、大众性、革命性、斗争性和生产性等特点的新民主主义教育,转向科学性的、普及的、与生产劳动相结合的初级社会主义教育的过程。

1. 从新民主主义到社会主义:中国基础教育体系的过渡与创建

1949年中华人民共和国的成立,标志着社会主义制度的诞生。但从1949年到1956年底,社会主义制度还未真正地建立,这一时期仍处于新民主主义向社会主义过渡阶段。[②] 中华人民共和国成立之前召开的中国人民政治协商会议第一届全体会议通过了《共同纲领》。《共同纲领》规定的文化教育方针是:"中华人民共和国的文化教育为新民主主义的,即民族的、科学的、大众的文化教育。"早在中国新民主主义革命时期,由中国共产党领导的以共产主义思想为指导的新民主主义教育,除了具有民族性、科学性、大众性之外,还具有革命性、斗争性、生产性等特点,即:新民主主义教育重视革命教

[①] 熊明安,周洪宇.中国近现代教育实验史[M].济南:山东教育出版社,2001:430,438.

[②] 梁伟.从新民主主义文化教育总方针到社会主义教育方针[D].金华:浙江师范大学,2006.

育,教育为现实斗争服务,教育与生产劳动相结合,理论联系实际,革命根据地的教育以干部教育为主等。① 这个时期新民主主义教育所具有的过渡性,表现在前承了旧的教育经验,尤其是苏联教育建设的先进经验,后接新的社会主义教育,开启了一个新的时代。

1956年9月,中国共产党召开了第八次全国代表大会,标志着中国开始进入全面建设社会主义的新时期。随着大规模社会主义建设高潮的到来,中国教育也从新民主主义教育转向探索社会主义教育发展的道路。1956年至1959年是社会主义教育方针确立和教育大跃进的时期;20世纪50年代中期是中国社会主义教育初步发展时期,教育逐步普及,中等教育、高等教育有了较大发展,1956年还提出向科学进军的口号,中国初步建立了社会主义教育体系。

从1960年开始,中国教育进入了调整、巩固、充实、提高的阶段。随着调整工作的深入,继1961年中共中央颁布《教育部直属高等学校暂行工作条例(草案)》(共60条,俗称高校六十条)之后,中共中央又于1963年颁布了《全日制中学暂行工作条例(草案)》(俗称中学五十条)和《全日制小学暂行工作条例(草案)》(俗称小学四十条)。② 以这三个条例为标志,纠正了1958年以来"教育大革命""教育大跃进"的"左"倾思想错误及教育工作中出现的种种偏颇。

随着"文化大革命"的发动,基础教育领域中出现了各地学制参差不齐、课程教材充满"经验主义"甚至"反智主义"等问题。在十年"文化大革命"中,虽然有几次纠正极"左"的思潮,整顿和调整基础教育的尝试与努力,但在强大的政治运动中未能发挥主导作用,我国基础教育的改革在这个时期总体上处于迷失状态。

2. 从奠基到大起大落:中国学制改革的艰难进程

根据1949年9月通过的《共同纲领》的精神,"人民政府应该有计划、有步骤地改革旧的教育制度、教育内容和教学法"③。人民政府自成立以后就采取了一些具体措施来改革学制。1951年,政务院发布了《关于改革学制的决定》,这是人民政府正式厘定的新中国的第一个学制。该学制继承了"民国新学制"的基本框架(指中华民国在20世纪三四十年代所实行的以1922年的"壬戌学制"为基础并有所改革的学制),如保留了大中小学和职业学校等基本的学校类型和小学、中学、大学等基本的教育层次,

---

① 顾明远. 从新民主主义教育到社会主义教育——纪念中国共产党成立90周年[J]. 教育研究,2011(7):3-10.
② 顾明远. 从新民主主义教育到社会主义教育——纪念中国共产党成立90周年[J]. 教育研究,2011(7):3-10.
③ 有林,等. 中华人民共和国国史通鉴(第一卷)[M]. 北京:当代中国出版社,1993:426.

中学三三分段等。与此同时,也对民国新学制作了一些改革,如:正式将幼儿教育作为独立的一级教育列入学制,小学实行五年一贯制,特别重视工农干部学校、各种补习学校、训练班在学校系统中的地位,特别强调各级各类学校之间的衔接,修业年限有所缩短以及强调学制的政治性质,注重广大劳动人民文化水平的提高和工农干部的深造等。① 这一时期在改变整个学校教育性质、总任务的基础上,继承了民国学制的基本框架,同时对民国学制作了一些具体的、创新性的改革,也比较注意及时纠正学制改革中的错误,建立了新中国的学制体系,从而有利于当时教育的恢复和发展。但在学制改革中,也存在不适当地强调学制改革的政治性、学制改革准备不足等问题,如草率地根据政治的需要和一年左右的试验就全面推行小学五年一贯制等。

在"大跃进"形势的推动下,从1958年下半年开始,全国各地你追我赶地进行大规模的缩短学制的改革试验。其主要的试验有:小学五年一贯制、中学五年一贯制、中小学七年一贯制、九年一贯制、十年一贯制、九二制、中学四年制、四二制、三二制、二二制等。② 为控制各地学制改革试验中出现的混乱局面,中共中央、国务院在1959年5月24日发布的《关于试验改革学制的规定》中对学制改革做了一些限制,自此以后,部分试验学校停止了试验。

1961年1月,中共中央决定对国民经济实行"调整、巩固、充实、提高"的方针。教育部根据这一精神及中央的相关指示明确提出:当前只试验十年制,程度要求相当于现行十二年的水平,试验面不宜过大,试验成熟了再推广,农村学校可不搞试验。自此以后,各地迅速缩小了学制试验规模。③ 自1958年以来提出了"两种教育制度"即全日制学校教育制度和半工半读式的教育制度,在1958—1967年这十年中,积极发展职业教育和工农业余教育,积极推行半工半读教育制度,体现了从实际出发办教育的一大亮点,但当时学制实验规模过大,所幸随后及时缩小。但当"文化大革命"来临,中小学再次卷起学制缩短的浪潮,基础教育阶段的学制基本上是九年制和十年制两种,比"文化大革命"前缩短了两到三年。这些教育跟着政治风潮走、学制改革大起大落等现象,都有违教育规律,值得从中汲取教训。

3. 在模仿中实验探新:课程与教学的改革与发展

中华人民共和国成立伊始,我国基础教育改革面临旧的基础教育改造和新的社会

---

① 《中国教育年鉴》编辑部. 中国教育年鉴 1949—1981[M]. 北京:中国大百科全书出版社,1984.
② 金铁宽,等. 中华人民共和国教育大事记[M]. 济南:山东教育出版社,1995.
③ 刘英杰. 中国教育大事典(上)[M]. 杭州:浙江教育出版社,1993:39.

主义基础教育体系创建的双重任务。面对当时基础教育课程存在着的多种形态,1949年12月全国第一次教育工作会议确定"建设新教育要以老解放区新教育经验为基础,吸收旧教育某些有用的经验,借助于苏联教育建设的先进经验"的工作方针,并"改革旧的教育制度、教育内容、教学方法等"。从"全面学苏"到1958年开始的教育大革命,在草创新民主主义教育和社会主义新型教育体系的过程中,既有传统的继承、苏联经验的移植,又有基于本土的创新,如识字实验、数学自学辅导等教学法实验和学制及办学模式试验,也出现了"用活动代替教学,用经验和体验代替知识传承"等过激、过度及简单化的倾向。

当时,基础教育领域开展了一些有影响的教育教学改革实验,如辽宁黑山北关的集中识字实验和斯霞老师的分散识字实验、卢仲衡的中学数学自学辅导实验,北京景山学校以学制为龙头的多项改革实验,上海育才中学为减轻学业负担进行教学改革、总结出"紧扣教材、边讲边练、新旧联系、因材施教"的经验,还有时任上海市东中学校长吕型伟创造出的"三班两教室"的办学模式,等等,尽管这些研究持续不久、影响有限,且因"文化大革命"而中断,但为改革开放以后教育教学改革实验的兴起及相关教育教学流派的产生埋下了难能可贵的"种子"。在"文化大革命"期间,教学法实验几乎全部暂停。

这一时期我国基础教育课程与教学改革的主要特征是:谈话引导、精讲多练、联系实际。中华人民共和国成立之初,受"全面学苏"主张及凯洛夫教育思想的影响,以讲授为主的传统教学模式一直是我国课堂教学的主流模式,其教学过程强调知识的授受,在整个学习过程中突出教师的领导地位。这一时期,学生的学习方式主要是谈话法、参观法、精讲多练或精讲巧练法等。有人认为,"对于任何一个概念的引出教师都应当通过提问来启发学生积极思维,有步骤地引导学生得出初步结论,然后由教师进行归纳,总结出所要讲的概念"[1]。教师在教学过程中扮演着极其重要的作用,即使是复习和练习也有赖于教师的指导。为克服盲目照搬苏联经验的教条主义,这一时期尤其重视学习过程中理论与实践的结合,教师既要熟悉所教学科的内容,更要帮助学生学会把所学知识应用到生活中去。进入20世纪60年代后,对谈话法的探讨不再局限于其优势,而是涉及利弊两方面。有研究者指出谈话法的使用容易流于形式,不能够很好地贯彻因材施教的原则,亦没有把提问的主动权交给学生。并指出,启发式学习是值得提倡的,应当让学生成为知识的主人而非书本的奴隶,应当培养学生勤学好问

---

[1] 吴振麟. 利用谈话法讲授新课[J]. 物理通报,1955(10):604-606.

的习惯。研究者们开始关注到教学质量的提高,教学应当少而精,教师教任何一门科学知识都应当是教给学生一把开启科学之宫的钥匙等观点亦开始被接受。这一时期对教学方法、学习方式进行探讨的文章中大多关注到了对学生进行思维启发的重要性,强调在教学过程中应当因材施教,学生在学习过程中的主体地位逐渐开始凸显。

从教育现代化的视角看,中华人民共和国成立以来基础教育发展的显著特点是经由苏联学习西方现代化,同时辅以本土特色的"教育革命"。新中国第一次全国教育工作会议提出要"借助于苏联教育建设的先进经验"之后,我国便开启了"全心全意地""系统地"学习苏联教育经验的"全面苏化"的道路。1958 年,中共中央、国务院发布了《关于教育工作的指示》,提出了"教育为无产阶级政治服务,教育与生产劳动相结合"的教育工作方针,在全国范围内开展了一场主张与传统"彻底决裂"的"教育革命"。1964 年 12 月,周恩来在政府工作报告中号召全国人民"在不太长的历史时期内,把中国建设成为一个具有现代农业、现代工业、现代国防和现代科学技术的社会主义强国"。从那个时候开始,"实现四化"成了中华民族追求的目标,而教育则开始走上为现代化服务的道路。

(三) 改革开放以来的学校现代化推进

改革开放以来,我国教育经历了从效率优先的重点发展到公平导向的均衡发展、从外延式均衡发展转向内涵式优质均衡发展的重大转变,逐步走向公平而有质量的、服务全民终身学习的并可持续发展的社会主义教育体系。特别是党的十九大为我们描绘了"总体实现教育现代化,迈入教育强国行列,推动我国成为学习大国、人力资源强国和人才强国"[1]的宏伟蓝图;中共中央、国务院于 2019 年 2 月印发了《中国教育现代化 2035》,提出"到 2035 年,总体实现教育现代化,迈入教育强国行列,推动我国成为学习大国、人力资源强国和人才强国,为到本世纪中叶建成富强民主文明和谐美丽的社会主义现代化强国奠定坚实基础"[2]的远大目标,并将基础教育作为"服务全民终身学习的现代教育体系"的有机组成部分,提出了"普及有质量的学前教育、实现优质均衡的义务教育、全面普及高中阶段教育"的新目标。这标志着我国的基础教育与全社会一道迈入了任重道远的新时代。

1978 年以来的改革开放,开启了中国特色社会主义教育事业蓬勃发展的新时期。

---

[1] 杨小微.迈向 2035:中国教育现代化的目标定位[J].华中师范大学学报(人文社会科学版),2019,58(5):38-44.
[2] 中共中央国务院印发《中国教育现代化 2035》[J].人民教育,2019(5):7-10.

邓小平于1983年为北京景山学校题的词"教育要面向现代化,面向世界,面向未来"（即"三个面向"）成为我国教育改革与发展的重要指导思想；1985年的《中共中央关于教育体制改革的决定》,标志着教育改革进入体制改革领域；1986年4月12日,《中华人民共和国义务教育法》颁布,标志着我国基础教育进入以义务教育为重心的发展新阶段,基础教育的学制、课程、教学等随之进行适应义务教育的改革与调整。1993年的《中国教育改革和发展纲要》把建设社会主义教育体系和实现教育现代化作为教育改革和发展的基本目标；1999年中共中央、国务院颁布《关于深化教育改革全面推进素质教育的决定》,确定了"基本普及九年义务教育和基本扫除青壮年文盲"（简称"两基"）,是教育工作的"重中之重",要确保2000年"两基"目标的实现。进入新世纪以来,先是国务院于2001年发布了《关于基础教育改革与发展的决定》,确立了基础教育的战略地位并坚持基础教育优先发展；紧接着启动了新一轮基础教育课程改革,从内涵意义上落实素质教育的新要求。

回望中华人民共和国成立以来的70多年历程,不难总结提炼出中国特色社会主义教育的如下特点和经验：中国社会主义教育是以中国特色社会主义理论为指导的现代教育体系,教育优先发展是社会主义建设的发展战略,育人为本是社会主义教育的根本,促进人的全面发展是中国基于马克思主义教育原理的一贯的教育方针,促进教育公平和提高教育质量是中国教育今后要着重完成的两大任务,改革开放是中国社会主义教育的强大动力。[1] 在整个国民教育体系中,基础教育是为党育人、为国育才、立德树人的奠基性大业。为发展中国特色社会主义教育事业、为实现中国梦而培育能担当民族复兴大任的时代新人,对基础教育来说光荣而艰巨、任重而道远。

1. 从"效率优先的重点发展"转向"公平导向的均衡发展"

"改革开放之初的'三恢复'即恢复高考、恢复重点学校、恢复专业职称评定,回应了国家对人才的急需,使大中小学走上教育教学的正轨,也回归了专业规范和专业尊严。"[2]

办重点中小学的思路,其实可以追溯至20世纪五六十年代。1962年教育部颁发通知要求"集中精力先办好一批'拔尖'学校",[3]这里的学校主要是指重点中小学。改

---

[1] 顾明远.从新民主主义教育到社会主义教育——纪念中国共产党成立90周年[J].教育研究,2011(7):3-10.
[2] 杨小微,张秋霞,胡瑶.回望70年:新中国基础教育的探索历程[N].人民政协报,2019-11-06.
[3] 杨小微,张秋霞,胡瑶.回望70年:新中国基础教育的探索历程[N].人民政协报,2019-11-06.

革开放之际,"效率优先,兼顾公平"成为社会各条战线的基本理念,教育领域为满足国家早出人才、快出人才、出好人才的迫切需要,又重启了从中小学教育到大学教育一条线的"重点学校"模式,虽然我们不再提建设重点小学、重点初中,重点高中也被"实验性、示范性高中"等委婉表达所代替,但其重点的实质是不变的。有论者指出:多年来,我们坚持以"效率优先、兼顾公平"的原则指导经济发展,一方面创造出丰富的物质财富,另一方面也导致了较为严重的分配不公。为此,我们应当重新审视公平与效率的关系,突出公平、追求效率,强调现阶段公平对于效率的优先性,以增强社会的价值认同,激发人民群众的积极性,更好地解决现阶段存在的问题。①

进入 21 世纪后,随着我国城镇化进程的不断发展,我国东中西三梯度之间、城乡之间、学校之间、人群之间的教育差异更加突显,追求"有质量的公平"渐渐成为各级政府和义务教育阶段各类学校工作的重心。

《国家中长期教育改革和发展规划纲要(2010—2020 年)》,明确提出了基本普及学前教育、推进义务教育均衡发展、加快普及高中阶段教育的目标和要求,体现了以促进公平为导向、推进基础教育尤其是义务教育均衡发展的价值取向。词频搜索表明:此前的《中共中央关于教育体制改革的决定》《中国教育改革和发展纲要》《关于深化教育改革全面推进素质教育的决定》等重大文件之中,从未出现过"公平""均衡"之类词汇,而《国家中长期教育改革和发展规划纲要(2010—2020 年)》中,公平和均衡分别出现十多次,农村教育则出现近四十次,这十分突出地表达了从"效率优先的重点发展"转向"公平导向的均衡发展"的明确意向和坚定决心。

中共中央、国务院印发的《中国教育现代化 2035》,以立德树人、德育为先、面向人人、因材施教、知行统一等为发展理念,将基础教育融入"服务全民终身学习的现代教育体系"之中,不仅为基础教育领域指明了"普及有质量的学前教育、实现优质均衡的义务教育、全面普及高中阶段教育"的具体方向,更从"基本公共教育服务均等化"意义上,要求建立健全基本公共教育资源均衡配置机制,逐步缩小区域、城乡、校际差距,推进城乡义务教育一体化发展,对困难群体精准帮扶,努力让全体人民享有更公平的教育。

2. 从外延式均衡发展转向内涵式优质均衡发展

在中国特色社会主义进入新时代的背景之下,当基础教育发展的规模、速度、设施

---

① 王常柱,武杰.试论现阶段公平对于效率的优先性——对"效率优先、兼顾公平"原则的反思[J].伦理学研究,2010(01):52-56.

装备等硬件条件等基本满足需求之后,为满足人民群众更优质、更个性化的教育需求,教育应从以往以外延式增长为特征的发展转向以内涵式优化为特征的发展。"外延式"发展和"内涵式"发展,是借用形式逻辑关于概念的两个基本特征来说明经济、教育等社会领域发展的不同形式和路径。从特征上看,外延式发展更关注事物发展的规模扩张和数量增长,内涵式发展更强调事物发展的结构优化和质量提升。基础教育的外延式均衡发展,着力点在硬件资源的均衡配置上;内涵式均衡发展,则致力于教育者素养和理念、课程内容的优化及教学方式的创新等方面。有研究者提出外延式均衡发展强调政府责任,是靠追加教育投资来实现教育均衡发展。内涵式均衡发展则是指地方政府和学校,在教育资源相对有限的情况下,依靠教育系统内部的结构优化、资源共享、效能提高以及制度保障等措施,以促进教育均衡的过程[1]。随着教育的发展以及硬件的完善,在新的时期,人们更关注教育质量的问题,更关注教育内部的发展,例如教学方式、师资水平、学生个性等。教育均衡分为基础均衡和高位均衡,走向高位均衡是我国基础教育改革与发展的应然追求。[2]

从中华人民共和国成立初期的关注扫盲、女童入学,到改革开放后的普及小学、普及初中,到《中国教育改革和发展纲要》将普及义务教育作为"重中之重",在全国范围内受到持续关注的是基础教育的外延式均衡发展。到《国家中长期教育改革和发展规划纲要(2010—2020 年)》把促进公平作为国家基本教育政策,并指出"重点是促进义务教育均衡发展和扶持困难群体,根本措施是合理配置教育资源,向农村地区、边远贫困地区和民族地区倾斜,加快缩小教育差距"[3],焦点仍集中于外延式的均衡发展。但如果我们不是把"资源"限定为条件装备等硬件资源的话,课程内容、教学方式、高质量教师队伍等"软件类"资源其实也在考虑之列。21 世纪以来一直倡导的教师流动或柔性流动、优质学校扶持带动薄弱学校等举措,其意图正在于促进区域之间、城乡之间和学校之间的内涵式均衡发展。

《中国教育现代化 2035》提出"普及有质量的学前教育、实现优质均衡的义务教育、全面普及高中阶段教育"[4]等主要目标,其前两项正是对基础教育从外延式均衡转向内涵式均衡的标志性要求。在战略任务中提出"完善教育质量标准体系,制定覆盖

---

[1] 赵静,高祥. 浅析基础教育内涵式均衡发展[J]. 科技信息,2010(36):469.
[2] 刘志军,王振存. 走向高位均衡:基础教育改革与发展的应然追求[J]. 教育研究,2012(3):35-40.
[3] 国家中长期教育改革和发展规划纲要(2010—2020 年)[J]. 实验室研究与探索,2018(6):273.
[4] 中共中央国务院印发《中国教育现代化 2035》[J]. 人民教育,2019(5):6-10.

全学段、体现世界先进水平、符合不同层次类型教育特点的教育质量标准,明确学生发展核心素养要求。完善学前教育保教质量标准。建立健全中小学各学科学业质量标准和体质健康标准","建立学校标准化建设长效机制,推进城乡义务教育均衡发展。在实现县域内义务教育基本均衡基础上,进一步推进优质均衡",①更是指明了基础教育从外延式均衡转向内涵式均衡的具体路径和策略。

近些年来中共中央、国务院及国务院办公厅高密度出台文件,②分别就义务教育改革和质量提升、高中育人方式改革、教师队伍师德师风建设等领域提出要求,所传递出来的重要信息,是国家越来越注重把基础教育改革的重心下移到教学、教研、教师队伍建设等基础层面,聚焦于学校内部的基本要素、基本关系和结构优化等内涵式发展问题,致力于深化和推进基础教育公平而有质量的发展。

二、基础教育学校转型与现代化发展面临的主要难题

尽管改革开放40多年来我国基础教育领域中的改革与发展成效卓著,然而毋庸讳言,由于历史传统、现实境遇等多种因素,在迈入新时代之际,要深化基础教育改革仍将面临诸多矛盾,这些矛盾的持久性与顽固性构成了我们继续前行中的难点问题,这里略述最为突出的五大矛盾。

(一) 教育公平诉求与发展不平衡的矛盾

基础教育改革与发展面临诸多难点问题,也与进入新时代后我国社会的主要矛盾发生了转化有关。在教育领域,主要矛盾则是人民群众日益增长的优质教育需求与基础教育发展的不平衡之间的矛盾。

在基础教育中,"不平衡"问题集中体现为:教育的"四大差距"(即城乡差距、区域差距、校际差距、群体差距)还比较大,教育基本公共服务的全覆盖还有"死角",进城务工人员随迁子女、农村留守儿童、残疾儿童等特殊群体的平等受教育权利还需要进一步保障等。③④ 这里所讲的"不平衡"主要体现为我国基础教育事业发展在现阶段还存在短板,在整体中还存在局部短缺。一是区域教育发展中存在不平衡,有一定数量的区县未达到基本均衡水平,中西部及农村地区的基础教育还有较大的提升空间;二是教育

---

① 中共中央国务院印发《中国教育现代化2035》[J]. 人民教育,2019(5):7-10.
② 朱之文. 全面落实立德树人,大力推进基础教育公平优质发展[J]. 中国教育学刊,2018(11):7-13.
③ 朱之文. 全面落实立德树人,大力推进基础教育公平优质发展[J]. 中国教育学刊,2018(11):7-13.
④ 朱之文. 切实肩负起新时代建设教育强国的历史使命[J]. 人民教育,2017(22):9-10.

层次结构不平衡,学前教育和高中阶段教育仍然是教育体系中的短板和弱项,尤其是婴幼儿看护和早期教育服务体系还不平衡;三是不同学习教育群体中的不平衡问题,尽管随迁子女和留守儿童的教育问题有了很大的改善,但差距仍然存在,针对学习困难和特殊儿童的关注度仍然需要加强,寄宿制学生的健康发展还需进一步关注;四是教育改革的不平衡问题,教育领域的综合改革在有些地方条件成熟、改革力度大,在有些地方则进度缓慢,有些领域则仍在起步阶段。[①]

按笔者看来,基础教育改革的不平衡,越来越体现为"软件"的不平衡,这与整个基础教育改革与发展从外延式发展转变为内涵式发展十分相关。例如师资,学历层次高的老师一般不会选择去农村任教,但是在上海、北京等地,人才已经远远过剩,如今,北上广深基础教育阶段教师的学历在逐年上升,硕士、博士就职于中小学已不再罕见,但是在农村地区,高学历的中小学教师相对较少。再如观念,东部地区的校长教师几乎都是各种专家讲座的"美食家"和评头品足的"评论家",而中西部地区教育工作者在学术视野和教育观念上仍有较大的局限性。再说课程,发达地区有的中学每年可以为学生提供 150 门以上的选修课程,而在欠发达地区,即使是全市高中集中起来能为学生提供的选修课也不到 10 门。

(二)优质教育诉求与发展不充分的矛盾

公平与优质,一直是基础教育改革的基本诉求。当全国大多数地区基本实现了义务教育的"基本均衡",人们对"公平而有质量的教育"的需求就更加强烈,并且扩展延伸到非义务教育的基础教育阶段如高中教育和学前教育。然而,由于基础教育内涵式发展不够充分,不仅使优质教育的梦想难以成真,也使更深层次的改革难以推进。

社会主要矛盾中,最关键的问题是"不充分"的问题,主要体现为:"虽然教育普及水平大幅度提升,但教育质量有待进一步提高,教育的差别化、个性化供给不足,优质教育资源难以满足家庭不断增长的需求,人才培养的规格、质量、结构与经济社会发展需求还不能很好地适应。"[②]有论者指出:"不充分主要体现为局部中的整体发展不够,体现在各级各类教育质量还不能满足人民群众'上好学'的教育需求、满足每一个学习者多样化的学习需求,体现为教育在现代化建设中的战略引领作用还不够。"[③]

---

① 安雪慧. 教育发展的那些不平衡和不充分[N]. 光明日报,2018 - 01 - 23(13).
② 杨小微. 迈向 2035:中国教育现代化的目标定位[J]. 华中师范大学学报(人文社会科学版),2019,58(5):38 - 44.
③ 安雪慧. 教育发展的那些不平衡和不充分[N]. 光明日报,2018 - 01 - 23(13).

上述这些关于教育发展不充分的描述都很有见地,在笔者看来,这所有的不充分都是优质教育资源供给的不充分,是在达到基本均衡之后,更多、更好、更适合学生个性化教育需求的优质教育供给的不充分。

说起"优质教育"的充分问题,就不能不关注教育质量的界定。联合国教科文组织的一份研究报告指出:"教育质量的一般性概念应包括三个内在相关的维度:为教学所提供的人与物的资源质量(投入);教学实践的质量(过程);成果的质量(产出和结果)。"[1]《国家中长期教育改革和发展规划纲要(2010—2020 年)》明确提出:"把提高质量作为教育改革发展的核心任务。树立科学的质量观,把促进人的全面发展、适应社会需要作为衡量教育质量的根本标准。"同时又指出"教育观念相对落后,内容方法比较陈旧,中小学生课业负担过重,素质教育推进困难;学生适应社会和就业创业能力不强,创新型、实用型、复合型人才紧缺"等问题,高质量的教育一直都是家长、孩子以及社会的共同诉求,上述问题不解决,高质量就无从落实。

(三)素质教育诉求与应试压力负担屡禁不止的矛盾

2019 年 9 月 10 日,习近平总书记在全国教育大会上强调指出,要深化教育体制改革,健全立德树人落实机制,扭转不科学的教育评价导向,坚决克服唯分数、唯升学、唯文凭、唯论文、唯帽子的顽瘴痼疾,从根本上解决教育评价指挥棒问题。从 1993 年《中国教育改革和发展纲要》指出"中小学要由'应试教育'转向全面提高国民素质的轨道",到 1999 年《中共中央国务院关于深化教育改革全面推进素质教育的决定》,再到党的十九大报告提出要"发展素质教育",素质教育一直是基础教育改革的基本方向,然而在严峻的现实面前,素质教育较多停留于口头,真正"扎扎实实"进行的还是应试教育。首先,应试主义的导向已不是教育圈内之事,不少地方升学率被当作"政绩指标";其次,诸多学校从校长到教师,都把分数、升学率、重点率、升入北大清华数等视为教育工作的唯一追求;即使学校校长教师真的愿意放弃追求升学率,愿意开展实质性的素质教育,也难免顾虑重重。

与应试教育愈演愈烈同步呈现的,是家长的教育焦虑日趋严重。根据一些民间研究机构发布的报告,"70 后""80 后"家长人群整体上焦虑程度较高,在孩子处于幼儿园

---

[1] Aletta G, Lars M. The quality of education in developing countries: A review of some research studies and policy documents. 1991, UNESCO. 转引自朱益明. 教育质量的概念分析[J]. 比较教育研究,1996(5):55-56.

和小学阶段时尤为严重,在孩子进入中学及大学阶段之后焦虑程度递减。[①] 另一方面,家长焦虑程度越来越高也催生了一个规模巨大而又相对缺少规范和监管的课外补习产业链,客观上加剧了家长的教育焦虑。为此,中共中央办公厅、国务院办公厅于2021年7月印发了《关于进一步减轻义务教育阶段学生作业负担和校外培训负担的意见》(以下简称"双减")。"双减"是新中国"减负"史上首个校内校外同步减负的政策,旨在优化教育生态,让教育回归本源,使学生享受到真正有质量的教育并得以健康快乐成长。自从"双减"政策颁布以来,校内课业/作业减负、校外培训机构治理以及作业设计优化、课后服务质量提升等方面取得了较为明显的成效。

然而,我们也应看到,"双减"政策的实施改变了以往家长处理子女学习问题的方式,伴随出现了家长在学校学习之外,通过增加学科类作业、自行购买练习册等方式对学生下达额外的学习指令。[②] 在家长群体的补习需求不减的前提下,仍然存在所谓"飞天遁地"现象,即一些课外补习活动转入线上,另一部分则转入"地下",补习成本也相应提高。还有部分培训机构以课后服务或科普教育之名,行暗中补习之实,给学生的健康全面发展造成不良影响。这些依然是值得我们继续关注和探究的问题。

(四) 学校自主发展诉求与政校关系不顺的矛盾

习近平总书记在全国教育大会上指出,办好教育事业,家庭、学校、政府、社会都有责任。在治理现代化理念下,以政府为主导的社会各方参与学校改革与发展的实践中,处理好彼此之间的关系尤为重要。政府或教育行政部门与学校之间围绕学校的运营发生的各种互动联系可称为政校关系。"政府举办公立学校,政府与公立学校是一种领导与被领导、管理与被管理的隶属关系。"[③]有论者认为,按照负载的内容和互动的方式,政府与公立学校的关系大致可分为"行政执法关系""资源配给关系""经营管理关系"和"指导服务关系"这四种关系[④]。还有研究者认为:"政府与学校的关系实质上是一种行政法律关系,双方地位具有不对等性。"[⑤]

1985年的《中共中央关于教育体制改革的决定》指出:"政府有关部门对学校统得

---

① 新浪. 中国家长教育焦虑指数调查报告[EB/OL]. (2018-09-18)[2023-11-15]. http://k.sina.com.cn/article_6351043420_17a8d3b5c00100chlr.html.
② 刘昱莹. "双减"实施中家长焦虑的表现及解决策略[J]. 教书育人,2023(35):20-22.
③ 罗朝猛,胡劲松. 变革社会中我国公立学校与政府关系的调谐[J]. 教育理论与实践,2009,29(07):22-26.
④ 李轶. 教育行政管理创新的关键和策略[J]. 人民教育,2006(23):14-16.
⑤ 褚宏启. 政府与学校的关系重构[J]. 教育科学研究,2005(01):41-45.

过死,使学校缺乏应有的活力;而政府应该加以管理的事情,又没有很好地管起来。"要求"改革管理体制,在加强宏观管理的同时,坚决实行简政放权,扩大学校的办学自主权"。1993年的《中国教育改革和发展纲要》要求"深化中等以下教育体制改革,继续完善分级办学、分级管理的体制",要求中小学要"办出各自的特色"。然而,由于历史上计划经济体制的影响以及政府学校之间传统的"管控与被管"关系的惯性,我国基础教育阶段一直延续自上而下的管理传统,难以激发基层学校自觉变革、自主发展的活力,也不利于形成各自的办学特色。

概言之,在政府与学校关系中,一方面是政府管得过宽、抓得过严,既有"越位"的问题,也有"缺位"和"不到位"的问题;另一方面,学校也存在依赖上层、被动执行、缺乏主动性和积极性的问题。由于第三方的介入不足,政校之间缺乏有效的监督机制。

有论者认为:制度短缺导致政府与学校关系的改革难以走出困境。具体表现在:第一,"教育法律制度供给不足"。受传统文化和计划体制的影响,我国的政校关系表现出行政性、管理性(管与被管)、习惯性(随意的、人际的)等基本特征,一直存在着政府对学校过度干预、学校缺少应有的自主权等问题。第二,"有效的监督制度供给不足"。在制度不健全、监督不严密的情况下,有可能会出现机会主义行事、"搭便车"、教育寻租等行为,而这些行为常常伴随着大量的教育资源浪费。第三,"实际制度供给不足"。作为中央代理机构的地方政府可能会追求地方财政的最大化、追求对本地资源配置的最大化等。第四,"相关外部制度供给不足"。经验表明,教育改革的阻力与障碍,往往不是源于教育内部,而是来源于教育的外部。因而,"建立一种健康的政府与学校关系,需要完善相关的制度环境"[1]。

(五)基础教育现代化目标远大与基层改革动力不足的矛盾

《中国教育现代化2035》提出的宏伟目标是"到2035年,总体实现教育现代化,迈入教育强国行列,推动我国成为学习大国、人力资源强国和人才强国"[2],这一目标中,"建成服务全民终身学习的现代教育体系"、"普及有质量的学前教育、实现优质均衡的义务教育、全面普及高中阶段教育"、"形成全社会共同参与的教育治理新格局",都与基础教育的改革与发展相关。相关的战略任务中,对于"发展中国特色世界先进水平的优质教育"、"推动各级教育高水平高质量普及"、"实现基本公共教育服务均等化(包括'在实现县域内义务教育基本均衡基础上,进一步推进优质均衡')"、"构建服务全民

---

[1] 蒲蕊.政府与学校关系重建:一种制度分析的视角[J].教育研究,2009,30(03):81-85.
[2] 中共中央国务院印发《中国教育现代化2035》[J].人民教育,2019(5):7-10.

的终身学习体系","建设高素质专业化创新型教师队伍","加快信息化时代教育变革","开创教育对外开放新格局","推进教育治理体系和治理能力现代化"[①]等等,基础教育都有义不容辞的使命。

概言之,我国经济社会创新驱动发展战略的实施对未来人才培养观念和培养模式提出了新要求,新型城镇化建设和人口流动对基础教育学校布局、资源配置方式提出了新挑战,促进教育公平、扩大优质教育资源覆盖面对教育均衡发展提出了新期待,这些无疑是推动基础教育改革与发展的重要驱动力[②]。然而,不少地方和学校存在着改革动力不足的问题,其根源多在于中央政府与地方政府之间、政府与学校之间的关系未充分理顺。

作为中央代理机构的地方政府追求地方财政的最大化、追求对本地资源配置的最大化,在掌握信息和统计资料上中央政府与地方政府之间存在着严重的信息不对称等问题,属于中央政府与地方政府的关系未理顺;而"政府行政权力对学校的过度干预、学校缺少应有自主权"等问题,源自政府与学校的关系未理顺。地方政府管得过多、激励不够,学校的改革就难免机械被动或消极抵抗;学校缺少自主权,肩负改革任务的校长教师就会畏首畏尾。

三、基础教育学校走向未来的改革与发展对策

习近平总书记2014年在同北京师范大学师生代表座谈时的讲话中指出:"当今世界的综合国力竞争,说到底是人才竞争,人才越来越成为推动经济社会发展的战略性资源,教育的基础性、先导性、全局性地位和作用更加突显。'两个一百年'奋斗目标的实现、中华民族伟大复兴中国梦的实现,归根到底靠人才、靠教育。"我们一方面要认识到解决上述基础教育改革难点问题的艰巨性和紧迫性,另一方面要以科学的态度、坚定的决心和足够的耐心去逐一化解矛盾、破解难题。

(一)以共建共享解决基础教育发展的不平衡问题

解决基础教育发展不平衡的问题,不仅需要上下努力、共建共享,还要特别关注特殊群体的教育水平提升。

1. 上级宏观调控与基层经验辐射双管齐下

基础教育均衡问题由来已久,最好的解决方式是实现资源的共享,而共享的实现

---

① 中共中央国务院印发《中国教育现代化2035》[J]. 人民教育,2019(5):7-10.
② 李潮海,徐文娜. 我国基础教育深化改革的动力因素与发展趋势分析[J]. 教育评论,2014(6):39-41.

需要上层宏观调控与基层经验辐射结合起来。在国家宏观调控方面,现在已实施了脱贫攻坚重大部署、学前教育三年行动计划、义务教育薄弱学校改造计划、高中攻坚计划、特殊教育提升计划等一批重大教育工程项目,聚焦最贫困地区、最薄弱环节和最困难群体,实现贫困偏远地区教育的快速发展。此外,教师轮岗制度的实施也在师资方面致力于提高乡村教育水平。在基层经验辐射方面,发达地区这些年来创造出来的委托管理、集团化办学、新优质学校推荐计划、一校多校、一校多区等在提升薄弱学校方面的有效举措及其经验,也在全国范围内逐渐推开,推进了优质教育资源的有序有效流动。由此可见,中央和地方两个积极性缺一不可,依靠国家政策的力量和自觉探索积累本土经验相结合,让优秀的资源能够在不同范围内流动、分享、凝练和放大,发挥出破解基础教育发展不平衡问题的巨大能量。

2. 多渠道多举措促进优质教育资源共享

区域之间、城乡之间和学校之间存在较大差距,这固然是需要解决的问题,然而,转换视角又会发现:差距又何尝不是一种资源、一种力量,通过流动、共享和支援,不仅能实现"自助者天助",而且可望"助人者自强"。这其中,除了包括设备仪器、图书、教学建筑在内的硬件资源的共享,更为重要的是师资、课程和文化等软件资源的流动,带来了无限的思想共享和情感交融。委托管理、集团化学区化办学、新优质学校推荐计划、支教计划等等,明显地惠及诸多新校、弱校、民校和农校,有效地提升了区域基础教育整体的发展水平。上述这些新的合作发展形式,引动了越来越多的学校在不同层面、不同维度以不同方式展开互动,不仅创新课程、变革教学、改善评价,而且渐渐形成合作的文化、探究的文化、对话的文化。

3. 大力提升特殊群体受教育水平

在基础教育适龄儿童中,进城务工人员随迁子女、农村留守儿童、残疾儿童等特殊群体的数量非常庞大,他们能否受到公平并且高质量的教育,直接关系到人民群众的教育满意度,更影响到我国的基础教育改革的成功与否。《中国教育现代化2035》要求推进进城务工人员随迁子女入学待遇同城化,完善流动人口子女异地升学考试制度,加快人口流入地学校建设,积极稳妥地解决新增市民和随迁子女的就学问题。加大教职工统筹配置和跨区域调整力度,向乡村小规模学校和人员紧缺学校倾斜,切实解决教师结构性、阶段性、区域性短缺问题。推进城乡义务教育一体化发展,对困难群体精准帮扶,努力让全体人民享有更公平的教育。

(二) 以开放创新、特色发展解决教育发展不充分问题

教育发展不充分的关键在于教育质量没有深度提高以及教育内部过程没有得到重点关注。把学校办成优质学校的基本路径,一是开放创新,二是特色发展,三是面向未来。

1. 开放创新带来优质教育资源的充分涌流

开放,具有打破某一系统原本固有的结构和形态的强大功能,原因在于开放的过程即是"异质"因素不断涌入的过程,带来了破除陈规、打破定式的无限可能性。没有开放,无从打开视野、呼吸新鲜空气,创新也无从谈起。这些年来,靠着对外开放,我国的基础教育工作者才得以知晓国外教育改革形形色色的先进理念和实践成果,才有发现法、探究研讨法、掌握学习法等教学方法的大量涌入和借鉴,才有 STEM、STEAM、教育戏剧、儿童哲学等课程的充分开发与实施;靠着区域、城乡、学校之间的相互开放,才有今天各种形式、各种形态的办学模式及治理方略问世;靠着对未来开放,才有今天面向未来社会、聚焦未来学习、探索未来教育的远见卓识和大胆尝试。

2. 特色发展让千万所学校各显风采

"特色"是与众不同的底色,有别于点状出彩的"特点"或"亮点"。也许有许多特色学校最初拥有一个或多个特色项目,但特色项目本身并不代表学校的特色。基于文化、艺术、国际化或某一特殊技能的特色,越来越多的学校通过"一校一品牌,一校一特色"等路径来提升办学质量和水平。特色学校的形成,要经历从"一校一品"到"一校多品"最终达至"无品之品"境界的长时间积累、酝酿、萌生、发展和基本定型的过程。有论者认为,教育特色发展的关键在于实现专业化、差异化、精品化"三化联动"[①]。教育专业化,强调的是"不同学校要结合各自的核心竞争力,突出自身优势,针对不同学习阶段、不同学生最突出最紧迫的需求提供专业化教育"。教育差异化,是要求学校适应经济社会发展的日新月异和人才需求多元化趋势,以差异化的教育培养个性化、多样化、复合型人才。教育精品化,则是指学校在专业化、差异化的基础上,形成精品化教学内容,着力提升学生的创新意识、创新精神和创新能力。

3. 秉承传统、立足当下、开创未来

秉承传统,表现于在基础教育全方位、全过程的持续推动和积累中,要在教育公平的理念下重新阐释和运用"有教无类""因材施教"等古训,并从中提取出"平等""有差

---

① 陈健,周谷平.解决好教育发展不平衡不充分问题[N].人民日报(理论版),2018-04-04(7).

别的平等"等现代思想;表现在基础教育改革要从思维品质培育、高阶思维发展、人际交往和情感技能等核心素养的发展上立意,在传承"学思结合""知行统一"理念的同时不断创新教育教学方式、变革教育评价理念和方法。立足当下,意味着我们在收获改革成果和经验的同时,倍加重视我们所面临的基础教育发展仍然存在"不平衡不充分"的问题。开创未来,则是在《中国教育现代化2035》的指引下,在互联网科技、大数据运用和人工智能技术的支撑下,在放飞想象的同时又能循证决策、依理施策,根据对未来的科学预测来探索基础教育改革的方向与路径。

(三) 以课程、教学及评价的深度变革来发展素质教育

如前所述,素质教育诉求与应试教育愈演愈烈存在着尖锐的矛盾。真正实现素质教育的再出发,需要从促进中小学教育内涵式发展的"治本"策略入手。近些年来国内涌现出许多从校本课程开发、课堂教学变革、教学评价改革、校本教师研修以及班级生活重建等新路径进行的探索,基本上都是聚焦学生的综合素养或核心素养而开展的。笔者根据观察和参与的实践变革,将这一趋势作一归纳。

1. 聚焦核心素养的培育整体设计学生的学校生活

"核心素养"是一种中国式的命名,西方国家或国际组织则有不同的界定,如OECD组织"Definition and Selection of Competencies"中的"Competencies"和欧盟的"Key Competencies",还有美国的"21st Century Skills",说到底它就是一种"核心胜任力","胜任力"是能将某一工作中成就卓越与成就一般的人区别开来的深层特征。无论是核心胜任力,还是"21世纪技能/能力"都是指包含了知识、技能和态度在内的综合性素养,是个体在走向生活、融入社会并解决特定问题时所显露出来的特质。学校生活,是学生走向未来生活之前的一种"准社会生活",为了他们日后的适应和胜任,就有必要从一开始就为他们提供一种有利于其核心素养形成的学习与生活环境,在这一环境中得以积极地参与、有效地互动、富有效能感、愿意接受并从事创新性的工作与学习。

2. 在课程、教学与评价改革上丰富学校现代化内涵

如果我们坚信,未来的学校以学习为中心,那么学习就是课程开发、教学改革、评价更新和跟进的聚焦点。笔者对地处我国西部的合作试验学校提出建议:为学生自主主动学习而建设课程(即"为学而建")、为方便学生自主主动学习而变革课堂教学(即"为学而教")、为促进学生自主主动学习而改革教学评价(即"为学而评")。具体路径和策略可略述如下:

（1）在国家课程的校本化实施中注入更加丰富的学习资源。国家课程的校本化实施包括国家课程再开发和学校课程自主开发两个方面，前者的重点在于充实、调整和拓展学习资源，后者则是从学生的需求和学校所能提供的条件开发出诸如国际理解、儿童哲学、教育戏剧、STEM＋（或 STEAM）等课程，为学生更自主、更主动地学习提供基础性保障。

（2）在课堂教学过程中重视学生学习方式变革和思维品质培育。讲授和训练是必不可少的，但对学生主动学习与发展又是不够的，倡导主题式、问题式、项目式等多种体现探究、合作、体验的学与教的方式，无疑有助于发展学生思维品质的深刻性、批判性和创造性。

（3）以多元评价激励学生自由而有深度地学习。多元评价不仅包括评价主体上的多元，也体现了评价目标和方式的多元，而这些"多"均指向学生在课堂上是否能进行自由而有深度的学习以及教师的教是否帮助和促进了学生的自主而主动的学习。

3. 彻底解决从应试教育转向素质教育的问题需要标本兼治

从应试主义走向素质教育的策略，可以是治标，可以是治本，也可以是标本兼治。难以真正实现素质教育的根本原因是应试教育的强势导向，那么变革考试制度，尤其是中考和高考制度，以及制约考试制度的高中和高校招生制度，可以说是一种治标之策。然而，为考而教、为考而学则是由一种根深蒂固的中国式教育文化心理——"学而优则仕"的观念所导致的，在全社会范围内逐步改变这种文化心理，在学校自身努力的意义上积极推行和发展素质教育，才是治本之道。当然，我们必须清醒地意识到这种改变将极为艰难。

所谓"标本兼治"，是指一方面要改变来自学校之外的制度性政策性因素，但另一方面不能坐等制度和政策的改变，而是要在学校改革与发展进程中，回归并坚守教育的本真，从"育分"取向回到"育人"的根本立场。作为教师，要将"促进学生核心素养发展"的理念落实在每一天、每一节课、每一次活动等真实的行动之上，让学生将自主地学、主动地学作为一种习惯并能够持续终身。

越来越多的学校从实际出发，开发出适合不同兴趣、能力和个性取向的多样化课程，为学生提供多样化的学习机会，并在课堂上为学生的学习提供探究、对话和合作的充分而自由的空间，在改变学生学习方式的同时，提升学生综合素养，使其有从容的心态和充分的能力应对任何考试，用更多的时间体验和享受主动自主学习的过程，有更多的灵感和想象力去促成创造性的学习与研究。这些可贵的尝试，为更多的学校"为优化学习而建""为方便学习而教""为促进学习而评"提供了可以参考和借鉴的样板,也为中国基础教育学校的现代化昭示了美好的前景。

(四)以治理现代化理顺政校关系并推动学校内部治理

1. 治理与教育治理

治理(governance)一词原意是控制、引导和操纵,过去,它主要用在公共管理活动和国家政治活动中。[①] 但在1989年世界银行首次使用了"治理危机"一词后,应用和研究"治理"的范围便从政治学领域扩大到了社会经济领域。关于"治理"的概念,目前还没有统一。全球治理委员会将"治理"定义为"治理是各种公共的或私人的个人和机构管理其共同事务的诸多方式的总和。它是使相互冲突的或不同的利益得以调和并且采取联合行动的持续的过程"[②]。

由此,我们可以推论,教育治理是教育中的相关利益群体为某一共同目标进行合作、互动与协调的过程。具体是指国家机关、社会组织、利益群体和公民个体,通过一定的制度安排进行合作互动,共同管理教育公共事务的过程。教育治理最重要的是学校治理,包括学校外部治理和学校内部治理两部分,其中外部治理主要涉及的是学校和教育行政部门、社会机构、学生家长等校外相关权利主体的关系的合理配置,而内部治理则是指学校内部的校长、学校行政管理部门、教师和学生等校内权利主体的关系的合理配置。同时,治理强调多种力量参加公共事务合作治理,学校治理则意味着教师、学生、家长、教育行政部门、社会团体及个人等多个主体参与到办学活动中来,贡献自己的资源和智慧,也意味着教师、家长和学生等主体在学校事务中享有更多的知情权、发言权和参与机会。

2. 学校的外部治理重在理顺参与各方的关系

一个国家的教育想要得到良好态势的发展,需要多方面的教育参与。教育参与涉及政府、学校和社会三方的力量,多方参与过程中,经过充分协商对话达到多元共治。各方各司其职、各尽所能,同时又要相互支持、互融互通,才能达到多元共治。"从政府角度讲,需要考虑如何简政放权;从社会角度讲,主要考虑建立市场参与教育事务的运行机制;从学校层面讲,则需要考虑赋予学校以自主发展权以及学校如何自主发展等

[①] 鲍勃·杰索普,漆蕪. 治理的兴起及其失败的风险:以经济发展为例的论述[J]. 国际社会科学杂志(中文版),1998(1):31-48.
[②] 俞可平. 治理和善治:一种新的政治分析框架[J]. 南京社会科学,2001(9):40-44.

问题。"①2014年全国教育工作会议将"加快推进教育治理体系和治理能力现代化"作为主旨,正式拉开我国从教育管理走向教育治理的时代帷幕。政府层面,主要是出台政策,把握教育的大政方针,进行整体调控,遵循"民主化""法治化"和"理性化"的原则,包容性地接纳其他主体的参与。学校层面,一个学校如果想要办好,需要拥有办学自主权,包括人事权、经费权和内部事务处理权等。学校只有掌握资源、掌握决策权力,才能保持办学的积极性,但学校领导需要承担起治理的责任,有担当意识、合作能力以及民主发展的包容性。社会层面,社会在教育治理中扮演着监督者和合作者的角色,既可以作为第三方来调和政府与学校的关系,也可以发挥社会的优势参与到教育的发展中去。

3. 学校内部治理重在完善结构、增强活力

如果说,良善的治理是学校持续提升办学质量的保障,那么自主创新则是推动学校可持续发展的灵魂。《中共中央关于全面深化改革若干重大问题的决定》指出:"深入推进管办评分离,扩大省级政府教育统筹权和学校办学自主权,完善学校内部治理结构。"学校内部治理关系到一个学校的发展、教师的教学状态和学生的学习状态,也是学校现代化发展的重要影响因素。将办学的权力真正交给学校,建立和完善现代学校制度、优化学校的内部治理架构,这也是现代教育治理体系建设中的关键环节。有研究者认为,学校在教育治理中的作用,主要是发挥好"学校自治"和"校内共治"两重功能。②《2003—2007教育振兴行动计划》指出中小学要实行校长负责、党组织发挥政治核心作用、教代会参与管理与监督的制度,逐步形成"自主管理、自主发展、自我约束、社会监督"的机制。学校内部治理不仅要以人为本,关心教师生活、关注教学状态,激发学校工作人员的积极性,更要增强科学管理和民主管理水平,让师生和家长等人能够参与其中,增强学校的活力。

"党的十九届四中全会,以坚持和完善中国特色社会主义制度、推进国家治理体系和治理能力现代化为主题,提出了总体目标,作出了重大部署。其中关于'构建系统完备、科学规范、运行有效的制度体系,把我国制度优势更好转化为国家治理效能'的要求,为基础教育提供了在制度机制层面'固根基、扬优势、补短板、强弱项'的发展

---

① 范国睿.政府·社会·学校——基于校本管理理念的现代学校制度设计[J].教育发展研究,2005(01):12-17.
② 董辉,杜洁云.对教育治理及其体系与能力建设的认识与构想[J].教育发展研究,2015(8):39-43.

动力。"①

(五) 以简政放权、鼓励创新激发基础教育改革的内动力

1. 教育均权化是一个大趋势

"从世界范围来看,教育均权化已逐渐成为教育行政改革与发展的总趋势。所谓'教育均权化',是指实行中央集权制的国家在逐步加强民主化,给地方以更多的权限;而过去实行地方分权制的国家则逐步加强中央的教育权限,涉及到全国利益的教育事业由中央统一管理,从而逐步走向权力的合理分配。"②综观各主要发达国家,不管其过去是中央集权制还是地方分权制,如今都有逐步走向均权化的趋势。即"中央主要负责制定教育方针和政策、全国教育发展规划等,地方则遵循既定的全国性的教育目标和标准,因地制宜,拟定具体计划并付诸实施;中央重在指导和监督,地方则重在执行与创新,呈现出了均权化的趋势与特点"③,"这些国家之所以采取均权管理,其目的在于使中央、地方和学校协调一致,以提高办学效率,增强学校活力,改善教育质量"④。

纵观中华人民共和国成立以来我国中央教育行政与地方教育行政关系的发展,中央与地方之间的关系一直处于"集权—分权"的循环与摆动之中,有时会陷入"一统就死,一放就乱"的两难境地。⑤ 在均权化的大背景下,在面对新时代诸多矛盾交织的教育改革进程中,需要探寻中央与地方教育行政权力的分割与配置的最佳平衡点,以便发挥各自应有的教育管理权限。

2. 简政放权是激发改革动力的大前提

在简政放权方面,关键是要科学界分中央与地方的教育行政权力,发挥地方自主深化基础教育改革的积极性。首先,中央要放权不放责。权力下放并不是简单的权力分割,而是要建立在政府职能转换上,同时要通过立法的形式对职、权、责进行合理分配。其次,中央与地方教育行政权力划分要走均权化之路。在权力分配问题上要寻求中央与地方关系的平衡与协调。再次,要科学、合理界分中央与地方教育事权。最后,中央与地方教育行政权限划分要以权力之性质为对象。即中央教育行政的权限应限

---

① 杨小微,张秋霞,胡瑶. 回望70年:新中国基础教育的基本经验[N]. 人民政协报,2019-11-20(9).
② 罗朝猛,胡劲松. 变革社会中我国公立学校与政府关系的调谐[J]. 教育理论与实践,2009,29(07):22-26.
③ 李帅军. 均权化:发达国家教育行政管理的趋势与特点[J]. 教育评论,2003(01):97-99.
④ 谷贤林. 均权化:当代西方教育管理的新特征[J]. 外国教育研究,2002(11):48-50.
⑤ 罗朝猛,胡劲松. 变革社会中我国公立学校与政府关系的调谐[J]. 教育理论与实践,2009,29(07):22-26.

制在制定教育宏观发展战略,制定教育方针、政策、各级教育制度、教育课程标准等;地方教育行政机构的主要权限应限定在学校建设、经费筹措与划拨、课程设置、教学计划和大纲的审定、教育资源的开发利用等。①

要调谐好政府与学校之间的关系,激发学校经由改革实现内涵式发展的内动力。有论者指出,理顺和调谐政府与学校的关系,一是要切实转变政府职能,政府职能应定位于"掌舵"而不是"划桨";二是培育与发展教育中介组织,协调与促进政府与学校关系的调整;三是政府依法行政,是调谐政府与学校关系的根本。此外还要借鉴他国经验,重新设计与制度安排我国政府与学校的关系。②

3. 鼓励创新是激发改革动力的加速器

《中国教育现代化2035》在关于教育现代化的实施路径方面,首先要求的是"总体规划,分区推进",即"在国家教育现代化总体规划框架下,推动各地从实际出发,制定本地区教育现代化规划,形成一地一案、分区推进教育现代化的生动局面"。③ 在鼓励创新方面,既要通过鼓励"一地一案"来推进区域性基础教育的现代化发展,又要经由"一校一策"来激励每一所中小学在实现自身现代化的道路上奋发有为。区域层面的"一地一案"中,一方面要总结提炼出本土推进教育现代化的典型经验,通过辐射和扩散放大改革效应;另一方面要在治理体系的创新上下功夫,包括与基础教育发展相关的体制和制度创新以及协商和互动机制的探寻。学校层面推进教育现代化的"一校一策",亦可从组织变革、制度创新、机制建设等视角,对学区化、集团化、联盟式办学以及委托管理、一校多校、一校多区进行总结提炼与经验推广,呈现出地方及学校生动鲜活的大好局面。

2019年5月,习近平同志在"不忘初心、牢记使命"主题教育工作会议上强调,"守初心,就是要牢记全心全意为人民服务的根本宗旨,以坚定的理想信念坚守初心,牢记人民对美好生活的向往就是我们的奋斗目标";"担使命,就是要牢记我们党肩负的实现中华民族伟大复兴的历史使命,勇于担当负责,积极主动作为,用科学的理念、长远的眼光、务实的作风谋划事业"。在基础教育改革与发展的新长征中,为了每一个孩子的健康成长、为了中华民族的伟大复兴,就是我们要坚守的育人初心;用科学的理念、长远的眼光和务实的作风谋划基础教育改革大业,就是我们所肩负的历史使命!

---

① 罗朝猛,胡劲松.变革社会中我国公立学校与政府关系的调谐[J].教育理论与实践,2009,29(07):22-26.
② 罗朝猛,胡劲松.变革社会中我国公立学校与政府关系的调谐[J].教育理论与实践,2009,29(07):22-26.
③ 中共中央国务院印发《中国教育现代化2035》[J].人民教育,2019(5):7-10.

第二章　学校现代化及其评价的国际研究与启示

本章将重点阐述联合国教科文组织、经济合作与发展组织等主要国际组织关于学校质量和办学水平评价的实践与研究,国外关于学校公平、学校效能、学校赋权、学校生态等领域的研究,基于这些文献综述,探明学校现代化的国际共识及其对我国学校现代化评价的启示。

一、国际组织关于学校质量和办学水平评价的实践与研究

学校质量与办学水平是体现各国教育质量的重要方面,其评价主要涉及学校层面、课堂层面和学生层面。自20世纪末起,世界各国及国际组织对于教育质量问题的关注度日趋提升,也开展了一系列教育质量监测活动,其中就有涉及学校质量与办学水平的各项评价指标框架,为各国的教育事业发展提供可借鉴的检测工具。因国际组织多从教育质量这个宏观角度进行评价指标框架的建构,"教育质量"是学校质量和办学水平的上位概念,本节重点梳理教育质量研究以及各大国际组织的评价指标框架的研究,以期为教育质量及其评价指标的本土化研究提供启示。

(一) 关于"教育质量"的研究

为进一步探究国际组织关于学校质量和办学水平的相关指标和模式,故先对其上位概念"教育质量"进行分析,主要针对"什么是质量""谁的质量"以及"如何评价质量"这三方面的分析。[1]

"教育质量"的内涵并未有明确界定,联合国教科文组织等机构结合教育发展的阶段性和长期性等特点,采取了边实践边探讨的方式,在承认"教育质量"概念的模糊性

---

[1] 吴凡.面向2030的教育质量:核心理念与保障模式——基于联合国教科文组织等政策报告的文本分析[J].教育研究,2018,39(01):132-141.

的同时,更注重教育质量的操作性定义。在该种模式下,尽管教育质量截至目前还未有确切的理论定义,但其改革与实践的进程推进迅速,世界各国对于教育质量的认识已趋于统一。第一,教育质量包括学习者与系统两个层面的质量,前者侧重教育有效地促进学习者在认知与非认知方面的发展,后者主要指教育资源的公平配置及有效利用。第二,理解任何背景条件下的教育质量的核心是相关性。不同社会角色对于什么是教育的首要目标、什么是最重要的教育产出的看法,形成对教育质量相关性的认识。第三,教育质量是工具理性和价值理性的统一,人力资本理论与基本人权是多数国际组织看待教育问题的两大基本观点。人力资本理论框架下,教育质量在系统层面意味着教育资源的配置与利用的有效性,在学习者层面更强调认知能力的发展和标准化测验分数的提高;在基本人权的框架下,教育质量在系统层面意味着更重视教育机会和资源配置的公平性,在学习者层面更关注广义上的学习成果。

基于对教育质量的高度关注,各大国际组织在实践中探讨教育质量内涵的同时,也将侧重点从"什么是质量"转向"谁的质量"。不同社会角色的视角会融合形成多元的定义和评价教育质量的方式,教育质量的建设过程是在这些不同社会角色持续地协商、谈判、调整、修正的动态过程中展开的。例如,家长、教师和管理者层面会认为,教育质量最重要的判定依据就是学生的学业成就和认知发展;家长和社区层面也会以教育在提升社会地位、促进就业等方面的经济和社会价值作为判断依据;也有其他社会角色会关注教育在政治上的作用,包括尊重多元文化、提倡公民教育等。这些都表明在不同背景下,不同社会角色对于教育成果的期待会有所不同,因此,教育质量的评价就成了动态发展中谈判和博弈的结果。

教育质量的相关群体的多样性决定了其评价方式多元化的必然性,也就催生出了对于客观教育质量评价方式与工具的需求。众多国际组织都提倡在评价教育质量时,保持开放多元的态度,在测量技术层面采用直接测量和间接测量相结合,在评价方法层面采取量化与质性的有机融合,在评价内容层面做到输入、环境、过程及产出等环节的全方位关注,在评价层面实现内部自评与外部评价相结合,在评价功能层面做到形成性评价与终结性评价相辅相成,同时在评价范式上实现多元视角与方法论整合。①

基于对"什么是质量""谁的质量"以及"如何评价质量"这三方面的分析,各大国际

---

① UNESCO. Education 2030 Incheon Declaration and Framework for Action: Towards Inclusive and Equitable Quality Education and Lifelong Learning for all[EB/OL].(2016-10-30)[2024-03-04]. http://unesdoc.unesco.org/images/0024/002456/245656E.pdf.

组织综合形成了三种主要的教育质量保障模式,分别是:"学习者中心"模式、"输入—过程—输出"模式以及"多维社会互动"模式(见表2-1)①。

表2-1 国际组织关于教育质量保障的三种模式

	什么是质量	谁的质量	如何评价	主要贡献
"学习者中心"模式	对人权给予强有力的、明确的尊重的教育系统	学习者,儿童	从学习者的个体发展及外部系统的支持性两方面评价(可操作性较差)	质量保障以学习者为本,促进学习为中心
"输入—过程—输出"模式	教育资源投入的效益,系统运作的效率,学习者的学习成果	淡化价值主体,强调工具理性	量化评价	全方位关注,评价方式科学化且可操作性强
"多维社会互动"模式	对不同社会角色需求的满足,未有统一界定	学生、教师、家长、社区、专业组织、市场、政府等	多元主体的混合方法论	多元质量观,强调历史、社会、经济、政治、文化等不同背景因素的重要性

2012年3月10日,联合国教科文组织驻华代表毕斯塔先生曾指出:无论是发达国家还是发展中国家,无论是在国家层面还是家庭层面,教育质量已经成为社会共同关注的话题。② 教育质量的高低之所以成为全球关注的重点,是因为它涉及各国发展的方方面面。

2015年11月4日,联合国教科文组织发布"教育2030行动框架",其创新点在于通过终身学习增加或扩大教育机会,保证全纳与公平、教育质量与学习成果。该行动框架提出的十大具体目标勾勒了全球未来教育蓝图,其中目标1"到2030年,确保所有青少年完成免费、公平及优质的小学和中学教育,并获得有效的学习成果",目标2"到2030年,确保儿童接受优质的儿童早期发展、保育及学前教育,从而为初等教育做好准备",目标3"到2030年,确保所有人负担得起优质的职业技术教育和高等教育",都无不例外地将各阶段教育质量指向核心词"优质"。③ 可见,教育质量将成为教育现代化过程中的关键衡量指标,建立健全学校质量和办学水平的评价体系至关重要。

---

① 吴凡.面向2030的教育质量:核心理念与保障模式——基于联合国教科文组织等政策报告的文本分析[J].教育研究,2018,39(01):132-141.
② 毕斯塔,何培,李萍.联合国教科文组织对教育质量的解释[J].教育理论与实践,2013,33(20):22-23.
③ 徐莉,王默,程换弟.全球教育向终身学习迈进的新里程——"教育2030行动框架"目标译解[J].开放教育研究,2015,21(06):16-25.

在学校现代化建设实践中,要使中国教育真正成为"中国特色、世界先进"的优质教育,优质标准起着十分重要的引领作用,而要使优质教育标准在保有中国特色的同时兼具世界性,对于以往国际组织评价指标的总结提炼是必不可少的。主要包括联合国教科文组织、经济合作与发展组织、国际教育成就评价协会(IEA)等在内的相关国际组织,它们在过往的教育质量监测中具体落实了相应的监测工具以促进各国的教育质量诊断与提升,如全民教育运动(通过可测量的学习结果检测和提高教育质量)、千年发展目标(普及初等教育)以及各类国际测试活动(PISA、TIMSS、PIRLS)的评估等,其中就有具体涉及学校质量和办学水平(学校层面、课堂层面和学生层面)的相应内容。

(二) 联合国教科文组织的相关研究

20世纪90年代中期,越来越多的政治组织和政治领导人认识到,要增加教育机会,不建立在提高教育质量的基础上是断不可行的。事实上,联合国教科文组织很早就注意到了教育质量问题。在世界全民教育大会上通过的《世界全民教育宣言》中就强调:全民教育有两个目标,一是提供平等的教育机会,二是坚持严格的教学标准。而教育机会的扩大能否最终促成有益发展取决于学习者能否通过这些机会真正学习(有效学习)。

基于对学习收益和结果的重视,发起世界全民教育大会的四个联合国系统机构于2000年在达喀尔联合举办世界教育论坛会议。该会议评估了1990年以来世界全民教育的进展情况,同时将教育质量问题作为会议焦点之一。论坛报告中显示,开展全民教育运动期间,儿童接受教育的机会虽有所增加,但质量差异极大,突出表现为贫困、农村和边远地区的弱势群体以及少数民族和土著居民的受教育水平几乎没有提高,甚至有些国家和地区还出现了倒退。这就表明仅依靠提高入学率、延长教育年限并不能促进受教育者自身的提升。报告分析指出,造成上述情况的原因是各国对教育质量问题未给予充分的重视。因此,结合当时全民教育的状况,会议通过了《达喀尔行动纲领》,将教育质量列为全民教育工作目标之一,充分肯定质量成为教育的核心。

考虑到教育质量的重要性,21世纪初联合国教科文组织进行结构性调整时,还专门成立了提高教育质量处。2002年,联合国教科文组织发布第一份全民教育全球监测报告《全民教育:世界步入正轨了吗?》,提出"输入—过程—输出"模式的教育质量评价内容,[1]可具体整合为如下框架(见图2-1),进一步揭示了影响教与学的系列因素,

---

[1] UNESCO. Education for All: Is the World on Track? [EB/OL]. (2016-12-09) [2024-03-04]. http://unesdoc.unesco.org/images/0012/001290/129053e.pdf.

同时区分了国家、学校及课堂等三个层次。其中"学校"以及"学校氛围"是作为学校层面评价指标的具体呈现;"教与学"则是课堂层面的一级评价指标,同时具有学习时间和教学方法等二级评价指标,具体标准呈现如下图;"学生特征"则是学生层面的一级评价指标,同时具有学向、毅力、入学准备程度等二级指标,具体标准呈现如下图。说明教科文组织不仅关注教的过程还强调学的过程,同时关注到学生自身特点对成绩的影响。

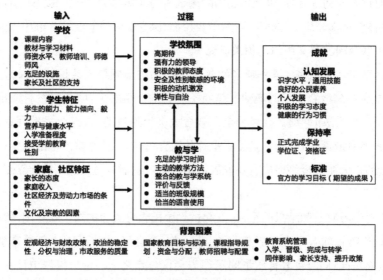

图 2-1　2002 年联合国全民教育质量监测内容

此后,联合国教科文组织又分别于 2003 年和 2005 年举办了以教育质量和全民教育为专题的教育部长圆桌会议,深入探讨教育质量相关问题。在第二次全民教育全球监测报告发布前,教科文组织基于不同场合对于教育质量的考量,在"学习者中心"模式下,于 2004 年提出了一个整体性的教育质量框架图①(见图 2-2)。该框架图以学习和学习者为核心,并在提出后被教科文组织率先尝试于其教育计划活动中。

根据图 2-2 可知,联合国教科文组织尝试从学习者以及管理者两个层面出发,内外并济,其具体内容就有涉及学校、课堂和学生层面。但该种模式无法清楚区分学校质量和办学水平涉及的三个层面,更多涉及理念上的阐发,可操作性并不强。

基于该框架图视角,联合国教科文组织在 2005 年发布的以教育质量为主题的全

---

① 董建红.联合国教科文组织教育质量框架探析[J].教育发展研究,2007(21):19-22.

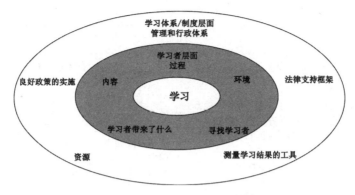

图 2-2 2004 年 UNESCO 教育质量框架图

民教育全球监测报告《全民教育:提高质量势在必行——2005 年全民教育全球监测报告》①中,将具体的教育质量测量内容归纳为两个层面、十大因素,并具体列出相应内容,如表 2-2 所示。

表 2-2 2005 年联合国全民教育质量框架内容

学习	
学习者层面	教育体系层面
1) 寻找学习者 ● 教育权利和机会均等; ● 传统上被忽视的人群,如贫困儿童、女童、童工、紧急状态下的儿童、残疾儿童、流动儿童等等; ● 全纳性:不分种族、性别、年龄、语言宗教、地域等; ● 适应学习的需要:参与、学习和组织学习活动的可能。	1) 行政和管理体系 ● 学习者为中心的; ● 公平和透明的; ● 灵活的时间安排; ● 开放的。
2) 学习者带来的知识和经验 ● 工作技能、受过伤害的经历、良好的早期儿童发展机会、伤病、饥饿等; ● 回应不同学习者的学习需求。	2) "良好政策"的实施 ● 管理者、教师和学生对政策的认知度; ● 实施机制; ● 教师和学生广泛参与决策; ● 国家法律规定的定期审核与更新以保证是且行; ● 一致或支持性政策:"负责任"的媒体、健康教育、青年与早期幼儿发展项目和终身学习的机会等。

---

① 联合国教科文组织. 全民教育:提高质量势在必行——2005 全民教育全球监测报告[M]. 北京:中国对外翻译出版公司,2005.

续 表

学习	
学习者层面	教育体系层面
3）内容 ● 现代和相关的课程与教材：识字、算术、生活现实和技能（人权、性别平等、尊重地球和生命、健康、营养、艾滋病预防、和平、对多样性的尊重与欣赏）； ● 获取足够的教育资料和低成本教学材料； ● 对教材的审核：权利、责任和义务。	3）支持性法律框架 ● 教育立法和其他相关立法； ● 提供教育的立法：入学和质量、资源配置和对教育体系的期望； ● 国家提供全民教育的责任立法：免费义务教育、参加工作的最低年龄限制等。
4）过程 ● 学习者、教师和学习管理者、家庭和社区； ● 接受过良好培训的教师：掌握以学习者为中心的教学方法和生活技能方法； ● 知识、技能和价值的传授。	4）资源 ● 公平合理的人力和物力资源的配置。
5）环境 ● 合适的学习环境：充足的健康与卫生设施、保健和营养服务； ● 良好的学校政策：促进安全和身心健康； ● 良好的心理社会环境：消除性别歧视、学校暴力、体罚和强迫劳动等。	5）学习结果的测量手段 ● 学习结果的主要分类：知识（所有学习者需达到的基本认知成绩水平）；价值（团结、性别平等、包容、相互理解、尊重人权、非暴力、尊重人类生命和尊严等）；技能和能力（解决问题的能力、团队精神、与他人相处、学会学习）和行为（将学到的知识运用于实际的能力）。

在"输入—过程—输出"模式下，重新组合影响教育质量的相关因素，可将上述表格内容整合为新的监测框架图[①]，见图2-3。对比2002年的框架，该框架更为简洁且要点突出，表述更为明确。其中关于学校质量及办学水平评价方面，涉及了课堂层面和学生层面，"教与学"依旧是课堂层面的一级评价指标，同时具有学习时间和教学方法等二级评价指标，具体标准呈现如图2-3；"学习者的特征"则是学生层面的一级评价指标，同时具有能力倾向、毅力、入学准备程度等二级指标，具体标准呈现如图2-3。

联合国教科文组织曾在德洛尔报告中指出：学会认知、学会做事、学会共处、学会生存是学习的四个支柱。"学会认知"就是要切实掌握认识工具，学会学习，它不仅包括学校教科书和课堂教学的认识工具，也包括在个体社会化过程中了解各种社会关系，习得民族文化价值观念、遵守社会行为规范，培养追求真理的科学精神。"学会做事"意味着所学知识的应用和职业技能的养成，更强调适应世界变化的综合能力，包括

---

① UNESCO. EFA Global Monitoring Report 2005：Education for All：the Quality Imperative[EB/OL]. (2016-11-15)[2024-03-04]. http://unesdoc.unesco.org/images/0013/001373/137333e.pdf.

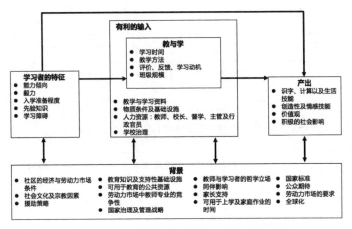

图 2-3　2005 年联合国全民教育质量监测内容

合作精神、创新精神和交流能力。"学会共处"强调学习和了解自身,发现并尊重他人、他国、他种文化,学会关心、分享并用平等对话的方式解决多种矛盾与冲突,在思想中构筑"和平的屏障"。"学会生存"则体现了教育和学习的根本目标,体现了教育质量的实质和目标就是促进每个学生个体和社会全体全面且有个性地发展。

结合四大学习支柱及会员国对于不断提高教育质量的要求,联合国教科文组织于 2012 年初新开发了一套用于分析和诊断教育质量问题的工具,从而帮助各国对自身教育系统进行更为全面的深入分析,发现和诊断各类因素。同时在开发过程中,将有质量的教育系统定义为"可以有效地服务于教育目的,能够持久地适应和满足发展的需求,促进教育公平,有效利用各种教育资源,确保学习者有效学习的系统"。

在此套工具中,影响教育系统质量和有效学习的关键因素构成了这个教育质量诊断框架。该框架为 14 个关键因素提供了分析工具,且每个工具包含一系列问题,帮助使用者对该因素进行全面深入的分析。[①] 其 14 个因素及核心问题可概括为如下形式(见表 2-3):

表 2-3　2012 年联合国教科文组织教育质量诊断框架

维度	因素	核 心 问 题
发展目标	相关性和响应性	1. 教育目标和内容是否顺应国际发展的趋势 2. 教育目标和内容是否适应国家和社会发展的需要 3. 教育目标和内容是否满足劳动力市场的需求 4. 教育目标和内容是否适应个体发展的需要

---

① 毕斯塔,何培,李萍.联合国教科文组织对教育质量的解释[J].教育理论与实践,2013,33(20):22-23.

续 表

维度	因素	核 心 问 题
		5. 教育系统内部的目标和策略是否协调一致 ……
	公平和全纳	1. 教育系统如何确保所有学生获得公平的、全纳的、有质量的教育 2. 教育系统如何确保所有学生实现有效学习 ……
预期产出	能力	1. 学习者通过教育系统需要获得哪些能力才能够为共同的发展目标作出有效的贡献 2. 学习者通过教育系统需要获得哪些能力才能够在当今及未来社会生存 ……
	终身学习者	1. 教育系统能否有效地培养学习者终身学习的能力 2. 教育系统能否为公民提供有效的机会以开展终身学习 ……
核心过程	学习过程	1. 哪些因素使得学习无法成为教育系统的核心过程 2. 如何排除那些使得学习无法成为教育系统核心过程的障碍 ……
	教学过程	1. 教师的教学过程是否有助于开展针对所有学习者的有质量的教育 2. 教师的教学过程是否有助于实现有效学习 ……
	评价过程	如何通过评价提高教育质量并促进有效学习 ……
核心资源	课程	1. 现有课程能否确保学习者掌握当今以及未来社会所要求的各种能力(知识、技能、情感、价值观) 2. 现有课程能否确保学习者应用各项能力有效应对可能的各种挑战 ……
	学习者	1. 哪些因素使得学习者(包括不同年龄及不同背景)无法成为有效的终身学习者 2. 如何消除使学习者无法成为有效的终身学习者的障碍 ……
	教师	1. 教师及教育工作者是否是影响教育系统质量的主要因素 2. 哪些因素影响教师和教育工作者自身质量的提升 ……
	学习环境	是否为每位学习者提供了适合其身心发展、有助于提高教育质量并促进有效学习的学习环境 ……
支持机制	治理	1. 教育系统的治理能在多大程度上推动教育质量的获得和持续发展 2. 教育系统的治理能在多大程度上促进学生的有效学习 ……

续 表

维度	因素	核 心 问 题
	财政	教育财政体制的设计如何满足有质量的教育和有效学习的实现……
	教育系统效率	教育系统利用资源的效率在多大程度上影响教育质量和公平……

上述教育质量诊断工具从5大维度出发,具体落实14项因素并附有核心问题,既有国家层面的宏观性指标,也有学校、课堂和学生层面的相应指标,能够帮助各国在监测学校教育质量和办学水平时明确切入点,找准抓手,为制定符合本国国情的监测指标提供参考,密切关注教育质量的走向。

随着各国教育事业的不断发展,对于教育质量评估的要求也在悄然变化,国际教育指标将转向强调质量和内涵,更加关注教育平等和机会公平,主客观指标融合程度不断加深,同时指标框架也趋向基本稳定和与时俱进并重。在世界教育大会上,有关高层领导决定将2000—2015年期间的《达喀尔行动纲领》[属专门教育类项目,以全民教育(EFA)6大目标为指引,旨在促进教育进步,关注教育质量、幼儿教育、成人识字、终身教育等]和"千年发展目标"(专门针对发展中国家,系综合类发展目标,包括消灭极端贫穷和饥饿、普及小学教育等8大目标,在教育方面主要关注普及初等教育和促进两性教育平等)合二为一,形成一幅更远大的全球教育发展蓝图,即后来通过的2030年"教育可持续发展目标"(SDG4)。2015年9月,联合国召开全球发展峰会,193个成员国审议并签署通过"2015年后可持续发展议程"(SDGS),是千年发展目标的延伸。该议程提出了包括全球教育在内的17项子目标,用来指导未来15年的国际发展与合作,体现了联合国成员国的共同理想。其中,第4项子目标为"教育可持续发展目标"(SDG4),旨在确保全纳、公平、优质的教育和促进全民终身学习,包括7项具体目标、11项全球指标(global indicator)和32项主题指标(thematic indicator),涉及各级各类教育和全民的终身发展,为下一个15年(2016—2030年)的世界教育发展提供框架。

联合国教科文组织在2015年11月确立的"教育2030行动框架"中概述了如何在国家、地区和全球层面上将仁川会议上制定的承诺转化为实践,动员所有国家和合作伙伴响应教育的可持续发展目标,提出了实施协调、筹措资金及监测"教育2030行动框架"的方法,以确保全纳、公平的优质教育,使人人可以获得终身学习的机会。同时,该行动框架还提出了指示性策略,指导各国根据不同的实际、能力、发展水平、政策及优先发展的考虑,制定符合本土情况的计划和战略。

此外,"教育2030行动框架"还指出要让所有人均可获得不同形式的高等教育,站在全球角度重新梳理了全民教育进程,理清过去未完成的教育任务,针对当前各个国家面临的教育问题提供宏观方向和战略布局。这对我国的高等教育也产生了巨大冲击,国内高校只有从人才培养、科学研究、社会服务、文化传承与创新、师资队伍建设、国际交流与合作等方面加强建设,才能加速实现我国高等教育与世界高等教育的完美对接。①

从学前教育到初等教育、再到中等教育乃至高等教育,从女童男童到青少年、再到成年乃至于所有学习者,从发达国家到发展中国家、再到小岛屿国家甚至于最不发达国家,"教育2030行动框架"都全方位多层次广角度地给予了关注。但其中的十大目标及相应的指示性策略都偏向宏观政策,对于学校、课堂及学生层面的微观关注并不多,只能为学校质量和办学水平评价提供战略上的参考借鉴。

(三) 经济合作与发展组织的相关研究

20世纪60年代起,OECD就开始进行教育指标体系的研究,并于1992年起开始每年或隔年出版其教育指标体系的重要研究报告《教育概览:OECD指标》,主要是以人力资本理论和CIPP模式(即背景—投入—过程—产出)为理论基础,为各国监测教育质量提供参考。《教育概览:OECD指标》强调针对现行问题进行分析,为制定政策服务,主要从社会、经济大系统出发描绘和评价教育的效率、效果,重视对教育过程的监测和比较。② 其中的指标会依据成员国教育发展的重点或社会经济变化逐年调整,日趋形成了较为完整的国家教育指标发展体系,不仅是对其成员国,在世界范围内也具有广泛影响。③

1992年OECD发表的教育发展指标体系共分为四个部分:一是教育制度的人口、经济和社会背景;二是教育的成本、资源和过程;三是教育的产出;四是专业术语、注释和一些技术性的信息。④ 1997年OECD发布七大类指标⑤,实则是将CIPP模式进行

---

① 蔡文伯,王亚芹. UNESCO"教育2030行动框架"对我国高等教育发展的冲击与启示[J]. 广西师范大学学报(哲学社会科学版),2019,55(01):110 - 116.
② 张国强. OECD教育发展指标体系分析及启示——以《教育概览:OECD指标(2003)》为例[J]. 外国教育研究,2006(11):24 - 28.
③ 经济合作与发展组织教育研究与革新中心. 经济合作与发展组织教育要览(1997)[M]. 北京:人民教育出版社,2000:1 - 4.
④ 楚江亭. OECD教育发展指标体系的历史演变及其启示[J]. 上海教育科研,2002(06):16 - 20.
⑤ OECD. Education at a Glance 1997: OECD Indicators [M]. Paris: OECD Publishing ,1997.

细分。此后,1998—2001年OECD教育指标虽逐年更新,但基本是围绕以下六个主题进一步细化形成,其中就有具体涉及学校质量和办学水平的指标类型,例如D类、F类就具体到学校和学生层面。具体指标类型如表2-4所示：

表2-4　OECD教育指标主题

指标类型	主　题　内　容
A类	教育背景(包括人口、社会、经济等)
B类	教育投入方面
C类	受教育机会、教育参与及教育进步等
D类	学习环境及学校组织
E类	教育产出(包括个人、社会产出和劳动力市场等)
F类	学生的成绩情况

为进一步提高各国教育质量监测力度,同时增加政策相关性,OECD于2002年发布的教育概览中对此前的指标体系概念框架进行了修改,在区分个体学习者、教学情境、学习环境、教育服务提供者和整体教育系统中的能动因素的基础上,对原有六大指标类型进行调整、合并,提出了"教育机构的输出与学习影响""教育经费和人力资源投入""获得教育、参与与进步""学习环境和学校组织"四大指标类别的框架模式,[①]具体内容如表2-5所示：

表2-5　2002年OECD教育指标体系

指标类别	指标名称	
A　教育机构的输出与学习影响	A1　当前高中教育毕业率与成人人口成绩 A2　当前高中毕业存留率和成人人口成绩 A3　劳动力和成人人口的教育成就 A4　不同学科领域的毕业生 A5　15岁人口的阅读成绩 A6　15岁人口的数学和科学成绩 A7　学生表现的校际差异	A8　公民知识与参与 A9　父母的职业身份和学生表现 A10　15岁人口出生地、家庭语言和阅读成绩 A11　不同教育成就水平的劳动力参与 A12　15—29岁人口预期教育、就业和非就业年数 A13　私人和社会回报率及其决定因素 A14　人力资本与经济增长的关联

---

① OECD. Education at a Glance 2002: OECD Indicators [M]. Paris: OECD Publishing, 2002.

续表

指标类别	指标名称	
B 教育经费和人力资源投入	B1 生均教育支出 B2 教育机构支出占GDP的比例 B3 公共教育经费支出总额	B4 教育机构中的公共和私人投入比例 B5 通过公共补助对于学生和家庭的支持 B6 按资源和服务种类划分的教育季候支出
C 获得教育、参与与进步	C1 预期教育年限和入学率 C2 高教进入及预期年数和中等教育参与 C3 高等教育的留学生	C4 成人人口的继续教育和培训参与 C5 青年人口的教育和工作地位 C6 低教育水平年轻人的处境
D 学习环境和学校组织	D1 年龄在9—14岁间学生的总的受教育时间 D2 班级规模和学生与教职工比率 D3 学校与家庭中计算机的获得与使用 D4 男性与女性运用信息技术的态度与经验	D5 课堂与学校氛围 D6 公立初等和中等学校的教师工资 D7 教学时间与教师工作时间

综上可知，2002年的指标体系中突出了对教育提供与输出不平等问题的关注，例如A1、A2、A3呈现年龄与教育、学习及就业的不平等，A4强调了不同学习领域的不平等，D3强调社会背景与教育和学习的不平等，这些都会成为教育质量的影响因素，为学校质量监测提供了参考依据。同时该指标体系更是关注到了教育教学的微观层面，涉及课堂和学生层面，例如D2、D5两个指标都指向课堂和学生，有助于学校更好地统筹资源，合理办学。

此后，2003—2006年指标体系的具体内容虽有所增减，但4大类别并未有所改动，每一类别下的指标数量也基本相同。2007—2008年，OECD根据成员国发展的需求，对A类"教育机构的输出与学习影响"指标内容进一步优化，从原先的13—15项精简为9项，其余3大类指标差异甚微。2009—2010年，基于以往指标体系，OECD将C类"获得教育、参与与进步"指标内容从原先的6—7项精简为3项，涵盖面有所减少，其余3大类指标差异甚微。2011年起，曾被精简为3项的C类指标重新扩大涵盖面，增至6—7项，其余3大类指标差异甚微。①

---

① OECD. Education at a Glance 2011: OECD Indicators [M]. Paris: OECD Publishing, 2011.

2012年,OECD发布了题为《教育公平与质量——对处于劣势的学生和学校的支持》的报告,这份报告对教育系统提升教育质量提出了政策性建议,更多关注到学校层面,以求得劣势地位学校和学生的进一步发展,提升学校质量和办学水平。其中涉及与学校质量和办学水平密切相关的学校层面和课堂层面,[①]具体指标内容如表2-6所示:

表2-6　2012年OECD关于学校及课堂层面的指标内容

层面	一级指标	二级指标
学校	加强和支持学校领导班子	确保学校领导班子在制定计划加强领导能力、改善教与学的同时,提供专业知识应对薄弱学校所面临的挑战
		制定策略吸引和保留能力强的领导者,提供优越的工作条件及奖励机制,聘用优质学校的高素质领导者
	营造有助于学习的氛围和环境	/
	吸引、支持、保留高素质教师	为有效教师提供优越的工作条件
		为高素质教师建立充分的物质和职业大战激励机制
	优先增进家长、社区和学校的联系	改进并使用多种交流策略来增进学校与家长的联系
课堂	确保有效的课堂学习策略	将以学生为中心的教学与课程和测评实践相结合
		确保在学校里开设有高质量的课程

上述指标内容都是切实针对学校和课堂层面,有助于学校改进统筹,加强队伍建设、环境建设,为改进课堂教学提供指导,进而更为全面地评价学校质量及其办学水平。

此后,OECD在2013—2019年期间逐年发布的教育指标体系都差异较小,只有2018—2019年发布的教育指标体系将原本的B类指标与C类指标互换,其余内容基本相同,其中更多关注到了教育质量的内容,指标项目更多细化到学校、课堂、学生层面,且各国对于高等教育及其办学质量的关注度不断提升,以2018年OECD所发布的指标体系为例,具体内容如表2-7[②]所示:

[①] 郑弘,孙河川.义务教育阶段教育质量评价标准的国际比较研究[J].上海教育科研,2013(10):16-20.
[②] OECD. Education at a Glance 2018: OECD Indicators [M]. Paris: OECD Publishing, 2018.

表 2-7 2018 年 OECD 教育指标体系

指标类别	指标名称	
A 教育机构的输出与学习影响	A1 成人人口的教育成就 A2 从教育过渡到就业：15—29 岁人口的分布 A3 不同教育成就水平的劳动力参与 A4 来自教育的薪资优势 A5 教育投入的财政激励 A6 社会回报率与教育的关系 A7 成年人口平等参与教育与学习的程度	A8 公民知识与参与 A9 父母的职业身份和学生表现 A10 15 岁人口出生地、家庭语言和阅读成绩 A11 不同教育成就水平的劳动力参与 A12 15—29 岁人口预期教育、就业和非就业年数 A13 私人和社会回报率及其决定因素 A14 人力资本与经济增长的关联
B 获得教育、参与与进步	B1 教育参与者 B2 早期儿童教育的世界差异 B3 高中教育参与者 B4 高等教育参与者	B5 高等教育成就获得者 B6 国际留学生概况 B7 高等教育中进入和产出的平等性
C 教育经费和人力资源投入	C1 教育机构的生均教育支出 C2 教育机构在国家财政中的占比 C3 教育机构中的公共和私人投入比例 C4 公共教育经费支出总额	C5 高等教育学生支出及其公共支持所得 C6 按资源和服务种类划分的教育季候支出 C7 教师薪资水平的影响因素
D 学习环境和学校组织	D1 学生在校时间 D2 班级规模和学生与教职工比率 D3 教师及学校领导者的薪资水平	D4 教师教学时间 D5 成为教师的条件 D6 教育系统中的关键决策制定者

除了在教育概览中逐年发布的教育指标体系，OECD 还通过能力指向型的"国家学生评估项目"(PISA)评价学生运用知识和技能，以迎接现实生活的挑战的能力，其评价的核心理念是基于对终身学习能力和解决问题能力的评估。该项目于 1997 年启动，每 3 年发布一次，其测验对象是接近义务教育末期的 15 岁学生，除了必要的阅读、数学和科学等学校授课科目测验外，也探究学生适应真实生活的各项知识和技能以及其学习策略、学习动机与态度等。通过对智力因素和非智力因素对学习的影响的分析，结合量化手段考查学生的学习成就，继而对相应学校的办学水平作出评价以促进改善和提升。[①]

PISA 项目对于学生学业成就的评价方式是人文性和工具性的结合，既存在针对具体学科的量化指标体系的评价，也有关注学生未来生存和发展的能力指标评价。其

---
① 孙继红,杨晓江.OECD 教育指标体系演变及发展趋势研究[J].现代教育管理,2009(05):89-92.

评价内容更为全面,由此对于学校质量和办学水平的要求也更高,对于学校的综合发展具有很好的借鉴意义。

(四) 其他国际组织的相关研究

除联合国教科文组织和经济合作与发展组织外,还有许多国际组织也对教育质量及其监测环节予以高度关注并给予相关阐释。

1. 关于国际教育成就评价协会

国际教育成就评价协会主要通过两项大规模的国际质量监测实践为世界各国的教育质量诊断提供帮助,更多指向学生的学业成就和个人素养,由此折射相关学校的办学质量。IEA 于 1995 年启动"国际数学和科学成就趋势评价"(TIMSS),其评价对象是四年级和八年级的学生,主要考查学生的数学和科学学科的学习成就,并通过量化手段反馈。[1] 另一项目"国际学生阅读素养进展评价"(PIRLS)于 2001 年开始首轮测试,每 5 年进行一次。以此来监控儿童阅读能力的发展趋势,其评价的核心关注点始终在于阅读理解过程、阅读目的、阅读行为与态度 3 个方面,同时将阅读能力分为 4 个层级:聚焦并提取文本明确陈述的信息能力;直接推论能力;阐释、整合观点与信息能力;考察、评价文本内容、语言和各元素能力。其中阅读目的和过程评价通过试卷形式进行,而行为与态度评价主要通过学生版和家长版问卷进行。[2]

2. 关于欧盟

2002 年,欧盟委员会成立了来自 31 个欧洲国家的专家、国际组织代表及利益相关方组成的 8 个工作小组,同时成立了一个教育指标和基准工作小组。综合各方意见,在欧盟已有指标的基础上,工作小组于 2003 年确定了 8 个关键教育领域的 29 个指标,并据此对 2004—2006 三个年度的欧盟教育进展情况进行系统监测、发布报告。[3] 基于此,为更好地体现教育目标,促进教育质量提升,2007 年 2 月 21 日,欧盟委员会起草了名为《欧盟委员会提案:为了实现里斯本教育培训目标建设连贯管理过程的指标、基准框架》的文件,对早期的 29 个教育指标进行调整、补充和合并,重新提出了教育质量监测的 20 个核心指标。经过教育部理事会的最终调整,最后审批通过监测教育质量的 16 个核心指标,并于 2007 年 10 月发布,形成了以"关键能力"为指向的教育质量

---

[1] 陈信宇,柏毅. PISA、TIMSS 科学素养测评项目及启示[J]. 基础教育参考,2019(24):10-13.
[2] 鲍道宏. 从"国际阅读素养进展研究"反思小学阅读教学[J]. 天津师范大学学报(基础教育版),2015,16(04):37-41.
[3] 杨涛,辛涛. 欧盟国家教育质量的框架、进展及其启示[J]. 比较教育研究,2011,33(07):54-58.

监测体系①(见表2-8)。

表2-8 2007年欧盟教育质量监测指标体系

教育质量监测的16个核心指标	(1)学前参与教育率;(2)特殊需要教育;(3)早期离校生;(4)阅读、数学和科学素养;(5)语言能力;(6)运用信息技术能力;(7)公民素养;(8)学会学习的能力;(9)高中阶段教育完成率;(10)教师和教员的专业发展;(11)高等教育毕业生;(12)教育学生跨国流动;(13)成人参与终身学习;(14)成人能力;(15)人口的教育成就;(16)教育和培训的投入。
监测教育质量的5个基准	(1)早期离校生控制在10%以下;(2)阅读素养低成就学生至少减少20%;(3)高中阶段教育完成率至少达85%;(4)数学和理工科专业(MST)毕业生人数(含本科生、硕士生和博士生)至少增加15%,同时降低性别比例失衡;(5)成人参加终身学习的比率达到12.5%。

综上可知,欧盟提出的这16个指标涵盖面广且具体到5大量化基准,细致涉及有关学校、课堂和学生层面的具体指标,也是对学前教育到终身学习、关键能力素养以及教师专业培训等的全方位监测。欧盟及其成员国可依据各项指标的逐年对比及其趋势,更深入地了解教育发展状况,同时为世界各国的教育质量监测提供借鉴,进一步提升各国学校质量和办学水平。

3. 关于联合国儿童基金会

联合国儿童基金会从20世纪90年代起就联合一些东亚国家开展了名为"面向爱生的学习环境"的基础教育合作项目,随后将当初强调的学校是"儿童友好的环境"逐步变成"儿童友好的学校",简称为"爱生学校"。这是旨在围绕"儿童的最大利益"改善教育质量和公平性的全球行动,对于改善部分地区的学校质量和办学水平具有指导意义。联合国儿童基金会主要从4个维度、五个方面概括了爱生学校的标准,包括全纳与平等,有效的教学,安全、健康和保护,参与与和谐这4大维度。具体落实的五个方面分别是:有完善的体系和政策;有包容性、保护性和性别敏感性;能提供健康、安全的环境;能保证有效学习;学校的建设和发展由学生、家庭和社区共同参与。② 此外,爱生学校在引入中国后,从最初的内蒙古、重庆和广西三地试点以帮助贫困地区基础教育转向全国普及初等教育的指导项目——爱生学校和学习者质量,切实帮助我国提高

---

① 中国教育科学研究院.教育质量国家标准比较研究报告[R].中国教育科学研究院,2012.
② UNICEF. Assessing Child-Friendly Schools A Guide for Programme Managers in East Asia and the Pacific[EB/OL].(2009-03-01)[2023-08-09]. https://www.unicef.org/media/66486/file/Child-Friendly-Schools-Manual.pdf.

义务教育质量,促进学校办学水平提升。

二、国外关于学校公平、效能、赋权和生态等领域的研究

(一) 学校公平

近年来,世界各国致力于教育公平指标体系的研究与开发,以监测本国或本地区教育发展状况。许多国家在制定教育政策和教育指标时重视教育公平,也有许多国际组织、权威高等教育机构以及知名学者在教育公平指标体系的研究与开发上取得了众多研究成果。

国内学者对国际教育公平指标及指标体系十分关注,但对国际教育公平指标体系的系统梳理和研究不多。

2007年,沈有禄学者对西方教育公平测度进行了研究,回顾了西方数个主要的教育公平指标体系并做出了简要评述,其中涉及的教育公平指标体系包括1984年贝尔勒(Berne)和斯蒂埃费尔(Stiefel)的教育公平测度框架、2001年托马斯·黑利(Thomas Healy)和大卫·埃斯腾斯(David Istance)的教育公平测度指标体系、1984年格瑞赛伊(Grisay)的教育公平测度框架、2001年丹尼斯·缪瑞特(Denis Meuret)的教育公平测度框架、1989年格棱·哈卫(Glen Harvey)和苏姗·舒伯格·克雷恩(Susan Shurberg Klein)的教育公平测度框架。[1]

2008年,安晓敏学者在其博士毕业论文《教育公平指标体系研究》中梳理和研究了国外教育公平指标,主要分析了欧洲的教育公平指标体系和拉丁美洲的教育公平指标体系。欧洲国家对教育系统公平性的研究以及对教育公平指标体系的开发,具有系统性和运用比较方法的新特征,形成了欧洲的教育公平指标框架。拉丁美洲国家在发展教育公平指标方面落后于其他地区,其对教育公平指标的开发和研制主要体现在与一些国际组织合作及参与的项目中,以世界教育指标项目(World Education Indicators Project, WEI)和教育指标区域项目(Educmion Indicators Regional Project, EIRP)为代表。[2]

2016年,李娟选择了西方十种权威的教育公平指标体系作为研究对象(见表2-9),从不同层面分析了西方教育公平指标体系的具体指标。分析结果发现,西方教育公平指标体系既关注起点公平,也关注过程公平和结果公平;既重视"人"因素的公平,

---

[1] 沈有禄.西方教育公平测度研究简述[J].全球教育展望,2007(12):36-42.
[2] 安晓敏.教育公平指标体系研究[D].长春:东北师范大学,2008.

也重视"物"因素的公平;既关注教育公平的数量,也关注教育公平的质量。[1]

表 2-9 西方教育公平指标体系研究列表

序号	制定单位/人	出版时间	名称
1	Gerald	1983	EmpiricaL Indicators of Educational Equity and Equality: A Thai Case Study
2	College of the Canyons	1994	Students Equity Indicators Report
3	European Union	2001	Developing Education Equity Indicators in Latin America
4	Hutmacher, Cochrance & Bottani	2001	In Pursuit of Equity in Education: Using International Indicators to Compare Equity Policies
5	Marc Demeuse	2003	A Set of Equity Indicators of the European Education Systems
6	Reimer	2005	Equity in Public Education
7	Ariane Baye	2006	A Set of Indicators to Measure Equity in 25 European Union Education Systems
8	Sherman Poirier	2007	Educational Equity and Public Policy: Comparing Results From 16 Countries
9	University of Liege	2009	Equity of European Educational System: A Set of Indicators
10	OECD	2012	Program of International Student Assessment

　　这十种西方教育公平指标体系的具体指标主要包括教育资源的分配、能力差异、性别差异、学生的期望、教育支出、社会背景、经济收入、公平标准、教育年限、学习条件、父母受教育程度、生活质量不公平、学生对公平的感知、教师质量、对学习过程的感知和学校条件(频数大于等于5的所有指标)等(见表2-10)。可见,西方教育公平指标更多关注如教育资源的分配、能力差异、性别差异等客观指标,对如学生的期望、学生对公平的感知、对学习过程的感知等主观指标的重视程度也在提升。其中和"学校公平"相关的指标有学生的期望、公平标准、学习条件、学生对公平的感知、对学习过程的感知、来自教师的支持、感到受到关注,可见西方教育领域对学校公平的关注度不高,但开始逐渐关注到学校层面的公平指标。

---

[1] 李娟.西方教育公平指标体系研究与思考——以十种教育公平指标体系为例[J].外国中小学教育,2016(10):15-22.

表2-10 十种西方教育公平指标体系具体指标以及频数统计表

具体指标	频数	具体指标	频数
教育资源的分配(Distribution of Educational Resources)	9	对学习过程的感知(Perception of Learning Process)	5
能力差异(Disparities in Competencies)	8	学校条件(Conditions of Schools)	5
性别差异(Disparities in Gender)	8	来自教师的支持(Supports from Teachers)	4
学生的期望(Students' Expectation)	8	学业成绩(Academic Performance)	4
教育支出(Spending for Education)	7	政策公平(Equality of Policies)	4
社会背景(Social Background)	7	职业成就(Vocational Achievements)	4
经济收入(Economic Income)	7	父母职业(Parents' Occupation)	4
公平标准(Equity Criteria)	7	少数种族(Racial and Ethnic Minorities)	3
教育年限(Length of Education)	6	语言差异(Difference of Languages)	3
学习条件(Conditions of Learning)	6	入学机会(Opportunities of Schooling)	3
父母受教育程度(Educational Attainment of Parents)	6	经济与社会结果(Economic and Social Consequences)	2
生活质量不公平(Inequality in Quality of Life)	5	感到受到关注(Feeling of Care)	2
学生对公平的感知(Students' Perception of Equality)	5	接触科技的机会(Opportunities of Approaches to Technologies)	1
教师质量(Quality of Teachers)	5	出生国籍(Nationality)	1

此外,另有一些国内学者就某个区域、某个国际组织或某个国家的教育公平指标体系进行了梳理、比较和分析。总体而言,对国外"教育公平"和"学校公平"评价指标研究成果的综述将结合一手资料和二手资料进行有重点的梳理和归纳。

1. 国际组织:教育公平理念及指标

(1) 联合国教科文组织

联合国教科文组织对教育公平问题的关注主要体现在条约、国际会议宣言以及开展全球行动,如全民教育行动等。从1948年的《世界人权宣言》到21世纪的《新千年发展目标》,联合国教科文组织对教育问题的关注始终以"教育是人的基本权利"为逻辑起点,以教育公平为实现全人类共同发展的基本手段。

联合国教科文组织对教育公平问题的认识主要包括关注作为人的基本权利的受教育权的保障问题和教育过程与教育结果的公平问题。① 在内容上,教育公平主题从关注教育领域的性别平等,到关注受教育群体从学生教育到成人继续教育的延伸,再到关注教育过程和结果公平,逐渐走向多元和深入。其 2015 年最新发布的"教育 2030 行动框架"提出了未来 15 年教育发展总目标,即"确保全纳、公平、有质量的教育,增加全民终身学习的机会",同时将总目标分解为 7 个子目标和 3 个相应实施方式的具体目标,其中教育公平的相关内容便包括了教育机会公平、教育过程以及教育结果公平,涉及教育环境、教育保障、教育投入、教育措施等多个方面②。

(2) 经济合作与发展组织

OECD 对教育发展指标体系的制定和研发起步较早,但并未形成针对教育公平的指标体系。OECD 以公正(fairness)与全纳(inclusion)作为教育公平的内涵,在教育公平领域开展了 INES 项目、PISA 项目、教育公平主题评审(Equity in Education Thematic Review)等工作,反映出其对教育公平指标的取向。2015 年 PISA 测试结果反映出了国家教育系统中的教育公平问题,2018 年发布的教育发展报告《教育概览 2018:OECD 指标》(Education at a Glance 2018: OECD Indicators)从不同角度分析了影响教育公平的各类因素。OECD 对教育公平的关注在于学生的社会经济地位、性别、移民背景、居住地理位置对教育不公的重要影响,③基本都属于教育背景或教育起点的范畴。

(3) 欧盟(European Union)

OECD 对教育指标的研发较早,欧盟在此基础上开展了"教育制度公平方案"的研究,其重点聚焦于证明建立一套教育公平指标的可行性,并以此比较成员国教育制度的公平性。于是,欧盟建立了一套包含 4 个一级指标、12 个二级指标与 29 个三级指标的教育制度公平测度指标体系(见表 2 - 11),并于 2005 年公开发布了一份研究报告——《欧盟教育系统的公平性:一套指标体系》(Equity in European Educational Systems: A Set of Indicators),引起了学界广泛的讨论。

---

① 赵萍. 国际组织推进教育公平的不懈努力[J]. 比较教育研究,2007(02):22 - 26.
② 李学书,范国睿. 未来全球教育公平:愿景、挑战和反思——基于《教育 2030 行动框架》的分析[J]. 比较教育研究,2016,38(02):6 - 11.
③ 吴建金. OECD 发布《教育概览 2018》:教育公平处于重要位置[J]. 世界教育信息,2018,31(19):72.

表 2-11 欧盟教育制度公平测度的 29 个指标①

A. 教育不平等的背景		B. 教育过程中的不平等	C. 教育的不平等	D. 教育不平等的社会与经济影响
A1. 教育的个体结果(影响) A11. 收入与就业机会的差距 A12. 教育的社会优势 A2. 经济与社会的不平等 A21. 收入与贫穷的不平等 A22. 经济安全的不平等	A3. 文化资源 A31. 成年人口的教育水平 A32. 15 岁学生的文化资源 A33. 15 岁学生的文化实践(活动/生活) A4. 期望与感知 A41. 15 岁学生的职业期望 A42. 学生的公平标准 A43. 学生关于公平的一般的(总的)观点	B1. 所受到教育的数量 B11. 受教育年限的不平等 B12. 教育开支的不平等 B2. 所受到教育的质量 B21. 15 岁学生感知到的来自教师的支持 B22. 15 岁学生所感知到的纪律氛围 B23. 种族隔离 B24. 学生对被公平对待的感知	C1. 技能 C11. 成绩/技能的不平等 C12. 在学校中的弱点(弱势群体学生)与优点(优秀学生) C2. 个人发展 C21. 学生的公民知识 C3. 学校生涯 C31. 学校生涯的不平等	D1. 教育与社会流动性 D11. 由教育水平决定的职业成就 D12. 社会来源对职业地位的影响 D2. 受教育程度最低群体所受教育的收益 D21. 受教育程度最高与受教育程度最低的群体的捐赠 D3. 不平等的集体性影响 D31. 学生对教育制度公平性的判断 D32. 学生对教育制度的期望 D33. 学生对教育制度中的公平性的感觉 D34. 容忍/不能容忍指数 D35. 社会政治参与指数 D36. 对制度的信任指数

该框架从教育不平等的背景、教育过程中的不平等、教育的不平等、教育不平等的社会与经济影响四个维度设立了完整而详细的指标体系。教育公平测度关注了涉及教育问题及利益的相关各方在教育起点、教育过程、教育结果以及教育影响四个阶段上的资源分配。此外,其还关注到了家长、老师对学生的期望和影响以及学生对公平的感知体验。其中和"学校公平"相关的指标有:A4 期望与感知(A42 学生的公平标准、A43 学生关于公平的一般的观点)、B2 所受到教育的质量(B21 15 岁学生感知到的来自教师的支持、B22 15 岁学生所感知到的纪律氛围、B24 学生对被公平对待的感知)、C1 技能(C12 在学校中的弱点与优点)。

国际组织主要是在宣言、条约、报告、战略规划以及项目工作中体现出其对于教育公平的认识和理解,尽管有制定和研发教育指标,但对教育公平指标的涉及不多。国际组织的教育指标与政策紧密结合,因而基本都停留在较为宏观的层面,对教育起点、

---

① Department of Theoretical and Experimental Education University of Liège. Equity in European Educational Systems:A set of indicators (February 2005 - 2nd Edition) [R]. A project supported by the European Commission Directorate General of Education and Culture Project Socrates SO2 - 61OBGE, 2005,29.

教育过程、教育结果、教育影响等皆有所关注,但主要聚焦于教育起点和背景。

2. 英国、美国、澳大利亚、日本:教育公平理念聚焦

2006—2015年间,关于教育公平问题的研究成果主要来源于英国、美国和澳大利亚的研究机构,[①]所以在此选择英国、美国和澳大利亚为例,对其教育公平的理念进行整理和分析。此外,日本作为和中国文化最为相近的发达国家,其教育公平的理念也值得我们分析参考。

(1)英国

英国教育公平的发展主要经历了"重点关注起点公平—重点关注结果公平—重点关注过程公平"三个主要阶段,分别对应19世纪初—20世纪初、20世纪初—20世纪90年代、20世纪90年代至今三个时期。[②] 英国政府在基础公共教育方面不断对教育公平进行探索,在实现入学机会均等、努力消除地区和校际差距以及于第三条道路中加大对弱势群体的补偿教育等方面都有着重大的突破。[③] 20世纪以来,英国对基础教育公平的诉求经历了一个曲折的历程:从消除阶级差异造成的教育机会、教育过程的不平等,到抛弃智力的遗传决定论造成的教育资源分配的不平等,到促进更大社会流动的职业成就的平等,再到现今的寻求消费权和公民权的平衡,迈向有差异的平等。这一过程体现了英国教育公平理念嬗变的轨迹——从追求共性的平等向更加符合人的差异性的平等曲折前行。[④]

(2)美国

美国早期的教育公平是通过教育立法与具体措施的落实来保障实现的,20世纪80年代以后,择校制度逐渐成为美国实现教育公平的一个策略转向。美国著名的科尔曼报告《教育机会均等的观念》将美国的教育机会均等演变分为四个阶段:入学机会均等、满足不同学生需求的多样化课程、废除种族隔离以及教育输出平等。[⑤] 20世纪60年代,美国联邦政府推进教育公平的政策着力于公民教育权利平等和入学机会的

[①] 卢德生.近十年(2006—2015)来国外教育公平研究的整体态势——基于科学引文数据库(WOS)的文献计量和内容分析[J].外国教育研究,2017,44(05):77-88.

[②] 殷玉新,王德晓.19世纪以来英国教育公平的嬗变轨迹探寻[J].外国中小学教育,2016(01):6-10+5.

[③] 张菀洺,刘文.西方教育公平理念与政府制度安排——以美英教育制度为例[J].学习与探索,2012(10):77-82.

[④] 倪小敏.向有差异的平等迈进——20世纪英国基础教育公平理念的嬗变[J].清华大学教育研究,2010,31(05):89-94.

[⑤] Coleman J S, et al. Equality of Education Opportunity [M]. Washington, DC:US.Government Printing Office,1966:1.

平等,特别是对于黑人儿童、残疾儿童、移民子女以及其他社会弱势群体提供教育援助。20世纪80年代后期,美国开始逐渐转向学校选择制度,以追求多样化公平,具体的择校制度有开放入学、税收扣除、特许学校、磁石学校、凭证制度等。2002年,小布什总统正式签署实施《不让一个孩子落后法》(No Child Left Behind),以"消除差距、促进平等"作为重要的政策目标,致力于确保包括处境不利的儿童在内的所有学生达到较高的学业标准。[①] 美国由于其多元文化的背景始终对教育机会均等十分关注,尤其重视对处境不利儿童的补偿和扶持。

1991年美国曾制定美国国民教育健康发展指标体系,其中也有部分测量教育公平的指标(见表2-12),分为学生的人口统计、教育结构特征和教育服务三大层次,教育服务中的教师的期待、学校氛围等指标与"学校公平"相关。

表2-12 1991年美国国民教育健康发展指标体系中涉及教育公平的部分[②]

概念	子概念集	概念解释	指标项
教育公平	学生的人口统计	贫困学生、残障学生的数量,少数民族的组成,有英语语音障碍的学生比例	贫困人数,少数团体的地位,残障学生,有英语语音障碍的比例,种族孤立,单亲家庭
	教育结构特征	在各个阶层的教育中学生如何分配,在民办教育和公办教育,在城市学校和农村是如何分配的	类型(小学、中学、社区大学);控制类型(公办、民办);位置(城市,郊区,农村);学生主体的民族,种族和社会经济情况
	教育服务	学生如何享受到一系列的教育机会;给学生提供了何种教育服务与学习机会	教师的期待、学校氛围、特殊项目

(3) 澳大利亚

澳大利亚对教育公平领域的关注大多集中在高等教育和职业教育。在基础教育方面,澳大利亚为了追求卓越而公平的教育,曾在国内掀起基础教育的"标准化运动",于2005年发布了《残疾人教育标准》(TDSE)以关注特殊弱势群体,从而促进教育公平。[③] 澳大利亚对中小学教育进行了质量与公平并行的全面改革,在教育公平方面强调结果公平。改革为不同群体提供同等的受教育机会,让弱势群体的学业成就得到较

[①] 张菀洺,刘文.西方教育公平理念与政府制度安排——以美英教育制度为例[J].学习与探索,2012(10):77-82.
[②] 冉华.教育现代化评价指标体系的价值维度比较研究[D].上海:华东师范大学,2016.
[③] 刘潇璘.试析澳大利亚基础教育"标准化运动"[J].现代中小学教育,2014,30(09):115-117.

大程度的提升,使其与主要群体的差异逐渐减小,最终实现结果公平,并将之与教育质量联系在一起。① 此外,从 20 世纪 90 年代起,澳大利亚还实施了英才教育,针对有天赋和才能的学生进行因材施教的个性教育,体现出了教育的差异性公平。②

(4) 日本

二战后,日本学校逐渐形成了"平等教育"的特点,统一配置有限的教育资源,出台了《教育基本法》《学校教育法》等一系列政策法规,保障了教育机会均等的实现。但因为社会阶层差异,教育不公开始隐藏于学校内部学生的能力差别、成绩差别、教师与学生的关系等事物中。③ 于是,在确保教育机会公平的同时,日本学校越发重视教育过程的公平,尊重学生的个性、自由和尊严,还深入贯彻了教师"定期流动制"。20 世纪 90 年代以来,日本学校开始追求质量公平,重视并充实个性教育。④

日本的"平等教育"除了体现在基础教育资源均衡而有效的配置外,还体现在学校与教师在微观教育现场中所采取的"平等"的教育活动,教师对学生不差别对待,制度上尽量不将学生序列化,在教育活动中强调指导、淡化评价。日本教育还将重点和资源分配的重心放在如何提高成绩差的学生上,以求全体步调一致地达到一定水准,强调教育结果的平等,可以说是追求教育结果的划一、教育过程的多元。⑤

因为英国、美国、澳大利亚和日本不同的历史文化背景和特有的国情,其在教育公平领域的关注侧重有所不同。英国的教育公平理念经历了从关注起点公平到关注结果公平再到关注过程公平的演变历程,从追求共性的平等转向追求符合人的差异性的平等。美国由于其多元文化的背景而十分关注教育机会的均等,尤其关注处境不利儿童的教育公平。澳大利亚强调结果公平,尤其关注弱势群体,也关注因材施教的差异性平等。日本则已基本实现教育机会的均等,而更多重视教育过程和教育结果的公平,追求的是教育结果的划一、教育过程的多元。但相同的趋势是对教育公平的理解越来越深入,开始追求质量平等,追求有差异的平等,也更加重视教育过程和结果的公平。

---

① 黄艳霞.质量与公平并行:澳大利亚中小学教育改革探析[J].世界教育信息,2015,28(18):42-46+51.
② 高莉,褚宏启,王佳.卓越与公平:澳大利亚英才教育发展[J].比较教育研究,2012,34(12):44-48.
③ 翁文艳.日本学校教育中的平等与不平等问题的考察——日本教育社会学者苅谷刚彦的观点[J].外国教育研究,2002,29(09):1-5.
④ 杨秉翰,刘畅.日本中小学建设标准的经验及其对我国的启示[J].西南大学学报(人文社会科学版),2008(02):129-134.
⑤ 钱小英.试析日本学校的"平等教育"[J].教育研究,2000(05):78-80.

3. 研究者个体提出的教育公平指标体系

(1) 杰拉尔德(Gerald)的教育公平测度框架①

杰拉尔德于 20 世纪 80 年代初发布了一份以一系列经验指标衡量教育公平和平等程度的分析报告,这些指标被用于衡量泰国教育的不平等和不公平程度,贯穿学前、小学、中学、高等教育等不同教育阶段。其中,具体的指标包括:家庭背景、地域、地理来源、性别、升学率、资金投入等(见表 2-13),基本没有与"学校公平"相关的指标。

表 2-13 杰拉尔德的教育公平测度框架中的指标

Empirkal indicators	Empirkal indicators	Empirkal indicators
LEVEL OF EDUCATION Preschool: P_1^a Relationship between SES and access to preschool P_2 Relationship between SES adn access to preschool Primary School: E_2 Relationship between SES and achievement e_4 Degree of equality among 5 regions on achievement test E_5 Relationship between provincial wealth and opportunities for upper primary schooling e_6 Degree of equality of capital expenditures per pupil by 5 major regions e_7 Proportion of females in lower primary schools	e_8 Proportion of females in upper primary schools e_9 Degree of equality among provinces in proportion of students continuing from K-4 to K-5 e_{10} Degree of equality among provinces in % enrollment in rural schools e_{11} Degree of equality among provinces in pupil/teacher ratio in primary education e_{12} Degree of equality among provinces in grant per pupil in primary education Secondary: S_{13} Relationship between SES and access to lower secondary S_{14} Relationship between SES and access to lower secondary	S_{15} Relationship between wealth of province and access to upper secondary S_{16} Degree of equality among provinces in access to lower secondary S_{17} Degree of equality among provinces in access to upper secondary Higher education H_{18} Proportion of those admitted to Thai selective universities who are female H_{19} Ratio of women to men among those of farm background admitted to selective universities H_{20} Relationship between SES and access to higher education H_{21} Relationship between geographic origins and access to higher education

(2) 贝尔勒和斯蒂埃费尔的教育公平测度框架②

1984 年,贝尔勒和斯蒂埃费尔从财政角度探讨了教育公平的测度。在其公平测度框架中,他们提出了关于公平的四个问题:为谁的公平?公平是什么?怎样公平?何种程度上的公平?这些问题集中于讨论教育公平关注的对象和目标对象(见表 2-

---

① Fry G. Empirical Indicators of Educational Equity. A Thai Case Study. Draft. [J]. Access to Education, 1981:28.
② 沈有禄. 西方教育公平测度研究简述[J]. 全球教育展望, 2007(12):36-42.

14 和 2-15)。教育公平的对象是儿童,差异主要反映在学生特征和地区特征等指标上,教育公平的目标对象涉及机会/过程、资源、结果三大维度。其中和"学校公平"相关的指标主要在资源领域。

表 2-14 教育公平目标对象的种类

机会/过程	资源	结果
比例/率 招生 入学 升学 复读	平均班规模 课程可能性 生均经费 生师比 学校设施的质量 教科书的质量 教师教育水平 教师经历及学位	测试成绩 毕业率 收入 职业状况

表 2-15 教育公平的目标与对象

公平关注的对象		公平的目标对象		
		机会/过程	资源	结果
学生特征	性别			
	社会经济地位			
	民族/种族			
	残障状态			
地区特征	种类(如省、自治市)			
	城市化			
	财富			

(3) 格瑞赛伊的教育公平测度框架[①]

格瑞赛伊认为公平的概念服从于集中解释时才有效,集中于思考机会的公平或机会的均等、学习环境方面的公平或手段的均等、生产中的公平或成绩(结果)的均等、实现或结果可利用性的公平。其于 1984 年分析了教育公平的四个概念,呈现为下表的四个维度:进入或机会的均等、对待的均等、成就与学术成功的均等、社会实现(社会产出)的均等(见表 2-16),细致地兼顾到了教育起点、教育过程、教育结果等多个阶段。

---

① 沈有禄.西方教育公平测度研究简述[J].全球教育展望,2007(12):36-42.

其中和"学校公平"相关的指标主要体现在对待的均等。

表2-16 格瑞赛伊的教育公平指标框架表

假定的	可接受的	可接受的	可接受的
进入或机会的均等			
天才、潜能、自然天赋的存在。 这些决定了个体能达到的成就的水平或门槛。	起始时的天赋才能的不同确定的不均等结果。 不同价值的课程的存在。 对待的不公平。	天赋不是进入精英教育的唯一标准。 社会文化偏见影响的引导性测试。 官方在同一等级上的评估的不完善性,一些学生成功而另一些则失败。	以科学的方式教育或引导天才学生。 处于最不利地位的学生在进入教育上的机会均等。 一个平衡的教育系统,也就是说根据不同学生的天赋的不同而有不同课程的选择及不同的教学的系统。 对不利地位学生的资助(如奖学金等)。
对待的均等			
所有学生都应该受到基础的训练并因此从基础教学中受益。	天才、潜能、自然天赋的存在。 在同等质量的学习条件下产生的不同的结果。	不公平的教学,管理目标的不公平。 少数民族聚居区的学校,明确的或不明确的课程造成的教学的不均等。	学校具有统一的或综合的教学大纲,特别是初级中等教育的核心教学大纲。
成就与学术成功的均等			
继续学习的潜能。 可以调整的个体特征(认知的与有效的)。 学习方式的差异。	除基本技能以外的结果的差异。	天才的意识形态。 消极的歧视(阶级层次、课程、课堂与少数民族技能),所有这些学习质量的不公平放大了起初的不均等。	基本技能获得的均等。 积极的歧视、教师培训、对所有寻求减少最初的不均等的项目的模式化评估。
社会实现(社会产出)的均等			
不同的个体动机及文化特征,无人具有天生的优越性。	结果的差异。 优秀标准的存在。	教学方式的差异。	结果的差异。 优秀标准的存在。 教学方式的差异。

(4) 托马斯·黑利和大卫·埃斯腾斯的教育公平测度指标体系[①]

托马斯·黑利和大卫·埃斯腾斯构建了一套关于教育公平测度的指标体系,他们

---

① 沈有禄.西方教育公平测度研究简述[J].全球教育展望,2007(12):36-42.

从成年人口的社会与经济背景,财政、教学资源,教育与培训机会,学校与学习环境,毕业率,学生学习产出结果与成人识字率,劳动力市场产出结果等具体维度进行测度(见表2-17)。这一指标体系涉及儿童早期、初等教育、中等教育乃至毕业后的测度,不仅关注到儿童和学生,还关注到教师、学校以及整个社会情况。其中和"学校公平"相关的指标有期望的教育成就、初级中等教育按能力划分的学生群体、学校与项目类型的差异水平。

表2-17 黑利和埃斯腾斯的教育公平指标一览表

	性别	年龄	地区/空间	特殊学习需要	社会经济状况	民族/语言的
成年人口的社会与经济背景						
成年人口的教育成就水平(受教育年限)	R	R				
劳动力参与率的教育成就	R	R				
财政、教学资源						
教育经费占GDP的比例						
初等与中等教育生均经费			EAG1996	EAG2000	special	special
教育机构的教学与其他职工	R	R			EAG2000	
对第三等级教育学生的合格的资助						
学生与教职员工的比例(生师比)			EAG1996	EAG1998	special	special
教育与培训机会						
初等及中等教育不同水平的入学率	R	R		EAG1998		
期望的教育成就(受教育年限)(年)	R					
早期儿童教育与照顾的机会	R	R				
第三等级教育的机会	R	R				
继续教育与培训的参与	R	R				
学校与学习环境						
初等与中等教育的教学时间						
教师工资	R					
初级中等教育按能力划分的学生群体						
学校与项目类型的差异水平						

续 表

	性别	年龄	地区/空间	特殊学习需要	社会经济状况	民族/语言的
初等教育阶段的年级重复率(复读率)						
由父母教育成就水平决定的父母对学校活动的参与						
毕业率						
高级中等教育毕业率	R	R				
高级中等教育毕业率——职业类/普通类	R	R				
第三等级教育毕业率	R	R				
按学习领域或水平划分的第三等级教育毕业率	R	R				
学生学习产出结果与成人识字率						
学生在数学与科学上的成就(成绩)	EAG1998					
学生在 7 年级与 8 年级之间的进步	EAG1998					
4 年级学生对科学的态度	EAG2000					
成年人在散文、公文及数量方面的识字率						
劳动力市场产出结果						
由最初教育水平决定的未就业率(成年人口)	R	R				
由最初教育水平决定的收入	R	R				
目前高级中等教育与第三等级教育毕业生的未就业率	R	R				

注:1. R(Regular)表示 EAG 每年的报告陈述,或者是自 1992 年其第一版以来的绝大多数年份的报告;

2. EAG2000、EAG1998 和 EAG1996 表示在给定类别下提供的最近一年的数据(但是其他年份的数据却得不到);

3. special 指的是"在特殊学习需要下"。

(5) 丹尼斯·缪瑞特的教育公平测度框架①

随着人们对教育公平越发关注,丹尼斯·缪瑞特认为有必要建立教育公平指标以

---

① 沈有禄. 西方教育公平测度研究简述[J]. 全球教育展望,2007(12):36-42.

帮助政府更好地进行管理。他提出了判断教育公平的四条原则：第一，指标体系必须能测度不均等以帮助公众和评价者，同时需认同公众对教育系统公平性的观点和判断标准；第二，指标不仅要能测度教育结果的不均等，而且也要能测度学校生活中直接的不平等以及教育机构及其代理人对待学生的方式；第三，指标体系允许在现存的不同的正义原则的框架下讨论，并不被任何一种原则铭刻；第四，对教育系统中绝大多数物品分配的中肯（适度）的教育不均等可划分为种类（群体）间的不平等、个体间的不平等以及低于最低门槛的个体的比例。

于是，丹尼斯·缪瑞特从影响教育公平的教育背景、教育过程、教育内部结果（影响）、教育外部结果（影响）四个层次，结合上述四个层次在个体间的不平等、种类（群体）间的不平等、低于门槛的个体三个维度，构建了一套详细而完整的教育公平测度指标体系，其中每个层次还被分为多个具体的方面：背景包括社会与文化背景和政治背景；过程包括所受到教育的数量和所受到教育的质量；内部结果包括知识与技能、个人与社会的发展和学校职业（专业）；外部结果包括社会流动性、教育不平等的个人结果和综合结果（见表2-18）。这一套教育公平测度指标体系与欧盟2005年的教育公平测度指标体系框架基本是一致的。其中，和"学校公平"相关的指标有1.2.1公平标准、2.2.1学习条件的不平等、2.2.2.2被公平对待的感觉。

表2-18 缪瑞特关于教育系统公平指标体系的详细轮廓

个体间的不平等	种类（群体）间的不平等	低于门槛的个体
1. 背景		
1.1 社会与文化背景		
1.1.1 社会资源的不平等		
1.1.1.1 收入		
家庭收入的离差（如基尼系数、应该注意测度终身收入不均等的努力）。	社会与种族间收入的不平等。 同一工作在性别、种族间的工资不平等。	有孩子的家庭低于贫困线的比例。 最穷的10%的人口收入与平均收入之间的差距。
1.1.1.2 安全		
以"良好健康生活"为前提的预期寿命的不平等。	大多数人与少数民族间的不平等，在未就业、身处疾病的社会群体间的不平等。	成年人具有的累积风险因素（低收入、失业、差的教育）。

续　表

个体间的不平等	种类(群体)间的不平等	低于门槛的个体
1.1.2　文化资源		
1.1.2.1　教育		
成年人在学校职业间的不平等。 成年人在阅读能力间的不平等。	大多数人与少数民族间的不平等,在以性别、成年人学校职业来划分的社会群体间的不平等。	成年人低于最低识字率门槛的比例。
1.1.2.2　期望与标准		
父母在儿童教育上的不公平的期望。	社会群体间(少数民族与大多数人)的期望的不公平。	不信任学校的父母的比例。 父母最低的期望与平均期望之间的差距。
1.2　政治背景		
1.2.1　公平标准		
民意测验(问卷)中诸如这样的问题: 最好的学生是否应该受到更好的教育? 最差的学生应该受到更好的指导吗? 是否所有的学生都应该拥有同样的接受良好教育的机会?(对初等、中等、高等教育的回答) 在下面这些不平等中哪个最打扰你: 更好的学生在学校时间最长、有更好的教授、有最富有的父母或有受过最好教育的父母。	在你看来,社会的、性别的、民族间的不平等的减少或者社会流动性的增加是教育的一个重要目标吗?	哪一个最接近你的观点: 我们欠最贫穷的学生一种更好的教育。 我们仅欠那些努力的贫穷儿童更好的教学。 我们欠所有儿童同样质量的教育。
1.2.2　对现行教育系统的公平性的判断		
民意测验中诸如这样的问题: 是否考虑过学生的等级、轨迹、惩罚、奖励等是不公正的?(在给定的国家,如果这个问题以六等分值来回答的话,可以计算出答案的均值及离差值,也能计算出最好学生与最差学生之间的差距) 下面哪个陈述适应于目前的教育系统: "每个人根据优点而取得成功。" "每个人根据才能而取得成功。" "每个人都应该接受他被赋予权利的教育。" "每个人都应该获得他所需要的最低程度的技能。"	在你看来,目前的教育系统: 它所做的行为/努力合理/适度吗? 对学校机会均等做了很多努力(很少努力)。 社会的、民族的、性别间的群体(学生及父母)对教育系统公平性的判断的差距。	目前的教育系统是否足够(过分地或最少地)关注最差的学生? 是否考虑过学生的等级、轨迹、惩罚、奖励等是不公正的?(最差学生的成绩与平均成绩之间的差距)

续表

个体间的不平等	种类(群体)间的不平等	低于门槛的个体
2. 过程		
2.1 所受到教育的数量		
2.1.1 受教育年限		
早期教育的不平等。 早期及后续教育积累的不平等。	受父母的教育影响的早期教育年限的不平等。	违背学生意愿或因其他学生不可控制的因素而离开教育系统的学生的比例。
2.1.2 教育经费		
用于高等教育的经费占总经费的比例。	儿童教育社会种类与学术学历方面,家庭收入的比例必须被排除。何种程度的公共教育经费能使财富分配的不平等减小。 地区间学生公共经费的不平等。	花在最短学校职业及最贫穷学生上的公共经费比例。
2.2 所受到教育的质量		
2.2.1 学习条件的不平等		
2.2.1.1 学校环境的不平等		
最好的学生是否拥有最好的教师? 能由学生最初的成就、环境的质量、他们的联合努力来解释的学生间能力的差异部分。	根据学生的社会背景、种族决定的学校质量、教师质量间的差距。 能分别由学生的社会背景、学习环境的质量及他们的联合努力来解释能力的差异部分。	在学校/教室中能观察到的最差学生的教育质量与平均教育质量之间的差异。
2.2.1.2 种族隔离		
学校与教室中的学术水平上的种族隔离。	学校与教室中的在社会背景上的种族隔离。	种族隔离中最差与最穷学生的比例。
2.2.2 生活质量的不平等		
2.2.2.1 福利方面的不平等		
福利因素公平吗?	在社会、性别和种族间的福利不平等	最穷学生与最差学生中的福利与暴力水平与平均水

续 表

个体间的不平等	种类(群体)间的不平等	低于门槛的个体
在学生暴力程度超过能容忍门槛的地区上学的学生的比例。		平的差距。
2.2.2.2 被公平对待的感觉		
民意测验中诸如这样的问题: 你认为以下情况在何种程度上你的老师是公平的: 评分等级、纪律、惩罚的分配、要求学生复读或将其引向少有威胁性的轨迹上的决定。	与左列的问题一样,对根据社会、性别和种族分类的答案给予加总。 在何种程度上你发现你们班的老师,更喜欢男生?喜欢女生?喜欢人口多的民族的学生?喜欢少数民族学生?喜欢好学生?喜欢穷(差)学生?喜欢来自富裕家庭的学生?喜欢来自贫穷家庭的学生?	与左列的问题一样,对根据社会、性别和种族分类的答案给予加总。
3. 内部结果(影响)		
3.1 知识与技能		
按年龄分组的学生在不同学科上,最好的学生与最差的学生的差距。 学校毕业考试中测试的技能的不平等。 协同考虑的平均成就与不平等。	社会、性别与民族种类对成就的影响。 社会背景对成就的影响与效力。	阅读技能低于国际平均水平的标准差的学生的比例。
3.2 个人与社会的发展		
与3.1一样,在道德与社会的态度方面,在跨课程能力方面。	与3.1一样,在社会、性别、种族的划分上。	早期辍学学生当他们离开学校时的道德与社会态度。
3.3 学校职业(专业)		
最长与最短学校职业之间的受教育年限间的不平等。在入学一或两年后同一水平的学生职业间的不平等(可代表学生的天赋与意志的平等)。	父母的受教育水平、收入、社会或种族背景对学生学校职业的影响,如获得的最高的文凭。 由社会经济状况决定的学校职业在种族间的不平等。	在离开学校时没有任何种类的职业资格的学生的比例。
4. 外部结果(影响)		
4.1 社会流动性		
	收入阶层间的转移(流动),或者根据社会威望、社会等级的职业等级间的流动。	最穷个体的社会流动。

续表

个体间的不平等	种类(群体)间的不平等	低于门槛的个体
4.2 教育不平等的个人结果(影响)		
4.2.1 经济结果(影响)		
获得最高证书的未就业率;增加一年教育的边际收益率。		
持有同一证书的人们之间的收入的不平等。	不同社会背景、种族和性别群体的教育收益率。	早期辍学的人的教育收益率。
4.2.2 社会结果(影响)		
等级制度中的职位和职业中有权威性的资格的影响。 教育水平与入入狱的风险、对生活的看法、婚姻市场中的地位、成年人的阅读技能之间的相关性。		
4.3 综合结果(影响)		
4.3.1 教育不平等对每个人都有利,还是对少数人有利?		
教育开支的财政回报率(全国的收益率)。 社会转移前受最高教育与受最低教育群体间的收入的不平等。 按收入、社会阶层与种族划分的群体间的利用社会服务(如律师、医生、教师)方面的不平等。		
4.3.2 制度的结果(影响)		
对教育系统、制度与职业的信心;对制度及它们的代表人的暴力的容忍程度。 由教育产生的对社会、社区的归属感。		

(二) 学校效能

1. 学校效能的内涵研究

明确学校效能的内涵定义是进行学校效能研究的首要任务,随即才能选择相应的研究方法和对象。但是,由于学校组织的复杂性特点,目前,学校效能的内涵概念并未形成一个统一的定义。

早期的学校效能研究者认为学校是能够形成差异的,即通过学校教育,原本基础背景较差的学生可以得到较好的发展。学校应当设计一些教育方案来帮助这些学生。之后,随着学校效能研究的不断深入,一些研究者认为,学校效能受很多因素的影响,包括校长的领导、学校教学与评价、教师及学校氛围等因素。由此可见,有效能的学校不仅指那些具有较高智育成绩的学校,也指具有普遍且共同的多元特征的学校。

基于文献分析发现,国外学者对于学校效能的定义多从有效学校的角度切入,比较有代表性的是莫提默(Mortimore)将有效学校定义为"学校能取得的进步比学生从其自身已有特性出发所期望的进步更大"。① 卡尔达斯(Caldas)认为"有效学校是指通过测试结果来衡量的产生的最大可能的学术成就"。②

除此之外,西方学者也会通过经济学、组织学和资本论这三种模式来对学校效能进行定义。这三种具体模式分别是:经济学的目标模式、组织学的系统模式、资本论模式。

(1) 经济学的目标模式

该模式的主要特点是:将学习目标作为学校效能的唯一指标,从经济学角度考虑"投入"对"产出"产生的影响。"投入"主要包括:学校的资源变量(生均经费、教师特征、师生比和图书馆的图书数量等)和学生的背景特征(学生的社会经济状况等)。"产出"主要指学习结果(目标),它包括两类:①个体学习目标,主要包括认知(主要用学业成绩来衡量)、态度和行为三个领域;②群体学习目标,主要包括入学率、辍学率、关键突发事件(主要指暴力、犯罪事件)等。目标模式包括三个子模式:①绝对目标模式。它认为学校效能就是学校达到学习目标的程度。其典型定义为:"学校效能就是标准测验所测量道德学业水平。"②相对目标模式。它认为,其一学校效能是学校因素对学习结果的影响程度,而不是家庭等其他因素对学习的影响程度。典型定义为:学校效能指"学生的学习在有测量其学习成果标准的领域中究竟在多大程度上是由学校特征造成的"。其二学校效能就是使学生获得比期望值更大的进步。典型定义为有效学校是指"学校能取得的进步比学生从其自身已有特性出发所期望的进步更大"。③公平目标模式。它认为学校效能就是缩小家庭对学生成绩的影响,学校对弱势群体提供更多的帮助以缩小弱势学生群体与优势学生群体的差距,进而达到教育公平。其典型定义为:学校效能就是使低收入家庭的学生对基本教育技能的掌握程度达到与中等收入家庭的学生相同的水平。③

(2) 组织学的系统模式

该模式的主要特点是:以功能理论为基础,认为学校是一个开放的社会系统,要生存和发展就要满足其功能需求。学校组织效能是指学校组织作为一个社会系统,使用一定的资源和手段去实现组织的目标,在这一过程中组织没有使资源和手段失效,也没有给组织成员带来不能承受的压力。其中,组织效能的四个维度是适应、目标达成、

---

① Mortimore P. School Effectiveness and the Management of Effective Learning and Teaching[J]. School Effectiveness and School Improvement, 1993,4(4):290-310.
② Caldas S J. Multilevel Examination of Student, School, and District-level Effects on Academic Achievement [J]. The Journal of Educational Research (Washington, D.C.), 1999,93(02):91-100.
③ 杨道宇,温恒福.西方学校效能研究40年[J].比较教育研究,2009,31(03):76-80.

整合、维模,表现指标是创新、学业成就、凝聚力、组织忠诚度,服务对象是管理者、教师和学生这三类内部效能层面人群。此外,迈斯克等人认为学校效能可以通过一些涉及教师、学生、学校等三个维度的指标来衡量,分别是:①学校的生产性、适应性和灵活性;②教师工作满意度和教学效能感;③学生对学校的感觉、态度、动机及对教师和学校管理者对他们的行为的理解。另有学者查理·特德利(Charles Teddlie)和戴维·雷诺兹(David Reynolds)认为,学校效能除了考虑学生的学习成就以外,还要考虑其他的维度,主要指:①学校发展维度,即创新和成长;②效能的补充成分,即质量和效率;③气氛应成为学校的产出指标,而不仅仅是对成就的影响因素;④除了成就之外,满意度和认同感应成为学校效能的替代性指标。[1]

(3) 资本论模式

该模式的主要特点就是以资本论为理论基础来论述有效学校的运作过程。大卫·H.哈格里夫斯认为,学校效能就是学校动员其知识资本(特别是创造知识和传播知识的能力)和社会资本(特别是产生相互信任和维持相互关系的能力),并使用以实践的信息证据和变革性专业实践为基础的高转化关系策略(投入少—产出高),去达到预想的教育结果——智力卓越和道德卓越。学校效能的四个关键因素:知识资本、社会资本、转化关系和学习结果。四者间的相互作用:一个相互信任并且关系密切的共同体有利于课程与教学知识的创新和传播,有利于教师采用"投入少—产出高"的高转化策略去传授知识和树立榜样,有利于学生通过先行课程和隐性课程的学习,进而有利于达到预想的教育结果——智力卓越和道德卓越。这种学校效能的资本论模式经得起三种实践(学校公民教育实践、知识经济中的学校效能与改进实践、提高教师效能实践)的严格检验,是值得推广的学校效能模式。[2]

从上述三种对于学校效能定义的模式中,不难发现,大多数西方学者都只是从单一视角对学校效能进行定义,整体把握度有所欠缺。主要表现为:第一,大多数模式仅把学业目标作为唯一指标,忽视了其他众多同等重要的指标内容,虽然是强化了学校内部效能,但却将学校与外部因素割裂,忽视了学校外部效能(利益相关者对于学校的满意度和认同感)的作用;第二,现有模式很多都缺乏对于学校未来效能的定义,没有

---

[1] Teddlie C, Reynold D. The International Handbook of School Effectiveness Research[M]. London: Falmer Press, 2000:7-165.
[2] David H H. A Capital Theory of School Effectiveness and Improvement[J]. British Educational Research Journal, 2001,27(4).

关注到学校效能的长期性、前瞻性以及发展性,只是更多地关注现有效能。① 因此,本研究认为学校效能的定义要考虑到以下几点:学校效能要涉及内部效能和外部效能,内部效能包括学校管理者、教师、学生三个层面,外部效能要关注到社会和家长(利益相关者)对学校的满意度和认同感;学校效能要考虑到短期效应和长期社会效应,做到当下与未来的结合;对学校效能的比较要公平,采用增值观点,同时关注到增值评价外的学校组织因素和教学因素,实现视角多元化。

2. 国外学校效能研究的历程

(1) 关于美国学校效能研究的历程

美国学校效能研究起始至今,主要有三条研究线索,分别是:学校效果研究,主要涉及学校效果的性质或属性;有效学校研究,主要关注有效学校的过程或进展;学校改革研究,主要调查能使学校发展得更好的方法。其研究历程还可以划分为四个相对独立的阶段:第一阶段(20 世纪 60 年代中期到 70 年代初期),主要是投入—产出模式;第二阶段(20 世纪 70 年代初期到 70 年代末期),有效学校研究兴起,比较关注学校过程变量的影响,对学校产出的研究多于第一阶段;第三阶段(20 世纪 70 年代末期到 80 年代中期),学校效能研究重点转向借助学校改革项目将有效学校与学校的相关内容整合起来;第四阶段(20 世纪 80 年代晚期至今),学校效能研究开始探讨学校背景因素,而从 21 世纪起更多讨论学校的未来效能。

第一阶段:20 世纪 60 年代中期到 70 年代初期。最初的研究是由美国联邦卫生、教育与福利部教育司下属的教育统计中心开展的一项有关教育机会均等问题的调查引出,关注学校资源投入、学生背景对学生标准学习成绩测验的预测力。1966 年,美国学者詹姆斯·科尔曼及其同事对近 4 000 所中小学学校里的教师、学生、校长进行了广泛调查,发表了《教育机会均等报告》,就此拉开了学校效能研究的序幕。该研究以回归统计为方法,在"输入—输出"评价模式的指导下,将教育资源、学生学习结果和学生背景等因素纳入研究指标展开测量,最后预测出学生成绩,如图 2-4。"输入"部分主要考察学校的资源变量(生均经费、教职工数量等)和学生背景特征(社会经济状态),"输出"部分只局限于学生标准化考试的成绩。该研究认为学校对学生的成绩影响不大,在影响学生成绩的因素中,学校方面的因素只占 9%。② 另有学者詹克斯

---

① 韩娟. 20 世纪下半叶西方学校效能研究的历史演进及启示[D]. 曲阜:曲阜师范大学,2012:10.
② Teddlie C, Reynold D. The International Handbook of School Effectiveness Research[M]. London: Falmer Press, 2000:78.

(Jencks)在1972年的研究中研究了师生比和班级规模,也认为学校因素对学生学业成绩影响较小。

图2-4 "输入—输出"评价模式

但许多研究者认为,美国早期学校效能的教育经济学研究存在局限性,主要表现为:第一,没有包含一定量的学校社会心理气氛以及课堂或学校过程的变量,由此导致研究将学校水平的差异归因于家庭背景而非学校过程变量。第二,研究只停留在对影响学校效能的相关因素的表现描述上,并没有揭示导致学校有效的内在过程及原因。

第二阶段:20世纪70年代初期到70年代末期。该阶段是有效学校研究兴起时期,有一部分学者通过研究否定科尔曼报告的结论,发动了意义深远的有效学校运动。研究者们基于大量教育社会经济背景非常差的学生方面表现突出的学校,致力于描述这些学校内部运作过程,同时将学生的态度和行为新纳入学校产出的指标,并借助"输入—过程—输出"评价模式更为严谨地测量学校的产出结果,如图2-5。1971年,G.韦伯(G. Weber)展开相关研究并发表《能够教育市内儿童学会阅读:四所成功的学校》一文。该研究突破了量化评价的局限,开始使用案例研究法。同时,这些研究还引入了课堂输入测量,将学生水平的数据与授课教师相联系。墨雷恩、萨莫斯和沃尔夫等人在收集大量教师教学数据资料的基础上得出结论:教师的某些课堂特征明显地与学生成就相关,与人力资源(如学生对环境的控制感、校长对教师的评价、教师教育的质量、教师对学生的期望等)相关的特征与学生成就成正相关,同伴群体对学生成就也有重要影响。

图2-5 "输入—过程—输出"评估模式

这一阶段的有效学校研究较之于上一阶段有了较大进步,主要表现为:第一,对教师输入的测量包括了对有效教学行为的直接观察,表现出将教师效能研究与学校效能研究相结合的趋势。第二,引入了对学校或课堂过程变量的测量,更注重对学校有效的原因及过程的探讨,突出对课堂教学过程的关注。第三,采用更加敏感的结果测量,即表明结果与所研究的学校课程有更为直接的联系。

第三阶段:20世纪70年代末期到80年代中期。70年代末出现了一批研究者对有效学校特征指标进行描述,借助"无效学校"与"有效学校"的对比,找到所谓"通常意义上的有效学校"的特征,例如布鲁克·欧文(Brook Over)和劳伦斯提出了十个指标,韦伯列出了八个因素。同时,该阶段也是学校改进研究时期,发端于研究者对教育公正理想的追求,由此产生了新的学习效能评价模式——"输入—过程—输出—改进"模式,如图2-6。最早进行学校改进尝试的是埃德蒙兹,他基于"如何将城市贫困学校转变为有效学校的研究"提出了"五因素模式",这五个要素分别是:校长强有力的领导;对教学中心有广泛而透彻的理解的教学领导;安全而有秩序的学校学习氛围;对所有学生的高成就期望;采用学生成就测验来评价学校的成功。① 其研究成果得到广泛采用,美国的大型市区,如纽约等地区将理论转化成学校改进的方式。此后,学校改进研究在美国风行了二十多年。

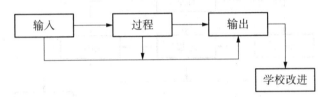

图2-6 "输入—过程—输出—改进"评价模式

学者布鲁克·欧文等人于1982年采用问卷形式对校长、教师和学生进行了大量调查,并对四所低效能的城市学校进行了质性研究,总结得出了流传度较高的形成有效学校的基本过程:第一,将更多时间用于教学;第二,在学业成就高期望的反面平等对待每个学生;第三,学生能感受到教师的高期望,相信教师对其学业行为的关心;第四,学生受到奖赏和鼓励;第五,校长参与教学。基于上述过程,布鲁克·欧文等人还联合发展了一个学校改进服务项目,主要内容包括:对学生进行分组指导、有效教学、课堂管理、合作学习、强化原则、家长参与等。② 该项目也帮助了80年代的美国许多学校开展学校改进研究。

---

① 科恩,罗登布什,保尔,等. 资源、教学与研究[J]. 华东师范大学学报(教育科学版),2001(04):32-52.
② Teddlie C, Stringfield S. A Brief History of School Improvement Research in the USA[J]. London and New York: Routledge, 2006:23-35.

综上所述，在这一阶段，美国学校效能研究得到了快速发展，同时更倾向于学校改进项目的研究，是学校效能与学校改进的整合时期。但公正理想在引起人们对学校改进的重视的同时，也影响了研究在对象选择上的偏差。研究者并未选取不同背景的学校，导致研究结果的片面性。这种偏差对美国学校效能研究产生了巨大的影响，促使学校效能研究走向采用更加复杂、可靠的取样和数据分析技术。

第四阶段：20 世纪 80 年代晚期至今。这一阶段主要是采取更为复杂的方法来研究学校背景对学校效能的影响，又被称为学校背景研究时期，与此同时出现了"背景—输入—过程—输出—改进"评价模式，如图 2-7。研究者们开始采用背景敏感的学校效能设计，探讨促使学校产生更大效能的因素。研究关注到了不同背景学校的效能差异，其中涉及的背景变量包括：学生群体的社会经济地位、年级水平结构、社区类型等。首先采用背景因素展开研究的是哈林格(Hallinger)、墨菲(Murphy)等人，他们发现不同背景学校(中层社会学校、郊区学校等)会产生不同效能。

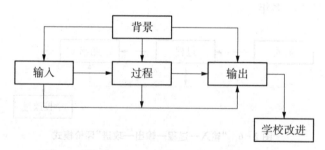

图 2-7 "背景—输入—过程—输出—改进"评价模式

同时，在方法学上的进步也推进了美国学校效能研究的开展。1980 年，美国学者伯斯丁首先提出数据整合的水平是学校效能研究中的重要问题。① 此后，布莱克和劳顿布什等人不断改善多层模型的质量，使得该模型能更为精确地评估所有与学校过程有关的分析单元的效果。② 特德利等人在相关学校效能研究中，以不同背景学校为研究对象，同时在第二阶段采用了多层线性模型来处理变量问题并获得了成功。与此同时，美国在雷若特(Lezotte)的带领下于 1986 年成立了"国家有效学校研究与发展中

---

① Burstein L. The Analysis of Multi-level Datain Educational Research and Evaluation [J]. Review of Research in Education, 1980, 8: 158-233.
② Bryk A S, Raudenbush S. Hierarchical Linear Models: Applications and Data Analysis Methods [J]. New-bury Park, 1988.

心",于1987年成立了一个学术建制式的机构——全国有效学校教育研究与开发中心,以此促进有效学校及学校改进研究的发展。① 此后一年,"国际学校效能与改进大会"成立,并于1990年发布国际性杂志《学校效能与学校改进》。该研究中心开展学校效能研究主要是由莱温、莱梯主持,其研究内容主要是探究影响学校效能的关键因素,他们对于有效学校特征指标的总结有如下几点:卓越的领导、有效的教学组织和实施、对学生运用重点知识的重视、利于教学的学校气氛和文化、对学生的要求与期望高度操作化、对学生进步的适当监控、实践取向的校本教师发展、学生父母的有效参与。

在该时期,美国还出现了一项较为经典的研究——美国路易斯安那州的学校效能研究(LSES)。该研究关注到了学校背景的不同,区分了不同经济地位学生所在的有效学校推进过程中的区别。② 主要借助以下六方面进行比较:教育期望的提升;校长领导风格;外部奖赏的使用;学校课程的着重点;学生父母的参与;教师经验水平。

然而,自20世纪90年代中期起,美国的学校效能研究开始大幅度减少,究其原因,主要有以下几点:第一,社会各界对于学校效能研究的苛责过多,导致研究者开始远离这方面的研究;第二,基于投入—产出的学校效能研究模式并没有发现各级财政投入与学生成就之间的明显关系,从而导致研究锐减;第三,里根和老布什执政时期,联邦政府对于教育研究经费大幅度减少,使得社会关注点更多转移至质量责任的监控,而非学校效能研究;第四,原本对该领域感兴趣的学者逐渐转向新的研究领域,例如学校重建和学校指标体系的研究。

(2) 关于英国学校效能研究的历程

在美国学者科尔曼发表《教育机会均等报告》后,英国中央教育咨询委员会于1967年发表了普洛登报告,正式名称为《儿童与他们的小学》。该报告得出的结论是:学校对学生的影响力远远不及社区和家庭的影响力。这一研究结论使学校在人们心目中的传统地位开始动摇,动员了一大批学者对此类问题进行研究。英国学校效能研究大致可以分为两个阶段:第一阶段,从1967到1989年;第二阶段,从1990年至今。

第一阶段(1967—1989年):该阶段的英国学校效能研究主要源于医学模式和微观社会环境,所以学校效能比较关注教育的社会结果。帕沃(Power)等人在1967年通

---

① 韩娟.20世纪下半叶西方学校效能研究的历史演进及启示[D].曲阜:曲阜师范大学,2012:21.
② 杨道宇,温恒福.西方学校效能研究40年的回顾与反思[J].教育与职业,2008(33):33-36.

过研究发现,不同学校间青少年犯罪率存在差异,这种差异几乎都独立于学区特征;①盖斯(Gath)等人于1977年通过研究表明,不同学校之间儿童转诊率的差异。② 由于存在确切证据显示这些学校当时的生源较为相似,因此雷诺兹认为学校效能存在较大差异,并通过研究不同效能高中学习环境的特点再次指出,产生差异的原因几乎都是学校自身影响的结果。③ 综上可知,英国学校效能早期研究方向均试图说明学校对学生生活变化所产生的影响。

之后,拉特(Rutter)于1979年采用匹配设计(将年龄在11—16岁的儿童配对)研究发现,不同学校间学习成绩、青少年犯罪率、出勤率、行为问题水平存在差异,④并发表《一万五千小时:中学与其对孩子的影响》。随后,格雷(Gray)等人在对苏格兰中学数据进行分析之后得出如下结论:学校对学生学业成绩有多重深刻影响。这就证实了他在1981年研究得出的一种推断:最有效的第五州立中学所具有的竞争优势(与最无效中学相比)几乎达到一个学生原有普通学科考试及格率的1.5倍。布瑞莫(Brimer)等人使用考试及格率来评估学校效能也得出了这样的结论。这类研究更倾向于将研究结果运用于改进学校效能上,对于探索学校效能研究的模式方面具有一定的指导作用,是英国学校效能研究推进的一次进步。但是这些研究者仅将学生的考试成就作为衡量学校是否有效的唯一指标是失之偏颇的,需要关注到影响有效学校的多元因素。

1980—1989年期间,也是英国学校效能评价的发展阶段。艾特肯(Aitkin)等人于1986年首次使用多层模型对学校效能进行评价。此后,威尔莫斯(Willms)也于1987年利用多层模型对学区、学校和学生的效能进行评价。除此之外,20世纪80年代的英国学校效能评价研究工作还包括了:教育行政部门对学术成就影响的"增值"评价;选择学校系统与综合学校系统的比较评价;学校影响大小的评价;"一次性"研究,主要关注某一结果与各种学校内部过程的关系的小型评价等。⑤

在80年代末期,英国当局开展了两项影响较为深远的学校效能研究,分别由莫提

---

① Power M J, et al. Neighbourhood school and juveniles be-fore the courts[J]. British Journal of Criminology,1972,12:111-132.
② Gath M. Child guidance and delinquency in a London Borough[M]. London: Oxford University Press, 1977.
③ Reynolds D. The search for effective schools[J]. School Organization,1982,2(3):215-237.
④ Rutter M, et al. Fifteen thousand hours secondary schools and their effects on children[M]. London: Open Books,1979.
⑤ 刘在花.美英两国学校效能研究的回顾与展望[J].外国教育研究,2006(05):31-34.

默和史密斯、汤姆林森(Smith & Tomlinson)主持开展。

莫提默于1988年从伦敦五十所学校中随机选取一些小学,并从这些小学中随机抽样两千名学生展开调查,测量了多样化的学习结果,包括数学、阅读、写作、出勤率、对学校的行为与态度等内容,耗时四年之久。该研究的突出贡献主要表现为:第一,在英国学校效能研究历史上首次关注班级的作用;第二,探讨了学生学业及社会性方面的问题。①

史密斯、汤姆林森于1989年初对初中学校效能展开研究,显示了不同学校之间学业效能的巨大差异以及这些学校相似个体之间考试结果的差异,结果显示该差异总计可达到总差异的四分之一。② 此外,该研究还揭示了不同学校之间学科间的差异分布。

综上所述,在英国学校效能研究的第一阶段,主要还是以有效学校研究为主,而系统地搜集有效学校资料的只有三项研究,这三项研究分别总结归纳出了有效学校的重要特征指标,两项涉及中学的学校过程,一项涉及有效小学。

其一:拉特的有效学校特征指标。

拉特通过研究发现,例如班级大小、正式的学术组织、思想关怀、学校大小以及学校管理安排等因素与综合效能无关。因此,他总结认为,决定高效能学校的因素主要以校内因素为主:

a. 学习能力较强和学习能力较差的学生在学校中的平衡。当一所学校大多数学生很有可能无法达到学业成功的预期目标时,就有可能形成同龄文化和学生对抗学校的情形。

b. 奖惩机制。充分使用与良好效果相关的奖励、表扬和欣赏。

c. 学校环境。与更好效果相关的良好学校环境,对学生需要给予及时的反应和真诚的关心,关注建筑物的装饰。

d. 学生有充足的机会去承担责任和参与学校管理,这些机会看起来是有益于产生良好效果的。

e. 较好地利用家庭作业、设置具体学校目标和在学生能力所及的范围内创设一种自信的氛围。

f. 当教师守时并乐于帮助学生解决问题时,教师提供好的行为榜样的效果更好。

---

① Mortimore P, et al. School Matters the Junior Years[M]. Salisbury: Open Books, 1988.
② Smith D J, Tomlinson S. The School Effect a Study of Multi-Racial Comprehensives[D]. London: Policy Studies Institute, 1989.

g. 班级小组管理表明：提前备课、关注整个班级、严谨的纪律、对好行为的奖励和应对混乱行为时能果断处理十分重要。

h. 强有力的领导与教师有效表达相结合。

其二：莫提默的有效学校特征指标。

在之前的阐述中，具体介绍了莫提默在1988年研究的内容，除此之外，他还补充了有效小学与高水平学校表现相关的组织特征，并得出如下结论：

a. 校长对全体职工强有力的领导。其前提是校长理解学校的需要，这种强有力的领导不仅使全体职工积极地参与学校管理，更体现出校长善于与全体职员分享权力。尤其表现在作出支出计划和课程大纲这类决策时，用教师协商代替全力控制教师。

b. 副校长的参与。副校长通常是参与制定政策、促进学生的成长。

c. 教师的参与。在所有成功学校中，教师参与课程计划，并在开发自己的课程大纲时起主要作用。与副校长一样，教师参与他们所教班级的决定是重要的。

d. 教师之间的一致性。教学方法一致时，职员稳定除了有正面的教师效应外，学生表现也会更好。

e. 有秩序的生活。一定程度上，当学生的生活有秩序时，学生的表现会更好。在有效学校中，学生是在教师组织下学习，教师确保有大量需要学生探索的学习，但是在这种制度下又给予学生一定的自由。当大量工作需要学生又没有限制的责任时，就会产生负面影响。

f. 激发潜力教学。教师富有热情且善于鼓励时，学生进步会更大。高水平问题和陈述频率是至关重要的，也就是说，教师要经常迫使学生运用能力来解决问题。

g. 营造以学习为中心的环境。它的主要特征是学生学习非常勤奋，热爱学习，乐意尝试新的任务。此外，还伴有干扰水平低，班级活动适量且经常围绕学习进行等特征。

h. 课堂内的有限聚焦。当教师投身于一门或两门具体学科时，学生会进步；当教师同时进行三门或更多学科的教授时，学生进步会受到影响。

i. 师生交流充分。学生和教师就学习交流得越多，学生表现就会越好。大多数教师将大多数时间专注于学生时，学生每天与教师沟通的机会就不断增多。

j. 详细的记录。监测学生进步在校长的角色中是极为重要的一部分，同时它也是教师计划和评估的一个重要方面。

k. 家长的参与。非正式开放办学的学校鼓励家长在家庭中指导孩子阅读，通过班级和教育访问帮助学生,这样的学校更有效。

l. 积极的氛围。一所有效学校的学风是积极向上的。

在上述特征描述中,大致可归纳为学生(h)、教学(c、d、f、i、j)和学校管理(a、b、e、g、k、l)三大模块。

其三:英国皇家督导团的有效学校特征指标。

英国皇家督导团对于有效学校特征的归纳与上述两项学术研究的总结是有所不同的,主要基于以下四方面:①

a. 拥有有能力鼓励他人的校长的领导。这些校长对教育有远见并且能将这种远见转化为班级实践。

b. 拥有清楚的目标和目的。这些目标和目的的达成也是所有教职工共同讨论的结果。

c. 拥有放松但有秩序、稳定的学习氛围。这种氛围下的师生关系融洽,学生能自由表达观点并与他人交流自己的想法。

d. 能够促进学生个性和社会的发展。要求学校各个部门拥有丰富的知识和经验。

此后,特德利和雷诺兹基于美国国家学校效能研究中心和莫提默等人的研究成果,将有效学校的特征指标总结归纳为九方面,分别是:有效领导、有效施教、关注学习、积极的学校气氛、对师生的高期望、学生的权利与责任、多方面进步的监控、教师发展、学生父母的参与。这九方面的进一步概括是对前人研究的提升和凝练,丰富了此前研究的不足,也简化了对各项特征的具体描述,对英国学校效能研究而言更具进步意义。

第二阶段(20世纪90年代至今):该阶段英国学校效能研究部分沿袭了80年代的传统,并开始着力于探究新的方向,特别注重背景变量对学校效能的影响,主要包括五种类型的背景变量:学生群体、社区类型、学校年级段、学校管理结构、国别。在背景中突出国别的影响力度也预示着研究日益走向国际化。特德利还特别指出了学校效能与改进研究国际化的重要性,不仅可以扭转种族主义的研究传统,听到更多不同国家的发声,还可以促使新国家加入以恢复该领域的研究生气。该时期的学校效能评价研究主要还是集中在以下领域:学校效果的稳定性(积极或消极);产生不同结果的学校效能间的一致性;不同学生群体间的学校效能差异;学校部门效果的连续性;学校效果

---

① 杨琼.学校效能与学校改革:对英国最新研究成果的述评[J].外国教育研究,2003(12):35-38.

的存在或大小;教育效能在学科间的差异。此外,研究者也注重对无效学校的学校性质与班级性质的探究,致力于有效学校潜在背景因素的跨文化研究。

其间,学者萨蒙斯(Sammons)于1995年在总结过往研究的同时提出了中学效能十一因素,雷诺兹在此后的跨国项目中提出了中小学学校效能十二因素。[①] 对上述研究提出的这些理论因素和特征指标进行归纳总结后,不难发现学校效能各因素也可以归纳为三个宏观维度:学生个体、课堂教学、管理与保障。[②] 主要内容如表2-19所示。此外,英国教育和雇佣部于1992年成立了一个独立的全国性独到服务机构——教育标准办公室(OFSTED),主要负责巡视和报告所有学校质量和标准以及教师的提供情况。该机构将对教师课堂教学的观察、评估和分类作为独到过程的一部分,采用了大量的过程性信息,与美国20世纪80年代经典的学校效能研究十分相似。之后,在1997年还成立了"标准和效能单位",进一步明确运用学校效能评价来监控学校质量的标准。但自2000年后,英国学习效能研究的数量开始下降,逐步进入研究转型期。

表2-19 关于萨蒙斯和雷诺兹的学校效能因素归纳

维度特征因素	学生个体	课堂教学	管理与保障
萨蒙斯中学效能十一因素	1. 监测学生的成绩 2. 最多的学习时间	3. 评价 4. 强调学术	5. 同事关系与合作 6. "高期望"更多地与有机参与的组织结构相一致 7. 严格的、有目的的领导 8. 统一的目标 9. 一致的行动 10. 明确的、公平的纪律 11. 反馈
雷诺兹中小学学校效能的十二因素	1. 一个孩子在校生活的一天	2. 教师的教学风格 3. 课程大纲	4. 学校的总体特征 5. 家长的影响 6. 学校校长 7. 学校对学生的期望 8. 学校目标 9. 教师之间的关系 10. 学校资源 11. 与地方教育局的关系 12. 学校形象

---

① 孙河川.教育效能与学校改进研究的引领者和推动者:国际学校效能与学校改进学会[J].比较教育研究,2009(3):81-85.
② 王阳.荷兰教育督导评价指标体系研究及启示[D].沈阳:沈阳师范大学,2013:14-15.

综上所述,以往的英国学校效能研究主要有以下的几个特点:第一,惯于采用高级统计方法,走在多水平统计模型研发的前沿;第二,采取多样化的学习结果测验,包括控制点、出勤率、犯罪率、行为态度等;第三,能考虑到学生的不同背景,包括年龄、性别,已有学习水平,父母受教育水平和经济地位等。但也存在一定的问题,例如已有研究所选取的样本主要都是处境差的学生,导致辐射面较窄或结论极端;同时也没有将学校效能研究与学校改革有机整合,有进一步推进的可能性。

(3) 其他国家的学校效能研究历程

荷兰:与英美两国研究兴起时期相比,荷兰的学校效能研究兴起较晚,起始于20世纪80年代中期,可具体划分为教育效能与学校改进研究阶段(20世纪80年代中期—90年代中期)、跨国高效能学校改进研究阶段(20世纪90年代中期至今)。荷兰的学校效能研究主要是集中在基础教育阶段,并通过教育督导的方式使学校成为高效能学校,使学校培养学生的效果增值最大化。其间最具代表性的人物是科瑞摩斯(Creemers),他主要关注学校改进的研究,并将对有效学校特征的表述转向改进和提高其有效性,同时将研究对象从班级层面转向学校层面,与他人合著《动态的教育效能》一书,还提出了"高效能课堂层面和学校层面"的因素,如表2-20。

表2-20 科瑞摩斯高效能课堂层面和学校层面因素

课堂层面	学校层面
1. 教育素质:课堂教学的要求和规则等 2. 时间:时间表、对于时间运用的协议等 3. 机会:对学校课程、学校愿景的共识;就实施学校课程方法所制定的规则等 4. 课程:目标和内容的明确程度和安排等 5. 分组步骤:能力分组、合作学习等	6. 教师行为:有秩序和安静的课堂气氛;高期望等 7. 组织素质:学校文化、视导政策等

综上可知,这一高效能学校的因素分析并未涉及学生层面,对学生学业成就、情感等因素的关注度不够。

荷兰的学校效能评价还对有效学校的因素进行了研究,1994年卢伊滕(Luyten)发现:校内学科差异要大于校际间的学科差异。杜兰德(Doolaard)则在1995年调查了学校效能的稳定性。博斯科(Bosker)等人则证明中等学校的特点对不同社会经济地位的学生产生不同的影响,并借助研究发现:"凝聚力、目标明确、学校组织层次清晰"这些特点对于任何社会经济地位的学生都能产生积极影响;但对学校部门层次而言,社会经济地位低的学生在具有一致性和公开性的部门内表现更好,而社会地位高的学生在具有其他特点的部门内表现更为突出。① 学者希尔伦斯(Scheerens)还根据"增值"原则更新了原有学校效能评价模式,在美国第一阶段的"输入—产出"模式中增加了两条输入性指标:一是学生在数学与阅读方面的学术水平;二是学生在"对学校感兴趣的程度""自我效力""行为""学生文化"与"教师支持"等五方面的态度指标,如表 2-21。

表 2-21　希尔伦斯基于"增值"原则构建的指标体系

指标内容	检 测 点
学生结果测量	1. 学生在数学与阅读方面达到的水平(学术结果) 2. 学生在"对学校感兴趣的程度""自我效力""行为""学生文化"与"教师支持"等五个方面的态度状况(态度结果)
学生起点测量	1. 学生在数学与阅读方面的起点水平(学术水平) 2. 学生在"对学校感兴趣的程度""自我效力""行为""学生文化"与"教师支持"等五个方面的起点状况(态度水平)
学生特点	1. 性别 2. 年龄 3. 应该享受免费午餐的情况 4. 特殊的需要 5. 学习支持 6. 流动情况
学校特点	1. 大小 2. 法定身份(公立/私立) 3. 类型(单性/混合教育)
学校背景	1. 享受免费午餐的百分比 2. 宗教

澳大利亚:与荷兰相似,澳大利亚也是在20世纪80年代才开始进行学校效能研究的,起因是对标准化测试的不满。② 当时将标准化测试的成绩作为"有效学校"的关键指标,遭到社会各界人士的质疑。因此,大批研究者就基于埃德蒙兹的五因素论开展教育中的公平、公正和参与问题的研究。

较之于其他国家的研究,澳大利亚的早期学校效能研究主要是鉴别有效学校的特点,研究学校的改进。如学者卡德威尔和斯平克斯介绍了"自治学校",形成了一种学校组织变革的模式;查普曼(Chapman)为经济合作与发展组织和联合国教科文组织撰

---

① 汤林春.学校效能评价研究[D].上海:华东师范大学,2005:19.
② Teddlie C, Reynold D. The International Handbook of School Effectiveness Research[M]. London: Falmer Press, 2000:21.

写的著作,主要讨论了学校领导、分权与资源配置的问题。正是这些研究成为了之后以学校效能为基础进行学校改革的先驱。

此后,澳大利亚的学校效能研究大多是由政府推动,并借助许多大规模项目的研究使得改革更符合经济发展的需要。如澳大利亚教育委员会于1991年发起了"优质学校策略",由澳大利亚教育研究委员会承担并开展"有效学校计划"的研究,该研究对国内2300所学校展开了开放式问卷调查,收集了较多有效学校因素,并对教育政策制定者提出了四点建议。之后,澳大利亚于1992年发起了残疾儿童学校效能研究的项目,为提高残疾儿童的教育效能提供参考。

而近年来,澳大利亚也开始转向有关学校效能和分析有效学校因素与学校效能关系的研究,进一步推广使用质性研究方法,推动学校效能的发展。

(三) 学校赋权

1. 英国

(1) 英国2015年《国家优秀校长标准》

英国是探索校长专业标准较早的国家,于1998年颁布第一版校长专业标准《国家校长标准》(National Standards for Headteachers),并于2004年对其进行了修订与完善,颁布了第二版《国家校长标准》。英国教育部后又于2014年启动《国家优秀校长标准》(National standards of excellence for headteachers)的修订事宜并最终于2015年正式颁布实施。

英国校长专业标准的指标也经过了多次调整和变动,现以2015年最新版本的《国家优秀校长标准》为例:英国2015年的《国家优秀校长标准》对优秀校长提出了4个领域的标准,分别为素质和知识、学生和教师、制度与程序以及学校体制的自我改进,但并未设定详细指标,而是列举了优秀校长的24项典型特征(见表2-22)。

表2-22 英国2015年《国家优秀校长标准》领域及典型特征①

领域(4个)	典型特征(24项)
1. 素质和知识(qualities and knowledge)	1.1 持有并阐明清晰的价值观和道德目标,致力于为学生提供世界级的教育。 1.2 表现出乐观的个人行为,与学生、教职工、家长、州长和当地社区成员保持积极的关系和态度。

---

① 资料源于英国教育部官网 https://www.gov.uk/government/publications/national-standards-of-excellence-for-headteachers,表格由笔者翻译整理而成。

续 表

领域(4个)	典型特征(24项)
	1.3 以身作则——正直、创造力、适应力和清晰——利用他们自己和周围人的学识、专业知识和技能。
	1.4 对本地、国家和全球的教育和学校系统保有广泛的、当前的知识和理解,并追求持续的专业发展。
	1.5 在一套明确以学校愿景为中心的原则框架内,运用政治和财务方面的智慧,巧妙地将地方和国家政策转化为学校的环境。
	1.6 有效地沟通学校的愿景,推动学校的战略领导,使所有的学生和教职工都能出类拔萃。
2. 学生和教师(pupils and staff)	2.1 要求为所有学生制定野心的标准,克服不利条件,促进平等,向工作人员灌输一种强烈的责任感,让他们知道自己的工作对学生成绩的影响。
	2.2 通过分析学生的学习方式和成功的课堂实践和课程设计的核心特征,确保优秀的教学,从而为学生提供丰富的课程机会和幸福生活。
	2.3 建立开放教室的教育文化,作为在学校内部和学校之间共享最佳实践、借鉴和开展相关研究和可靠的数据分析的基础。
	2.4 创造一种氛围,激励和支持所有员工发展自己的技能和学科知识,并互相支持。
	2.5 在一个以卓越为标准的环境中,识别出新兴的人才,指导当前有抱负的领导者,形成清晰的继任计划。
	2.6 要求所有员工对他们的职业行为和实践负责。
3. 制度与程序(systems and process)	3.1 确保学校的制度、组织和程序均经过充分考虑、高效和切合目标,并秉持透明、正直和廉洁的原则。
	3.2 为所有学生和教职工提供一个安全、平静和秩序良好的环境,重点保护学生并培养他们在学校和更广泛的社会中的模范行为。
	3.3 建立严格、公平和透明的制度和措施,管理所有员工的表现,解决任何表现不佳的问题,支持员工改进并重视优秀的实践。
	3.4 欢迎强有力的管治,并积极支持校董会了解其角色及有效地履行其职能,特别是制定学校策略及让校长为学生、教职工及财务表现负责的职能。
	3.5 进行策略性的、以课程为导向的财务规划,以确保预算和资源的公平分配,并以学生的成绩和学校的可持续发展为最大利益。
	3.6 在整个组织中分配领导权,组建有各自角色和职责并相互支持为所作决策负责的同事团队。

续 表

领域(4个)	典型特征(24项)
4. 学校体制的自我改进(the self-improving school system)	4.1　创建对外的学校,与其他学校和组织合作,在相互挑战的氛围中,倡导最佳实践,追求所有学生的优异成绩。
	4.2　与其他公共服务领域的专业人士和同事建立有效的关系,以提高所有学生的学业和社会成绩。
	4.3　为了追求卓越,挑战正统教育,利用证据充分的研究成果来构建自我调节和自我改进的学校。
	4.4　为全体教职工提供高素质的培训和持续的专业发展,以形成教学专业现在和将来的质量。
	4.5　在改进学校、领导和治理方面,树立企业精神和创新方法的榜样,相信内部和外部责任的重要贡献。
	4.6　激励和影响学校内外的其他人,使他们相信教育在年轻人生活中的根本重要性,并提升教育的价值。

其中,和学校赋权相关的有:素质和知识领域中,关注共享愿景和价值观的构建,与学生、教职工、家长、州长和当地社区成员建立积极关系,有效沟通;制度与程序领域中,强调在整个组织中分配领导权,组建有各自角色和职责并相互支持为所作决策负责的同事团队;学校体制的自我改进领域中,重视与其他学校和组织合作,与其他公共服务领域的专业人士和同事建立有效关系以及利用证据和反馈进行自我调节和改进。

(2)艾略特银行(Eliot Bank)学校自我评估指标体系[①]

艾略特银行学校是英国伦敦的刘易舍姆区(Lewisham)一个民族多元化程度较高的小学,其办学的主要目的是充分发挥每个孩子的潜能,通过与家长和当地社区建立亲密合作的关系,共同将学校打造成"学生在一个关怀性的、友好的环境中安全快乐地成长,通过意义丰富的课程和富有创造性的教学使其学习技能与天资得到发展"的地方。尽管该校的自我评估指标体系是由国家教育标准局为学校提供的学校自我评估表(School Self-evaluation Form,简称SEF)调整而来,尽管其以学生发展作为自我评估的核心,但也有涉及学校领导与管理的内容。

该校的自评指标共包括5个一级指标,分别是学校背景、学生相关结果、学校效能、领导与管理效果、早期基础阶段的情况(见表2-23)。领导与管理效果共包括9个二级指标,分别为实现理想与促进发展的领导与管理、教与学的领导与管理、为学校提

[①] 夏宝红.英国学校自我评估体系的研究[D].南京:南京师范大学,2015.

出挑战并支持解决学校问题的管理机构、家长等利益相关者的参与、促进学习和提升幸福感的伙伴关系、促进公平并解决歧视问题、安全保障、促进社区连接和资源利用等方面的效能。其中,实现理想与促进发展的领导与管理、为学校提出挑战并支持解决学校问题的管理机构的效能、家长等利益相关者的效能是与学校赋权相关的指标。

表 2-23　艾略特银行学校自我评估指标体系

一级指标	二级指标
A1　学校背景	A1.1　学校背景,特别是自上次督导评估以来学校环境的变化
A2　学生相关结果(学生做得有多好,考虑到他们各方面的动态变化)	A2.1　学生成就 A2.2　学生学习的质量和他们的进步 A2.3　有特殊教育需求者或残疾学生的学习质量及其进步情况 A2.4　学生所取得的成绩和享受学习的程度 A2.5　学生在多大程度上感到安全 A2.6　学生的行为举止 A2.7　学生在多大程度上拥有健康的生活方式 A2.8　对学校与更广泛社群的贡献程度 A2.9　学生出勤率 A2.10　学生在多大程度上掌握了未来谋生知识与技术以为未来幸福做预备 A2.11　学生在精神/道德/社会/文化方面的发展程度
A3　学校效能	A3.1　教学的质量 A3.2　通过评估促进学习 A3.3　课程满足学生需求的程度 A3.4　对学生护理、指导及支持的效果
A4　领导与管理效果	A4.1　实现理想与促进发展的领导与管理 A4.2　教与学的领导与管理 A4.3　为学校提出挑战并支持解决学校问题的管理机构的效能 A4.4　家长等相关利益者的效能 A4.5　促进学习和提升幸福感的伙伴关系的效能 A4.6　促进公平并解决歧视问题的效能 A4.7　安全保障程序的效能 A4.8　促进社区连接的效能 A4.9　资源利用等方面的效率效果
A5　早期基础阶段的情况	A5.1　早期基础阶段的学生成绩 A5.2　该阶段满足规定要求的程度 A5.3　该阶段领导管理的效能

2. 美国

(1) 美国 2008 年《教育领导政策标准:ISLLC 2008》和 2015 年《教育领导者专业标准:PSEL 2015》

美国是最早制定校长专业标准的国家。20世纪90年代,美国洲际学校领导者颁证联会率先制定了全国统一的校长专业标准——《学校领导标准》,以规范中小学校领导者的职责与行为,从而促进其素质修养的提升和专业化发展。2008年颁布了《教育领导政策标准:ISLLC 2008》,对《学校领导标准》使用功能进行了补充界定,精确地测量和评估全美中小学校校长以及教育领域中其他正式领导的行为。

经更新后的《教育领导政策标准:ISLLC 2008》共有6项一级指标,31项二级指标(见表2-24),勾勒出一名合格教育领导者应具有的综合素质。其中,和学校赋权相关的指标有S1-A、S2-F、S3-D以及S4,具体见表2-24。

表2-24 《教育领导政策标准:ISLLC 2008》评估指标[1]

标准(Standards)	职能(Functions)
S1:发展、传递、实施、保持与所有利益相关者共享的、支持的学习愿景	A 合作发展和实现一种共享愿景和使命; B 通过收集和运用数据来确定目标,来评估组织的有效性,来促进组织学习; C 制定和实施计划,以便实现目标; D 实施连续不断的改进; E 调节与评估计划的进展和修订。
S2:倡导、培育和保持有助于学生学习及教职员工专业成长的学校文化和教学规划	A 培育和保持具有协作、信任、知识和高期望的文化; B 打造全面、严格和连贯的课程项目; C 提供人性化和有助于激发学生学习的环境; D 指导教学的进行; E 建立能促进学生进步的评估系统和责任系统; F 提升全体人员的教育和领导能力; G 最佳化质量教学时间的运用; H 提供最有效和最恰当的技术支持教与学; I 调整与评估教学项目的影响。
S3:确保对学校的组织、运作和资源的有效管理,从而创设一种安全、有效率、有效益的学习环境	A 监控与检查管理和操作系统; B 获得、分配、协调和有效使用人力、财力和技术资源; C 提高和确保学生和教职员工的福利和安全; D 发展分布式领导的能力; E 确保教师和相关组织的时间能够集中支持高质量教学和学生学习。
S4:与家庭和社区成员进行合作,回应多元化的社区利益与需求,调动社区的各种资源	A 收集和分析与教育环境相关的数据和信息; B 提高对社区多样性的文化、社会和智力资源的理解、欣赏和运用; C 与家庭和相关者建立和保持积极的关系; D 与社区伙伴建立和保持建设性关系。

---

[1] 傅树京,熊筱湘.美国《教育领导政策标准:ISLLC 2008》探析[J].外国中小学教育,2010(10):21-27.

续 表

标准(Standards)	职能(Functions)
S5:将正直、公平和符合伦理的态度融于行动之中	A 建立确保每一位学生的学术成就和社交成功的责任系统; B 建立自我了解、反思实践、光明磊落和符合伦理行为的自动化规范; C 捍卫民主、公平和多样性的价值观; D 顾及和评价潜在的道德和法律决策结果; E 促进社会公正以及确保学生个体在所有正规教育方面的需要获得满足。
S6:理解、回应、影响更为宽广的政治、社会、经济、法律和文化情景	A 为了孩子、家庭和关注者而倡导相关事情; B 采取行动,影响当地、区、州和国家产生有利于学生学习的决策; C 为了适应领导策略,评定、分析和展望正在形成的趋势和首创精神。

"2015年10月,美国最新版《教育领导者专业标准:2015》出台,它是以ISLLC2008为蓝本,在经过对近年教育领导经验性研究成果的梳理分析,以及对1000多名学校与学区领导者进行调研,探讨教育领导者们每天的工作以及未来领导者需求的基础之上修订而成。"[1]《教育领导者专业标准:PSEL 2015》共有10项一级指标,80项二级指标(见表2-25)。其中和学校赋权相关的内容有:发展、拥护和制定共享的使命、愿景和核心价值观;关注学生的评价和监测;重视员工绩效和评价督导,发展教职工的领导力;发展学校共同体,促进平等开放交流、合作提升;与家庭、社区发展积极的伙伴关系,挖掘校外资源;加强家庭、社区以及公共与私人部门的参与。

表2-25 《教育领导者专业标准:PSEL 2015》评估指标[2]

一级指标	一级目标阐释	二级指标
1. 使命、愿景和核心价值观	有效的教育领导发展、拥护和制定共享的使命、愿景和核心价值观,它们关乎优质教育、学术成就和学生福祉。	1.1 发展学校教育使命以促进学业成功和每一位学生的福祉。
		1.2 在学校成员和社区的协助下,运用相关数据发展和促进学校愿景,这些愿景有关于成功学习、儿童发展和促进成功的指导和组织实践。
		1.3 清晰、拥护和培养核心价值观,这些价值观定义了学校文化,强调了儿童中心教育的必要性;高期望和学生支持,平等、包容和社会公正,开放、关爱和信任以及可持续发展。

---

① 刘建,张新平.美国教育领导者专业标准(PSEL2015):形成、特点及启示[J].教育研究与实验,2017(02):12-18.
② 资料源于CCSSO官网 https://ccsso.org/resource-library/professional-standards-educational-leaders,表格由笔者翻译整理而成。

续 表

一级指标	一级目标阐释	二级指标
		1.4 战略上发展、执行和评估行动以实现学校愿景。
		1.5 回顾学校使命、愿景,调整其适应学校变化的期望和机遇、学生变化的需求和情况。
		1.6 在学校和社区发展对使命、愿景、核心价值观共享的理解和投入。
		1.7 在领导力各方面塑造和追求学校使命、愿景和核心价值观。
2. 道德和专业规范	有效的教育领导根据伦理道德和专业规范行动以促进每一位学生的学业成功和福祉。	2.1 在个人行为、和他人的关系、决策、学校资源的管理以及学校领导力的各个方面能道德而专业地行动。
		2.2 将儿童置于教育的中心,为每一位学生的学业成功和福祉承担责任。
		2.3 捍卫和促进价值观,它们包括民主、个人自由和责任、社会公正、共同体和多样性。
		2.4 用人际沟通技能,社会感情的眼光和对所有学生、教职工背景与文化的理解去实现领导。
		2.5 为学校提供道德方向,促进教职工符合伦理道德的、专业的行为。
3. 平等和文化同理心	有效的教育领导为教育机会的平等和文化同理的实践而奋斗,以促进每一位学生的学业成功和福祉。	3.1 确保每个学生被公平地、尊重地、理解学生文化和背景地对待。
		3.2 识别、尊重和发挥学生的优势、多样性和文化作为教与学的有利条件。
		3.3 确保每个学生都能平等地接触到有效的老师、学习机会、学术和社会支持以及其他成功必需的资源。
		3.4 发展学生政策,以礼貌的、公正的、无偏见的方式处理学生不当行为。
		3.5 面对和改变制度上的偏见,如学生边缘化,基于财政赤字的学费,和种族、阶级、文化和语言、性别和性取向以及残疾或特殊地位相关的低期望值。
		3.6 引导学生成功地生活在多元文化背景的全球化社会中并为其作贡献。
		3.7 在互动、决策和实践中带着文化能力和同理心行动。
		3.8 在领导力的各个方面处理好平等和文化同理心的问题。

续 表

一级指标	一级目标阐释	二级指标
4. 课程、指导和评价	有效的教育领导发展和支持在理智上严谨连贯的课程、指导和评价体系以促进每一位学生的学业成功和福祉。	4.1 执行连贯的课程、指导和评价体系以促进学校的使命、愿景和核心价值观,结合学业标准具体化对学生学习的高期望并响应文化。
		4.2 结合聚焦年级内和跨年级水平的课程、指导和评价体系以促进学生的学业成功、对学习的喜爱、身份同一性和学习者的习惯以及自身的健康意识。
		4.3 促进与儿童学习与发展、有效教育学和学生需求相一致的指导性实践。
		4.4 确保智力上有挑战性的、忠实于儿童经验的、识别学生优势的和个别化、个性化的指导性实践。
		4.5 促进教与学服务中对技术的有效使用。
		4.6 运用与儿童学习与发展的知识和测量的技术标准相一致的有效评价。
		4.7 合理使用评价数据,在技术限制下监测学生进步情况并促进指导。
5. 关怀共同体和对学生的支持	有效的教育领导培养包容的、关怀的和支持的学校共同体以促进每一位学生的学业成功和福祉。	5.1 建立和维护安全的、关怀的、健康的学校环境来满足每个学生的学业、社会、情感和生理需求。
		5.2 创造和维护学校环境,在这里每个学生都能被认识、接纳和珍视、信任和尊重、关爱和鼓励成为学校共同体中积极而负责的成员。
		5.3 提供学业和社会支持、服务、课外活动和住宿的连贯体系来满足每个学生的学习需求。
		5.4 促进成人与学生、学生与朋辈和学校与共同体的关系来重视和支持学业学习和积极的社会情感发展。
		5.5 培养和加强学生的学校参与和积极的学生表现。
		5.6 将学校共同体的文化和语言融入学校学习环境。
6. 学校人事的专业能力	有效的教育领导发展学校人事的专业能力和实践来促进每一位学生的学业成功和福祉。	6.1 招聘、雇用、支持、发展和保留有效率的、关爱的老师和其他专业的员工,并促使他们形成一支在教育上有效率的教职工队伍。
		6.2 规划和管理员工的绩效和留任,为有效的就职提供机会并指导新员工。
		6.3 在对专业理解和成人学习与发展的指导下,通过学习与成长的个别化机会发展老师和员工的专业知识、技能和实践。

续 表

一级指标	一级目标阐释	二级指标
		6.4 促进个人可持续发展和集体指导能力来实现每个学生的预期成果。
		6.5 通过有效的、基于调研的监督和评价体系传递关于指导和其他专业实践的可行反馈来支持老师和员工知识、技能和实践的发展。
		6.6 赋权和动员教职工发挥专业实践和可持续学习提升的最高水平。
		6.7 发展能力、机会支持教师领导力和学校共同体其他成员的领导力的提升。
		6.8 促进个人和专业健康、福祉和教职工工作与生活上的平衡。
		6.9 通过反馈、学习和提升、维持工作与生活的健康平衡关注其个人学习和效率。
7. 教职工的专业共同体	有效的教育领导塑造教师和其他专业员工的专业共同体以促进每一位学生的学业成功和福祉。	7.1 发展教师和其他专业员工的工作场地条件以促进有效的专业发展、实践和学生学习。
		7.2 为满足每个学生的学业、社会、情感和生理需求,追求学校的使命、愿景和价值观,赋权和委托教师和员工集体负责。
		7.3 建立和维护参与的专业文化,为共享的愿景、目标和有关全儿童教育的目的作贡献;对专业工作的高期望;符合伦理道德的、平等的实践;信任和开放的交流;合作,集体效能和个人与组织的可持续学习提升。
		7.4 为每个学生的成果和作为整体的学校的效能,在教师和其他专业员工中促进共同责任。
		7.5 在领导者、教员和员工中发展和支持开放、多产、关爱和信任的工作关系以促进专业能力和实践的提升。
		7.6 为教职工专业的合作学习,设计和执行工作嵌入式以及其他的机会。
		7.7 为实践的合作考核、学员反馈和集体学习提供机会。
		7.8 鼓励教职工发起的提升项目和实践。
8. 家庭和社区有意义的参与	有效的教育领导使家庭和社区以有意义、互惠和互助有益的方式参与到学校发展中,以	8.1 平易近人,欢迎家庭和社区成员。
		8.2 为学生利益创造和维护和家庭与社区的积极、协作和有效的关系。
		8.3 参与和家庭与社区的定期、开放式双向沟通,就学校、学生、需求、问题和成就进行交流。

续 表

一级指标	一级目标阐释	二级指标
	促进每一位学生的学业成功和福祉。	8.4 坚持出现在社区中以理解其优势和需求,发展有效关系并为学校引入资源。
		8.5 为学校共同体和家庭协作支持学生校内外学习创造方法。
		8.6 发展和提供学校作为资源给家庭和社区。
		8.7 优先于家庭和社区拥护学校和区域,拥护教育、学生需求的重要性。
		8.8 拥护学生、家庭和社区需求和优先权的公开。
		8.9 建立和维护与公共和私人部门的有效伙伴关系以促进学校改进和学生学习。
9. 运营和管理	有效的教育领导管理学校运营和资源以促进每一位学生的学业成功和福祉。	9.1 建立、管理和监督运营和行政体系以促进学校的使命和愿景。
		9.2 战略上管理人力资源、为教职工分配安排角色和责任以完善专业能力,处理好每个学生的学习需求。
		9.3 寻找、获取和管理财政、物质和其他资源来支持课程、指导和评估;学生学习共同体;专业能力和共同体;家庭和社区参与。
		9.4 负责、符合伦理道德地管理好学校的财政和非财政资源,参与有效的预算和会计实践。
		9.5 保护教师和其他员工工作和学习免于打扰。
		9.6 运用技术提升运营管理的质量和效率。
		9.7 发展和维护数据与沟通体系以为班级和学校改进传递可行的信息。
		9.8 认识、遵守和帮助学校社区理解当地、州和联邦法律、权益、政策和规则以促进学生成功。
		9.9 发展和管理好和直属学校与连接学校的关系,做好注册管理、课程和指导衔接。
		9.10 发展和管理好与中心办公室和学校董事会的有效关系。
		9.11 在学生、教职工、领导者、家庭和社区中发展和管理好用于公正平等管理冲突的体系。
		9.12 管理治理进程和内外部政策以实现学校的使命和愿景。

续 表

一级指标	一级目标阐释	二级指标
10. 学校改进	有效的教育领导要作为可持续发展的代理人行动以促进每一位学生的学业成功和福祉。	10.1 使学校对每个学生、教职工、家庭和社区更有效率。
		10.2 使用可持续改进的方法以实现愿景,完成使命和促进学校的核心价值观。
		10.3 使学校和共同体准备好改进、促进准备程度、改进的需要、庆祝共同的承诺和责任以及发展知识、技能和改进成功的动力。
		10.4 使他人参与到为学校和班级的可持续改进进行基于证据的调研、学习、战略目标设定、规划、执行和评价的持续过程中。
		10.5 为改进运用适应情境的战略,包括转变的、逐步的、适应的方法和对不同阶段执行的关注。
		10.6 评估和发展员工的能力以评估新兴教育趋势的价值和适应性以及有关学校及其改进的研究发现。
		10.7 发展用于数据收集、管理、分析和使用的技术适应体系,连接地方部门和外部合作伙伴需求以支持规划、执行、监测、反馈和评价。
		10.8 带着勇气和毅力管理未知、风险、竞争的主动性和改变的政策,为改进努力的成果提供支持、鼓励和开放沟通需求与过程。
		10.9 发展和促进教职工的领导力以实现探究、实验和创新、发起和执行改进。

(2) 美国波多里奇国家质量奖《教育绩效优异标准》的指标

美国波多里奇国家质量奖始定于1987年,原先只适用于企业界,后于1997年切合教育部门的特点进行了较大幅度的修订,并取名《教育绩效优异标准》,从1999年起向美国的教育组织开放。[①] 尽管《教育绩效优异标准》每年都会作适当修改,但变动不大,基本结构是稳定的。

这里以2015—2016年版本为例,2015—2016年《教育绩效优异标准》共有7个一级指标,17个二级指标,98个三级指标(见表2-26),评价时按照一定比例对各项指标进行打分,总分1000分。7个一级指标分别是:1.领导;2.战略;3.顾客;4.测量、分析

---

① 乐毅.学校评估研究[D].上海:华东师范大学,2005:2.

和知识管理;5.劳动力;6.运营;7.结果。在17个二级指标中,和学校赋权相关的有:1.1高级领导,涉及学校的愿景、使命、价值观以及领导力的传承;3.2顾客参与度,涉及学校学生及其他教职工的参与和支持;5.2劳动力参与度,涉及绩效考评以及效能管理与评价;7.2和7.3从顾客和劳动力的视角测量结果。

表2-26 2015—2016年《教育绩效优异标准》一级、二级指标及关键领域①

类别(一级指标)	项目(二级指标)	领 域
1. 领导(Leadership)	1.1 高级领导(Senior Leadership)	高级领导的角色(建立愿景、使命、价值观、组织文化)The role of senior leaders.
		高级领导的角色模型(建立顾客参与的文化、加强领导技能、培养未来领袖)Role-model senior leaders.
		合法与道德的行为 Legal and ethical behavior.
		创造革新的环境 Creating an environment for innovation.
	1.2 管理和社会责任(Governance and Societal Contributions)	组织管理 Organizational governance.
		合法合规、道德标准与风险 Legal compliance, ethics, and risks.
		公众担忧 Public concerns.
		自然资源保护 Conservation of natural resources.
		社会责任 Societal contributions.
		社区支持 Community support.
2. 战略(Strategy)	2.1 战略发展(Strategy Development)	战略发展的背景 A context for strategy development.
		面向未来行动的基础 A future-oriented basis for action.
		复杂领导力 Competitive leadership.
		战略制定的数据和信息 Data and information for strategic planning.
		盲点 Blind spots.
		管理战略风险 Managing strategic risk.
		工作体系 Work systems.
		工作体系和生态系统 Work systems and ecosystems.
		战略目标 Strategic objectives.

① 资料源于波多里奇国家质量奖官网 https://www.nist.gov/baldrige/baldrige-criteria-commentary-education,表格由笔者翻译整理而成。

续 表

类别(一级指标)	项目(二级指标)	领 域
	2.2 战略执行 (Strategy Implementation)	行动计划的制定与部署 Developing and deploying action plans.
		分析以支持资源配置 Performing analyses to support resource allocation.
		制定劳动力计划 Creating workforce plans.
		设计未来环境 Projecting your future environment.
		设计和比较绩效 Projecting and comparing your performance.
3. 顾客(Customers)	3.1 顾客倾听 (Customer Listening)	顾客倾听 Customer listening.
		可操作信息 Actionable information.
		倾听/学习和战略 Listening/learning and strategy.
		大众传媒 Social media.
		顾客和市场知识 Customer and market knowledge.
	3.2 顾客参与度 (Customer Engagement)	作为战略行动的参与 Engagement as a strategic action.
		顾客关系战略 Customer relationship strategies.
		形象和品牌管理 Image or brand management.
		学生和其他顾客的支持 Student and other customer support.
		确定学生和其他顾客满意与否 Determining student and other customer satisfaction and dissatisfaction.
		投诉管理 Complaint management.
		顾客对竞争者的满意度 Customers' satisfaction with competitors.
4. 测量、分析和知识管理 (Measurement, Analysis, and Knowledge Management)	4.1 组织绩效的测量、分析和改进 (Measurement, Analysis, and Improvement of Organizational Performance)	排列和融合绩效管理体系 Aligning and integrating your performance management system.
		大数据 Big data.
		信息分析 Information analytics.
		比较数据情况 The case for comparative data.
		比较数据选择 Selecting comparative data.
		复盘绩效 Reviewing performance.
		复盘中比较数据的使用 Use of comparative data in reviews.
		分析绩效 Analyzing performance.

续 表

类别(一级指标)	项目(二级指标)	领 域
		排列分析、绩效复盘和规划 Aligning analysis, performance review, and planning.
		理解因果关系 Understanding causality.
	4.2 信息和知识管理（Information and Knowledge Management）	信息管理 Information management.
		数据和信息获得 Data and information availability.
		知识管理 Knowledge management.
		组织学习 Organizational learning.
5. 劳动力(Workforce)	5.1 劳动力环境（Workforce Environment）	劳动力能力与容量 Workforce capability and capacity.
		变化管理 Change management.
		劳动力支持 Workforce support.
	5.2 劳动力参与度（Workforce Engagement）	高绩效 High performance.
		劳动力参与度和绩效 Workforce engagement and performance.
		劳动力参与的驱动 Drivers of workforce engagement.
		抑制参与的因素 Factors inhibiting engagement.
		报酬和识别 Compensation and recognition.
		劳动力参与的其他指标 Other indicators of workforce engagement.
		绩效发展 Performance development.
		绩效发展需求 Performance development needs.
		学习和发展定位与格式 Learning and development locations and formats.
		个人学习和发展需求 Individual learning and development needs.
		顾客联系培训 Customer contact training.
		学习和发展效能 Learning and development effectiveness.
6. 运营(Operations)	6.1 工作过程（Work Processes）	工作过程需求 Work process requirements.
		重要项目和服务相关的商业过程 Key program- and service-related and business processes.
		工作过程设计 Work process design.
		过程中的测量 In-process measures.

续 表

类别(一级指标)	项目(二级指标)	领　　域
		过程绩效 Process performance.
		重要支持过程 Key support processes.
		过程改进 Process improvement.
		供给网络 Supply networks.
		供给网络管理 Supply-network management.
		供给网络沟通 Supply-network communication.
		创新管理 Innovation management.
	6.2 运营效能 (Operational Effectiveness)	费用控制 Cost control.
		安全与网络安全 Security and cybersecurity.
		工作场地安全 Workplace safety.
		组织连续性 Organizational continuity.
7. 结果(Results)	7.1 学生学习和过程结果 (Student Learning and Process Results)	学生学习的测量 Measures of student learning.
		项目和服务绩效的测量 Measures of program and service performance.
		教育项目和服务绩效的范例 Examples of educational program and service measures.
		项目和服务绩效、学生及其他顾客的指标 Program and service performance and student and other customer indicators.
		过程效能和效率测量 Process effectiveness and efficiency measures.
		组织和运营绩效测量 Measures of organizational and operational performance.
	7.2 顾客中心的结果 (Customer-Focused Results)	顾客视角的绩效 Your performance as viewed by your customers.
		相对满意度 Relative satisfaction.
		超出满意的结果 Results that go beyond satisfaction.
	7.3 劳动力中心的结果 (Workforce-Focused Results)	劳动力结果因素 Workforce results factors.
		劳动力容量与能力 Workforce capacity and capability.
		劳动力参与 Workforce engagement.

续表

类别(一级指标)	项目(二级指标)	领　　域
	7.4 领导和管理结果（Leadership and Governance Results）	高道德标准的重要性 Importance of high ethical standards.
		报告结果 Results to report.
		处罚或不良行为 Sanctions or adverse actions.
	7.5 预算、财政、市场和战略结果（Budgetary, Financial, Market, and Strategy Results）	高级领导的重要性 Senior leaders' role.
		报告的适当测量 Appropriate measures to report.
		战略执行的测量 Measures of strategy implementation.

(3) 美国优质教育评估认证组织（AdvancED）学校认证评价标准

美国优质教育评估认证组织又称美国先锋教育机构，于2006年由美国中北部地区院校联盟与南部地区院校联盟合并而成，2011年西北地区认证委员会也加入了该组织，是全球最大的非政府非营利教育认证机构。目前其在70多个国家和地区认证了36 000余所学校和教育机构。

美国优质教育评估认证组织学校认证评价标准为AdvancED Performance Standards for Schools，该评价标准每年更新，此处以2018年版本为例。其将评价重点集中在了三大领域，分别是领导能力领域、学习能力领域、资源能力领域，对应多项二级指标对学校办学质量进行认证评价（见表2-27）。领导能力领域的阐释是"一个学校的领导力包括忠诚和献身于其目标方向、管理效能和领导学校实现已定目标、让利益相关者以富有意义和成效的方式参与的能力以及执行战略提升学习者和教育者的能力"，对应的二级指标中与学校赋权相关的有愿景、使命及目标的认同度（如1.1和1.2）、监督评估以提升组织效能（如1.6）和利益相关者参与学校决策（如1.10）。

表2-27　2018年AdvancED学校认证评价标准领导力领域指标[①]

一级指标	一级指标阐释	二级指标
领导能力领域（Leadership Capacity Domain）	一个学校的领导力包括忠诚和献身于其目标方向、管理效能和领导	1.1 学校致力于制定一个目标来定义教与学的信仰，包括对学习者的期望。
		1.2 利益相关者共同展开行动以确保学校目标和理想学习结果的实现。

---

① 资料源于AdvancED官网 https://www.advanced.org/sites/default/files/documents/APS_Schools.pdf，表格由笔者翻译整理而成。

续 表

一级指标	一级指标阐释	二级指标
	学校实现已定目标、让利益相关者以富有意义和成效的方式参与的能力以及执行战略提升学习者和教育者的能力。	1.3 学校投身于生产证据的不断提升的过程,包括促进学生学习和专业实践的可测量结果。
		1.4 管理当局制定并确保落实用以支持学校效能的政策。
		1.5 管理当局坚守既定角色与责任内的伦理和职责。
		1.6 领导者执行员工监督和评估过程以提升专业实践和组织效能。
		1.7 领导者执行操作过程和程序以确保支持教与学的组织效能。
		1.8 领导者让利益相关者支持学校目标和方向的实现。
		1.9 学校提供培养和提升领导效能的经验。
		1.10 领导者从各利益相关群体收集和分析反馈数据以提升决策。

(4)美国哈林格等人的校长教学领导力评估模型(Principal Instructional Management Rating Scale,简称 PIMRS)[①]

美国校长教学领导力评估模型的研究源于美国1966年的科尔曼报告,从发展历程来看,美国先后出现四种较具影响力的评估模型,分别是 Bossert 等人1982年开发的模型,哈林格等人1985年开发的模型,美国马里兰州校长教学领导力评估模型和 VAL-ED 模型。这四种模型是传承与发展的关系,而哈林格和墨菲的教学领导力评估模型是应用最广泛的模型。

哈林格和墨菲通过对美国一个校区十位小学校长的教学管理行为的观察,于1985年提出了校长教学领导行为的检测模型。该模型包括界定学校使命、管理教学方案、创造学校学习环境三个维度,共有十一个指标,并分别对应多个行为变量(见表2-28)。与学校赋权相关的有:界定学校使命维度的传达学校目标,通过与教师和家长的交流讨论促进其对学校目标的认同;管理教学方案维度的协调学校课程,通过监督和评价来提升课程决策;创造学校学习环境维度的保持高度透明度、为教师教学提供诱因和为学生学习提供诱因,通过交流了解师生需求、通过奖惩驱动教与学从而保持与学校规划的一致性。

[①] 曾家延,赵晶. 美国四种校长教学领导力评估模型的比较与评论[J]. 外国中小学教育,2016(10):34-42.

表 2-28 哈林格等人的校长教学领导力评估模型

维度	指标	行为变量
界定学校使命	框定学校目标	△目标专注于学生的学业成绩 △参考实际的数据和资料 △对不同的目标进行统一规划和调整 △设计可以掌控的目标 △明确教师所扮演的角色与责任 △明确学生学习结果的可测量性
	传达学校目标	△定期与教师、家长讨论学校目标，回顾学校目标的实现情况，确保教师和家长对学校目标达成一致的意见，促成他们对学校目标的充分理解 △利用正式和非正式交流方式来传达学校目标
管理教学方案	协调学校课程	△监督不同班级的课程设置，加强同一年级中不同班级之间的交流与合作 △有效利用评价结果作出正确的课程决策
	教学监督与评价	△课堂教学目标与学校目标之间的一致性 △教学支持 △非正式课堂观察 △提供具体且有针对性的教学反馈
	监控学生进展	△提倡基于标准的评价 △及时向教师反馈评价结果 △全校教师、年级教师和教师个体分别对评价结果进行分析 △解释评价结果
创造学校学习环境	保证教学时间	△出台全校性方案，排除课外活动对教学时间的干扰 △监控学生的出勤情况
	促进教师专业发展	△了解教师专业发展机会，密切关注教师进修与成长 △为教师提供在职培训，鼓励教师分享培训成果 △建立教师专业培训与学校发展目标的一致性联结 △鼓励教师将新理念融入课堂教学实践中
	保持高度透明度	△利用非正式和正式的交流了解师生的需求 △让教师理解学生的需要优先发展的事项
	为教师教学提供诱因	△建立教师奖惩工作制度 △表扬优秀教师行为和努力
	为学生学习提供诱因	△创造重视学生学业成就的学校氛围 △奖励学生的学业成就 △保持课堂学习与学校规划的一致性
	加强学业质量标准建设	△清晰界定评价标准 △建立高要求、高期望的评价标准

(5) 范德比尔特教育领导力评估量表(VAL‑ED模型)[1]

范德比尔特教育领导评估(The Vanderbilt Assessment of Leadership in Education,简称 VAL‑ED)是美国范德比尔特大学根据"州际学校领导者资格认证协会"(ISLLC)标准创制的一种"教育领导"评估工具,于 2005 年着手研发,历经 3 年问世。VAL‑ED评价量表在设计上主要由两大指标维度构成,一是核心要素(Core Components);二是关键过程(Key Processes)。核心要素主要涉及 6 个方面,分别为学生学习的高标准、严格的课程、高质量的教学、学习的文化和专业行为、与外部社区的联系和绩效问责制;关键过程涉及 6 个基本环节,分别为规划、实施、支持、倡导、交流和监控。关键过程由于每个环节设计了 2 项具体内容因而被扩充为 12 项,与 6 个核心要素相交,共形成 72 个事项(见表 2‑29)。和学校赋权相关的核心要素是与外部社区的联系和绩效问责制。

表 2‑29 范德比尔特教育领导力评估量表

核心要素与关键过程		证据来源与评估等级	证据的来源					有效性等级					
			他人报告	个人观察	学校文献	学校活动	其他来源	没有证据	尚未实施	没有效果	效果微弱	基本有效	效果显著	成效卓著
	1. 学生学习的高标准	领导在确保学校……效果如何?												
规划	1. 为所有学生确立学习方面的成长目标		□	□	□	□	□	□	0	1	2	3	4	5
	2. 为教师促进学生学习确立表现性目标		□	□	□	□	□	□	0	1	2	3	4	5
实施	3. 促进教师为实现学生学习的高标准而行动		□	□	□	□	□	□	0	1	2	3	4	5
	4. 形成教师为维系学生学习的高标准所需的抱负		□	□	□	□	□	□	0	1	2	3	4	5
支持	5. 鼓励学生成功实现严格的学习目标		□	□	□	□	□	□	0	1	2	3	4	5
	6. 支持教师达到学习目标		□	□	□	□	□	□	0	1	2	3	4	5

---

[1] 钟建国.美国中小学校长领导力评估研究[D].福州:福建师范大学,2012:48.

续 表

核心要素与关键过程		证据的来源						有效性等级					
		他人报告	个人观察	学校文献	学校活动	其他来源	没有证据	尚未实施	没有效果	效果微弱	基本有效	效果显著	成效卓著
倡导	7. 倡导学生在个人学习计划中设定学习高标准	□	□	□	□	□	□	0	1	2	3	4	5
	8. 对具有特殊需要的学生的低抱负观提出挑战	□	□	□	□	□	□	0	1	2	3	4	5
交流	9. 将学生学习的严格目标传达给教师	□	□	□	□	□	□	0	1	2	3	4	5
	10. 将学生学习的严格目标传达给家长和社区	□	□	□	□	□	□	0	1	2	3	4	5
监控	11. 依据高标准监控学生的学习	□	□	□	□	□	□	0	1	2	3	4	5
	12. 监控学生的各种考试结果	□	□	□	□	□	□	0	1	2	3	4	5
2. 严格的课程		领导在确保学校……效果如何?											
规划	13. 为学生开发严格的课程	□	□	□	□	□	□	0	1	2	3	4	5
	14. 有特殊需要的学生也有途径学习严格的课程	□	□	□	□	□	□	0	1	2	3	4	5
实施	15. 创设严格的经验或课程系列	□	□	□	□	□	□	0	1	2	3	4	5
	16. 在所有的班级都实施严格的课程	□	□	□	□	□	□	0	1	2	3	4	5
支持	17. 确保严格的课程实施所需的教学材料	□	□	□	□	□	□	0	1	2	3	4	5
	18. 支持教师授课与州和国家的内容标准相一致	□	□	□	□	□	□	0	1	2	3	4	5
倡导	19. 倡导严格的课程并关注家长和学生的多样性	□	□	□	□	□	□	0	1	2	3	4	5
	20. 鼓励教师勇于面对处于失败边缘的学生	□	□	□	□	□	□	0	1	2	3	4	5
交流	21. 对州立课程架构的讨论	□	□	□	□	□	□	0	1	2	3	4	5
	22. 对各类课程学术内容同等重要性的讨论	□	□	□	□	□	□	0	1	2	3	4	5

续表

核心要素与关键过程	证据来源与评估等级	证据的来源					有效性等级					
		他人报告	个人观察	学校文献	学校活动	其他来源	没有证据	尚未实施	没有效果	效果微弱	基本有效	效果显著	成效卓著
监控	23. 评估学生在课程学习方面的掌握程度	☐	☐	☐	☐	☐	☐	0	1	2	3	4	5
	24. 评估课程的严格性	☐	☐	☐	☐	☐	☐	0	1	2	3	4	5
3. 高质量的教学	领导在确保学校……效果如何?												
规划	25. 利用特殊的需求为学生制定教学服务	☐	☐	☐	☐	☐	☐	0	1	2	3	4	5
	26. 制定安排计划确保教学质量	☐	☐	☐	☐	☐	☐	0	1	2	3	4	5
实施	27. 协调各方努力提高各年级教学	☐	☐	☐	☐	☐	☐	0	1	2	3	4	5
	28. 招募年轻有经验的教师	☐	☐	☐	☐	☐	☐	0	1	2	3	4	5
支持	29. 支持教师集体以促进教学最大化	☐	☐	☐	☐	☐	☐	0	1	2	3	4	5
	30. 为教师创造条件促进教学实践	☐	☐	☐	☐	☐	☐	0	1	2	3	4	5
倡导	31. 倡导为学生开设有效的教学	☐	☐	☐	☐	☐	☐	0	1	2	3	4	5
	32. 鼓励为高质量教学创设条件或机会	☐	☐	☐	☐	☐	☐	0	1	2	3	4	5
交流	33. 在教职工大会上对教学展开讨论	☐	☐	☐	☐	☐	☐	0	1	2	3	4	5
	34. 加强就如何帮助教师移除障碍和教师保持联系	☐	☐	☐	☐	☐	☐	0	1	2	3	4	5
监控	35. 评估教师教学时间是如何被安排利用的	☐	☐	☐	☐	☐	☐	0	1	2	3	4	5
	36. 评估教师的教学实践	☐	☐	☐	☐	☐	☐	0	1	2	3	4	5
4. 学习的文化和专业行为	领导在确保学校……效果如何?												
规划	37. 制定提升纪律和秩序的计划和规定	☐	☐	☐	☐	☐	☐	0	1	2	3	4	5
	38. 做创设以学生学习为中心的积极环境的计划	☐	☐	☐	☐	☐	☐	0	1	2	3	4	5

续 表

核心要素与关键过程		证据的来源					有效性等级					
		他人报告	个人观察	学校文献	学校活动	其他来源	没有证据	尚未实施	没有效果	效果微弱	基本有效	效果显著	成效卓著
实施	39. 建立所有学生都能被认知和关心的学习环境	□	□	□	□	□	□	0	1	2	3	4	5
	40. 建立以学术成就为荣的文化	□	□	□	□	□	□	0	1	2	3	4	5
支持	41. 分派资源去营造关注学生学习的文化	□	□	□	□	□	□	0	1	2	3	4	5
	42. 支持团队协作以提高教学	□	□	□	□	□	□	0	1	2	3	4	5
倡导	43. 提倡学习尊重学生的多样化的文化	□	□	□	□	□	□	0	1	2	3	4	5
	44. 提倡学生融入学校集体	□	□	□	□	□	□	0	1	2	3	4	5
交流	45. 同父母交流正视校园文化	□	□	□	□	□	□	0	1	2	3	4	5
	46. 讨论教师职业行为标准	□	□	□	□	□	□	0	1	2	3	4	5
监控	47. 监督学生参加社会以及学术活动	□	□	□	□	□	□	0	1	2	3	4	5
	48. 从学生的角度评价校园文化	□	□	□	□	□	□	0	1	2	3	4	5
5. 与外部社区的联系	领导在确保学校……效果如何?												
规划	49. 围绕着教学任务等学校和社区关系开展计划	□	□	□	□	□	□	0	1	2	3	4	5
	50. 环绕着社区在促进教学目标开展计划	□	□	□	□	□	□	0	1	2	3	4	5
实施	51. 实施创设的计划满足社区需求	□	□	□	□	□	□	0	1	2	3	4	5
	52. 建立商业伙伴关系以支持社会和学术性需求	□	□	□	□	□	□	0	1	2	3	4	5
支持	53. 通过其他外部资源促进教学	□	□	□	□	□	□	0	1	2	3	4	5
	54. 分配好家庭和社区的关系以促进学生的学习	□	□	□	□	□	□	0	1	2	3	4	5
倡导	55. 倡导严格的课程并关注家长和学生的多样性	□	□	□	□	□	□	0	1	2	3	4	5
	56. 对教师帮助社区学习能力低下学生提出挑战	□	□	□	□	□	□	0	1	2	3	4	5

续 表

核心要素与关键过程		证据的来源						有效性等级					
	证据来源与评估等级	他人报告	个人观察	学校文献	学校活动	其他来源	没有证据	尚未实施	没有效果	效果微弱	基本有效	效果显著	成效卓著
交流	57. 认真接受来自社区的反馈信息	☐	☐	☐	☐	☐	☐	0	1	2	3	4	5
	58. 认真聆听来自家庭的各种各样的需求意见	☐	☐	☐	☐	☐	☐	0	1	2	3	4	5
监控	59. 收集关于社区的学习资源方面的信息	☐	☐	☐	☐	☐	☐	0	1	2	3	4	5
	60. 监督社区与学校的连接互动情况	☐	☐	☐	☐	☐	☐	0	1	2	3	4	5
6. 绩效问责制	领导在确保学校……效果如何?												
规划	61. 监督学生的学习并负起个人和集体责任	☐	☐	☐	☐	☐	☐	0	1	2	3	4	5
	62. 开展计划强调学生的学术性和社会性学习	☐	☐	☐	☐	☐	☐	0	1	2	3	4	5
实施	63. 利用教师反馈维系教师责任	☐	☐	☐	☐	☐	☐	0	1	2	3	4	5
	64. 实现学术性和社会性学习目标	☐	☐	☐	☐	☐	☐	0	1	2	3	4	5
支持	65. 分配好时间评估学生的学习	☐	☐	☐	☐	☐	☐	0	1	2	3	4	5
	66. 分配好时间评估教师在促进学生学习上的作用	☐	☐	☐	☐	☐	☐	0	1	2	3	4	5
倡导	67. 对教师在学生失败归因上的挑战	☐	☐	☐	☐	☐	☐	0	1	2	3	4	5
	68. 鼓励所有学生实现科目学习和社会性学习目标	☐	☐	☐	☐	☐	☐	0	1	2	3	4	5
交流	69. 就学校发展目标和家长展开讨论	☐	☐	☐	☐	☐	☐	0	1	2	3	4	5
	70. 就如何促进学校改革进步和教师展开讨论	☐	☐	☐	☐	☐	☐	0	1	2	3	4	5
监控	71. 就严格课程基础上的教师评价展开分析	☐	☐	☐	☐	☐	☐	0	1	2	3	4	5
	72. 监督合理有效评估数据促进学生学习的责任	☐	☐	☐	☐	☐	☐	0	1	2	3	4	5

3. 澳大利亚的中小学校长领导力评价标准

2011年7月,澳大利亚教学与学校领导协会(the Australian Institute for Teaching and School Leadership,简称AITSL)协同国内各教育局、教育工会、教育团体、教育专业人士及其他主要的利益相关者,在吸收了国内已有的五十多套"领导标准与能力框架"的基础上,正式颁布了澳大利亚首部全国统一的《全国中小学校长专业标准》(Australian Professional Standard for Principals)。

《全国中小学校长专业标准》从愿景与价值(vision and values)、知识与理解(knowledge and understanding)、个人品质与社交技能(personal qualities and social and interpersonal skills)三个方面对校长的领导能力和管理能力提出基本的要求(见表2-30)。其还以此为基础,界定了校长专业实践的五个领域,分别是领导教与学(leading teaching and learning)、发展自我与他人(developing self and others)、领导改进、创新与变革(leading improvement, innovation and change)、领导学校管理(leading the management of school)、参与社区及与社区合作(engaging and working with the community)(见表2-31)。

表2-30 澳大利亚《全国中小学校长专业标准》关于"领导要求"的内容[①]

领导要求	整体表述	具体要求
愿景与价值	制定学校愿景,在公平、道德、民主价值观和终身学习理念指导下促进青年与成人的学习及成长;为社区的最大利益服务;促进战略愿景、学校文化、传统及习俗的和谐,推动学校的发展;坚持高标准,培育尊重文化。	● 通过自己的专业实践树立终身学习的榜样,在与学生、教职工、家长及社区的互动中积极推动其终身学习。 ● 鼓励和激发儿童、青年、教职工、学校团体及其他伙伴的学习热情,为包括学生、教职工和自己在内的每一位学习者制定高标准。 ● 正直地工作;塑造与自身、学校实践及组织相关的价值观和道德观;推动民主价值观。
知识与理解	熟悉现代领导理论与实践,并将其应用于学校改进;精通教育学、课程、评估及学生健康等研究进展;掌握国家政策、行动方案及联邦或州的法律与政策等;理解儿童安全、健康与幸福的内涵,懂得人力资源、财务管理、问责及与社区和社会相关的法律与政策的要求。	● 了解关于教学、学习、儿童发展的最新研究成果,懂得如何将成果应用于满足学生的需求,实施绩效管理和改进实践的策略。 ● 应用对当前教育政策、学校、社会、环境趋势及发展的认识和理解来挖掘教育机会,与校董事会、行政机构及其他相关者合作,共同实现该目标。 ● 运用关于"领导和管理"的理念和实践来实施有效的战略领导与可操作的管理。

---

① 刘莉.澳大利亚校长专业标准:框架与理念[J].中小学管理,2011(11):52-54.

续表

领导要求	整体表述	具体要求
个人品质与社交技能	明确情商、移情、顺应和健康等在领导和管理中的重要性;定期回顾实践并调整领导和管理方法,以适应特定情境;很好地自我管理,运用道德和社交技能,有效地处理冲突;在学校团体中建立信任,为学生和教职工营造良好的学习氛围。	● 清晰界定挑战,与他人合作探寻积极的解决方案;明确何时需要决策,用有效的证据和信息支撑、传达决策结果。 ● 有效沟通、协商、合作,与所有学校团体建立良好的联系;善于充当倾听者和教练。 ● 充分考虑工作范围内的社会、政治环境,持续改善社交网络和施加影响的技能。

表2-31 澳大利亚《全国中小学校长专业标准》关于"专业实践"的内容[①]

领导要求	具体要求
领导教与学	● 营造有挑战性、相互支持的文化,促进有效教学,培养有激情、独立的学习者,推动终身学习。 ● 营造有效教学文化,加强领导、设计和管理教学质量,促进学生全面发展。 ● 合作规划、监督、评估学习的有效性,为学校设立高期望。
发展自我与他人	● 与他人合作,建立关注教学持续改进的专业社群。 ● 管理教职工的绩效,促进其持续有效的专业学习,定期反馈,使其达到高标准,培养其领导能力。 ● 不断增强自身能力,支持、公平对待、尊重他人。 ● 重视自身持续的专业发展,保持健康和良好的状态,以应对完成错综复杂的任务、进行更广泛的学习以及进行探索性实践的需要。
领导改进、创新与变革	● 与他人合作提出清晰的、有证据支持的、促进学校发展的改革计划和政策。 ● 始终牢记领导、管理创新和改革是自身的核心任务之一。 ● 确保学校愿景和战略计划付诸实践,实现预期目标。
领导学校管理	● 运用数据管理方法和新技术确保学校资源和教职工的高效组织和管理,以提供安全有效的学习环境,确保经费增值,包括适当地分配任务,进行岗位职责监督,确保职责完成。 ● 与学校董事会、行政部门、学生家长及其他相关者合作,推动学校的成功。 ● 有效应用新技术管理学校。
参与社区及与社区合作	● 提倡包容,在考虑学校、教育系统、区域丰富性和多样化特征的前提下建立"高期望"的文化,建立和维持与学生、家长及所有与学校相关的人的积极伙伴关系。 ● 在考虑学生的智力、精神、文化、道德、社交和身心健康的前提下创造"尊重"的文化,促进其建立终身学习的理念。 ● 认识到澳大利亚多元文化的特征,培育"理解"的文化,与本土文化相融合,充分利用社区丰富而多样的语言及文化资源。 ● 关注学生、家长面临复杂挑战的需求,为他们提供必要的支持。

其中涉及学校赋权的内容有:关于三项领导要求,愿景与价值强调了学校愿景、价

[①] 刘莉.澳大利亚校长专业标准:框架与理念[J].中小学管理,2011(11):52-54.

值观和文化的认同度,知识与理解强调了绩效管理和多方合作,个人品质与社交技能强调了沟通协作和倾听反馈;关于五项专业实践,总结下来的关注点包括多方合作、科学规划、监督评估、绩效管理、定期反馈、文化认同、积极伙伴关系等。

由于2011年《全国中小学校长专业标准》是一个内容标准,而非绩效标准,仅为校长的专业学习提供引导而不能直接用于考核、评价校长工作,于是,澳大利亚教学与学校领导协会联合全球知名管理咨询公司合益集团(Hay Group),于2013年共同研发了基于校长专业标准的评价框架——《360度评价框架》(360°Reflection Tool),通过量化与质性相结合的方式,从多个角度对校长进行全方位的测评(见表2-32)。[①] 该评价体系是对《全国中小学校长专业标准》的操作化,学校赋权的相关内容也成为了更加成熟、易测量的指标,但关注点基本相同。

表2-32 以《360度评价框架》为主体的澳大利亚中小学校长领导力评价体系

	愿景与价值	知识与理解	个人品质与社交技能
领导教与学	1. 创建以生为本的学校 ◆ 致力于青少年的学习与成长 ◆ 鼓励学生积极融入、勇于发表意见 ◆ 在策略规划中将学生的学习摆在核心位置 ◆ 为学生的个人在校成就提供连续、统一的关注 ◆ 积极聆听学生,对他们的观点与贡献表示兴趣与认可 ◆ 对于个体的尊严与价值表示尊重	2. 运用现代专业知识 ◆ 能理解当代领导力理论与实践,并在学校改进方面运用这些知识 ◆ 能将关涉当代研究的知识与理解应用于教学和儿童发展之中,进而满足在校学生的各种需求 ◆ 能把握教育政策、学校教育和社会与环境的前沿走向,能运用涉及这些领域的知识与理解,改善校内教育机会 ◆ 能实时追踪教学和儿童发展的研究动态,及时把研究成果运用于儿童的需求 ◆ 能实时追踪有关领导力与管理的观念与实践	3. 营造学习文化 ◆ 为师生营造积极的学习氛围,并将此氛围引入学区内 ◆ 为每位学习者——学生、教职人员、自身,设定较高的期望 ◆ 提升与促进学生与教职人员的良好表现 ◆ 确保课程灵活多变,以适应所有学生的需求 ◆ 鼓励使用创新、响应式教学法 ◆ 开发教育策略,确保教育结果公平 ◆ 能就优质教学进行协商并达成共识
提高自我与他人	4. 孵化、培育潜力 ◆ 向所有的教职人员提供持续的正式和非正式的反馈	5. 提升专业学习 ◆ 能定期审视自身的实践活动,能适时地对领导和管理方式作出改变	6. 自我管理 ◆ 在情绪状态中能行事妥当,表达情感时理性、冷静

[①] 张欣亮,童玲红,夏广兴.澳大利亚中小学校长领导力评价方法透析[J].外国教育研究,2014,41(12):77-87.

续 表

	愿景与价值	知识与理解	个人品质与社交技能
	◆ 为教职人员入职、绩效评估、专业发展开发和维持有效的策略和通道 ◆ 对教职人员进行观察、评鉴、评估，帮助他们提高实效 ◆ 能将每次与他人互动的过程视为指导和发展他人能力的契机 ◆ 建构未来劳动力市场的潜力 ◆ 能识别他人身上的领导潜质，为其展示才华提供契机	◆ 能在发展自身专业实践方面投入时间、精力和资源，进而为"终身学习"作出表率 ◆ 能借助他人的反馈，明确自身的优势与发展需求 ◆ 能为教职人员提供机会，并积极鼓励他们参加与绩效目标相关联的专业性学习	◆ 能采取行动，维持自身情感、身心健康 ◆ 面对各种急迫的任务和相互抵触的需求，能区分轻重缓急，妥善行事 ◆ 面对不确定的境况，能在所控范围内，采取行动，妥善处置 ◆ 能寻找并聚焦人物和情境的积极方面和消极方面
引领进步、创新与变革	7. 鼓舞和激励并用 ◆ 能引领学校未来发展，令其他教职员工一同融入其中 ◆ 对学校的未来全心投入，充满信心，建立共识，怀有热忱 ◆ 确保所有人为学校愿景协同一致，有效推进 ◆ 能运用合乎学校进阶、成长和发展的领导方式 ◆ 能认识并嘉奖个人和团队的成就	8. 理解变革的主导性 ◆ 能运用本土理解告知变革 ◆ 能收集和运用当前教育政策，学校教育、社会和环境趋势与发展的信息，在学校范围内告知改进情况和变革的愿景 ◆ 能紧跟前沿性的变革概念与实践 ◆ 能运用项目管理技能，客观有效地达到目标 ◆ 能阐释改革的缘由，并在目的明确的执行下进行变革	9. 创新驱动、变革求进 ◆ 与校内外的利益相关者合作交流，促进并维系学校改进 ◆ 引领和利用咨询，以告知创新的实施手段和学校的改进方式 ◆ 培育创造、创新和合理使用新兴科技 ◆ 运用问题解决、创造思维、战略规划，确保持续改进 ◆ 支持各种实施变革的过程
主导学校管理	10. 道德表率 ◆ 提升包括公民素养在内的民主价值 ◆ 兑现承诺 ◆ 行为与自我宣称的价值观和信仰一致 ◆ 身体力行，为体现和提升学校价值作出表率 ◆ 排除困难，支持对于学校与学生有利的事情	11. 合理调配资源 ◆ 有效管理学校的人力、物力和财力资源 ◆ 能将资源管理权适时授予教职人员 ◆ 有效运用一系列科技手段管理学校 ◆ 人员监管、预算控制及资源调配与学习重点和学校的战略规划相一致 ◆ 持续评估资源的有用性、广泛性和优质性以提升教	12. 维系高标准，明确问责 ◆ 确保个人和团队的期望、职责得到清晰的界定、理解、达成 ◆ 定期监督问责，并适时采取行动确保职责得以落实 ◆ 与学校教职人员协同合作，共同构建基于校本层面的、与有效教与学对接的绩效目标

	愿景与价值	知识与理解	个人品质与社交技能
	◆ 对于违背道德的行动、行为和做法时刻抵制	学的质量 ◆ 运用领导力、管理理念,实践操作所涉及知识与理解,凸显有效的领导策略和运营管理 ◆ 为取得成效合理筹划	◆ 借助数据、标杆管理、观察等手段建构有效学习与评估框架,并通过框架追踪每位学生的学习进展情况 ◆ 如果他人绩效表现不尽如人意,能适时采取行动 ◆ 观察和评价教师现实表现,能就不足之处进行点评
融入社区、协同合作	13. 创造包容性文化 ◆ 能认识到澳大利亚人民的多元文化性 ◆ 能认识和运用学区内丰富多样的语言与文化资源 ◆ 培养对本土文化的理解力和融合力 ◆ 采取策略,确保教育公平,反对歧视,抵制生理、社会、经济上的不利因素对于教育的冲击 ◆ 当社区内学生、家庭、监护者面临复杂问题时,能意识到他们的需求并给予支持 ◆ 能将不同个体的需求和观点纳入考虑范围	14. 了解社区 ◆ 能理解社区的多样化兴趣 ◆ 能熟知、理解、顾及社会、政治、本地社区三者间相互作用的环境 ◆ 能熟知社区内文化团体的丰富多样性 ◆ 能独自与外部的利益相关者互动,以理解和预设他们的需求	15. 能影响社区,并与之合作 ◆ 能与学生、家庭、监护者建立并维持积极的合作关系 ◆ 能广泛地与校外各类社区、机构、个人和企业等群体建立并维持积极的合作关系 ◆ 能建立并维持有效的联络和咨询体系 ◆ 能引导并促进社区融入学生的学习情境 ◆ 能积极寻求家庭、监护者、社区的反馈 ◆ 能与相关机构协同合作,保护和支持青少年

4. 马其顿共和国的教育现代化项目指标体系

马其顿共和国原为南斯拉夫社会主义联邦共和国的 6 个共和国之一,于 1991 年 11 月 20 日成为主权独立的国家。在快速的经济发展进程中,马其顿共和国教育质量下降,教育公平问题凸显,所以其 2002 年在世界银行的支持下于国内部分区域实施了教育现代化项目(EMP),时间期限从 2002 年到 2011 年。该项目提出了两大目标:一,通过学校管理和规划来提升学生学习与参与的质量;二,通过教育的分权来提升教育的效率和公平。并围绕目标开发出了一套教育现代化项目指标体系(见表 2-33),分为项目发展指标(12个)和中期产出指标(20个)。①

表 2-33 马其顿共和国教育现代化项目指标体系

马其顿共和国教育现代化项目指标体系(2002—2011)		
项目目标1:通过学校管理和规划来提升学生学习与参与的质量 项目目标2:通过教育的分权来提升教育的效率和公平		
类别	指标	评估结果
项目发展指标	指标1:60%的学生达到PIRLS(国际学生阅读水平)的最低水平	2011:73%
	指标2:小学的入学率达到95%	2011:95%
	指标3:小学的辍学率控制在1%	2011:0.51%
	指标4:中学的升学率达到80%	2011:98%
	指标5:中学的辍学率控制在1.5%以内	2011:0.72%
	指标6:学校要更加关注弱势群体,提供教学和学习的技术支持,专门培训教师以满足他们的特殊需求	
	指标7:非工资支出增加	
	指标8:75%的学校在学习质量与教育参与方面有可测量的提高	
	指标9:区域和校际差距缩小	
	指标10:非常用教育经费的增加(如教师的在职培训经费)	
	指标11:生均经费的增长幅度	
	指标12:提升区域战略规划的效能,并通过生校比、师生比、全职教师的比例和资源的使用效益监测	
中期产出指标	指标1:通过学校的自我评估和规划制定提升学校的长远规划能力	2011:100%
	指标2:家长、教师和学生参与到规划制定中	2011:17%的学生;25%的家长;78%的教师
	指标3:学校有能力实施学校工作计划	2011:85%
	指标4:学校根据工作计划开展活动	2010:在设施配置方面,100%的学校达到了目标的81.6%;教学用具方面,100%的学校达到了目标的86%

---

① 冉华.教育现代化评价指标体系的价值维度比较研究[D].上海:华东师范大学,2016:99-100.

续表

类别	指标	评估结果
	指标5:国家评估系统的建立,并能为教育发展的关键阶段区分提供可靠的数据	
	指标6:国家考试制度的不断改进	
	指标7:进入高等学校透明度和有效度的提升	2011:4年一次考试
	指标8:建立培训机构的认证制度	88%的教师满意培训所提供的课程
	指标9:培训供应商的市场化	
	指标10:教师在课堂中使用新技术	2011:79%
	指标11:教育行政人员受到战略和财政规划方面的专业培训以促进教育的分权	
	指标12:项目预算编制的改进	
	指标13:教育行政人员要具备分析能力	
	指标14:学校要实施自我评估和发展规划	2009:90%
	指标15:通过学生的巩固率,学习的质量,资源的利用和满意度反映项目学校的提升情况	
	指标16:在中央和地方层面有质量指标检测战略规划	2009:中央100%;地方50%
	指标17:使用校本评估来监测学校质量提升的学校数量	
	指标18:教师参加在职培训比例的增加	2009:增加了20%
	指标19:经费筹集和使用的制度规定	
	指标20:教育行政人员分析能力的形成以及给予相关的培训	

马其顿共和国的教育现代化项目指标体系可提炼为三个关键词——分权、公平与质量,而教育的分权更是其教育治理现代化的核心关注点,分为国家层面、区域层面、学校层面的教育分权。与学校赋权相关的是学校层面的教育分权,主要体现在整体的规划能力、自我评估以及管理的民主,在指标体系中对应中期产出指标的指标1、2、11、14和17,其中指标1通过学校的自我评估和规划制定提升学校的长远规划能力,指标2家长、教师和学生参与到规划制定中尤为典型。

5. 芬兰的分权化管理理念

在国家政治背景、教育体系和文化氛围的影响下,芬兰从自身出发,形成了独特的、专业化的学校管理模式,提倡进行分权化管理,发展出了分散式领导、横向领导的管理理念。① 分散式领导在学校内部表现为领导力的重新分配,是在合作基础上对权力的分散与调整,对校长和学校其他工作人员的权责进行重新分配,使得学校管理的其他人员及教师参与到学校管理中,发挥每一位教育人员的管理职能。而横向领导则突出了学校领导人在横向建立学校合作发展网络关系时所发挥的作用,是在管理好本校教育教学事务的基础上与校外的其他社会机构、企业、社区、家庭以及学校建立友好的合作关系。在赋权式的管理理念下,学校领导小组有了更加明确的职务划分,学校工作人员及教师共同参与到学校管理中,多个管理小组各自管理对学校发展至关重要的领域。

6. 日本的学校管理运营体制

日本中小学主要实行"以校长为中心、全员参与、分担校务、共同经营"的学校管理运营体制。全员参与、校务分担主要体现在中层管理职能的分化和强化上,基本都会依职能设立教务主任、研究主任、学生指导主任、保健指导主任、年级或班级主任、教科主任、总务主任、事务主任等。由于强调管理职能的细分化,各职能担当的分担任务具体明晰。②

此外,日本学校的赋权主要体现在学校协议会和学校评议制度。日本的学校协议会包含有学生代表、家长代表和教职工代表,是依各学校或地区的需要而设、结构有弹性的组织,实质上是以校长为核心的辅助管理机构,促使校长决策时充分考虑到地区社会的理解和需要,是家长居民和职员共同参与学校管理的重要载体。③ 日本在学校经营方面设置了学校评议员制度。校长根据学校需要,推荐一定的校外有识之士担任学校评议员。学校评议员的角色主要有:(1)学校具体问题的协助解决者;(2)为校长提供数据的助理;(3)学校与家庭及社区的沟通渠道。④ 每学期校长都要与各评议员进行逐个会面,听取他们对学校一些管理运行的意见和建议,以使决策更加符合学校所在地域社会的实际状况,更加适应本地区儿童的教育需要。

---

① 高梦. 芬兰专业化学校管理模式研究[D]. 长春:东北师范大学,2019:18.
② 冯海志. 日本中小学校的管理现状、趋向及启示[J]. 广东教育学院学报,2000(06):47-53.
③ 赵健. 学校管理本位化与学校选择自由化——日本公立中小学改革的新进展[J]. 全球教育展望,2002(01):67-70.
④ 程晋宽. 美、英、日中小学学校管理体制的比较[J]. 教育视界,2018(11):4-7.

(四) 学校生态

1. 国外关于学校生态的研究理念

学校生态是教育生态学领域的重要研究内容。随着教育生态学的深入发展,也有不少国外学者就学校生态进行了系统阐述,展现出了多样化的学校生态研究理念。

1977年,英国学者Eggleston在其《学校生态学》一书中指出要重视教育资源分布问题,强调教育生态学应研究构成学校生态环境的教育资源分布情况及其对教育效果的影响,指出合理利用资源有助于让教育资源匮乏的学生摆脱教育贫困、实现教育生态平衡[1]。这是学校生态学研究的开端,此处学校生态的研究体现出公平性、全纳性的理念。

学者Hamilton指出,学校是一种社会性组织,并在总结前人研究的基础之上提出了学校生态学研究的4个标准[2]:第一,将教与学看作一个连续性的互动过程,而不是一系列分散的输入和结果。学校生态学应该去理解师生行为的复杂性,而不是将其片段化。比如,研究教师的提问风格或管理技巧以及学生对此所作出的反应。第二,将教师、学生、管理者、家长及其他人员的态度和看法看作学校和课堂中的重要数据。第三,关注人与环境之间的互动。第四,除了学校和课堂外,还要考察在其他环境中人与环境的互动。特别是在家庭、社区、文化以及社会—经济系统中互动的影响。

从这里可以看出,标准一强调了学校生态研究的连续性和互动性,标准二强调了对学校生态环境中非物质材料的重视,标准三同样强调互动性,标准四将学校生态的环境扩大至整个社会,将学校、课堂等内部系统与社会外部系统联系起来,强调了学校生态研究的社会性、整体性。

华盛顿大学学者Goodlad首次提出学校是一个"文化生态系统"[3](cultural ecosystems),"目的在于从管理的角度入手,统筹各种生态因子,以建立一个健康的生态系统,提高学校的办学效率"[4]。此处学校生态研究表现出文化性、整体性的理念。

---

[1] Eggleston J. The ecology of the school[M]. London:Routledge,1977.
[2] Hamilton S F. Synthesis of Research on the Social Side of Schooling[J]. Educational Leadership, 1983, 40(5):65-72.
[3] Goodlad J I. The Ecology of School Renewal: Eighty-Sixth Yearbook of the National Society for the Study of Education[J]. Part I,1987.
[4] 范国睿. 美英教育生态学研究述评[J]. 华东师范大学学报(教育科学版),1995(02):83-89.

Waters、Shaw 等人对学校生态进行了界定,并据此描绘了学校生态的模型框架。该模型展现出了学校生态研究的组织性、互动性,如图 2-8 所示:

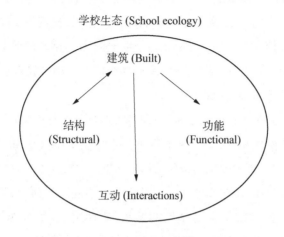

图 2-8　学校生态的组成部分(模型)

在 Waters 等人看来,学校生态通过整合学校的组织方面以及学生、教师、家长之间的相互关系,代表了整个学校的诸多领域。学校生态的组织性特征表现为结构、功能和建筑环境。① 结构特征包括学校规模、学校建校年数、领导对精神关怀(pastoral care)的支持程度和学校部分设置;功能特征,指影响学生互动方式的无形政策和程序;建筑环境是学校生态的物理特征。其中,学校的建筑环境与入学人数等结构特征具有相互关系;学校社区成员之间的互动和学校的人文特征(例如对精神关怀的重视)对建筑环境的影响是有限的(用单向箭头表示),而建筑环境对两者都有影响。例如,在学校内提供和分配座位可以鼓励或阻碍学生之间的互动;同样,为精神关怀协调员提供专用的私人办公室,将为学生提供更多寻求建议和支持的机会。

2. 国外关于学校课堂生态的研究

课堂生态作为教育生态学微观研究层面,是学校生态学的热点研究内容。国外学者对学校课堂生态的研究主要分为两大类。一方面,把课堂生态视作学校教学行为发生的课堂环境进行研究。Kanatz 和 Risley 把课堂行为生态理解为促进学生课堂内学

---

① Waters S, Cross D, Shaw T. Does the nature of schools matter? An exploration of selected school ecology factors on adolescent perceptions of school connectedness[J]. British Journal of Educational Psychology, 2010, 80(3):381-402.

习行为的课堂环境①,包括物理的、空间的和建筑的变量②。Conoley 指出,"积极的课堂生态就是一种减少课堂表演的可能性,促进积极的认知的、社会的、情绪发展的教育环境"③。Parker 和 Asher 认为,大多数教室都是为了促进个人活动而设计的,实际上可能会阻止同伴之间的互动,除非在非学术时期。这些设置规则实际上可能有助于维持对等方隔离。即使对学生进行社交技能培训,个人任务活动的课堂程序也可能削弱要学习的社交技能。旨在促进课堂环境中同伴交流的干预措施可能是减少隔离和促进积极同伴关系的可行替代策略。④

另一类关于课堂生态的研究是基于"课堂生态具有超越课堂环境的内容"这一视角进行的。Agard 在对大约 400 个常规教室、100 个资源型教室和 150 个独立教室的教师进行观察后得出,课堂生态结构包括物理环境、人员、群体结构和教学活动四个方面。⑤ Morrison 和 Oxford 的课堂生态量表从七个维度进行研究:课程关注、教师角色、学生活动、小组人数、学生与学生的关系、活动顺序、学生选择和教师人数。⑥ Ellison 等人从课堂文化生态的角度出发,为了解给低收入家庭的非裔美国儿童提供服务的教室的日常生态,设计了一个分类方案。该分类法确定了课堂生态的五个维度:(1)社会/心理关系;(2)教学技术核心;(3)物理结构和组织程序;(4)纪律与课堂管理;(5)态度、感知和期望。⑦

3. 国外关于学校环境与人的生态关系的研究

生态环境与人类行为的关系一直是教育生态学的研究重点。在学校生态学领域,国外学者主要关注学校环境与学生的生态关系。

Gump 和 Barker 在 1964 年针对学校规模大小与学生行为的生态关系进行相关研

---

① 孙芙蓉,谢利民. 国外课堂生态研究述评[J]. 外国中小学教育,2006(04):12-18+32.
② Quilitch H R. The Organization of Group Care Environments: Toy Evaluation[J]. Adolescents, 1972: 23.
③ 孙芙蓉,谢利民. 国外课堂生态研究述评[J]. 外国中小学教育,2006(04):12-18+32.
④ Parker J G, Asher S R. Peer Relations and Later Personal Adjustment: Are Low-Accepted Children at Risk?[J]. Psychological Bulletin, 1987, 102(3):357-389.
⑤ Agard J A. The Classroom Ecological Structure: An Approach to the Specification of the Treatment Problem[J]. Exceptional Child Research, 1975.
⑥ Morrison S B, Oxford R L. Classroom Ecology and Kindergarten Students' Task-Related Behaviors: An Exploratory Study [J], 1978.
⑦ Ellison C M, Boykin A W, Towns D P, et al. Classroom Cultural Ecology: The Dynamics of Classroom Life in Schools Serving Low-Income African American Children[M]. the Center for Research on the Education of Students Placed At Risk, 2000.

究。研究结果显示,小型中学的学生比大型中学的学生能够收到更多的参加活动的邀请,他们在活动中往往更有可能担任责任较重、困难较大的职位,而且容易处于活动的中心地位;相比之下,大型中学的学生,即使他们能够受邀参加活动,也常常会处于听众或者观众的位置。①

Waters、Shaw 等人通过对39 所学校的5 159 名8、9 年级学生进行追踪调查,研究有哪些生态因子影响中学生与学校的联系感,最终确定了7 个学校生态因子:学校规模、学校的学生综合写作技能分数、综合阅读技能分数、综合算数技能分数、精神关怀的优先级、学校的社会经济地位、学校建筑环境(是否有涂鸦)。②

Karakos 等人探讨了学生参与与校园氛围的关系。他们利用多层模型,调查了11 所中学的4 947 名学生对校园氛围的感知。结果显示,较高程度的学生参与反映了学生对校园氛围的积极感知,而影响这种学生参与的生态因子主要包括师生关系、校规的公平性和民主气氛。③

布朗芬布伦纳(Bronfenhrenner)在其专著《人类发展生态学》中引入"系统"概念,提出要把人的发展放在一个宏观的、多层次的生态系统中加以考察。他把系统分为4 个层次:(1)微观系统,指个体与即时的环境(家庭、学校、工厂)之间的复杂关系;(2)中间系统,由一系列微观系统构成,包含两种以上的情境关系;(3)外部系统,指不包含个体的主动参与、但对个体产生直接影响的情境系统,包括父母工作地位、兄弟姐妹的学校等;(4)宏观系统,指一系列信仰、生活方式、宗教观等具有一致性的文化或亚文化。④ Erin 和 Timothy 等人便是基于布朗芬布伦纳所提出的系统分类对小学生慢性缺勤问题展开研究的。他们发现慢性缺勤与多层次的生态因素有关,并提出要建立一个同样复杂的基于生态的干预模型⑤。表2-34 展示了关于小学生慢性缺勤的多维生态影响模型:

---

① Barker R G, Gump P V, Big School, Small School: High School Size and Student Behavior, 1964.
② Waters S, Cross D, Shaw T. Does the Nature of Schools Matter? An Exploration of Selected School Ecology Factors on Adolescent Perceptions of School Connectedness[J]. British Journal of Educational Psychology, 2010, 80(3):381-402.
③ Karakos H L, Voight A, et al. Student Civic Participation and School Climate: Associations at Multiple Levels of the School Ecology[J]. Journal of Community Psychology, 2016,44(2):166-181.
④ 范国睿. 美英教育生态学研究述评[J]. 华东师范大学学报(教育科学版),1995(02):83-89.
⑤ Erin P, Sugrue, et al. The Ecological Context of Chronic School Absenteeism in the Elementary Grades [J]. Children & Schools, 2016:137-145.

表 2-34 小学生慢性缺勤的多维生态影响模型

生态层面	类型	影响因素
微观系统层面(Microsystem-Level)	基于资源	住房、交通、心理健康、药物滥用
	基于情感	家庭规模、家庭冲突、师生关系
中间系统层面(Mesosystem-Level)	基于信息	对学校政策和程序的理解
	基于情感	有负面的学校经历
外部系统层面(Exosystem-Level)	基于资源	父母工作
宏观系统层面(Macrosystem-Level)	基于资源	贫困
	基于情感	文化冲突

4. 国外关于校园暴力的生态研究

国外学者通过对校园暴力进行教育生态学研究，寻找产生和解决校园暴力问题的生态因子。D'Andrea 对"暴力"进行了详细定义和分类，论述了实施预防校园暴力计划的重要性，并介绍了一个基于发展—生态路径制定的校本暴力防治计划，该计划包括直接学生服务、直接学校服务、间接学生服务和间接学校服务四个部分。[①] 他将其应用于夏威夷的四所小学，最终得到有效评价。Susan M Swearer 和 Beth Doll 通过对有关校园暴力的研究进行梳理，发现校园中发生的施暴与受欺凌是来源于社会、物理、制度、社区环境以及青少年的个人特征的生态现象。[②] 因此，他们强调使用生态框架来审查校园暴力问题的突出定义和解释，并提出干预建议。Hong 等人针对拉丁美洲和亚洲青少年校园欺凌问题考察了宏观系统（移民、贫困）、外部系统和微观系统级的因素（家庭环境、同伴和学校环境），以及与美国拉丁美洲和亚洲青少年参与欺凌有关的个体遗传因素。[③] 他还强调了对拉丁美洲和亚洲青少年欺凌经历进行进一步调查的必要性，并呼吁制定与文化相关的干预措施。

5. 国外关于学校、家庭、社会的生态关系研究

克雷明作为"教育生态学"概念的首创者，他强调"把教育视为一个有机的、复杂

[①] Michael D'A. Comprehensive School-Based Violence Prevention Training: A Developmental-Ecological Training Model. *Journal of Counseling & Development*, 2011,82(3).

[②] Swearer S, Doll B. Bullying in Schools: An Ecological Framework. *Journal of Emotional Abuse*, 1995(2):7-23.

[③] Hong J S, Peguero A A, Choi S, et al. Social Ecology of Bullying and Peer Victimization of Latino and Asian Youth in the United States: A Review of the Literature[J]. Journal of School Violence, 2013,13(3):315-338.

的、统一的系统,教育生态系统中的各因子(学校及其他教育者)都有机地联系着"①。后来的学者也大都遵循他提出的这个标准,研究学校生态时不局限于学校系统内部,进行了相应拓宽,主要关注家庭、学校和社会之间的联系。

Kumpulainen 和 Theron 等人对南非和芬兰的两个孩子进行了比较的案例研究(以两个孩子、他们的老师、父母和其他重要人物的见解作为研究数据),探讨学校生态如何促进他们积极地适应充满风险的一年级。②研究结果表明,主要有五个学校生态因子有效促进了两个孩子适应一年级的过程:建设性关系(家庭、社会等的支持)、获得物质资源、遵守和学校教育有关的文化规范和信仰、控制和产生效能的经验、强大的身份。同时,他们还发现,受不同的社会文化背景影响,两个孩子的调整过程依然有很大差异。这强调了学生的适应过程是共同构建的,并在儿童特定的社会生态中获得其重要意义——学校、家庭、社会各要素共同参与构建。Comer 和 Haynes 提出,家长参与对有效的学校教育至关重要,家庭和学校是影响儿童心理教育发展的重要源泉,让家长参与到儿童的学校生活中是一种必要的生态方法。③ 家庭为儿童提供社会、文化和情感上的支持,学校为儿童提供积极互动的机会。Smith 等人也调查了学校、家庭和社区内部的生态因子与家长参与之间的关系,发现影响家长参与学校活动的生态因素主要包括三个方面:家长的背景和态度、教师的实践、学校及其周围的氛围。④

三、学校现代化的国际共识和启示

学校现代化俨然成为了当今世界各国教育改革追求的共同目标,它是教育现代化的基础,也是教育现代化发展的必然结果,更是教育现代化深入推进的一大标志。学校现代化作为教育改革中亟待开发的重要命题,是一个具体的概念,更是发展的整体。它的核心就是教育主体的现代化,即教师、学生的现代化,同时也包括了教育目标、课程教学内容、教学模式、学校文化等方面的现代化表现。基于前文针对国际组织和国外学者对于学校效能、治理、生态、赋权等内容研究,可总结归纳出世界各国在该领域

---

① 范国睿. 美英教育生态学研究述评[J]. 华东师范大学学报(教育科学版),1995(02):83-89.
② Kumpulainen K, Theron L, Kahl C, et al. Children's Positive Adjustment to First Grade in Risk-Filled Communities: a Case Study of the Role of School Ecologies in South Africa and Finland[J]. School Psychology International, 2016,37(2):121-139.
③ Comer J, Haynes N. Parent Involvement in Schools: An Ecological Approach [J]. The Elementary School Journal, 1991,91(3),271-277.
④ 范国睿,王加强. 当代西方教育生态问题研究新进展[J]. 全球教育展望,2007(09):39-45.

的研究共识,并结合本土化实践的具体情况获得一些关于学校现代化建设的启示。

(一) 基于国际组织指标

联合国教科文组织、经济合作与发展组织、欧盟等国际组织在针对教育质量评价指标的研究上成果颇丰,也形成了长期、稳定的指标体系以供各国参考借鉴。由各组织开发设计的各类工具在保有其自身特点的同时,也呈现出一定的共通性,主要表现为:

① 评价工具都注重教育质量保障的顶层设计。联合国教科文组织、经济合作与发展组织等国际组织虽开发了较多教育质量评价工具,但都很少细化落实到学校质量和办学水平等方面,更多倾向于政策性的指引,多数都涉及国家层面的指标观测点,像学校、课堂等基本都以较为笼统的条例呈现。

② 评价工具都注重以学生的学习成果为导向。人才培养是学校教育的根本任务,学生在校期间是否学有所得、学有所成是判断学校办学水平的关键。这些国际组织在开展的几项大型国际测验中都不可避免地指向学生学业成绩的考查,例如 PISA、TIMSS 等都分别指向学生在不同学科方面的学业成就,以此来作为判定一个国家教学质量高低的因素之一。

③ 各大国际组织都重视教育质量的信息公开。无论是联合国教科文组织发起的全民教育运动,还是经合组织推广的 PISA 测试,都无一例外地倾向于监测信息的公开。他们会定期召开全球性会议抑或是发布总结性文件(如"教育概览"),借助大数据手段,对各国进行教育质量风险预警,由此提高各国的关注度,提升评估工作的精确性。

与此同时,由各大国际组织开发的教育质量评价工具和各类教育质量监测项目,都在不同程度上为我国提升教育质量提供了启示:

① 不断完善教育评估工具的框架设计。联合国教科文组织和经合组织在教育质量监测工具的开发上始终坚持与时俱进。他们依据当时或近期的研究所得,及时调整相应内容以保证评价工具的有效性。因此,我国关注到学校质量和办学水平评价的顶层设计,制定符合国内外状况的评价工具,做到积极沟通、权责明确、管办评分离、多方参与,切实保障教育质量评估工具的开发设计。

② 有效保障学校教学和师资队伍建设。学校管理者要明确"人才培养"才是学校教育的基础和根本任务,要提高学校质量和办学水平,从最直观的产出结果上看就是学生学业成就。因此,学校领导层要从政策、经费、管理、考评等方面重视师资队伍建

设,保障学校教学质量;同时在教学中强化对学习效果的评价,密切关注学生成长和发展。这也就要求在评价指标体系中更多建构有关学习效果测评的观测点。

③ 逐步提升学校教育质量信息透明度。各大国际组织的信息公开能切实帮助参与测评国及时关注到自身教育质量的不足,可见,信息透明度对于教育质量提升的重要性。近年来,我国在教育质量信息化和信息公开方面已取得一定进步,还成功建立了国家教育质量监测数据平台。这些工作的开展是实现全民监督教育的跨步,也便于地区对比,借鉴成功经验,实现共同发展。

(二) 基于学校公平指标

国外学者对学校层面公平的研究大多包含在教育公平的研究中。近年来,世界各国致力于教育公平指标体系的研究与开发,以监测本国或本地区教育发展状况。许多国家在制定教育政策和教育指标时重视教育公平,也有许多国际组织、权威高等教育机构以及知名学者在教育公平指标体系的研究与开发上取得了众多研究成果。国外学界关于教育公平指标以及包含在教育公平主题下的学校公平指标的研究呈现出一定的共识,也反映出未来的发展趋势,具体表现为以下几个方面。

1. 关于教育公平指标

第一,教育背景、教育起点的公平转向教育过程、教育结果的公平。

国外文献中,早期的教育公平研究偏重教育背景、教育起点的指标,如教育资源分配、社会经济背景、父母受教育程度、学校条件、政策公平、父母职业、少数种族、语言差异、入学机会、弱势群体等,这类指标出现频次高,在讨论教育公平时必不可少。后期随着教育公平理念的发展深入,教育过程、教育结构的公平逐渐受到关注,如学生期望、教师对待学生的方式、教师因材施教的教育方式、对学习过程的感知、对公平的感知以及学生能力、技能、成绩、职业成就等。国际共识是希望通过教育过程的公平实现教育结果的公平。

第二,教育客观层面的公平转向教育主观层面的公平。

国外文献中,早期的教育公平指标偏重教育公平的客观层面,如教育资源分配、社会经济背景、公平标准、教育年限、父母受教育程度、学校条件、学业成绩、政策公平、职业成就、父母职业、少数种族、语言差异、入学机会、性别、残疾等,这类指标出现频次高,在指标体系中占比大。后期的教育指标体系中逐渐出现主观层面的公平,且占比在提升,如学生期望、学生对公平的感知、教师质量、感到受到关注、对学习过程的感知等。客观层面的教育公平指标已发掘得相对完善,未来研究将更加注重发掘主观层面的教育公平指标。

第三,教育宏观层面的公平转向中观、微观层面的公平。

国外文献中,早期的教育公平指标偏重教育公平的宏观层面,如地域、政府财政投入、教育资源分配等,后期的教育公平指标转向中观层面的学校公平,如学校条件、课程设置等,以及微观层面的学校中的个体公平,如教师教育方式、学生对公平的感知、学生对学习过程的感知、学生期望、感到受关注等。学校公平以及个体公平逐渐进入人们视野,越发受到人们的关注,学界也越发关注到教育公平本身的人文价值和作为教育公平对象的"人"的价值。

2. 关于学校公平指标

学校层面的公平缺乏专门、系统的评价指标体系,通常作为教育公平测度的局部被人们所关注。而即使是在教育公平测度的框架中,学校公平的测度仍然缺乏详细和清晰的指标,指标罗列零散,缺乏统一共识。学校公平的测度在整体的教育公平指标体系中占比较小,在系统的测度框架中往往被忽视或仅提及 2—3 个相关指标。

学校公平层面已关注的指标有学校条件、课程设置、学校氛围、教师的平等对待、教师因材施教的教育方式、教师对学生的期望、学生的公平感、关注弱势群体。集中的焦点在于学校条件、学生的期望、学生的公平体验,也有个别指标体系关注到了对待的公平维度,少数国家(如日本)十分重视学校与教师在微观教育现场中所采取的"平等"的教育活动。此外,对学校中的个体与群体、师生互动、生生互动环节的测量指标较为笼统而单一,有待于未来的研究去进一步补充、发掘和完善。

(三) 基于学校效能指标

美、英、荷、澳等国家自 20 世纪下半叶开始的学校效能研究虽有其各自特点,但在帮助学校改革、提高学校效能的特征指标建构中也呈现出一定的共识,主要表现为以下几个方面:第一,学校效能研究中都更关注管理层的作用。在英美等国现有的高效能学校特征指标中,基本可分为学生个体、课堂过程、管理保障这三个维度,但就特征指标的分布来看,多数学者都倾向于管理层对提高学校效能的效用。这也就表明在西方国家,高效能学校建设过程中,领导能力的高低以及决策的合理与否起到较为重要的作用。第二,学校效能研究中都逐渐关注到社会及家庭的作用。尽管国外关于学校效能的已有研究中更多都是关注学生、教师、管理者这些内部效能,但社会和家庭这类外部效能的作用也不可忽视。英美等国在学校效能研究的中后期,即学校改进与学校效能研究时期,也注重在特征指标中加入"家长参与""社区参与"等观测点,逐步将外部效能因素纳入学校效能提升的过程中。第三,学校效能评价基本都以学生学业成就为主要评价依据。国外学者在开展学校效能研究时主要基于有效学校和学校改进这两方面展开,根据最终的产出维度,综合发现在各国学者提出的各大因素及特征指标中都会选择较为直观的学生学业成就作为评判标准,以此来断定该校效能的高低。这种选择方便了大样本的量化分析,有清晰直观的结论,但同时也忽略了学校效能的复杂性。与此同时,这些国家大量的研究内容也为我国学校改革提供了宝贵的财富,同时也给我国学校现代化建设提供了较多有益参考,具体到学校层面可归纳为如下几点。

1. 树立可持续发展的效能观,强化效能建设

国外学者对于学校效能的研究颇丰,在不同时期侧重不同的研究方向,为未来学校效能研究打下了坚实的基础。我国学校效能建设起步较晚,需要取长补短,整合各类资源,实现学校的可持续发展。同时也要改善学校的运行方式以适应现代化的需求,真正着眼于学校的未来,制定既能适应现代化推进过程中变化发展的又能切实保障学校当下有序运营的发展战略,努力提高学校质量和办学水平,以此完善学校效能建设。

2. 加强有效团队的建设意识,实现绩效加成

在英国学校效能研究中,团队建设备受重视且多应用于实践。众多高效能中小学的校长通过有效团队建设,依靠培养团队效能来带动学校绩效加成。这些团队一般都是指在学校工作中拥有共同目标并发挥积极作用的工作队伍,能将个人效能综合于团队中,强化学校整体凝聚力、责任感和使命感,最终实现"1+1>2"的目标。我国学校教育中,师资数量还是较为庞大的,建设有效团体更能实现科学管理,发挥每位教师的作用,让在校教职工在共同投入和共同收获中实现个人价值,同时为学校效能提升贡献力量。

3. 发挥校长的教学领导作用,提高学校效能

英美国家在有效学校的特征指标中使用大比例指出了学校领导层的管理和教学作用,特别是有效校长的重要性。因此,学校校长不应该只作为一个行政工作者,更要发挥他们的教学领导作用,借此完善学校管理体系,继而提升学校效能,实现学校发展的整体目标。就我国而言,现在已有校长承担教学职能的规定和要求,但更侧重于学校教学的总体管理。校长的教学领导能够使其更接近学科教师,有助于教师的专业化发展;还能够起到模范作用,营造良好的教学氛围,提升教师教学效能,增加教师的职

业认同感和归属感,继而提升整体效能,实现学校长久发展。

4. 完善学校的效能管理机制,落实评价反馈

国外学者对于学校效能研究都是基于大量的有效学校实验得出相应的特征指标,并帮助学校实现效能提升。但我国对于学校效能的研究兴起较晚,更多的是基于国外的研究成果进行总结归纳,难免会出现理论与实践脱节的现象。因此,我国学校关注到学校现代化建设的效能方面时,可以更多基于本土实践,完善学校效能管理机制,切实做好评价和反馈工作。主要通过目标管理、分工管理、信息管理以及监督体系的建设来落实学校效能监测的每一环节,在借鉴西方成功经验的同时,不断从实践中发现问题并及时调整以建设更适合本国学校发展的效能管理机制,继而实现学校效能的不断提升。

(四) 基于学校赋权指标

国外文献没有"学校赋权"这一说法,最为相近的概念是"赋权式领导"或"分布式领导",但对此的专门研究也不多,大多关于学校赋权的理念、框架以及指标体系都嵌套在学校领导、学校管理以及学校自我评估的指标体系中。通过对英、美、澳出台的国家校长专业标准以及一些教育机构和知名学者研究发布的教育领导标准的梳理归纳,发现众多研究成果呈现出如下的共识。

1. 西方国家学校领导评价体系与权威专业标准高度一致

西方的学校领导评价体系与较为权威的专业标准保持着高度的一致性,要么是由国家官方出台的教育领导或校长专业标准评价指标体系,要么是由权威教育机构或知名学者发布的经过广泛实践、受到学界认可的研究成果。尽管国外教育界对赋权式领导的研究尚未成体系,但近年来流行的分权化理念也开始逐渐受到国家上层和越来越多学者的关注。

2. 关于"学校赋权"评价指标

在国外文献涉及"学校赋权"的评价指标中,研究内容大致可分为三大焦点:第一是通过充分的沟通,制定共享的学校愿景与规划;第二是权力的重新分配和下放,基于数据进行绩效考评;第三是多方合作,建立积极的伙伴关系,参与学校管理和行动。

在学校愿景与规划领域,普遍强调的是愿景与规划的科学性、合理性和认同度,要求学校的愿景和规划不仅能够引领学校走向一条正确发展的道路和更加美好的未来,还要能够得到学生、教职工及家长的普遍认可。但对于学校愿景与规划的科学性、合理性常描述得较为笼统,而没有分成更加细致、可衡量的维度,因而在识别此类指标时

常感到模糊、困难。

在权力下放和绩效考评领域,普遍强调的是学校教职工参与学校管理和决策,通过监督与测量对学生和教职工进行绩效考评,予以反馈。但从多个指标中可看出,学校教职工参与学校管理和决策的方式较为单一,基本都是依靠横向、纵向的沟通交流,少数学校会设定有针对性的制度和组织部门,如日本的学校评议制度。对学校领导力的重新分配,有数个框架指标提及要发展学校其他工作人员的领导力,但多停留在理念或倡导层面,没有呈现出更具体的指标。

在多方合作和参与学校管理层面,普遍强调的是学校的学生、教职工及家长共同参与学校管理,还会涉及与社区、公共或私人机构、其他学校的合作,这不仅是开放学校建立积极的合作伙伴关系,也是在为学校连接更多校外资源,即同时涉及学校权力和资源配置问题。学生、教职工、家长等更多接触的是决策参与和监督沟通层面,即就学校管理反馈意见、提供建议等,而社区、公共或私人机构、其他学校更多接触的是行动参与和监督评价层面,即引入资源合作举办活动,通过监督评价向学校反馈结果。但这一领域的指标也没有进行更详细的归类和划分。

"学校赋权"缺乏专门、完整、清晰的评价指标体系,因此从其他评价指标框架中摘出来的关于"学校赋权"的指标往往具有笼统、模糊、多项内容交叉的特点,具有较低的识别度和评价的可行性。但随着学界对"学校领导"的关注和重视,未来"学校赋权"将会成为一块重要的研究领域,相应的指标体系也必会随之产生、深入和完善。

(五) 基于学校生态指标

1. 关于学校生态研究的国际共识

基于文献梳理,我们可以看到,国外学者对于学校生态的研究关注点颇不一致:有从宏观角度提出学校生态研究的标准、框架等,比如强调资源分布、强调学校文化生态等的;也有着眼于学校中具体内容的微观研究,比如课堂生态、校园暴力等的;更有从中介角度出发研究学校环境与人的生态关系、学校与家庭和社会的生态关系等的。尽管如此,综观国外的学校生态研究,它们依然具有很突出的国际共识,即都围绕着生态学的核心内涵进行研究。生态学作为一种科学研究方式,其基本精神表现为——综合、联系、平衡。

第一,强调综合。生态学的综合性特征,或者说整体性特征,受到了学校生态学研究者的共同关注。学者们关于学校生态的研究都是在整体的教育系统中进行考量,结合系统内的多种要素进行综合分析。诸如把学校看作一个社会性的组织、构建多维的课堂生态量表、关注影响学生缺勤的多层因素、用"系统分层"的观点研究学生行为。

第二,强调联系。"联系"是生态学最主要的核心内涵,而教育生态学也是来源于对环境与人类行为的生态研究。因此,学者们在进行学校生态研究时都强调联系性,不把学校生态中的组成部分看作一个个孤立的个体,而是认为它们彼此之间相互关联,由此而构成了一张复杂的关系网,这也回应了上述的综合性。前文梳理的综合学校联系与学生发展而建立的学校生态综合模型、家长参与与学校的生态关系、影响校园暴力的生态因子等研究都突出表现了学者们"强调联系"这一共识。

第三,强调平衡。在一个生态系统整体中,各要素彼此联系、相互作用,共同维持着生态系统的动态平衡。同样地,在学校生态研究中,学者们研究课堂生态的组成要素、教育资源分布、校园暴力的影响因子及解决策略、学校环境与人的相互适应等内容,其实就是在探讨教育生态系统有哪些组成部分、如何避免教育生态系统失衡、如果教育生态系统失衡应如何解决等问题,其终极目的都是让整个教育生态系统保持一种平衡性的发展。

2. 对我国学校生态研究的启示

国外的学校生态研究起步早于我国,其丰富的研究成果对我国的研究具有一定启示。我们应当以突出的国际共识作为参考,把握住学校生态研究的核心内涵;同时,要洞察当前研究的缺陷或不足,积极弥补,推进学校生态学的深入、全面发展。

首先,在把握学校生态学的核心内涵方面,我国要以生态学的动态平衡作为指导思想,基于综合性、整体性的大局意识,加强对学校生态中各要素之间的联系的研究,认真审视我国学校教育中是否出现忽视二分论、孤立论等影响教育生态系统动态平衡的问题,及时跟进研究,并要加强问题前瞻性意识,有效建立相关预防机制。

其次,在积极弥补研究不足方面,我国不仅要善于从国外相关研究中吸取成功经验,对比找出本国研究的不足,同时,我们也要勇于指出国外相关研究的不足,并积极进行补充研究,促进学校生态学领域的改进。根据文献梳理,我们发现国外关于学校生态的研究存在几点不足:第一,在研究学校生态环境与人(教师和学生作为学校中主要的人)的联系时,以研究学生联系居多,研究教师联系较少,教师联系主要见于课堂生态影响教师教学的研究中;第二,现有研究中有关于学校生态组成的研究、学校生态联系性的评估研究、在实证研究中探讨一定教育问题影响因子的生态模型构建研究,但关于学校生态整体的评价体系研究较少。因此,我国可以主动弥补以上两点不足,丰富对学校环境与教师联系的研究和对学校生态整体的评估研究。

第三章　学校现代化及其评价的国内研究及反思

本章将对我国学校现代化及其评价的理论研究、实践探索进行概略的评述,基于文献分析阐述其得失并予以反思。

一、教育现代化评价与学校现代化研究

我国教育现代化及学校现代化推进,最初是一个自上而下的过程,因此,先从政策发展说起,再对其研究总体面貌和几个重要主题加以阐述。

(一)"教育现代化"政策发展与研究概貌

教育现代化最早起源于邓小平的"三个面向"。1983年国庆节前夕,邓小平同志给北京景山学校题词:教育要面向现代化,面向世界,面向未来。"三个面向"为我国新的历史时期教育事业的发展指明了方向,并提出了我国教育事业为四个现代化服务的战略任务。1985年,《中共中央关于教育体制改革的决定》发布,全面启动了教育体制和教育结构的改革。1993年2月,中共中央、国务院颁布《中国教育改革和发展纲要》,明确提出"再经过几十年的努力,建立起比较成熟和完善的社会主义教育体系,实现教育现代化"。2010年,中共中央、国务院颁布《国家中长期教育改革和发展规划纲要(2010—2020年)》,提出"到2020年,基本实现教育现代化"。此外,《国家中长期教育改革和发展规划纲要(2010—2020年)》还明确提出了"建设现代学校制度"的要求,指出:要适应中国国情和时代要求,建设依法办学、自主管理、民主监督、社会参与的现代学校制度,构建政府、学校、社会之间的新型关系。

《国家教育事业发展"十三五"规划》提出"以新理念引领教育现代化",明确"十三五"时期教育改革发展的总目标是:教育现代化取得重要进展,教育总体实力和国际影响力显著增强,推动我国迈入人力资源强国和人才强国行列,为实现中国教育现代化

2030远景目标奠定坚实基础。《中国教育现代化2035》提出了"实现优质均衡的义务教育"发展目标,明确提出要"提升义务教育均等化水平,建立学校标准化建设长效机制,推进城乡义务教育均衡发展"。

纵观我国教育现代化政策发展的基本脉络,我国教育部最初只是提出了教育现代化的目标和战略,后续在政策的不断发展中逐渐将关注点转向学校现代化,具体落到现代学校制度以及学校标准化建设上。这与整个国际教育界的趋势相同,20世纪90年代后期,受世界教育权力分散化潮流的影响,教育现代化重心开始下移,"以学校为基础的教育发展"成为教育现代化的重要体现方式。

我国教育界关于"教育现代化"的研究开始于20世纪70年代,于20世纪90年代开始蓬勃发展;而关于"学校现代化"主题的研究最早开始于20世纪80年代,于21世纪逐渐成为教育研究关注的重点领域。将早期和近年的学校现代化及现代学校建设研究方向作比较,可以发现学校现代化的研究焦点从关注单一类型学校(如职业技术学校)转向关注普遍意义上的学校,从关注单一科目转向关注学校的各个方面,尤其是学校制度体系的建设,从关注仪器设备等硬件建设转向关注学校内涵建设,从关注学校管理转向关注学校的系统治理。其中,研究学校现代化以及现代学校建设较有代表性的学者有朱小蔓、邬志辉等。

(二)"学校现代化"及"现代学校制度"内涵

在对"学校现代化"以及相近概念"现代学校制度"内涵的理解上,学界有这样一些观点:

学校现代化建设包括"硬件"建设和"软件"建设两大方面。硬件要素包括校舍、设备、设施和人员,他们都具有一定的物质形态,是办学过程中的独立要素,是办学的物质条件和学校实力的基础。软件要素包括思想观念、教育管理、人员素质、教育信息、教育科研、教育质量等,软件要素一般都是以知识形态存在于硬件要素中。[1]

学校现代化指向学校教育的全部,既是教育思想和观念、课程和文化、制度和管理、技术和物质全方位的现代化,更是教育过程、方式与结果的全方位的现代化,最终落脚点是人的现代化。义务教育现代化学校建设的内涵和目标包含了双重命题,它既是一个历史渐进下的发展性命题,也是一个时代转型下的变革性命题。这决定了义务教育现代化学校建设路径的双重取向:既有承上启下的量的改进,又有新质取代旧质

---

[1] 江月孙.学校管理现代化的探讨[J].教育管理研究,1997(03):34-37.

的变革;既有宏观上的自上而下的系统设计、整体规划和稳步推进,又有微观上的自下而上的变革创新、自主探索和路径选择。①

教育现代化绕不开学校现代化,从一定意义上讲,教育现代化的要求落实到学校,就是实现学校现代化。学校现代化包括硬件现代化和软件现代化两个方面,学校现代化的核心是人的现代化。现代化学校建设是转型发展和学校重建,是追求人的现代化的文化重塑过程。学校现代化建设本质上是以人的现代化进程为核心的动态过程,表现为以发展为基本取向,坚持以人为本为指导理念,在目标、管理、办学、过程、手段、质量等多个方面与经济社会发展需要不断适应的过程。学校的现代化发展是一个整体转换和全面推进的过程,必然要求在物质、制度、观念三个层面实现现代化。②

关于"现代学校制度",大多数人比较认同朱小蔓等人的研究结论:"现代学校制度是指在知识社会初见端倪和全面建设小康社会的大的社会背景下,能够适应市场经济和建设学习型社会的基本要求,以完善的学校法人制度和新型的政校关系为基础,以现代教育观念为指导,学校依法自主、民主管理,能够促进学生、教职工、学校、学校所在社区的协调和可持续发展的一套完整的制度体系。"③

综上,教育现代化体现在学校层面就是学校现代化,学校现代化指向学校教育的全部,其终极目标是实现人的现代化。现代学校制度是现代学校建设中的一个方面,即制度层面的现代化,学校现代化包括现代学校制度的建设。

(三)"学校现代化"理念

国内学者提出的"学校现代化"理念,有一部分来源于西方国家理论,还有一部分来源于中国古代传统,如儒家主张的"以人为本"管理思想、德治思想,法家主张的"以法为本"管理思想。其中,中国与西方国家在"学校现代化"理念上呈现出一定的共识,而中国古代的管理理念也依然值得现代学校学习研究、参考借鉴。

《国家中长期教育改革和发展规划纲要(2010—2020年)》明确提出:要适应中国国情和时代要求,建设依法办学、自主管理、民主监督、社会参与的现代学校制度,构建政府、学校、社会之间的新型关系。学校现代化以及现代学校建设既涉及学校外部环境的发展,也涉及学校内部环境的治理和完善。在学校外部环境建设上,强调理顺政

---

① 舒悦.论义务教育现代化学校建设[J].教育学术月刊,2015(08):40-46.
② 尧逢品,龚林泉.教育现代化视域下的义务教育学校现代化分析[J].教育科学论坛,2018(35):3-7.
③ "基础教育阶段现代学校制度的理论与实践研究"总课题组.关于现代学校制度的含义、特征、体系的初步认识[J].人民教育,2004(17):2-7.

府、学校、社会之间的关系;在学校内部发展中,则有大量学者将学校现代化的理念对应到政策中"依法办学、自主管理、民主监督、社会参与"的要求上,于是便指向了法治、自主、民主、开放四个方面。还有部分文献提及了科学、公平、终身学习的理念与目标,一些较为资深的学者整合多项理念提出了系统整体的思维,开始关注学校整体的顶层设计和治理生态。

现将目前国内教育界关于"学校现代化""现代学校建设"理念较有代表性的观点整理如下。

1. 学校内外部环境平衡

(1) 校本管理理念[①]

考虑到我国学校的发展现状,学者范国睿基于政府、社会和学校的关系提出了基于校本管理理念的现代学校制度设计。校本管理(school-based management, SBM)是20世纪60年代起在西方发达国家逐步兴起,以学校发展为本、以学生发展为中心、以提高学校组织效能与学校教育质量为核心的学校管理制度。校本管理理念强调政府的简政放权、教育行政部门的授权或分权,强调通过市场来配置教育资源,通过市场来决定学校的发展命运,从而推动学校改进教育教学质量以求得更好的生存和发展。同时,校本管理也强调学校内部教育管理系统中的集权与分权问题。校本管理的核心是促进学校自主发展。

(2) 生态理念[②]

生态学方法又称生态学思维,就是用生态观点研究事物,观察现实世界,思考、认识、分析和解决实际问题,具有全面地、整体地、辩证地把握研究对象的特点。生态理念来源于国外教育生态学的理论视角,在国内由朱小蔓等学者提出。生态理念对学校教育的观照,是对人的主体地位、作用和生命价值的观照;是对优化环境以保障学校育人功能实现的观照。用生态理念研究学校的发展问题时,学校是生态系统的"主体",一切与学校具有不可忽略的联系的事物的集合便构成了学校的生态环境。宏观环境方面如国际国内的经济、政治、科技、文化、制度环境;微观环境方面有学校内部师生员工的状态、学校的结构与功能、组织与管理形式、校园文化、地理位置等环境。研究现

---

① 范国睿. 政府·社会·学校——基于校本管理理念的现代学校制度设计[J]. 教育发展研究,2005(01):12-17.
② 朱小蔓,刘贵华. 功能·环境·制度——基于生态理念的现代学校制度建设[J]. 华东师范大学学报(教育科学版),2006(02):1-7+17.

代学校制度必须在社会的大体系中进行,必须在社会相关部门的广泛参与下进行,因此,调整学校职能主体与其内外环境关系,遵循学校教育的生态规律,追求学校教育主体与学校环境的生态平衡,便成为了生态理念观照下回应现代学校制度建设的重要诉求。

2. 学校内部管理与建设

(1) 以人为本

根据众多学者关于学校现代化内涵的观点,学校现代化最终都是要落实到人的现代化上的。因此,在对学校现代化理念的阐述中,人本理念是出现频次最高的,也是最广受关注的,具体表述为"以人为本""以人为中心""人本""人文化""人性化""以'发展人'为出发点和归宿"等。

关于学校现代化的发展理念,学者牛利华、邬志辉就曾提出以人为中心的综合发展观。以人为中心的发展观的核心理念是:所有人的全面发展、所有人的可持续发展、人与环境的协调发展。其认为现代化的学校应本着以人为本的活动宗旨,而研究者在制定学校现代化指标体系时,也应凸显"人"的尺度,具体应凸显以下基本理念:现代化的学校应以"人"为本;现代化的学校应有利于人的可持续发展;现代化的学校应实现人的全面发展;现代化的学校应实现所有人的发展;现代化的学校应是开放性的学校;现代化的学校应为人的发展提供充分的背景支持。①

此外还有多名中小学教师也提及了人本理念。曹建忠认为,学校管理者应着眼于以"发展人"为出发点和归宿,将狭隘的"政治性"管理转化为"人文化"管理,学校管理的人文化,要定位在对"人"的关注、对"人"价值取向的思考,重在恢复人的完整性与多样性,强调人不仅具有工具性层面,更有文化与精神层面,重视提升管理者与被管理者的生命价值及个人潜能。② 黄碧梅认为,学校管理工作在强调制度规范管理的基础上,应引入以人为本、人性化伦理管理体制和理念,实现制度化规范和人性化管理的有机统一,建立起人本管理为主的系统运作机制。③ 陈怀娟提出,借助马克斯·韦伯的"理想类型"法来构建和理解"现代学校制度",现代学校制度就是"以人为本"、以"育人为中心"的学校制度,"以人为本"作为一种管理理念运用到学校教师管理中,就是在学

---

① 牛利华,邬志辉. 以人为中心的发展观与学校现代化指标体系的构建[J]. 教育理论与实践,2004(8):21-23.
② 曹建忠. 以"人文化"理念建构学校现代化管理新模式[J]. 小学教育科研论坛,2004(03):75-77.
③ 黄碧梅. 在现代化学校管理中引入伦理化理念的思考[J]. 福建教育学院学报,2006(03):114-115.

校管理和各项工作中把教师作为管理活动的核心,正确认识人的价值,充分重视人的因素。①

此外,义务教育学校现代化监测指标体系的研发设计也遵循了以人为本、以点带面、简便易行的理念。人是义务教育学校现代化的基本出发点和归宿,对义务教育学校现代化监测,必须关注于人,聚焦于人,特别是关注学生发展和教师成就。②

由此可见,不论是教育研究者,还是学校教师,对人本理念的认同度都非常高。学校现代化发展进程中越发重视"人"的因素,标志着学校现代化关切的不仅是升学率、师生比、班级规模等量化的硬性指标,还包含着一种价值关切,是对人的发展和生命成长的人文关怀。"以人为本"不仅是以受教育者为本,而是以学生为本、以教师为本,充分发挥学生和教师的主观能动性,学校现代化最终要实现的是人的现代化。

(2) 民主、法治、自主、开放

《国家中长期教育改革和发展规划纲要(2010—2020 年)》明确提出:要适应中国国情和时代要求,建设依法办学、自主管理、民主监督、社会参与的现代学校制度,构建政府、学校、社会之间的新型关系。"依法办学、自主管理、民主监督、社会参与"体现的就是现代学校建设的"法治""自主""民主""开放"四个方面的理念。

学者黄志兵基于对宁波教育议事会制度的思考提出了现代学校制度建设的"治理"取向。③ 现代学校制度的"治理"取向突破了传统的"人治"式管理,注重从体制机制创新的层面构建现代学校制度,强调以"促进学生全面发展"为本的多元主体参与治理和双向互动。"治理"思维从根本上紧紧围绕"依法治教"的理念,而在运作过程中又体现出"民主""开放"等方面。依靠体制机制和具有可操作性的程序方法来保障学校各利益相关者参与学校管理体现的是"法治";而强调多元主体的参与,重视制度在运作过程中的监督、评价与修订,体现的是社会参与和民主监督。

学者张明、石军在描述学校治理能力现代化的主要特征时提到了"参与主体的多元化""法治精神""以'共治'求'善治'"。④ "参与主体的多元化"强调学校治理的民主化和民主机制的建立;"法治精神"具体表现为在学校治理过程中做到依法办学、依法

---

① 陈怀娟. 现代学校制度下的"以人为本"与教师队伍建设[J]. 课程教育研究,2015(05):11.
② 教育监测评估中心. 义务教育学校现代化监测指标体系探索[J]. 教育科学论坛,2018(35):8-12.
③ 黄志兵. 现代学校制度建设的"治理"取向与路径——基于宁波教育议事会的思考[J]. 教育探索,2016(02):137-141.
④ 张明,石军. 学校治理能力现代化的意义、特征与路径[J]. 教学与管理,2015(31):4-7.

治教和依法行政,任何环节都有法可依、有章可循,深化权责意识;"以'共治'求'善治'"不仅要求多元主体协作参与学校治理,各主体民主、公平、公开和公正地表达利益诉求,还要求合法、透明、公正、有效、廉洁等,最终实现学校治理公共利益的最大化。以上也回应了学校现代化中"民主""法治""自主""开放"的理念。

此外,还有一些文献分散地提到了学校现代化中"民主""法治""自主""开放"的理念,比如公民参与学校管理[①]、创建开放民主体制[②]等,但大多都回应了《国家中长期教育改革和发展规划纲要(2010—2020年)》中"依法办学、自主管理、民主监督、社会参与"的四项或某几项要求。"法治""自主""民主""开放"既是国家政策的要求,也是教育界研究学校现代化理念的基本共识。

(3)科学

关于学校现代化理念的文献中,提及"科学"理念的相对分散。"科学"的理念主要体现在学校管理的科学化、现代化、本土化,一方面要求学校教育管理要从实际出发,遵循教育教学的规律和管理规律,要有教育理论和管理理论作为指导;另一方面要求研究吸收古代学校管理的优秀文化遗产,学习借鉴国内外先进的学校管理理论、方法和经验。[③] 现代学校管理制度的科学性就是要符合教育教学及管理的客观规律,结合实际与时俱进,回应时代要求,并形成一个学校各项管理制度统合协调的科学体系。[④] 由此可见,现代学校建设的科学性主要体现在对教育教学及管理理论、规律的运用上,对古今中外经验的总结、深化上,对学校现实问题的回应、解决上,以理论、经验反哺于实践。

(4)公平、均衡发展

"均衡发展"的理念主要来源于义务教育学校现代化办学标准,是制定该标准的理论基础与核心思想。2014年教育部制定印发的《义务教育学校管理标准(试行)》体现出"关爱学生、全面发展"理念和"公平""参与"两大取向。在教育现代化的动态发展过程中,义务教育的办学思路已从强调效率走向关注公平,追求均衡发展。现代化办学标准的价值取向从强调效率转向追求均衡及公平、从单项性办学标准转向综合性办学标准、从初步均衡转向优质均衡、从单一质量观转向全面质量观、从"政府管学校"转向

[①] 骈茂林.公民参与:现代学校制度建设路径[J].中国教育学刊,2012(04):31-34.
[②] 张锋.我国学校管理现代化目标和思路初探[J].科技进步与对策,2003,20(05):167-169.
[③] 张忠胜.现代学校管理制度的实践与思考[J].学习月刊,2011(10):81-82.
[④] 降雪辉.学校教育管理现代化的内涵[J].长春理工大学学报(社会科学版),2013,26(06):159-160+167.

"政府办学校"、从学校的被动发展转向主动发展。① 此外,学者褚宏启也提到了现代学校制度的价值追求应该有助于形成公平、高效的学校教育秩序,促进学生充分、全面发展,规范教育秩序、促进教育公平,同时提高教育效率。② 由此可见,随着教育效率的不断提升,现代学校建设更加重视公平,重视均衡发展。

(5) 多理念结合形成的新理念

"人本""法治""自主""民主""开放""科学""公平"是现代学校建设过程中教育研究者提及的多个理念,但过程中也有部分学者整合了其中某几项理念提出了新的说法,如合作式教育管理③、"治理"思维④、精细化管理⑤等。"合作式教育管理"结合了科学管理与人文管理,强调通过多因素的合作、沟通、协调等方式,对所施行的各种教育活动的效果和办学水平,进行较科学的价值判断。现代学校建设的"治理"思维包含了"法治""民主""开放",强调围绕"依法治教"实现多元主体参与治理和双向互动,让学校利益相关者共同参与学校管理。关于现代学校制度的内涵,"精细化管理"强调的是"管理科学化、教育人本化、校长职业化",整合了"科学"和"人本"的理念。尽管有不同的特殊的提法,但其核心内涵是一致的,都指向"人本""法治""自主""民主""开放""科学""公平"等理念。

(四)"学校现代化"目标

教育现代化的核心和终极目标是实现人的全面发展。从总体上来说,学校现代化的目标应当体现21世纪教育发展与学校变革的新要求。早在1993年,就有文献提出学校教育现代化的一个重要方面就是教育目标现代化,强调教育目标要面向21世纪,适应时代的要求,二是办学各具特色,培养的人才各具特点。⑥ 现代化学校建设既是一个历史渐进下的发展性命题,也是一个时代转型下的变革性命题。⑦

---

① 孙向阳. 义务教育学校现代化办学标准:价值转向及指标体系建构——以江苏省义务教育学校现代化办学标准研制为例[J]. 教育理论与实践,2012,32(35):15-17.
② 褚宏启. 建设现代学校制度:校长应注意什么?[J]. 中小学管理,2005(06):5-8.
③ 金同石. 走现代化学校管理的新路——浅谈"合作式教育管理"的理论与运用[J]. 北京教育,2000(11):12-17.
④ 黄志兵. 现代学校制度建设的"治理"取向与路径——基于宁波教育议事会的思考[J]. 教育探索,2016(02):137-141.
⑤ 陈作林. 融入精细化管理理念的现代学校制度建设[J]. 学周刊,2018(31):153-154.
⑥ 广东教育学会"学校教育现代化"课题组. 以"三个面向"为指针加快学校教育现代化[J]. 教育导刊,1993(11):15-19.
⑦ 舒悦. 论义务教育现代化学校建设[J]. 教育学术月刊,2015(08):40-46.

现代学校建设目标指向学校的办学、学校教师及学校服务主体——学生三个方面的可持续发展。[①] 基础教育阶段现代学校制度所追求的价值目标,至少是四个:学生的充分、全面、多元、终身发展和允许有差异地发展;校长、教职工的专业化发展;学校的可持续发展;学校所在社区的可持续发展。其中,学生的发展是最重要、最根本的目标。[②]

我国教育研究者关于学校现代化的目标涉及宏观、中观、微观多个层面。其中,宏观层面指向的是国家关于学校现代化的顶层设计以及学校内外部生态环境建设;中观层面指向的是学校内部发展,如学校的制度、文化、课程等;微观层面指向的是学校中的人,主要是教师和学生的发展。现将国内研究关于学校现代化不同层面的目标梳理如下。

1. 宏观:指向学校内外部生态环境

从宏观层面来说,学校现代化的目标是协调学校主体与内外部环境,理顺政府、社会和学校之间的关系,实现学校与环境的平衡。学者范国睿提出,以学校组织作为发展主体,现代学校制度的建立与完善,其目的无非包括两个层面,一是建立和完善有利于学校组织发展的外部环境,二是建立有利于学校组织发展的学校自组织机制。[③]《国家中长期教育改革和发展规划纲要(2010—2020年)》也明确提出:要适应中国国情和时代要求,建设依法办学、自主管理、民主监督、社会参与的现代学校制度,构建政府、学校、社会之间的新型关系。在教育现代化的背景下,学校现代化的目标首先应当是处理好学校主体和环境之间的关系,摆正学校所处的位置,充分重视学校的自主发展,并形成多方良好互动的局面和态势。

2. 中观:指向学校的变革与发展

纵向来看,随着我国教育现代化的发展,我国各地的学校现代化水平呈螺旋上升的发展态势,学校现代化的目标也随之成为了一个动态演进的过程。现代化办学标准的价值取向已从强调效率转向追求均衡及公平、从单项性办学标准转向综合性办学标准、从初步均衡转向优质均衡、从单一质量观转向全面质量观、从"政府管学校"转向

---

① 黄清霞. 现代学校制度建设路径探究[J]. 文教资料,2017(08):98-99+61.
② "基础教育阶段现代学校制度的理论与实践研究"总课题组. 关于现代学校制度的含义、特征、体系的初步认识[J]. 人民教育,2004(17):2-7.
③ 范国睿. 政府·社会·学校——基于校本管理理念的现代学校制度设计[J]. 教育发展研究,2005(01):12-17.

"政府办学校"、从学校的被动发展转向主动发展。① 从初提教育现代化到教育现代化2035,学校现代化作为教育现代化在学校层面的体现,其目标也发生了巨大的变化。

横向来看,学校现代化体现在学校中的各个方面,将会引起学校教育工作的根本性变革。一方面,学校现代化目标在内容上具有丰富性。其在教育思想、教育管理、教育内容、教育方法、教育组织形式以及课程体系等各方面都会发生重大的变化,学校将以全新的形象出现在人们的眼前。② 在21世纪新时代下,学校现代化更是提出了以信息化促进现代化、建设学习型学校、打造特色文化校园等目标。另一方面,学校现代化在衡量尺度上直接对应国家政策的办学标准。学者朱怡华分析上海现代学校发展的目标是实施"达标工程"、扩大优质学校资源、建构"现代学校发展"系统。③ 义务教育学校现代化建设的根本目的在于根据国家义务教育学校现代化建设的质量标准,以标准化推动学校的优质发展,以现代化引领学校的发展方向。④ 由此可见,义务教育学校现代化办学标准的出台也为学校现代化目标提出了参照的框架和对应的要求。除了达标以外,学校现代化还要求学校致力于特色化办学,在打造学校品牌上呈现出个性化特征。

此外,学校现代化的目标和理念是一脉相承的,基于"人本""法治""自主""民主""开放""科学""公平"等理念,不少学者也提出了与其相呼应的学校现代化目标。学者褚宏启提出了现代学校制度的价值追求,一方面应以学生的发展为本,另一方面应有助于形成公平、高效的学校教育秩序,教育秩序、教育公平和教育效率是现代学校制度所追求的重要价值目标。建设现代学校制度的目的,就是要通过对现行的学校制度的调整和改革,形成与经济社会发展相适应的学校制度,通过生产关系的调整来进一步解放教育生产力,为尽可能多的社会大众提供充分的、平等的、成本较低的、优质的教育服务,创造平等的、最终指向育人的学校管理制度。⑤ 由此可见,学校现代化的目标在办学层面最终指向的是优质和公平。

---

① 孙向阳. 义务教育学校现代化办学标准:价值转向及指标体系建构——以江苏省义务教育学校现代化办学标准研制为例[J]. 教育理论与实践,2012,32(35):15-17.
② 广东教育学会"学校教育现代化"课题组. 以"三个面向"为指针加快学校教育现代化[J]. 教育导刊,1993(11):15-19.
③ 朱怡华. 现代学校发展的目标、核心与管理[J]. 上海教育科研,2005(10):24-26.
④ 程晋宽. 义务教育学校标准化建设:教育现代化建设的基础工程[J]. 江苏教育,2019(82):6-8.
⑤ 张福生. 现代学校制度建设的理论探索[J]. 教书育人,2012(05):6-8.

3. 微观:指向教师和学生现代人格的养成

学校教育现代化的核心是学校教育主体的现代化,即教师和学生的现代化。教师和学生现代化有数量与质量两方面的要求。在数量上,学校办学要有一定规模,讲究办学效益,要优化人力资源配置,使学生与专职教师之比、学生与教职工之比提高到发达国家和地区学校的平均水平。在质量上,建设一支素质优良、结构合理、精干高效、有现代意识和现代精神的适应素质教育要求的教师队伍。每所学校都要有一批有影响力的学科带头人和骨干教师,打造品牌教师。从学生层面分析,学校教育现代化最根本地落实在能为社会输送合格的素质高的劳动者和为高一级学校输送优秀毕业生,学生毕业后,在各岗位上都能有所作为,具有服务社会和自我发展的能力。[①]

学校的教育目标应该着眼于:学生具有现代社会的价值观念和社会主义的政治、思想、道德素质,学生对现代社会生产、社会生活有较高的适应能力和应变能力;学生具有良好的心理素质,和谐、健康的个性,学生具有健康的体魄以及必备的审美情趣和能力,懂得珍惜和享受现代生活。[②]

现代教育应当培养的是现代人。以现代人格为内核的现代学生观既是学校现代化发展的基点和发展目标,又是其内在根据和深层动力。而学生观的主要内涵从传统的知识人格转向现代的精神人格,具体应当包括:学生是主体的人;学生是个体的人;学生是社会的人;学生是世界的人。而学校现代化在学生层面的目标就是养成学生的现代人格,促进其健康、和谐地发展和成长。[③]

由此可见,学校现代化针对教师层面的目标是培养一支现代化教师队伍,培养高素质、有现代意识、有影响力的品牌教师;针对学生层面的目标是培养具有现代人格的学生,培养全面的、个性化的、面向世界、面向未来的学生。

(五)"学校现代化"建设路径

理念渗透目标,目标决定路径。既然学校现代化既是一个历史渐进下的发展性命题,也是一个时代转型下的变革性命题,这就决定了现代化学校建设路径的双重取向:既有承上启下的量的改进,又有新质取代旧质的变革;既有宏观上的自上而下的系统设计、整体规划和稳步推进,又有微观上的自下而上的变革创新、自主探索和路径选

---

① 王铁军.学校现代化是教育现代化的基石[J].江苏教育学院学报(社会科学版),2000(04):1-5.
② 广东教育学会"学校教育现代化"课题组.以"三个面向"为指针加快学校教育现代化[J].教育导刊,1993(11):15-19.
③ 周晓燕.现代学生观与学校现代化发展的价值诉求[J].现代教育论丛,2005(01):21-24.

择。① 从方法上,总结现代学校制度建设的路径有历史反思、现实审视、理论建构和比较等。② 从内容上,现代学校制度建设的核心就是重建和规范学校与政府、教师、学生、家长、社区之间的合作治理关系,以解放学校利益相关方的创造性力量,在此基础上造就向上、向善的教育。③

国内研究关于学校现代化建设路径的观点依然按照学校内外部环境以及学校自身发展两大板块进行梳理,其中,学校内外部环境建设主要涉及学校与政府、社会、市场的关系,而学校内部管理与建设则主要涉及学校与教师、学生、家庭、社区的关系。现将国内众多关于"学校现代化"或"现代学校制度"建设路径的研究观点梳理呈现如下。

1. 学校内外部环境建设(学校与政府、社会、市场的关系)

(1) 如何落实"校本管理"

就如何在现代学校推进落实校本管理,学者范国睿提出建立一套以校本管理理念为基础的学校自主发展体系。在学校外部环境上,有限责任政府的宏观教育管理职能和以市场为主体的社会参与机制,包括培养教育中介组织和建立学校选择机制,能够减少政府和教育行政部门对学校发展的干预,扩大学校自主权。在学校自主发展方面,学校建立三项学校制度作为重要构成要素,分别为现代学校法人制度、现代学校产权制度和现代学校自组织制度。前两项制度分别保障了学校的独立办学权和独立产权,而最后一项学校自组织制度关系到学校内部的管理,主要包括学校自主、社会与教职工积极参与和共同决策、学校领导权力制衡与绩效责任制等。

(2) 如何平衡学校生态

国内研究中许多学者都提到了学校内外部环境的协调平衡,并按照各自的理解提出了学校现代化的建设路径。

追求学校现代化首先要健全和完善学校治理的法律体系,为推进学校治理能力现代化提供更好的法律支持,其次要合理运用政府之"力",有效聚集社会之"力",增强学校内部"合力",以共同推进学校治理能力现代化的实现。合理运用政府之"力"就是要以政策推动重构政府与学校的新型关系,化政府的"拉力""阻力"为"引力""推力",通过现代政府的教育管理推进学校治理环境的改善。有效聚集社会之"力",就是要重构

---

① 舒悦. 论义务教育现代化学校建设[J]. 教育学术月刊,2015(08):40-46.
② 李传红. 现代学校制度建设的路径选择[J]. 教育探索,2009(05):5-6.
③ 张志勇. 现代学校制度建设的五个路径[J]. 中小学管理,2017(01):32-34.

学校与社会的关系、密切学校与社会的联系,让学校走向开放式治理,促进社会的多元参与和大力支持。增强学校内部"合力"就是要改革或调整学校内部的组织结构或管理结构,推进行政权力与学术权力的相对分离与良好结合,形成良好的民主监督机制,还要与时俱进贯彻落实教育法律和国家政策。①

若以现代学校制度建设实践经验反身抽象其"实践逻辑",可以归纳出两条建设路径:第一,改造"场域",从解决制约现代学校制度建设的客观环境入手。这就要求实现多元主体参与的共同治理,即"共治",凸显政府、学校和社会不同主体之间的主体间性,确保学校的相对独立性和办学主体性,激发学校办学活力,化学校对政府的行政依附关系为政府对学校"简政"和"赋权"的并进、"指导"与"监督"的共用。第二,改变"习性",通过权力分享和利益驱动形成实践者新的内驱力。这就要求强化学校各利益相关方的参与权和话语权,实现学校治理的权力分享,以正当的利益驱动激发实践者的实践意图,释放和激发每个人的创造活力,使其自觉参与到现代学校制度的政策实践中。②

学校治理能力现代化的实现路径有三条:第一,建立现代学校制度,完善学校内部治理结构。这就要求建立健全、规范、统一的学校制度体系,如学生管理制度、教职工管理制度、教育教学管理制度、德育管理制度、人事管理制度、后勤管理制度、科研管理制度、对外交流与合作管理制度等多方面的制度,形成程序化、科学化和制度化的治理体系。第二,优化资源配置机制,提高学校外部治理功能。这主要是处理学校外部的资源配置与分配问题,取决于政府、社会、市场三者的互动对学校产生的制约。第三,全面推动依法治校,学校教育纳入法治轨道。这就要求在遵守国家法律法规和政策的基础上依法施教和依法行政,使学校的办学宗旨、教育教学活动与制度章程纳入法治化的轨道。③

综上,学校现代化在学校内外部环境建设方面的建设路径可归结为:依法治校,建立健全学校治理的制度体系和法律体系;政府简政放权,促进学校自主发展;实现多元主体参与的共同治理。

2. 学校内部管理与建设(学校与教师、学生、家庭、社区的关系)

就现代化学校建设的路径探索,学者舒悦提出可以参照发达国家和地区优质学校

---

① 张乐天.推进学校治理能力现代化:意义、重心与路径[J].复旦教育论坛,2014,12(06):5-9.
② 许杰.现代学校制度建设的实践逻辑[J].教育研究,2016,37(09):32-39.
③ 张明,石军.学校治理能力现代化的意义、特征与路径[J].教学与管理,2015(31):4-7.

建设的做法和特点;英美优质学校建设主要是政府主导,体现政府对教育的基本要求;以校为本,追求办学特色化;学校发展目标与理念在师生中的内化;以学生为本,突出学生发展的个性化;重视教师队伍建设,促进教师发展专业化;注重课程与教学改革,实现课程教学优化;注重组织的系统变革,强调学校改革的整体系统化。[①] 而中国香港、台湾地区优质学校建设主要从"学校内涵发展""学校制度治理""学校整体经营"三个角度展开。在此经验总结上,其提出了我国现代化学校建设的路径:第一,优质学校建设目标上,聚焦人的现代化;第二,优质学校建设任务上,聚焦学校文化变革;第三,优质学校建设能力上,聚焦现代学校制度;第四,优质学校建设策略上,聚焦学校动态演进;第五,优质学校建设保障上,聚焦政府和社会资源的支持和援助。[②]

在现代学校制度建设方面,有学者提出不是全盘否定传统学校制度,而是在已有的学校制度的基础上重新建构新型的学校制度,现代学校制度建设的路径选择包括:第一,转变教育行政管理职能;第二,建立学校议事制度;第三,完善教育法律法规;第四,建立第三方教育质量监控体系。[③] 也有学者表示,现代学校制度建设必须建立政府主导的现代学校组织体系、学校主体的现代学校管理体系、社会导向的现代学校质量体系、多元协调的现代学校评估体系。[④] 可见,现代学校建设基本将重点聚焦于学校决策、学校管理、学校教学、学校评估等方面,并以制度保障以上各方面的运行。另还有学者提及了公民参与路径的学校制度建设。[⑤]

而关于现代学校制度建设,最有代表性的当数朱小蔓等人的观点,促进现代学校制度建设具有以下途径:第一,通过改善教学环节,推动素质教育,促进学生充分、全面、多元、终身发展和允许有差异地发展,提高学校效能,来逐步建设课程、教学环节的现代学校制度;第二,通过人事制度改革或人力资源开发,来逐步建设现代学校制度;第三,通过公共教育经费拨款标准、途径或方式的改革和对政府的问责、追究制度的建立,来逐步推动现代学校拨款制度、日常财务制度的建设;第四,通过学校法人资格的确认、完善以及法人治理结构的形成、完善,来逐步建设现代学校法人制度;第五,通过发动学校教职工积极、有效地参与学校管理,或通过发动社区中的组织、学生家长、选民积极、有效地参与学校管理,推动学校管理民主化、科学化、法治化,在此过程中,逐

---

① 肖庆顺.发达国家和地区优质学校建设的历程及特点[J].天津市教科院学报,2011(04):45-47.
② 舒悦.论义务教育现代化学校建设[J].教育学术月刊,2015(08):40-46.
③ 满建宇,秦峰.现代学校制度建设的困境及路径选择[J].教学与管理,2014(36):64-67.
④ 周波.现代学校制度建设探索[J].教学与管理,2012(03):30-33.
⑤ 骈茂林.公民参与:现代学校制度建设路径[J].中国教育学刊,2012(04):31-34.

步设计出具有现代学校制度某些特征的各种制度;第六,通过学校整体形象设计、校园文化建设以及整体推动"学习型学校"建设,来逐步建设相关的制度。①

除了上述较为抽象的理论观点外,也有不少一线的教育工作者结合实践提出了学校现代化的建设路径。在"5·12汶川特大地震"灾后学校重建时,有学者提及小学现代化建设的"四新"路径,分别为:第一,课程资源重组,建设"新"课程体系;第二,教师队伍重塑,建设"新"教师队伍;第三,课堂教学重构,呈现"新"课堂模式;第四,综合活动重建,培育"新"时代学生。②该路径提出现代化学校重建要围绕教师与学生,聚焦课程、教学以及活动。虽然这样的背景比较特殊,以此去推广到普通中小学现代化建设路径似乎不够有说服力,但也有不少研究提到了相近的观点,甚至补充了更多的内容。

有一线研究者认为,现代化学校建设路径主要分为以下三条:第一,以教育改革为基点,打造现代化学校。这主要是从信息化建设、文化建设和课程建设三方面对学校提出了要求,从硬件设备上以信息化建设推动学校现代化建设,打造信息化教学平台和数字化校园;突出学校的特色化办学,避免千校一面,打造个性化文化校园;创新教学模式,探索体验化教学,打造活力课程。第二,以提高教师素质为内生动力,加强现代化教师队伍建设。这就要求不仅要加强教师的学习培训,促进其专业发展,还要鼓励教师创新与合作,加速其成长。第三,采取形式多样的教育,培育学生的核心素养。要以兴趣培养为重点,通过开展读书活动、社团活动,鼓励学生形成批判意识,培育学生的人文底蕴和科学精神;通过传授有效的学习方法、开展生命健康教育和抗挫折教育,努力培育学生自主学习和健康生活能力;通过开展美德教育、爱国教育、国际交流活动和社团兴趣活动努力培育学生的责任担当意识和实践创新能力。③

有研究者就学校现代化建设与管理提出了较为系统的实践路径:第一,校长教育观念现代化。学校走现代化之路会受到校长的引领力的巨大影响,校长首先要拥有现代化的教育观念,具体需要注意:把提高学生素质作为学生终身教育的目标;确立全面发展的人才观;构建学生自主学习的学习方式;建立系统化的现代管理制度。第二,教师队伍现代化。现代化的教师不仅要有先进的教学理念,还要掌握现代化的教学手段与方法,具体需要注意:引导教师在教学研究中发展自己;抓好师德建设,提高教师道

---

① "基础教育阶段现代学校制度的理论与实践研究"总课题组.关于现代学校制度的含义、特征、体系的初步认识[J].人民教育,2004(17):2-7.
② 倪会,魏勇军.学校现代化建设的"四新"路径探索[J].教育科学论坛,2018(35):32-34.
③ 郑春红.基于学生核心素养发展的现代化学校建设路径探索——以淄博市高新技术产业开发区第二小学为例[J].教师教育论坛,2017,30(06):78-80.

德素质;抓业务进修,加快青年教师成长速度。第三,学校管理和教学手段、方法现代化。学校管理必须实现信息化,积极推进教学设施和装备现代化的进程,为教学现代化提供物质保证,具体需要注意:做好学校数字化校园建设;实现教学设备现代化;实现教学手段现代化。①

综合上述理论和实践的观点,学校现代化在学校内部发展和管理方面的建设路径可归结为:第一,校长观念现代化,提升校长引领力;第二,教师队伍现代化;第三,发展学生核心素养;第四,建立健全学校内部的制度和管理体系,如教育议事会制度;第五,建立健全质量监控体系和学校评价体系;第六,促进学校开放,加强与家庭、社区的合作和民主监督;第七,在硬件建设上运用信息化手段,打造数字化校园;第八,促进特色化办学,加强文化建设,打造个性化文化品牌。

二、我国学校现代化及其评价的实践探索

(一) 我国重点省市教育现代化实践概况

学校现代化是教育现代化的重要组成部分,因而学校现代化及其评价必然受到教育现代化及其评价的引领与监测。教育现代化指标体系对于教育现代化拥有细化目标、引领发展、监控过程、评价结果等多重功能,研制指标体系的目的不仅是检测教育现代化建设的结果,还重在引领教育实践变革和发展。② 随着教育现代化实践与评价的推进,中国已有许多省市制定了适应当地需求的教育现代化评价指标体系,其中,江苏、上海、广东、浙江四个省市颁布、实施的指标体系与评估方案相对比较成熟。③

1. 江苏省教育现代化及其评价的实践

江苏省是全国最早提出也是最早实践教育现代化的省份,在教育现代化建设及评估监测方面都进行了一定的有益探索。早在 1991 年,江苏省就提出了实施"教育现代化工程",并率先在苏南调研基础上形成了实施教育现代化工程的初步方案。1996年,江苏又提出在全国率先基本实现教育现代化的目标。1999 年,《江苏省教育现代化实施纲要》明确提出推进教育现代化的主要任务和奋斗目标:到 2010 年,赶上中等发达国家的教育发展水平。2005 年,江苏省颁布了《关于加快建设教育强省率先基本

---

① 宫少华.学校现代化建设与管理的实践路径探析[J].学校党建与思想教育,2012(29):75-76.
② 谢绍熺,马晓燕,鲍银霞.地方教育现代化监测评价指标体系及实践研究[J].教育发展研究,2015,35(01):39-42.
③ 李学良.地方教育现代化评价指标体系的比较与优化研究[J].福建教育学院学报,2020,21(01):22-27.

实现教育现代化的决定》,提出到2010年率先基本实现教育现代化的目标。随后,江苏省先后颁布了《江苏省中长期教育改革和发展规划纲要(2010—2020)》《关于推进教育现代化建设努力办好人民满意教育的意见》《江苏教育现代化2035》《加快推进江苏教育现代化实施方案(2019—2022)》等文件,进一步提出了教育现代化的新要求、新举措。同时,在实施教育现代化的过程中,江苏省也特别重视对教育现代化进行评价,强调教育现代化指标的引领,于2007年发布了《江苏省县(市、区)教育现代化建设主要指标》,2013年出台了《教育现代化指标体系》。2016年,江苏省将《教育现代化指标体系》修订为《江苏省教育现代化监测指标》,详见表3-1。①

表3-1 江苏教育现代化监测指标

一级指标	二级指标	序号	监测点	单位	目标值	权重
教育普及度	各级教育	1	学前3年教育毛入园率	%	≥98	2
		2	义务教育巩固率	%	100	2
		3	高中阶段教育毛入学率	%	99	2
		4	高等教育毛入学率	%	60	2
	继续教育	5	终身学习网络覆盖率	%	≥90	1
		6	从业人员继续教育年参与率	%	≥60	2
		7	城市和农村居民社区教育活动年参与率 其中:老人年参与率	%	城市≥60 农村≥40	2
教育公平度	机会均等	8	残疾儿童少年接受15年免费教育的比例	%	100	2
		9	外来务工人员随迁子女与户籍学生享受同等待遇的比例	%	100	2
		10	提供多样化教育	—		2
	资源配置	11	义务教育城乡、学校间条件均衡化比例 其中:教师合理流动比例	%	100 ≥15	3
		12	非义务教育阶段学校公共资源供给	—		2
		13	困难学生受帮扶比例	%		2
教育质量度	学生综合素质	14	思想品德与心理健康	—		3
		15	学业合格率 其中:中高等职业院校毕业生双证书获取率	%	≥95 ≥95	3

---

① 袁益民.教育现代化:面向2035再出发——关于江苏教育现代化评估监测指标修订的建议[J].大学(研究版),2019(09):15-21+14.

续 表

一级指标	二级指标	序号	监测点	单位	目标值	权重
		16	体质健康合格率	%	≥95	3
	学校办学水平	17	人才培养模式	—		3
		18	达到省定优秀标准的各级各类学校比例	%	≥90	3
		19	高水平大学和学科数量			3
教育开放度	资源共享	20	产学研结合水平	—		2
		21	高校学分互认比例	%	10	2
		22	学校、社会教育资源的开放和利用	—		2
	国际化水平	23	高校具有海外学习或工作经历的教师和学生比例	%		2
		24	各类来江苏留学人员数	万人	5	2
		25	职业院校相关专业核心课程与国际通用职业资格证书对接比例	%	≥20	1
教育保障度	投入水平	26	财政教育支出预算增长比例	%		2
		27	财政教育支出占公共财政支出的比例	%		2
		28	全社会教育投入增长比例	%		1
		29	各级教育生均公共财政教育事业费在全国的排名	—	前三	2
	师资水平	30	师德与专业能力建设	—		2
		31	教师学历比例	%		1
		32	生师比		≥20	2
		33	教师领军人才数在全国的占比	%	≥10	1
	信息化水平	34	"三通两平台"覆盖率	%	≥90	3
		35	智慧校园比例	%	≥60	1
教育统筹度	布局与结构	36	各类教育协调发展与互通衔接	—		1
		37	学校布局与规模合理	—		2
		38	中等以下学校达到适度班额的比例	%	≥85	2
	体制与管理	39	公办学校多形式办学	—		1
		40	民办教育健康发展	—		2
		41	教育治理水平	—		2

续 表

一级指标	二级指标	序号	监测点	单位	目标值	权重
教育贡献度	受教育水平	42	新增劳动力人均受教育年限	年	≥15	3
		43	主要劳动年龄人口平均受教育年限 其中:受过高等教育的比例	年 %	≥12.2 ≥25.8	2
	社会服务能力	44	技能人才满足经济社会发展需求	—		2
		45	高校科研创新能力	—		2
		46	高校应用研究开发成果转化率	%	≥80	2
		47	高校毕业生就业率	%	初次≥70 年终≥90	1
教育满意度	对学校和政府的满意度	48	学生、社会对学校的满意度	%	90	3
		49	学校对政府管理和服务的满意度	%	90	3

该检测指标以8个维度的一级指标为基本架构,共涉及49个监测点。其中,义务教育城乡、学校间条件均衡化比例,学业合格率,高校具有海外学习或工作经历的教师和学生比例,困难学生受帮扶比例等诸多监测点都直指学校现代化,尤其强调教育的公平性,为深入推进各级各类学校教育现代化及其评价进程提供有效指引。

2. 上海市教育现代化及其评价的实践

2004年,上海发布《关于全面实施教育综合改革率先基本实现上海教育现代化的若干意见》,提出到2010年率先基本实现教育现代化的奋斗目标。2009年,上海市教育委员会发布了《上海市2010年教育现代化指标体系及说明》,通过试点进行指标体系的监测实施,推进全市教育现代化发展。该指标体系分为市级指标体系和区县级指标体系。其中,市级指标主要考察教育布局及结构的合理程度、政府对教育的投入水平、义务教育资源均衡配置程度、教育信息化水平、教育国际化水平、学习型城市建设水平、教育发展水平、学生综合素质水平、社会满意度等9个方面,共28项内容,核心监测点包括中小学校合理布局程度、财政性教育经费占GDP比例、中小学校园网联通率、高校境外学生占在校生的比例、社区教育三级网络基本形成、义务教育完成率、每十万人口在校大学生数、高校科技论文被国内外引用数、学生学业水平以及用人单位对毕业生的满意度10项。区县级指标体系又分为基本指标部分和特色指标部分,其中,区县核心指标包括区县内学校合理布局程度、财政性教育经费占政府财政支出比例、校舍建设达标学校的比例、学前与义务教育阶段专任教师学历达标率、中小学校园网联通率、社区教育网络基本形成、义务教育完成率、学生学业水平、学生身心健康水平、社会各界对学校教育的满意度10项;特色指标包括流动儿童在公办学校和在以招收农民工子女为主的民办小学义务教育免费就读比例、国际学校和中外合作办学水平、中小学教师参与教育科研的水平。①

该评价指标体系注重"投入"和"产出",在市级指标体系的9个一级指标中,"教育布局、结构的合理程度""政府对教育的投入水平""义务教育资源均衡配置程度""教育信息化水平"为"投入","教育发展水平""学生综合素质水平""社会满意度"为"产出"。同时,上海市级指标体系很好地体现了国际教育发展的可比性,大部分指标都选取了国际通用的指标,如"财政性教育经费占GDP比例""高校境外学生占在校生的比例""每十万人口在校大学生数""劳动力平均受教育年限",对上海市学校现代化的实施与评价具有重要的引领推动作用。②

3. 广东省教育现代化及其评价的实践

自1991年提出"教育强省"的战略决策后,广东省逐步实现在珠江三角洲地区建设教育强市强县的目标。在此过程中,广东省于2004年颁发了《广东省教育现代化建设纲要2004—2020》,提出要实现义务教育均衡化、高中教育普及化、高等教育大众化、社区环境学习化、教育合作国际化;建立起结构优化、协调发展、具有广东特色、充满生机与活力的现代国民教育体系和终身教育体系,形成满足人民群众多样化学习需求的学习型社会。2010年,珠江三角洲地区和大中城市率先基本实现教育现代化;2015年全省基本实现教育现代化。2008年8月广东省委又颁布了《广东省科学发展考核指标体系》,全省分为四类发展区域:都市发展区、优先发展区、重点发展区、生态发展区,前两类地区教育主要考核教育现代化发展指数。同年,广东省颁布了《广东省县域教育现代化指标体系及评估方案》,包括一级指标3个,二级指标14个和主要观测点43个,其一、二级指标详见表3-2。该县域教育现代化评估首先在已被评为省教育强县(市、区)的区域进行,进而推广到全省。③

---

① 上海市教委. 上海市2010年教育现代化指标体系及说明[Z]. 2010.
② 谢绍熺,马晓燕,鲍银霞. 地方教育现代化监测评价指标体系及实践研究[J]. 教育发展研究,2015,35(01):39-42.
③ 上海市教委. 上海市2010年教育现代化指标体系及说明[Z]. 2010.

表3-2 广东省县域教育现代化指标体系(一、二级指标)

一级指标	二 级 指 标
教育现代化保障	教育思想和战略规划、人才资源、经费投入、办学条件、教育体系、教育信息化、教育国际化
教育现代化实践	学生培养、教育管理、教育改革
教育现代化成就	教育质量、教育效益、教育公平、教育特色

该教育现代化指标体系对广东省的学校现代化实践具有较强的启示。譬如,二级指标"人才资源"下的观测点"教师占学校教职工总数的比例""小学和初中专任教师大专及以上学历比例""学校管理队伍年龄结构、学历结构、学科结构、知识结构合理"等对师资的现代化进行了要求,"学生培养"指标下的观测点"中小学全面开展国防教育""各年级艺术(音、美)考试合格率"等对学生现代化进行了要求。

4. 浙江省教育现代化及其评价的实践

2012年,根据《中共浙江省委办公厅浙江省人民政府办公厅关于在全省开展教育现代化县(市、区)评估工作的通知》的精神,浙江省制定出台了《浙江省教育现代化县(市、区)评估操作标准》,有力地促进了省内教育现代化建设。2015年,为有效回应第一轮省教育现代化县(市、区)评估中发现的问题,更好地对接《国家教育现代化进程监测评价指标体系》,进一步提升评估的科学性和可操作性,浙江省对原操作标准进行了适当修订,发布了《浙江省教育现代化县(市、区)评估操作标准(2015年修订版)》,主要包括优先发展、育人为本、促进公平、提高质量4个一级指标和12个二级指标、41个三级指标。[①]

从一级指标看,浙江省县域层面的教育现代化指标体系比较重视教育优先发展与教育公平,其中教育优先发展条件保障包括经费保障、教师保障、资源保障3项指标;教育公平包括"义务教育高水平均衡""各类教育协调发展""弱势群体教育保障"。从二级指标、检测点及其认定办法看,浙江的指标体系更加侧重解决教育实践中的具体问题,许多二级指标和三级检测点的设置都体现了国情和省情。如设有二级指标"平安校园""择校热问题",三级检测点"落实'减负'责任""确保学校按规定开课""建立校舍维修改造长效机制"等。值得一提的是浙江指标体系中一级指标"提高质量"下的二

---

① 浙江省人民政府教育督导室,浙江省教育厅.浙江省教育现代化县(市、区)评估操作标准(2015年修订版)[Z].2015.

级指标——"建立评价机制",该体系包含了"建立以综合素质为核心的学生评价机制""建立教师专业发展评价机制""完善学校发展性评价制度",通过评价体系构建的方式促进学生综合素质培养、教师专业发展、学校办学质量提升,为浙江省的学校现代化实施及评价提供了颇具特色的引领。[①]

(二) 义务教育学校现代化及其评价的实践探索

在各省市教育现代化评价指标体系的引领下,全国各地逐渐推进学校现代化的进程。其中,义务教育阶段的学校教育实践及评价取得较大进展。江苏、上海、广东、天津、四川等省市尤为突出,纷纷建立并实施了学校现代化的评价标准。

1. 江苏省义务教育学校现代化评价标准的研制和实施

江苏省自1989年开始就颁布了诸多标准文件,推动着江苏的义务教育逐步从普及、提高到均衡的发展阶段。其中,江苏省于2012年3月颁布的《江苏省义务教育学校现代化办学标准》主要从办学理念与办学行为、学校人才与队伍建设、素质教育与学生发展、硬件设施与条件保障、学校管理与办学特色五大部分进行规范。[②] 该标准是一种"目标标准",将受教育机会与基本办学条件上较低层次的外部均衡提升为教育质量与特色优势上的内在均衡,从初步均衡向优质均衡转变。于2015年5月颁布的《江苏省义务教育学校办学标准(试行)》则主要是以学校设置、校园建设和教育装备3大方面共27条标准进行详细规定。[③]

学者孙向阳结合了江苏省义务教育学校现代化的发展情况,本着动态指标与静态指标相结合、主观指标与客观指标相结合、量化指标与定性指标相结合的基本宗旨,把"江苏省义务教育学校现代化办学标准"的指标体系设计为6大领域,共计42项,具体结构如表3-3所示。[④]

表3-3 "江苏省义务教育学校现代化办学标准"指标体系

领域	指标
硬件建设	班额与轨数、生均占地面积、体育设施与绿化用地、办公用房与专用教室、教育技术装备、技术设备与图书资料及其更新率、残疾学生设施

---

① 上海市教委.上海市2010年教育现代化指标体系及说明[Z].2010.
② 舒悦.论义务教育现代化学校建设[J].教育学术月刊,2015(08):40-46.
③ 江苏省人民政府办公厅.江苏省义务教育学校办学标准(试行)[Z].2015.
④ 孙向阳.义务教育学校现代化办学标准:价值转向及指标体系建构——以江苏省义务教育学校现代化办学标准研制为例[J].教育理论与实践,2012,32(35):15-17.

续 表

领域	指 标
师资队伍	班师比、校长及专任教师的学历达标率、骨干教师比例、教师专业发展规划、师德建设、教师教育教学及研究能力、教师流动制度
经费保障	生均公用经费增长率、专项经费增长率、财务制度及教师培训经费、教师奖励专项基金、贫困生及优秀生的经费支持
办学行为	考试制度、课程创新实施、合理课业负担、素质教育实施评价体系、校园安全、现代学校制度、校际交流与合作、现代教育技术运用
教育质量	学生的个性及全面发展观、德育的实效性、教学的有效性、学生活动的丰富性、师生良好的心理品质、学生学业合格及优秀率、学生体质健康及优秀率、学校满意度
文化建设	素质教育的办学理念、学校的系统形象设计、学校的课程特色、道德领导、学生社团、社区文化资源互动、学校文化的传承与创新

2. 上海市义务教育学校现代化评价标准的研制和实施

上海市于 2011 年颁布《上海市义务教育阶段学校办学基本标准》,包括资源配置、学校管理、课程教学、教师发展、学生发展 5 个部分的标准。该标准旨在落实好均衡配置教育资源,缩小区域内学校之间的办学条件和水平差异,推进区域内义务教育均衡优质发展。在主要内容中,对资源配置只花了较少的篇幅进行表述,主要突出学校管理、课程教学、教师发展和学生发展 4 大方面。虽然该标准只是强调"基本标准",没有表述为"现代化",但其着力点却已经不在一般办学条件及设施设备方面,更多的是强调突出内涵建设、学校管理和人的发展的现代化。比如提出充分利用现代信息技术,形成开发、选用、优化课程资源机制,有利于提高学生信息素养;要求严格执行有关减轻中小学过重课业负担的规定,体现以人为本的学校管理理念。

3. 广东省义务教育学校现代化评价标准的研制和实施

自 1994 年以来,广东省的义务教育学校经历了等级化到规范化再到标准化建设的内涵演进。[①] 在义务教育阶段学校普遍达到标准化学校的基础上,学校现代化建设成为实现全省义务教育由均衡发展向均衡优质发展转型的有力抓手。2014 年,广东省出台了《广东省义务教育现代化学校建设指引(试行)》,立足于促进公平、追求卓越,从"办学理念先进、管理科学规范、师资队伍优良、教育教学改革深入、学生全面发展、文化特色鲜明、开放办学程度高、信息化水平高、后勤保障安全到位"9 大方面,共列明

---

① 黄志红. 现代化学校:促进公平,追求卓越——广东省义务教育现代化学校建设的历史启示[J]. 广东教育(综合版),2014(02):34-38.

29个指标和100个观测点,提出了义务教育现代化学校建设的指引性框架和细则,其一、二级指标详见表3-4。① 该建设指引体现了新时期教育现代化的基本特征,包括公平、优质、特色等,对激励、指引学校在办学的方面进行自我诊断、自我设计、自我完善、自我提升具有极大裨益,也可以看出广东省追求义务教育学校现代化的内涵发展。②

表3-4 广东省义务教育现代化学校建设指引(试行)基本指标体系

一级指标	二级指标
办学理念先进	育人为本、促进公平、追求卓越
管理科学规范	依法治校落实、治理结构完善、办学行为规范
师资队伍优良	师德建设成效显著、校长专业化程度高、教师业务水平高
教育教学改革深入	立德树人有效、各级课程落实、教学改革深入、课程评价落实、评价体系科学
学生全面发展	思想品德优良、学业水平较高、身心发展健康、审美情趣高尚、实践能力和创新意识强、个性发展充分
文化特色鲜明	校园环境优雅、精神文化健康、办学特色彰显
开放办学程度高	与家庭、社区合作密切;国内外交流合作广泛
信息化水平高	信息化基础设施先进、信息化资源应用充分
后勤保障安全到位	安全防范水平高、后勤保障高效

4. 天津市义务教育学校现代化评价标准的研制和实施

自2008年以来,天津市连续实施了三轮义务教育学校现代化标准建设。2008年,为了加快推进教育现代化进程,促进义务教育均衡发展,按照教育改革和发展工作部署,天津市启动实施第一轮义务教育学校现代化标准建设,制定并实施了《天津市义务教育学校现代化建设标准(2008—2012年)》,并由市教委牵头,组织教育督导专家,对全市1200多所义务教育学校逐一进行评估验收。③ 该标准设立了包括办学条件、学校管理、教师队伍、素质教育4个方面的100条标准,其基本指标框架如表3-5所示。该标准是一种底线标准,重在通过实施达标建设工程,推进各级各类义务教育学

---

① 舒悦. 论义务教育现代化学校建设[J]. 教育学术月刊,2015(08):40-46.
② 余奇,黄崴,鲍银霞. 现代化学校图景:国内外办学标准比较的视角[J]. 外国中小学教育,2016(03):28-32.
③ 杨婵. 初中学校现代化建设合格评估系统框架研究[D]. 天津:天津师范大学,2013.

校都要达到最低标准。①

表3-5 天津市义务教育学校现代化建设标准(2008—2012年)基本指标框架

一级指标	二级指标
办学条件	教育经费、校舍场地、教学装备、学校信息化、生活设施、校园环境
学校管理	办学思想、班子建设、运行机制、教育科研、交流合作、办学特色
教师队伍	队伍结构、教师素质、教师教育
素质教育	课程管理、德育工作、教学工作、体育卫生、艺术教育、劳动教育、课外活动、社会实践、教育质量

为了巩固和提高义务教育学校现代化建设成果,继续落实分阶段推进义务教育学校现代化建设的工作目标任务,第二轮义务教育学校现代化标准建设工程于2013年启动。以第一轮建设工程确立的一、二级指标框架为基础进行具体规定,天津市制定并实施了《天津市义务教育学校现代化建设标准(2013—2015年)》,明确到2015年年底,全市义务教育学校均达到新阶段现代化建设标准,实施更高水平的均衡发展。该标准是一种发展性标准,基于第一轮标准实施的情况对部分指标进行校正,重点关注学校对资源的均衡配置和对自身资源的充分激活和有效利用,鼓励学校结合自身实践,追求更高标准的发展。②

2015年,在天津市16区县全部通过国家义务教育发展基本均衡县(区)评估认定后,第三轮义务教育学校现代化标准建设工程正式启动。天津市制定并实施了《天津市义务教育学校现代化建设标准(2016—2020年)》,主要包括学生素质发展、教师专业发展、学校文化建设、现代学校制度、优化资源配置和学校信息化6个方面共60条要求,与一、二轮标准建设工程所采用的基本框架相比发生了较大变化,详见表3-6。本轮现代化标准建设基于前两轮取得的成果,更加关注学校的内涵发展和特色发展,将建设的重心落在"好不好",在具体标准内容上增加了明显突出特色建设方向引领和框架指导意蕴的"指引性"标准,是一种特色标准。③

---

① 杨春芳.以标准引领教育管办评分离的实践探索——天津市义务教育学校现代化标准建设的督导创新[J].教育研究,2019,40(04):154-159.
② 杨春芳.以标准引领教育管办评分离的实践探索——天津市义务教育学校现代化标准建设的督导创新[J].教育研究,2019,40(04):154-159.
③ 杨春芳.以标准引领教育管办评分离的实践探索——天津市义务教育学校现代化标准建设的督导创新[J].教育研究,2019,40(04):154-159.

表 3-6 天津市义务教育学校现代化建设标准(2016—2020 年)基本指标框架

一级指标	二级指标
学生素质发展	育人活动、育人特色、育人成效
教师专业发展	师德修养、专业能力、支持体系
学校文化建设	文化传承、文化创新、文化特色
现代学校制度	依法办学、民主管理、社会参与
优化资源配置	建设设备、管理应用
学校信息化	基础建设、深度应用、融合创新、信息素养

5. 四川省关于义务教育现代化的评价标准研制

2018 年,四川省基础教育监测评估中心在适应国家要求,对省内义务教育发展水平进行趋势预测和借鉴江苏、天津等地的学校现代化办学标准的基础上构建了义务教育学校现代化监测指标体系。该指标体系的基础数据来源于《四川教育事业统计数据》。如表 3-7 所示,从总体上看,该指标体系由监测维度、监测点、量化指标、监测权重构成、赋分规则等组成;从内容上看,包括办学基本条件(物质条件)、教师队伍(师资建设)、学生全面发展(教育质量)、学校治理水平(学校管理)、办学满意度(社会评价)等各个方面;从数量上看,包括 5 个一级维度,41 个监测点。[1]

表 3-7 义务教育学校现代化监测指标体系

监测维度	监测点	量化标准	监测权重
A1.办学条件(15)	标准专用教室数量(间)	音乐、美术专用教室,1 间/12 班	2
	特殊教育资源教室	1 间/校	1
	生均教学及辅助用房	小学、初中分别达到 4.5 平方米以上、5.8 平方米以上	1
	生均体育运动场馆面积	小学、初中分别达到 7.5 平方米以上、10.2 平方米以上	1.5
	生均仪器设备值(元)	小学、初中分别达到 2 000 元以上、2 500 元以上	1
	每百名学生拥有网络多媒体教室数量	小学、初中分别达到 2.3 间以上、2.4 间以上	2

---

[1] 教育监测评估中心.义务教育学校现代化监测指标体系探索[J].教育科学论坛,2018(35):8-12.

续 表

监测维度	监测点	量化标准	监测权重
	学校接入互联网出口宽带(M)	≥10M/班	1
	信息化建设情况	≥90%(数据库的个数:小学8个、初中9个;电子图书的册数:小学5 500册、初中6 000册;音频的小时数:小学300小时、初中500小时)	2
	校园环境绿化率	≥30%	1.5
	班额达标率	100%	2
A2.教师队伍的现代化(25)	生师比	小学16：1;初中11：1	3
	每百名学生拥有高于规定学历教师数	小学、初中分别达到4.2人以上、5.3人以上	2
	每百名学生拥有县级以上骨干教师数	小学、初中均达到1人以上	2
	每百名学生拥有体育、艺术(美术、音乐)专任教师数(结构)	小学、初中均达到0.9人以上	2
	心理健康教师配备量(结构)	至少每1500名学生配备1名心理健康教师	2
	特教师资配备(结构)	至少1人/校	1
	每百名教师主持县级以上课题数	5个	2
	每百名教师公开发表论文数	8篇	2
	每百名教师承担县级以上教学展示(含培训、专题讲座、专题研究)课次数	3次	2
	每百名教师荣获县级以上奖励或荣誉称号数	5人次	2
	参加省级及以上培训数	50人次	1
	学校教师结构比例(年龄)	35：50：15	2
	参加校本课程建设的教师数量	≥60%	2
A3.学生全面发展(25)	学生体质健康合格(优秀)率	≥90%	4
	学生在县(或市)学业质量监测中相关学科的学业水平优秀率	≥10%	4
	社区服务、社会实践	≥90%	2
	每百名学生参加研学旅行的次数	≥50次	2

续 表

监测维度	监测点	量化标准	监测权重
	每百名学生创新实践成果拥有比例(%)	>20%	2
	每百名学生掌握2项体育技能和1项艺术特长的比例	100%	2
	学生课业负担量	小学1—2年级:无书面作业; 小学3—6年级:≤1小时/天; 初中:≤1.5小时/天	2
	学生心理健康	100%	2
	校内同年级班级间学业质量差异系数	0.16	5
A4.学校治理水平(20)	学校章程	公开	4
	依法治校程度	≥90%	4
	民主管理程度	≥90%	4
	评价导向	≥90%	4
	家校共育程度	≥95%	4
A5.办学满意度(15)	学生满意度	≥85%	5
	教师满意度	≥85%	4
	家长满意度	≥85%	3
	师生忠诚度	≥85%	3

(三)非义务教育学校现代化及其评价的实践探索

《青岛市中长期教育改革和发展规划纲要(2011—2020年)》提出:"到2020年,全面实现教育现代化,基本建成学习型社会,实现由教育大市向教育强市的跨越,形成强有力的区域性人力资源竞争优势,教育发展总体水平位居全国同类城市前列。"中等职业学校教育现代化作为教育现代化的组成部分,引起了相关学者的重视。其中,马成荣、陈向阳等提出,"青岛市作为一个沿海城市和计划单列市,国际化水平和开放程度高,借鉴国际上先进的教育评价模式建立青岛市中等职业学校现代化指标体系是必然的选择"。因此,他们按照国际上普遍使用的CIPP评价模式,把中等职业学校现代化指标设计为5个一级指标(包括模式、质量、资源、管理、活力)、14个二级指标和45个主要观测点,详见表3-8,目标值达成年份设计为2020年。该指标体系维度较为复杂和广泛,涉及了中等职业学校办学的各个层次、多个方面,强调终身教育理念,强调适应经济社会发展需求、产教深度融合、职业教育与普通教育相互沟通、中高职紧密衔接。[1]

表3-8 青岛市中等职业学校现代化指标体系

一级指标	二级指标	主要观测点
模式	学历与非学历教育	学历教育与面向社会的非学历教育规模比例
	中高职衔接	与高职、本科衔接办学的专业数
		应届毕业生接受高等教育的比率
	职普融通	职业学校资源向普通教育年开放人次
	校企合作	校企联合培养的学生数占比
		获得相关职教集团项目数
		校企共建实训基地数
		参与企业技术革新、产品研发等年项目数
		校企合作开发课程(人才培养方案)数
	国际化	国际合作交流项目数
		与国际通用职业资格证书对接的专业占比
质量	专业与课程	主干专业与区域主导产业对接度
		"双高"名牌专业数
		建有技能大师(名师、特级教师)工作室的专业占比
		市级以上精品课程
		主持开发校本课程数
	学生质量	学生身心健康,职业道德良好
		学生参加专业技能抽测通过率
		学生参加市级以上职业学校技能大赛年获奖人次
		毕业生"双证书"获取率
		毕业生稳定就业率
		毕业生专业对口就业率
资源	办学条件	专任教师生师比
		各专业大类满足教学需要的实训基地拥有率
		生均教学、科研仪器设备值

---

[1] 马成荣,陈向阳.青岛市中等职业学校现代化指标体系研究[J].中国职业技术教育,2017(31):59-68.

续 表

一级指标	二级指标	主要观测点
		建有理实一体化教室的专业占比
		专业核心课程数字化教学资源覆盖率
	教师队伍	专业教师获高级以上职业资格证书比率
		专任专业教师每2年有3个月的企业实践经历
		兼职教师占专任专业教师的比率
		教师取得研究生学历(或硕士以上学位)的比率
		市级以上专业(学科)带头人、职教名师率
管理	制度体系	建有完善的管理制度体系
		建立规范有力、透明高效的制度运行机制
	治理结构	依法制定章程,落实校长负责制
		来自行业、企业和社区、家长和学生的理(董)事会成员比例
		定期召开教代会,参与学校重大决策
	管理方式	第三方参与学校评价项目数
		建设信息化管理平台和智慧校园
活力	美誉度	在行业、区域具有良好声誉和广泛的社会影响力
		教职工是生产、管理、服务等领域中知名的技术领头人
	满意度	在校生对学校满意度
		教师对学校满意度
		用人单位对毕业生满意度
		毕业生就业满意度

高等学校教育现代化也是教育现代化的主要组成部分。高等教育达到现代化水平既是一个目标,同时又是一个追赶和保持先进水平的过程。在实现这个目标的过程之中,高等教育需要满足内部、外部多个维度的多种要素。学者曹翼飞、王名扬在参考国际通行的教育指标体系建构模式基础上,吸收借鉴了学者俞佳君关于运用高等教育现代性和高等教育现代化的内容两个维度构建坐标框架的思想,初步选取了思想与理念、体制与机制、结构与质量、服务与贡献、条件与保障5个维度共17个核心指标,如表3-9所示。①

---

① 曹翼飞,王名扬.我国高等教育现代化指标体系建构与阐释[J].国家教育行政学院学报,2018(9):55-61.

表 3-9　高等教育学校现代化指标体系

维度	核心指标
思想与理念	以学生为中心的理念、终身学习的理念、市场化的理念
体制与机制	健全的依法治教体系、政府转变职能简政放权、符合发展需求的现代化大学制度
结构与质量	总体规模、布局结构、学科专业设置、国际化水平
服务与贡献	科技创新、决策咨询、毕业生就业创业
条件与保障	教师配备、经费投入、信息化水平、评价评估系统

张传庆、杨小峻、刘凯等通过实地调研及分析,构建了一套聚合效度高,包含教育观念现代化、人才培养现代化、科学研究现代化和社会服务现代化、办学条件现代化的 7 个评价项目、14 个评价要素和 39 个评价要点构成的 3 个层次的西藏高等教育现代化指标体系,其一、二级指标要素如表 3-10 所示。[①] 虽然该指标体系的构建没有表述为"高等学校现代化",但是 7 大评价项目中,教育理念、教师队伍、人才培养、科学研究与社会服务、办学条件 5 个一级指标下的所有监测点都指向学校现代化。

表 3-10　西藏高等教育现代化评价项目与评价要素

评价项目	评价项目
教育理念	办学理念、育人理念
教师队伍	教师数量与结构、教师专业化
教育治理	教育管理体制、高校管理制度
教育结构	教育结构适应性、教育结构优化性
人才培养	人才培养标准、人才培养模式
科学研究与社会服务	科学研究、社会服务
办学条件	经费保障、基础设施保障

三、我国学校现代化及其评价研究的反思

我国教育现代化起源于 20 世纪 70 年代,后在不断改革与发展中将重心从宏观目

---

① 杨小峻,刘凯,张传庆,等.西藏高等教育现代化指标体系构建的实证研究[J].民族教育研究,2016,27(02):32-39.

标和战略逐渐转移至学校现代化,并具体落实到现代学校制度以及学校标准化建设上。自20世纪80年代起,以学校现代化为主题的研究兴起,且于21世纪逐步成为教育研究关注的重点领域。纵观国内针对学校现代化的研究可知,其研究方向从单一型学校转向普遍意义上的学校,从单一学科转向学校全方位(包括课程、管理、制度体系等),从注重硬件设施转向学校内涵建设等。同时,从研究内容来看,我国学校现代化建设注重其内涵、理念及建设路径研究,也重视具体实践及其评价的研究,但关于学校现代化指标体系建设的研究则较少,有较大的研究前景。在历时近四十年的研究过程中,涌现了大批知名学者,包括朱小蔓、邬志辉、孙向阳等人,他们的研究成果也为我国学校现代化建设作出了巨大贡献,同时也帮助后来的研究者更好地反思已有研究的得与失。

(一) 关于学校现代化理论的研究

学校现代化是教育现代化的落脚点,与教育现代化相同,它并不是一个独立的理论观念,是从"现代化"这一观念中衍生而来的。这就使得研究者对于学校现代化的理解往往受制于对"现代化"的理解。[①] 在针对现代化的理解上,西方学者侧重于传统与现代社会的二分,而我国学者关于现代化观念的阐释则侧重于先进国家与落后国家的二分。因此,在学校现代化的理论构造中也不免会陷于"传统与现代""落后与发达"这两种二分对比中,而一旦学校现代化的理论观念被这两者局限,便会有一部分实践者将传统与现代完全对立,甚至本土原有的制度、价值观都会被看作阻碍现代化进程的绊脚石,很有可能导致研究者在理念构建中处于偏执状态——对传统全盘否定,对西方大肆赞扬。在21世纪的现实教育生活中,不难发现"教育现代化""学校现代化"已经成了当前教育实践和学校改革的风向标,相关研究者们不应该被其源于西方的理论建构所支配,需要认清我国学校现代化观念在理论构造上的缺陷与不足,努力建构本土式的学校现代化观念,以自身国家的教育国情为基础,反思多年来的改革与探索,从而提炼出学校现代化观念的中国模式。

1. 学校现代化理念研究的反思

结合中国特色,部分学者在已有研究中提出了关于"学校现代化""现代学校建设"较有代表性的理念,分别是校本管理理念、生态理念、人本理念、"法治、自主、民主、开放""科学""均衡发展"和"公平"等。多样化的理念支持使得学校现代化的内涵更为丰

---

① 胡君进,檀传宝. 当前教育现代化观念的理论构造及其反思[J]. 现代大学教育,2018(02):12-17.

富,对于学校生态平衡和可持续发展具有重要意义。

其中最受关注的"人本理念"从不同角度诠释了学校现代化中"人"的重要性,突出人的现代化才是学校现代化的重中之重。对于人本理念的重视也帮助我国学者在近年来的研究中更侧重考虑人的因素而非简单的器物层面的现代化,是我国学校现代化推进中的一大进步。此外,"法治、自主、民主、开放"以及"科学"等理念的提出,也突破了传统学校"人治"管理的局限,通过多元主体参与的"法治"模式更能凸显现代学校治理的特色,真正实现民主、公平。

2. 学校现代化目标研究的反思

教育现代化的核心和终极目标是实现人的全面发展。丰富多样的学校现代化理念的提出使得学校现代化目标亦是具有多样性的,且涵盖面较广,具体涉及宏观、中观、微观多个层面。其中,宏观层面的目标指向学校现代化的顶层设计及其生态环境的建设,能为多数学校的现代化建设提供指引;中观层面则主要指学校内部建设(办学),包括制度、文化、课程等具体事项,我国研究者基于教育实践的发展,针对各校办学特色,呈现了个性化的目标;而微观层面则主要对教师和学生,即人的现代化提出了相应要求,包括学生应当对现代社会生产、社会生活有较高的适应能力和应变能力,具有良好的心理素质,和谐、健康的个性,具有健康的体魄以及必备的审美情趣和能力,懂得珍惜和享受现代生活。①

纵观我国学校现代化的目标指向,本研究认为其缺乏灵活性和动态特征。在宏观目标上,针对经济发展和教育资源配比程度的不同应具有不同的引领目标,按区域发展,逐个击破;在中观目标上,我国学者对于学校办学的器物性要求较高,例如上海的"达标工程";在微观目标上,对于教师和学生应对学校现代化的阐述较为笼统,并未凸显教师特征。我国学校现代化发展是一个螺旋上升的过程,研究者应当关注到学校现代化目标的动态演进过程,而非一锤定音,贯彻始终,目标的制定应当在具有刚性特征的同时兼具弹性,才能更好地从三个层面服务于学校现代化。

3. 学校现代化建设路径研究的反思

除理念和目标研究外,我国学校现代化的理论研究还注重建设路径的探索,它既有承上启下的量的改进,又有新质取代旧质的革新,让自上而下的顶层设计与自下而上的自主探索两种方式并行。关于学校现代化建设路径的研究,从方法上而言主要有

---

① 广东教育学会"学校教育现代化"课题组. 以"三个面向"为指针加快学校教育现代化[J]. 教育导刊,1993(11):15-19.

历史反思、现实审视、理论建构和多重比较等;从内容上而言主要重视学校与政府、教师、学生、家庭、社区之间的合作治理,借助多方协作的模式加速学校现代化进程。

然而,就现有的学校现代化建设路径而言,自上而下和自下而上的两轨并行方式依旧存在较多问题,两者的关系并未处于平衡发展的状态中。顶层设计的路径建设往往会抛却实践的基础,出现宽泛、空洞的问题,例如针对学校内部环境建设的具体路径主要有"依法治校,建立健全学校治理的制度体系和法律体系""政府简政放权,促进学校自主发展""实现多元主体参与的共同治理"这三条,但其适切面过广反而不具特色。而自主探索的路径建设往往过于具象,有一定的局限性,这类路径往往是针对某一试验区域作出的总结,不具备普适性且缺乏一定的理论高度。因此,调和上述两种建设路径的关系是后续研究中需要重点关注的问题,让顶层设计的高度能落实到具体实践,也使得自主探索的特点能接轨理论及政策层面,两者相辅相成才能实现路径建设的优化处理。

(二) 关于学校现代化实践及评价研究

现代化是一个动态演进的过程,我国各地学校的现代化建设也经历了一场持久的现代化运动,从教育普及提高阶段的等级化到教育基本均衡阶段的规范化、标准化,学校现代化水平不断提升。我国的学校现代化实践也从未停止,根据中国东、中、西部教育各自发展的特点,采取区域试点方式不断推进学校现代化标准的建设,以点带面、逐步铺开,具有本国特色。

自2005年起,广东就颁布了一系列文件,如《广东省教育现代化建设纲要实施意见(2004—2010年)》《广东省义务教育标准化学校标准》等,以推动全省义务教育从基本均衡走向优质均衡,此后还出台了《广东省义务教育现代化学校建设指引(试行)》,共列明了9大方面,囊括29个指标和100个观测点,其中涵盖了理念、目标、办学、信息化建设、后勤保障安全等多方内容。[①] 这是我国学校现代化实践的重要成果,为其他省份的现代化指标建设提供了支持。上海作为长三角地区的教育领跑者,也曾颁布过《上海市义务教育阶段学校办学基本标准》,从资源配置、学校管理、课程教学、教师发展和学生发展这5个方面出发,更注重学校内涵建设以及人的现代化。江苏省的学校现代化实践也历时较久,颁布了《江苏省义务教育学校现代化办学标准》,但其内容主要涉及目标标准,是为了实现从外部均衡到内在均衡、从初步均衡到优质均衡的转

---

① 舒悦.论义务教育现代化学校建设[J].教育学术月刊,2015(08):40-46.

变。其中,较有影响力的是学者孙向阳基于均衡发展理念以及"引领性、全面性、普适性、问题性、标准型、动态发展"原则提出的现代化办学标准指标,主要涉及"硬件设施、师资队伍、经费保障、办学行为、教育质量、文化建设"这6大领域,以及相对应的42项指标。[①] 这一指标体系的出台将学校现代化的内容具象化,同时用可观测的维度对学校进行评价,实现动态指标和静态指标、主观指标和客观指标、量化指标与定性指标的有机结合,能够全面、动态、个性地反映学校教育质量,为我国各地更好地建设学校现代化指标体系提供了范式。处于中部的成都也是学校现代化实践较为突出的城市,2009年成都市青羊区便制定出了《成都市青羊区学校教育现代化发展水平评估指标(2009—2010)》,属于小范围试点,地域特色较为明显,普适性较差。地处京津冀地区的天津也是学校现代化实践的重要区域,综合运用标准引领的方式,先于2008年制定并实施了教育现代化所涉及办学条件、学校管理、教师队伍、素质教育4个方面共100条标准,后于2014年又制定实施了《天津市义务教育学校现代化建设标准(2016—2020年)》[②],借助标准引领管办评分离,形成具有天津特色的学校现代化指标体系。此外,青岛、温州等地也相应制定了现代化学校评估的标准指标,且大部分内容都侧重于学校内涵建设的现代化,具有一定的突破性。而在我国的香港、台湾等地也是从20世纪90年代就开始了优质学校的指标研究,主要从"学校内涵发展""学校制度治理""学校整体经营"三个视角展开。

多区域的试点研究是我国学校现代化实践的特色所在,在上海、广东、天津、江苏等地开展的学校现代化指标建设实践让我国教育现代化的目标从模糊走向清晰,使得理念、目标与路径选择、政策及跟进评价指标也逐渐从外部笼统转向内涵专项、从单一环节转向整体协调。但综合对比我国学校现代化评价指标内容,本研究认为其依旧存在一定缺陷,主要包括以下几方面。

1. 学校现代化评价指标大多偏向显性和可量化对象

学校现代化不仅是器物层面的现代化,更是制度和人的现代化。众所周知,学校是培养人的机构,那么学校现代化以人的现代化为核心也是有据可依的。尽管在众多发达省份的试点区域,研究者已经将评价指标从简单易量化的硬件设施转向了能反映

[①] 孙向阳. 义务教育学校现代化办学标准:价值转向及指标体系建构——以江苏省义务教育学校现代化办学标准研制为例[J]. 教育理论与实践,2012,32(35):15-17.
[②] 杨春芳. 以标准引领教育管办评分离的实践探索——天津市义务教育学校现代化标准建设的督导创新[J]. 教育研究,2019,40(04):154-159.

内涵建设的学校文化、教师素养等方面,但由于我国学校现代化发展的地区差异性,依旧有大部分地区的学校现代化评价标准是以办学条件、技术装备、财政支出等可量化对象为依据的,仍有较大提升空间。

2. 学校现代化评价指标缺少一定的个性和弹性空间

顶层设计中的学校现代化指标内容只能作为一种标准引领,却不应被当作必须执行的命令。我国地域辽阔,东、中、西部发展不尽相同,同一指标体系对于发达东部省市适用,但却未必适用于较为落后的西部地区,这对于同一省份中的城市和农村而言同样如此。因此,顶层设计者要使相应指标在保有刚性的同时具备弹性,为区域化发展提供可能性。

3. 学校现代化评价指标偏重反映其水平而缺乏导向性

我国的学校现代化指标建设更多是为了反映监测区域的现代化水平,而缺少一定的趋向性。[①] 近年来,"以评促建"的兴起推动了研究者对于学校现代化评价的反思。而作为一种价值判断行为的评价,除了最基础的鉴定、监测功能外,还具有反思和导向功能。在具体的学校现代化指标体系中,监测的维度、观测点在不断完善,但一直处于边缘地位的评价导向作用却一直未能得以发挥。因此,我们在关注指标体系所反映的现代化发展情况的同时,更要发挥评价的导向性作用,帮助决策者作出更为合理的判断和决策。

综上所述,在各大省市、片区和区县实践所得的学校现代化评价指标体系是多位学者在综合理论与实践的基础上,进一步总结提炼而得的。当前存在的不足是多种原因造成的,理论基础不扎实和本土化程度不深是关键,也是阻碍我国学校现代化及评价指标体系建设向下深度发展的原因。作为研究者,我们需要时刻认清本土特点,实现学校现代化实践的中国化。

我国学校现代化建设走过了四十年的路程,无论是初期的借鉴西方,还是现在努力实现的学校现代化"中国模式",都见证了它一路以来的发展、突破与创新。尽管现有研究中依旧存在较多的缺陷与不足,也让很多研究者陷入过"现代化陷阱",但其进展的速度和创新的力度都已经取得了有目共睹的成果,是我国教育事业的一大突破。从"基本现代化"到"现代化2030",我国学校现代化建设还要走过长达十年的路程,为了从宏观——学校与社会和生活和谐共生、中观——让学校成为令人向往的

[①] 冉华.教育现代化评价指标体系的价值维度比较研究[D].上海:华东师范大学,2016.

地方、微观——教育过程充满公平这三个层面实现现代化,①我们要在反思过去、总结经验的基础上传承革新、突破创新,在本土文化的丰厚土壤中自主生长,加强学校现代化指标体系的建设,实现学校现代化的本土式发展,用坚定和果敢的步伐迈向未来。

---

① 杨小微.治理视野下的学校现代化建设[J].教育视界,2016(21):4-8.

第四章　现代性反思与学校现代化的价值维度分析

作为教育的主要类型和基本路径,学校现代化的价值追求与教育现代化的价值诉求相一致;而教育作为一种社会活动,也与整个社会发展的价值取向相契合,既为全社会的现代化服务,又以现代化要求不断改进和完善自身。国际性的社会现代化进程中的现代性反思,无疑也成为教育及学校现代化建设与改进的动力之源。

一、"现代化"与"现代性":学校现代化的理论背景透析

从1983年邓小平"教育要面向现代化,面向世界,面向未来"的题词到改革开放以来我国重启"四个现代化",即"工业、农业、国防和科学技术现代化",我国教育实现了从"为社会现代化服务"到同时实现自身现代化的角色转化。从1993年《中国教育改革和发展纲要》将"实现教育现代化"设为下个世纪目标,到2010年《国家中长期教育改革和发展规划纲要(2010—2020年)》明确提出"到2020年基本实现教育现代化",体现了教育现代化目标的逐步清晰化。从中共十九大关于"教育现代化"的布局谋篇到《中国教育现代化2035》这一主题式纲领性文件,分时段按类型勾画了"总体实现教育现代化,迈入教育强国行列,推动我国成为学习大国、人力资源强国和人才强国"的宏伟蓝图。[①] 那么在弄清现代化与现代性之间的关系以及如何从现代化过渡到现代性之前,我们首先应该弄清楚什么是现代化。

(一) 基于现代化反思现代性

现代化肇始于西方,在清末民初对我国社会大变局起到十分强烈的冲击作用。有些学者认为:"现代化"一词源于18世纪70年代形成的"modernization"一词。从词意

---

① 杨小微.为了可持续发展的中国教育现代化[J].教育发展研究,2019(21):3.

来看,指的是"转变成为现代"(to make modern)。中文的"近代化"和"现代化",在西方国家一般都被翻译为"modernization"。日文中的近代化,实际上也指的是现代化。[①] 关于"现代化"一词,学术界有数不清的定义。中国科学院中国现代化研究中心何传启认为:"一般而言,现代化指18世纪工业革命以来人类社会所发生的深刻变化,它包括从传统经济向现代经济、传统社会向现代社会、传统政治向现代政治、传统文明向现代文明转变的历史过程及其变化。"[②]这所有的转变或变化过程,就是"现代性"生成和生长的过程。这里要问:"现代化"与"现代性"究竟是一种什么样的关系?

学界关于二者的解说可谓见仁见智,其中交织着学者们对它们的困惑、批判、解构乃至重构。[③] 总体来看,"现代性是指17世纪后,在世界范围内不同程度地产生着影响的社会生活或组织模式的统称"[④]。它是用于描述现代社会总体特征的一个概念,表征着现代社会的精神气质和文化形态。现代化是一个以工业化为推动力,使人类社会从传统农业社会向现代工业社会迈进的全球性过程,这一过程促使工业主义渗透到政治、经济、文化和思想等各个领域。[⑤] 现代性被广泛表述为在技术、政治、经济等社会发展诸方面处于最先进水平的国家所具备的特征,它从思想观念、行为方式上把握现代社会的属性,从而反思现代社会的时代意识与精神。[⑥] 从这个意义上来讲,现代化是一个社会学概念,它客观描述了人类社会由农业文明跨入工业文明的历史进程;现代性则是一个哲学反思的概念,它诠释了人类社会在推进现代化实践中所形成的价值特质,并表征了现代化实践的内在文化机理和精神诠释,从而形成了关于现代化的思想反思和价值尺度。[⑦]

"现代性"(modernity)就其外延而言,是相对确定的。它特指那些发端于西方启蒙运动的价值理念和文化精神。但是,就"现代性"的内涵和对现代性的价值判断而言,西方思想家们的见解却有很大分歧。从尼采、海德格尔到阿多诺等人对现代性所进行的激进批判,破除了人们对现代性的迷信,让人看到了现代性的危险。而哈贝马

[①] 褚宏启.教育现代化的路径[M].北京:教育科学出版社,2000:4.
[②] 中国现代化研究课题组.中国现代化报告2003——现代化理论、进程与展望[M].北京:北京大学出版社,2003:24.
[③] 袁利平.教育现代化的现代性向度及其超越[J].陕西师范大学学报(哲学社会科学版),2020(1):159-168.
[④] 安东尼·吉登斯.现代性的后果[M].田禾,译.南京:译林出版社,2011:1.
[⑤] 罗荣渠.现代化新论:世界与中国的现代化进程[M].北京:商务印书馆,2017:17.
[⑥] 陈嘉明.现代性与后代性十五讲[M].北京:北京大学出版社,2006:37.
[⑦] 邹广文,张九童."现代性"的文化解读[J].社会科学战线,2019(6):38-47.

斯主要从思想解放和社会解放角度所理解的现代性,使人认识到现代性的积极和肯定的方面。对现代性正反两方面的认识,对于后发现代化国家确立自己的发展方向而言,具有格外重要的意义。但是,我们也应该看到,他们的理论在本质上都把现代性理解为一个单一的整体,并且都是根据自己的立场,仅从某个维度来理解现代性,而没有意识到现代性在时间维度和全球化空间维度中的运行,及这种运行所产生的多样性、差异性和复杂性。① 复杂性的表征之一就是"多元现代性",即不同于线性的单一的现代性理论所描述的"在现代欧洲发展起来的现代性文化方案和那里出现的基本制度格局,最终将为所有正在现代化的社会及现代社会照单全收;随着现代性的扩张,它们将在全世界流行开来"的观点,而认为"现代性的制度模式和意识形态模式的持续的可变性表明,现代性的历史,最好看作是现代性的多元文化方案、独特的现代制度模式以及现代社会的不同自我构想不断发展、形成、构造和重构的一个故事——有关多元现代性的一个故事"。②

显而易见,现代性不仅是现代化的产物,而且是对现代化过程及后果加以反思的产物。经由这种反思,我们不仅能够讲出和讲好现代化的"中国现代化故事",而且要善于在教育发展与社会其他领域发展的比较中,讲好"中国教育现代化故事"。

(二)教育现代化中的现代性反思

作为社会现代化的一个领域,教育现代化是指与教育形态的变迁相伴的教育现代性不断增长和实现的过程,③是一个动态发展和不断变化的过程。教育现代化是教育获得现代性的过程,其基本任务是解决教育在发展中遇到的问题,包括教育自身弊端以及教育与社会发展不协调等问题。在每个历史阶段,随着教育目标与任务的调整,教育现代化的重心也会相应作出变化。④ 既然教育现代化也是一种获得现代性的过程,那么我们必须要充分意识到教育之现代性在历史巨变与全球化进程这种时空变化的交叠之下的"多样性、差异性和复杂性"。

教育学界的研究者也对"现代性"的内涵与外延作了探讨与界定,如中央教育科学研究所的李继星把现代性理解为是人类社会逐渐现代化过程中呈现出的新特点和新

---

① 冯平,汪行福,王金林,等."复杂现代性"框架下的核心价值建构[J].中国社会科学,2013(07):22-39+204.
② S. N. 艾森斯塔特.反思现代性[M].旷新年,王爱松,译.北京:三联书店出版社,2006:14.
③ 褚宏启.教育现代化的本质与评价——我们需要什么样的教育现代化[J].教育研究,2013(11):4-10.
④ 申国昌,申慧宁.推进教育现代化的意义及路径[J].河北师范大学学报(教育科学版),2019,21(2):9-12.

性质,是现代社会基本特征的集群反映。① 我们暂不考虑原始社会的情况,把传统农业社会的特性暂时称为传统性,把工业社会及其以后的社会(包括工业社会、知识社会、知识社会以后的社会等)的特性称为现代性,把现代性再分为第一现代性和第二现代性,其中第一现代性为工业社会特点的归纳,第二现代性为知识社会特点的归纳。②③ 华东师范大学的杨小微通过分析传统性与现代性的关系来逐层递进地揭示现代性的概念内涵,由于现代化最先发生于西方,所以难免会把现代化理解为西方化,并导致简单模仿和照搬的行动偏向。如勒纳认为"现代化是社会的变化,欠发达国家通过这样的社会变化获得了比较发达的现代工业社会的共同特征"④。这种观点通常以非此即彼的方式理解现代性与传统性,但这并不是事实。"在任何社会中都不存在纯粹的现代性和纯粹的传统性。相反,现代化过程是一个传统性不断削弱和现代性不断增强的过程。每个社会的传统性内部都有发展出现代性的可能,因此,现代化是传统的制度和价值观念在功能上对现代性的要求不断适应的过程。"⑤因此,我们可以将现代性理解为是对传统性的更迭与更新,这并不意味着传统性的所有内涵都是不好的,在现代化的进程中也要适当保留其传统性的优质特征,去除那些不适合学校变革进步与发展的"糟粕",取其精华。如果说,现代性的核心不能仅仅是主体性和理性,那么合理健康的现代化还应当包含哪些"现代性"?简略地回顾一下:现代化肇始便具有理性精神和人文气质,所以,主体性、理性(包括科学、民主和法治)是现代性的典型要素。接下来,国际化、信息化在 20 世纪下半叶成为新一轮现代化主流,又要求教育系统具有开放性。加上由城市化进程所加剧了的对公平正义的诉求及其回应,以及国际组织(如联合国)自千禧年以来对于社会全面可持续发展的倡导,均为现代化增添了丰富的新含义。因而,正确全面理解下的"现代性",除了被高度弘扬的"主体性"和"理性"(大致对应"科学""民主""法治")外,还应包括公平、正义、开放、可持续发展等核心价值。⑥ 教育现代化的过程就是获得现代性以及现代性不断变化与生长的过程,全面深入理解现代化与现代性的内涵释义有助于学校实现现代化。

---

① 李继星. 现代、现代学校与现代学校制度——兼议学校的现代化与现代性[C]//中国科学院中国现代化研究中心. 第四期中国现代化研究论坛论文集,2006(08):190.
② 罗荣渠. 现代化新论[M]. 北京:北京大学出版社,1993:8-17.
③ 何传启. 第二次现代化[M]. 北京:高等教育出版社,1999.
④ 西里尔·E. 布莱克. 比较现代化[M]. 杨豫,陈祖洲,译. 上海:上海译文出版社,1996:18.
⑤ 韩庆祥. 现代性的本质、矛盾及其时空分析[J]. 中国社会科学,2016(2):9-14.
⑥ 杨小微. 走向城乡一体化:农村教育现代化的价值定位与路径选择[J]. 当代教师教育,2019(02):7-14.

由于教育活动最基本的途径是学校教育,因而,教育现代化绕不开学校现代化。从一定意义上来讲,教育现代化的要求落实到学校,就是实现学校现代化。教育现代化的具体发展思路和发展指标是由学校来反映的。因此,学校现代化即是学校现代性获得过程。在我国,学校现代化的要求实际上体现在区域教育发展规划、学校治理方略及实际管理过程之中。学校现代化是一个动态的概念。它是由多个方面组成的,其内涵随着经济社会发展和教育改革的深入不断丰富,体现了与时俱进的基本特征。简单地说,学校现代化包括硬件现代化和软件现代化两个方面。① 学校的现代性是学校现代化建设与发展过程中所呈现出的新特点和新性质,是现代学校基本特性的集群反映。在某一具体的时间点上,学校现代性实际上很难有一个可测量的固定值,它是随着学校现代化发展的过程而不断增长、变化的。学校现代性主要体现在民主性、平衡性、法治性、人本性、服务性、创新性、开放性、数网性、学习性、发展性几个方面。②

二、学校现代化标准的价值体系建构

教育现代化所追求的价值目标,总体上包含了科学、民主、法治、公平正义、开放共享和可持续发展,那么,学校作为育人的场所和社会组织,所应崇尚的现代化理念是什么?或者,衡量一所学校是不是育人的现代组织,有哪些基本的标准?这正是本研究所要探寻的核心问题。

(一)学校现代化标准的基本框架

拟定学校的现代化标准,既要明晰现代教育发展的核心价值目标,又要理清学校培育人的基本定位,才能提出一个科学合理的标准框架。

1. 作为上位概念的教育发展核心价值目标

如有论者指出的那样:当下中国正处于"现代化运动与中华文明复兴""社会主义与资本主义""民族国家与全球化趋势"这三大张力之中。这三大张力标示出当下中国在人类文明发展史上的历史坐标,彰显出确立中国未来发展方向所面临的三大难题。本质主义的、单一化的现代性理念,以及极有可能堕入相对主义的多元现代性理念,都无法使我们解决这三大难题。我们需要建立"复杂现代性"理念,并以此作为分析中国现在所面临的问题、探寻中国未来发展方向的方法论原则。三大张力的核心在于现代

---

① 尧逢品,龚林泉. 教育现代化视域下的义务教育学校现代化分析[J]. 教育科学论坛,2018(35):3-7.
② 李继星. 现代、现代学校与现代学校制度——兼议学校的现代化与现代性[C]//中国科学院中国现代化研究中心. 第四期中国现代化研究论坛论文集,2006(08):191-195.

性,即在于中国要以一种什么样的现代性理念来建设一个什么样的现代化国家。我们认为,只有以"复杂现代性"概念才能比较准确而全面地理解当下之中国,并在此基础上弄清楚当代中国需要一套什么样的既立意高远、具有感召力又脚踏实地、具有可行性的核心价值。[1]

从"中国传统文化""现代西方文化"和"社会主义文化"这三大传统的思想资源出发,该论者从价值论维度对中国社会发展核心价值的构建进行了一种尝试。将国家制度层面中国社会核心价值概括为"人民为本,天下为公,敬德正义,自由和谐"。按哈贝马斯的观点,现代性作为一种"尚未完成的设计",各种文化都有可能在现代性的实现过程中,对现代性原有的规范作出新的诠释和补充,生成现代性新的理念和新的规范。受其启示,既然教育的现代性也是一种尚未完成的设计,那么我们就可以根据教育自身的职责及所处于的时空背景,从学校现代化价值取向的意义上,寻找既与社会主义核心价值观相对接、又体现自身独特性的核心价值理念。

对学校来说,建设"富强、民主、文明、和谐"的国家,是学校应为之奋斗的使命所在;"自由、平等、公正、法治",是作为社会组织的学校应遵循的基本规范;"爱国、敬业、诚信、友善",则是学校要将其落实在育人目标上的关键品格。从学校教育的历史传统与当下责任来说,同样需要从"中国传统文化""现代西方文化"和"社会主义文化"这三大传统中吸取思想资源。例如,无论是体现儒家传统的"有教无类""因材施教"还是源自西方的自由、平等和正义,教育的起点与过程,都应体现"公平正义";要又好又快地培育社会主义人才,则要追求"高效优质";吸收西方现代化治理理论精华,则要"赋权增能";综合三大传统,和谐的学校内外部生态,是不可缺少的。因此,我们把"公平正义,高效优质,赋权增能,生态和谐"视为现代化学校的根本特征和评价标准,简称为"公平、效能、赋权、生态"。

2. 学校现代化"5E"框架的构成逻辑

课题组对中国学校现代化标准的研制经历了一个从"4E"到"5E"的进化过程。最早提出的是"4E"标准,即赋权(Empowerment),公平(Equality),效能(Efficiency)和生态(Ecology),后来考虑到需要有一个总体性的标准来涵括,于是增加了一个"优质",即 Excellent School。"Excellent"比起前 4 个"E",是更上位的概念,从某种程度上讲,只有实现了"Empowerment""Equality""Efficiency""Ecology"之后才能称得上是

---

[1] 冯平,汪行福,等."复杂现代性"框架下的核心价值建构[J]. 中国社会科学,2013(7):22-39+204.

"Excellent School"。

作为构成学校现代化核心标准的"5E",其相互之间的关系是怎样的呢?早先的"4E"排列顺序是"赋权""公平""效能""生态"。课题接受中期评估时,专家询问四个E之间的关系是怎样的,这促使我们思考它们何以构成一个体系的逻辑问题,经反复研讨最终得出如下认识:从现代化的核心在于理性这一意义上来说,公平属于价值理性,效能则属于工具理性;赋权是一种刚性的治理方式,表现为一种"制度理性",生态则是一种柔性的治理状态,亦可视为"文化理性"或"文化生态理性"。这四种价值取向在学校现代化进程中构成了"二维四向"结构的价值目标。再将"优质"置于其核心位置,构成中国学校现代化标准的价值维度框架。如图4-1所示。

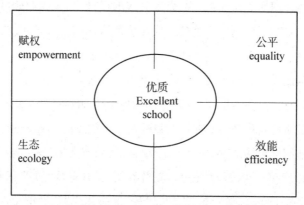

图4-1 中国学校现代化标准价值维度示意图

(二) 公平与效能:价值理性与工具理性的相辅相成

教育公平在"起点公平"意义上是平等地分配教育资源,满足每个人"有学上"的普遍需求;在"过程公平"意义上则集中体现在人际对待,如教师如何对待学生、教师如何对待家长、教师之间如何相互对待以及校长如何对待教师等等。中国的学校,尤其是公办学校,由于其资源配置主要是由行政维度来解决,因而学校内部的公平,主要体现在过程公平,即人际对待上的平等对待和差别对待。华东师范大学学校内部公平指数研究课题组,以"平等对待""差别对待""公平感"及"反向指数"为基本指标,探讨了学校内部的公平状况问题。

效能,有"作用""功用""效率"等意思,在此处作为学校现代化的价值观念,不仅包含追求效果、效率和效益这三重含义,还包含有"效能感"的内涵,效能感即是学生、教师、校长等主体对于自己的能力有信心,具有完成当下任务、达成预期目标的胜任力,是一种由外在追求转化为内心素养的"胜任感"或"自信力"。

改革开放之初,由于特定时期的特定需要,"效率优先,兼顾公平"成为全社会在改革发展上的共识,其结果是为效率暂时牺牲了公平。进入21世纪之后,城镇化进程加大了人们对公平正义的诉求,基础教育改革逐渐由效率优先的重点发展转向了公平导向的均衡发展。然而,我们不能走向另一个极端,即为保证公平而牺牲效率,要在公平与效率之间保持一种张力。

历史上著名的科尔曼报告的一个突出贡献在于重新界定教育机会平等的内涵。科尔曼提示我们,对教育机会均等的评估中,教育投入的均等只是指标之一,教育的产出——独立于家庭背景的学生学业成就,应是更重要的评估指标。我们知道,学生学业成就与学生的家庭社会经济背景在多数情况下呈现显著的正相关。而教育的作用之一就是帮助学生通过学习改变个人和家庭的社会经济地位,或者说帮助学生削弱家庭出身对个人发展的负面影响。因此,评价学校成功与否的一个重要指标,就应该是检查它在减少学生对社会出身的依赖方面发挥的作用。教育机会均等不仅仅意味着入学机会、教育资源均等,还包括教育过程中的效益均等。① 我国学校学业成绩评价一直以来忽略学生家庭背景对成绩的影响,2010年之后上海市提出的"绿色指标评价"开始关注到这方面问题,但毕竟未形成主流。

对学校办学质量水平的评价,也常常无视不同学校在生源、师资力量及办学条件等方面的差异,人为地加大了不公平,故有论者认为:以增值为核心指标的学校效能评价,能够给予薄弱学校和普通学校发展的动力,给予重点、示范学校发展的压力,从而实现评价的激励作用。另有研究者在分析了职业学校存在的观念上不合理、经费投入不足、就业不公平等问题的基础上,提出了以效能评价代替教育质量评价的建议,呼吁关注"增值"原则(将学生在校期间各方面素质的进步程度作为评价依据)和"净影响"原则(排除了学校以外因素,将学生各方面素质进步程度纯粹归因于学校教育影响),从而为学校提供一个公平的评价视角。②

(三) 赋权与生态:刚性治理与柔性治理的相得益彰

西方学者在20世纪70年代把赋权这个概念带入了社会工作者研究领域,赋权理论核心是服务对象的权利问题。赋权理论的引入,给救助社会工作者解决服务对象问题提供了新的思路。在学校内部治理的运作中,赋权意指给实际执行者以自我决策、

---

① 任春荣.教育公平视角下的学校效能评价[J].教育导刊,2007(9):53-55.
② 王怡倩,邢飞越.教育公平视角下职业学校效能评价研究[J].中国培训,2016(18):288+290.

自主实施的权力,赋权一般包含着"行政赋权"和"技术赋权"两层含义,这两种赋权都适宜于学校在日常行政管理、课程教学改革、班级建设与学生发展以及教师研修与成长等领域的行政活动和专业活动。如主管校长对负责课程教学、学生和教师发展等的中层管理部门领导,中层领导对教师、班主任及教研组,都能以分权、放权和监权的方式实施赋权,且将责权合并下放,从而调动起基层人员的积极性和责任心。这是一种刚性的治理,是以制度的理性推动学校的现代化。

生态在此处是指学校的社会生态或文化生态,是以生态学的眼光来考察学校这一社会组织内部的关系及氛围,以及学校与外部其他组织之间的关系。有论者把学校看作是一个处于其他内外部系统相互关联的生态系统。具体可以包括三个层次:一是学校教育系统与学校外部生态环境之间相互适应并达到动态平衡;二是学校生态系统内部子系统之间即学校内部的结构和功能、组织与管理、文化与制度等生态因子之间的平衡和协调;三是学校内部生态系统与各子系统中物质、能量和信息输入和输出的平衡。①

赋权引起的学校内部制度性变革,需要学校文化生态环境的浸润与支撑;而文化生态的更新式生成,又直接受制度特性的制约和影响,二者是一种相互依存、相得益彰的关系。

三、学校现代化的五个价值维度

在廓清上述基本关系的基础上,还需进一步阐明以下各个标准的基本内涵。

(一) 作为价值理性的"公平"

学校现代化标准建设离不开对公平维度的考量

政策对教育现代化和实现教育公平十分重视:2010 年的《国家中长期教育改革和发展规划纲要(2010—2020 年)》指出,"到 2020 年,基本实现教育现代化"②。其中一项重要的工作方针为:"优先发展、育人为本、改革创新、促进公平、提高质量。"③此外,2019 年 2 月,中共中央、国务院印发了《中国教育现代化 2035》,为未来中国教育现代

---

① 朱小蔓,刘贵华. 功能·环境·制度:基于生态理念的现代学校制度建设[J]. 华东师范大学学报(教育科学版),2006(2):1-7+17.
② 教育部. 国家中长期教育改革和发展规划纲要(2010—2020 年)[EB/OL]. (2010-07-29)[2024-05-15]. http://www.gov.cn/jrzg/2010-07/29/content_1667143.htm.
③ 教育部. 国家中长期教育改革和发展规划纲要(2010—2020 年)[EB/OL]. (2010-07-29)[2024-05-15]. http://www.gov.cn/jrzg/2010-07/29/content_1667143.htm.

化制定了远景规划。文件明确指出,"到2035年,要总体实现教育现代化,迈入教育强国行列"。其中"普及有质量的学前教育、实现优质均衡的义务教育"[①]等是实现教育现代化的重要目标追求,"均衡"正是体现了现代化教育对公平的重要追求。以上政策背景都体现了当前对教育现代化的重视,以及公平在教育现代化实现过程中的重要地位。

学校层面的微观公平成为重要的研究关注点。公平向来是教育乃至人类社会的重要追求之一,教育公平是社会公平的重要基础。在教育公平方面,起点公平、宏观层面的教育公平首先得到关注。如1985年颁发《中共中央关于教育体制改革的决定》,文件中提出"普九"这一目标,即保障适龄儿童有权接受九年义务教育。21世纪初,我国基本实现了"普九"这一教育目标,[②]在"有学上"这一底线目标、起点公平基本实现的基础上,最初受到关注相对较少的微观公平、学校公平日益得到关注。"上好学"成为教育发展的新方向,追求优质均衡,微观层面的公平问题日益成为研究的重要方面。《国家中长期教育改革和发展规划纲要(2010—2020年)》指出,要"努力办好每一所学校"[③],2017年的十九大报告中也提出,要让"每个孩子都能享有公平而有质量的教育"[④]。和依靠国家政策、经济投入来保障的宏观公平不同,对微观层面教育公平的关注,更多地将目光转向学校乃至课堂中的公平问题。

学校现代化是教育现代化的基础,只有在学校层面实现现代化,办好每一所学校,建立更多的现代化学校,整个国家的教育才能被称为现代化的教育。公平是教育现代化的应有之义,这点不仅在政策文本中有所提及,在教育研究领域也广受认可。多位学者如邬志辉、顾明远、褚宏启、杨小微等也都在论述教育现代化基本价值追求时提出,公平是教育现代化的一个重要体现维度。[⑤] 由此可以说,公平也是建设现代学校的应有之义和应然追求。

优质均衡是当前学校的重要追求。改革开放以来,我国的基础教育改革的战略,

---

① 中共中央国务院印发《中国教育现代化2035》[J].人民教育,2019(5):7-10.
② 王慧,梁雯娟.新中国普及义务教育政策的沿革与反思[J].河北师范大学学报(教育科学版),2015,17(03):31-38.
③ 教育部.国家中长期教育改革和发展规划纲要(2010—2020年)[EB/OL].(2010-07-29)[2024-05-15].http://www.gov.cn/jrzg/2010-07/29/content_1667143.htm.
④ 习近平.决胜全面建成小康社会夺取新时代中国特色社会主义伟大胜利——在中国共产党第十九次全国代表大会上的报告[N].人民日报,2017-10-18(001).
⑤ 张萌.教育现代化:共识、冲突与推进[J].上海教育科研,2017(11):10-14+9.

已经从效率优先的重点发展转向了公平导向的均衡发展。① 公平是保证质量的重要方面,也是质量的重要表现。但是在现实中,学校中的教育不公平现象客观存在,且对学生发展和现代学校建设有十分重要的影响作用。这些不公平体现在诸多方面,如座位安排等资源分配不公,课堂提问等学生参与机会不公,教学内容、方法和评价方式未能考虑学生差异,等等。教育不公平现象反映在学校管理与领导、课程与教学、班级与活动等各个方面。②

(1) 学校现代化话语体系下的公平之意

学校现代化话语体系下的公平之意必然有其独特与与众不同之处。学校现代化话语体系下的公平不是一般意义上的教育公平,其更多的是强调学校层面的公平,将教育公平的内涵的界定聚焦在学校层面。然而在学校教育层面的公平又分为多个维度,具有多个特征与意义。

现代学校中的公平是微观公平。与"微观"相对应的是"宏观"。宏观的教育公平主要关注的是国家对教育的投入、资源分配的公平问题以及国家对所有学生接受义务教育的基本权利予以保障。而从微观的角度而言,关注点主要集中在学校中的每一个人、他们在公平体验中的感受以及确保每位学校成员在接受学校教育的过程中受到公平的待遇。

现代学校中的公平是内部公平。所谓的内部,即是指学校内部,与其相对的是学校外部公平。有学者曾指出,教育公平、教育正义的实现,需要把学校视为一个相对独立的场域,从其内部寻求教育公平。因此,可以将现代学校中的内部公平理解为现代学校的内部公平点关注于学校日常教学、管理等诸多活动,学校内部公平涉及学校整体育人目标的设置、学校课程的开发与安排、课堂教学中教师教学方法的使用、对学生学业表现的过程性及终结性评价等方面。学校内部公平关注的领域为学校管理、教师专业发展、学生成长、课堂教学与学校管理规章制度的建设等方面。而外部教育公平主要关注的是更为宏观的问题领域。

现代学校中的公平是过程公平。胡森(Torsten Husén)曾将教育公平概括为三个方面:起点公平、过程公平、结果公平。③ 所谓起点公平是指国家为每一个社会成员提

---

① 杨小微,李学良.关注学校内部公平的指数研究[J].教育科学研究,2016(11):5-12+21.
② 杨小微,李学良.关注学校内部公平的指数研究[J].教育科学研究,2016(11):5-12+21.
③ 托尔斯顿·胡森.平等——学校和社会政策的目标.转引自张人杰.国外教育社会学基本文选.上海:华东师范大学出版社,1989:194-195.

供相同的受教育机会,所以又称为机会公平。其实质就是让每个成员具备相同或者相似的竞争能力,是过程公平和结果公平稳固的奠基石和重要前提条件。过程公平是指在实现教育公平的具体措施中,通过相应的政策支持和制度管理将公平贯穿始终,其实质就是长时间稳定地维护公平,确保公平环境随着时间的推移能够继续保持。无疑,过程公平是起点公平和结果公平的纽带,起着承上启下的作用。结果公平就是社会各阶层占有教育机会的相对数额和该阶层人口占社会总人口相对额保持或接近一致,其实质是各人都获得份额相当的教育资源。[①] 现代学校建设中的公平更多地关注过程公平。义务教育阶段的起点公平,即在适当和合适的年龄接受一定的教育,这一点已经通过义务教育法等基本获得保障,适龄儿童都有权利和义务接受一定的教育。而确保结果公平具有不可控性以及不可预测性,同时结果公平的达成需要起点公平与过程公平的促成。起点公平是达成结果公平的敲门砖,而过程公平却是实现结果公平的铺路石。现代学校中的公平聚焦在过程公平,因为人接受教育、受教育过程是在学校这个组织和系统中进行的,而学校可以采用一定的方法与手段掌握、监督和控制教育过程中的公平,使过程公平成为可能。

(2) 现代化学校中公平之取向

——分配正义理论下的教育公平:平等对待和差别对待。

约翰·罗尔斯(John Rawls, 1921—2002),美国哲学家、伦理学家,新自由主义的创始者。1943年毕业于普林斯顿大学,后取得该校博士学位。先后在普林斯顿大学、康奈尔大学、麻省理工学院、哈佛大学任教。主要著作有《作为公平的正义》(1958)、《宪法的自由和正义的观念》(1963)、《分配的正义》(1967)、《正义论》(1972)、《政治自由主义》(1993)。《正义论》一出版,便引起学界强烈反响,被誉为"当代最杰出的著作",各大学普遍地将它列为必读之书。罗尔斯指出正义论拥有两个原则,而这两个原则正是罗尔斯正义理论的核心。第一个原则,即平等的自由原则。它强调政治自由,即:选举与被选举担任公职的权利,言论和集合自由,良性自由和思想自由,个人自由和保障个人财产的权利,依法不受随意逮捕和剥夺财产的自由。第二个原则所包含的:第一部分,是机会平等原则。通过社会的各种机会的开放,让人们平等地竞争,以使有同等自然禀赋和意愿者,有同等机会和成功之可能。第二部分,是差别原则。社会差别是允许的,也是必然的。但是,当财富和收入的差距过大时,就需要使之有利于

---

① 陈阳.教育起点公平:解决现阶段我国教育公平问题的重点[J].科技创业月刊,2012(9):107-109.

最不利者的利益。这就是"最大最小"原则。就是说社会利益的分配,应当向贫穷弱者倾斜。这也是社会秩序和正义精神所允许或要求的。在这两个具体原则之间,机会平等原则优先于差别原则,而差别原则具有弥补的性质。罗尔斯的正义论的两个基本原则,第一个原则侧重于平等对待,第二个原则则侧重于机会平等与差别对待。[①]

结合罗尔斯的正义理论的基本原则,追溯我国教育发展的源头与历史,发现孔子提出了"有教无类"的主张,孔子的有教无类的思想其内涵为人不论出身贵贱,都可以接受教育;人无论品行善恶、聪明愚笨,都能够进行教育;人不论地域和种族差异,也不论年龄和职业之分,都应该接受教育。孔子的有教无类的思想真正体现了教育起点公平,认为人不分贵贱、不论贫富等都应该接受公平与平等的教育。杨小微教授将教育过程公平的理想状态简要概括为三句话:一是对所有儿童差别对待;二是对不同儿童差别对待;三是对特殊需求的儿童特别对待。[②] 在教育历史的长河中早就已经有类似于平等对待与差别对待的观点出现。而关于罗尔斯的正义理论的社会分配的问题,在学校教育中也存在许多资源分配的问题,诸如在学校管理、课程教学、教师专业发展、学生发展等领域的资源分配问题。而在资源分配的过程中体现公平依然是现代化学校建设中不可忽视的重要部分。尽管我们深刻地剖析了罗尔斯的正义理论,该理论对现代化学校标准建设具有一定的启示和借鉴意义,但是仍然存在一些问题与不足,该理论的自由主义正义分配原则试图从普遍理想出发,在某一单一的正义原则下解决复杂社会情境中所有的正义难题,这种正义理论的原则忽视了社会群体环境和文化的独特性以及其复杂性,之后受到了多方的评价与批判。同样,在依托罗尔斯的正义原则来考证和研究教育领域中的教育公平问题时,避免以单一线性思维看待问题,应综合性地考虑学校教育中的要素,在学校教育中接受资源的主体多样化,包括校长、教师、学生、行政人员、家庭以及社区等方面,不同的分配对象,资源分配的内容和方式以及注意事项均不同,因此,弄清在教育领域中的资源分配的基本原则显得极其重要。

——基于关系与承认的教育公平。

20世纪90年代后,以杨(Iris Marion Young)为代表的关系正义论学者指出要从关系的角度去理解社会公平,关注人际互动层面的社会关系正义。关系正义论强调,关系的不公平独立于分配领域广泛地存在于社会中,如果正义原则的建构不从关系的层面去考虑,那么真正正义的社会是难以实现的。"社会的公平、正义应该是关心每个

---

① 吕世伦.西方法律思潮源流论[M].北京:中国人民大学出版社,2008:102.
② 杨小微,李学良.学校内部最需"关注学生体验"[N].文汇报,2016-06-03.

人在社会中应该如何被我们以认为是好的方式来对待,要解决这个问题就需要从分配的角度和关系的角度结合起来去理解。"[1]分配正义旨在解决资源的不平等占有,尽管资源的含义广泛地包括物质性的资源以及权利、自由和机会等诸多非物质的方面,分配正义也只能将自身局限于可分配的内容范围之内,无论它是否可以平等分配。但在很多情况下,并非是消除不平等,而是尊严或尊敬构成了核心的范畴。在这种情况下,分配范式便丧失了其固有的效力。在此背景下,弗雷泽(Nancy Fraser)、泰勒(Charles Taylor)以及霍耐特(Axel Honneth)等人开始从承认的视角重新审视正义理论,尽管个人怀有不同的理论动机,如弗雷泽试图构建分配和承认的二元正义理论,而霍耐特则坚持用承认替代分配方案而建构一元的承认正义理论,泰勒则从多元主义的视角解构差异政治,并建构承认的政治,但不管理论的差异有多么显著,承认的正义理论在这一理论中开始逐步成形。基于关系和承认的正义理论在某种程度上弥补了分配正义理论中的漏洞与不足。[2] 承认正义理论是由法兰克福学派第三代领军人物霍耐特、弗雷泽以及加拿大政治哲学家泰勒提出的,认为承认每个人在社会中的"尊严"和"尊重"才是社会正义的核心问题。承认的核心"不是消除不平等,而是避免羞辱或蔑视代表着规范目标;不是分配平等或物品平等,而是尊严或尊敬构成了核心范畴"。[3]

承认正义理论认为在社会中人与人之间的交往最重要的是尊严与相互尊重。尤其是在学校教育中,不同主体之间需要互动、需要人际交往,只有内心达到认可与认同,才能很大程度上促进互动以及高效的人际交往。在学校交往中,根据交往主体的不同主要可分为教师与教师之间的交往、学生与学生之间的交往两种不同类型。现代化学校建设过程中十分重视与强调教育公平的关系维度,要求各个主体在交流与互动过程中能够以诚相待、相互信任、平等交流,避免歧视等不公平的现象出现。

——公平感知理论:公平体验。

1965年,亚当斯(John Stacy Adams)从组织行为学和组织心理学视角出发,在《社会交换中的不公平》这一著作中提出了公平感知理论,由于他认为人们对公平与否的评判往往基于社会比较,因此他的公平理论又被称为社会交换理论或对等理论。这一理论指出,人们对结果公平的感知主要基于两点:一是客观的社会交换状况,二是个体主观判断及比较行为。所谓社会交换,也就是人们通过贡献(付出)如时间投入、精力

---

[1] Gewirtz S. Rethinking Social Justice: A Conceptual Analysis[M]. New York: Palgrave, 2001: 50.
[2] 吕寿伟. 从排斥到承认: 通往有尊严的教育伦理生活[M]. 北京: 教育科学出版社, 2015: 21.
[3] 阿克塞尔·霍耐特, 胡太平, 陈良斌. 承认与正义——多元主义理论纲要[J]. 学海, 2009(03): 79-87.

付出等换取各种报酬,如金钱收入、发展机会等,简言之,就是投入与收获之间的相对比例。关于主观判断与比较行为,亚当斯指出,个体往往会进行两方面的对比:(1)将个人最终所得与个人前期付出进行对比;(2)将个人所得与付出之比与他人所得与付出之比进行对比。[①]

在现代学校中,所谓的公平体验,也就是学生基于比较而产生的主观情绪体验或心理现象,反映出个体是否认为受到了公平对待。公平体验的产生既基于自身应得与实得的内部比较,也基于自身所得与他人所得的外部比较。受两大条件影响:一是外在事件、行为、情境;二是内在的感知、判断与情绪反应。[②] 在现代化学校教育中,公平体验充斥于学校教育的任何一个过程和结果中。国内已有教育理论工作者作过类似的相关研究,从学生的公平体验感的角度探讨初中生教育公平感研究,在该研究中,研究者将公平感的内涵界定为对某事公平与否的主观心理感受,侧重于心理感受,将初中生教育公平感的表现分为权利尊重维度、资源分配维度、机会享有维度、人际交往维度、制度保障维度,分别从这几个维度对初中生公平感的现状作了一个全面的调查,最后得出的结论与启示在于创设公平的教育环境,关注学生的公平诉求,提升公平认知水平等。研究表明在学校里,教师公平对待指数较低,而学生公平体验指数较高。也就是说,在学校中,教师也许并没有很好地做到公平地对待每一个学生,但是学生们却觉得学校教育是公平的。也有研究表明,学生公平感的水平高低对学生幸福感、满意度等都有一定的影响。而教师对学校的行为也有一定的产生教育公平感的能力与权力,教师的公平感对教师的专业发展、学校满意度、工作积极性以及参与学校治理的投入度等方面都有一定的影响。因此,注重多方的公平体验感的提升有助于真正实现教育公平。在构建我国现代化学校指标体系的过程中,教育公平是一个非常主要的指标和维度,而在构建和设计教育公平维度下的次级指标时,以上所提及的一般要素以及特殊维度要素应纳入到指标体系的考核架构中来。

(二) 作为工具理性的"效能"

效能,就其字义来看是指食物所蕴藏的有利的作用。在《现代汉语辞海》中,"效能"是指事物所具有的功能。[③] 对学校效能内涵的不同理解,会影响学校效能评价方式的选择。当前对学校效能的定义主要有以下三种:一是从经济学取向来理解,认为

[①] Adams J S. Inequity in Social Exchange[M]. New York:Academic Press,1965,267-299.
[②] 张萌. 初中生教育公平感研究基于G校和H校的调查[D]. 上海:华东师范大学,2018.
[③] 翟文明,李治成. 现代汉语辞海[M]. 北京:光明日报出版社,2002:1286.

学校效能是学校行为提升学生学业成绩的程度。这一定义普遍为西方学者所接受,因而西方对学校效能高低的评定大多采用增值性评价的方式,即以学生成绩的进步来衡量学校或教师对学生学业增长的影响。二是从政治学取向来理解,把学校效能界定为学校实现国家规定教育目标的能力。比如,温恒福认为学校效能就是教育主体为了实现教育目标,完成教育任务,开展教育活动,不断取得高水平绩效的能力。[①] 三是从社会学取向来理解,学校效能指的是学校满足社会群体对学校期望的程度。比如,李永生认为学校的效能可以通过评价学校满足关键人群合理要求的程度来体现。[②]

在当前学校效能评价中存在以下几个方面的问题:1.评价大多指向可量化对象,难以体现教育现代化的内涵。教育现代化不仅是物的现代化,更是人与制度的现代化,但是就目前的学校效能评价的价值取向来看,已有的评价指标体系过多地关注于生均经费投入、教学设施建设、教学仪器配备等内容,而这些所关注的点都是可以测量与量化的指标,而那些有关于人的指标却没有纳入考量,与教育现代化的目标与要求、现代化学校的建设目标背道而驰。2.对学生、教师等微观层面的效能的关注较少,大都集中在关注于学校层面的效能。3.评价更多地倾向于横向的比较,多为静态评价模式,缺少纵向的以及过程性、动态的比较。各个学校的效能评价指标体系基本按照投入—产出这一模式构建,通过对投入产出的统计分析来判定学校效能高低,且分析指标多为区域学生在某一时期的学业成绩和在校表现,没有对问题产生的原因进行指标分析与探讨。4.评价结果的运用缺乏建设性。在运用学校效能评价结果的过程中,对于评价结果的运用只用来判定高下和做一个排序,并没有利用这个评价体系和结果去切实解决学校建设与发展中存在的问题。由于学校效能指标体系所呈现的结果并没有很好地运用到学校现代化建设实际情况中,使得后续学校现代化发展进程中缺少一些实质性的建议与支撑,阻碍了学校现代化的发展。因此,本研究在构建现代化学校标准过程中,避免以及解决上述出现的问题是基本要求。那么应如何建构我国现代化学校标准,除了依托和遵循我国的现代化学校发展的基本情况、脉络与趋势,也要结合和参考国外有关于学校效能评价的研究,这样才能更好地相互借鉴、取长补短,使得我国的现代化学校标准建构更加完善和合理,更加具有实用性和前瞻性。

关于国外对于学校效能的研究,其主要代表人物查理·特德利和戴维·雷诺兹将

[①] 温恒福.学校效能的基本理论问题探究[J].教育研究,2007(02):56-60.
[②] 李永生.学校效能评价:一种评估中小学工作绩效的工具[J].教育研究,2013,34(07):105-115.

西方国家的学校效能研究归纳为四个阶段[①]:第一阶段,20世纪60年代中期到70年代初,这一阶段是经济驱动的投入产出研究占主导地位的时期,主要通过对学校资源变量、学生背景特征等学校投入因素的关注来预测学校产出。第二阶段,20世纪70年代,这一阶段通常被认为是"有效学校"研究的开始,研究者不仅在投入产出之间增加了一系列过程变量,而且相较于第一阶段的研究拓宽了对学校产出的定义,比如将态度、行为等纳入学校产出的范畴。第三阶段,20世纪70年代末到80年代中期,研究者不再只对描述有效学校感兴趣,他们还希望创建有效的学校。学校效能研究的重点转向制定各种学校改进计划,这些研究包括克拉克关于纽约市学校改善的研究,泰勒关于有效学校的案例研究等。第四阶段,20世纪80年代末到现在,引入了背景因素和更复杂的方法,如多级数学模型等,增强了学校效能研究的效果。这一时期的学校改进研究从公平导向转为效率导向,即如何为学生创造更好的学校。

从国外研究的发展阶段和历史来看,关于现代化学校标准的建设逐渐完善,起初仅从单一的输入—输出模式,通过对学校资源变量、学生背景特征等学校投入因素来观测学校的产出,研究结论表明,学生成绩的差异更多地取决于家庭环境的影响。这一阶段的研究仅从单一的变量来观测学校的效能产出,却忽视了对学校各个方面的过程性评价。尽管得出了一定的研究结论,结论对改善学校效能环境起到了一定的作用,但是仅以学生在标准化测试中取得的成绩为依据和基本标准,缺少了对课堂教学中的过程性的因素进行测量与控制,高估了成绩与数据的作用,导致了对学校效能的评估。这一阶段的特征也与上文笔者所提及与总结的现已有的现代化学校标准研究存在的问题之一:缺少过程性评价不谋而合。随着学校不断发展,许多学校意识到仅仅通过考评成绩来判定与评价学校效能的水平与程度是不可取的,需要加入一些额外的过程性的因素与变量。在构建学校现代化标准指标体系的过程中,额外增加了一系列的过程性变量,同时也拓宽了对学校产出的定义。20世纪70年代末到80年代末,着眼于有效学校的建设,将学校效能摆在现代化学校建设比较重要的位置,这个时代,学校改革的目的在于建设有效的学校,为目标的达成制定各种学校改进计划;与此同时,在学校效能研究过程中,研究方法也逐渐复杂和专业化。

我国对学校效能的研究开始时间较晚,在起步阶段大多是对国外研究成果的梳理

---

① Charles T, David R. The International Handbook of School Effectiveness Research [M]. London: Falmer Press, 2000:4 - 13.

和分析,旨在介绍国外学校效能研究的进展和成果。如汤春林梳理了国外学校效能研究的演进脉络和主要成果,并对未来发展趋势进行展望。① 蔡永红从研究方法的角度对学校效能研究进行了回顾和总结,认为已有研究存在研究结论被过度推广、缺乏理论基础、忽视理论建构等问题。② 进入21世纪以来,我国关于学校效能的研究进入快速增长时期,学校效能这一研究主题受到更多学者的关注,以首届国际教学效能与学校改进大会的召开为标志,我国学校效能研究进入繁盛阶段,这一阶段以探索构建本土化的学校效能理论框架为主要内容。同时,还有很多研究者关注到了学校效能的影响因素这一问题,比如,程晋宽探讨了组织文化研究视野下的学校效能改进,从维度、基本要素、层次结构、优秀特征等不同向度论述了学校组织文化与学校组织效能改进之间的关系。③ 相较于国外对于学校效能的研究,我国的研究略显稚嫩,但是总体上而言,在学校效能的关键、方向与命脉的把控上比较到位,从国内的研究历史长河来看,我国学校效能的研究在不断进步。

那么,对照国内外相关研究,我国本土化的现代化学校标准中效能维度应该如何构建? 首先,至少应尽量避免上文总结的已有相关研究存在的不足与问题,学校效能的评价摆脱单一的对学生学业成绩高低的评价,而走向更为全面和综合的评价模式,需更加注重过程性的一系列的评价指标体系。

(三) 作为刚性治理的"赋权"

在现代组织的治理中,赋权代表了一种刚性的标准,是学校现代化评价不可或缺的标准之一。

1. 赋权在现代化学校建设中的重要性与合理性分析

赋权在操作层面可以简要地理解为分权、放权与监权,但其背后有一些需要深入讨论的理据。

(1) 赋权是一种指向人的能力,体现了人的现代性

马尔科姆认为:"赋权的主旨在于通过减少行使现有的权力的机构和个人,增强运用权力的能力与自信,以及从某些群体和个体身上转移权力,去帮助无权获得者有对自己生活的决定权与行动权。"④赋权,根据社会心理学家的一般说法,是个人、组织与

---

① 汤林春.试论学校效能评价的发展[J].教育发展研究,2005(22):64-69.
② 蔡永红.学校效能研究的回顾与反思——从研究方法的角度[J].教育研究,2007(02):61-67.
③ 程晋宽.学校组织文化研究视野下的学校效能改进[J].苏州大学学报(教育科学版),2013,1(01):28-39.
④ Malcolm P.现代社会工作理论[M].何雪松,等译.上海:华东理工大学出版社,2005:290.

社区借由学习、参与、合作等过程或机制,获得掌握自己本身相关事务的力量,以提升个人生活、组织功能与社区生活品质。从对赋权的不同定义与理解来看,笔者认为赋权是一种放权和增权的动态的过程,即减少已经拥有权力的机构或者个人手握的权力,而将这些权力转移到那些缺少权力以及权力发挥权的人的身上,给予他们更多的权力与能力发挥和行动的空间。赋权不仅是一种动态的过程,也是一种能力,赋权的前提在于拥有权力的一方愿意将自己现有的权力分放给其他人,这取决于赋权方的赋权意识与能力,对人提出了更高的要求。诚然,在学校迈向教育治理与教育现代化的进程中,由于受到传统的学校管理体制的根深蒂固的影响,许多学校的校长以及高层领导固守老旧的思想,不愿意将自己的一部分权力下放给其他教师,使得一部分教师的主观能动性得不到激发和发挥,其潜在的能力也没有被挖掘出来,与此同时,学校的氛围也很压抑,推崇唯权论,缺少开放性和自由。追溯学校管理机制与系统的发展历史,其经历了校长负责制的发展历程,校长负责制意味着"什么事情都是校长说了算",校长负责制在某种程度上对学校的整体发展有了整体和全面的把控,但在某种程度上压缩了其他教师以及工作人员的在学校管理与自身发展上的空间。他们在权力让渡之间的关系就像一个圆形,一方权力占有度高,另一方面的范围必然要缩小,他们始终在学校这个组织结构"圆形"中来来往往、反反复复。赋权是一种指向人的能力,需要赋权者本身拥有一定的赋权有关的知识储备与能力,对人提出了更高的要求。

教育的本旨在于育人,教育现代化的核心与归宿是实现人的现代化。人的现代化就是促成传统人向现代人转变,使人具有国际化视野、现代化思维,成为拥有自由意识、富有主体精神和开放创新的人。[①] 在 2018 年全国教育大会上,习近平主席再次强调要培养拥护中国共产党领导和我国社会主义制度、立志为中国特色社会主义奋斗终身的有用人才,这是教育的根本任务,也是教育现代化的方向目标。[②] 教育现代化不仅仅是器物层面的现代化,同时还是制度和人的现代化,但许多监测指标指向容易量化的有关办学条件和技术装备,如市级财政统筹和转移支付的水平、校舍建设达标学校的比例与中小学校园网联通率等,却很少有反映师生的现代化素养和品质的指标,如反映教育领导与管理、教学过程互动状态、师生关系等的指标基本没有。[③] 杨小微

---

① 申国昌,申慧宁.推进教育现代化的意义及路径[J].河北师范大学学报(教育科学版),2019,21(2):9-12.
② 习近平:坚持中国特色社会主义教育发展道路 培养德智体劳全面发展的社会主义建设者和接班人[J].教育科学论坛,2018(3):7-9.
③ 杨小微.反思教育现代化指标体系[N].中国教育报,2017(04).

对我国现有的学校现代化标准体系的构建作了分析与评价,指出了当前指标的构建存在的问题与不足,同时也对教育现代化的内容作了明确的界定,并为今后的学校现代化标准建设指明了方向。因此,我们可以认为教育现代化不仅是器物、硬件条件与设施等方面的现代化,也包括人的现代化,人的思想、人的观念以及能力等方面的现代化。

在讨论学校现代性的过程中,李继星首先对现代性作了明晰的界定,现代性是人类社会逐渐现代化的过程中所呈现出的新特点和新性质,是现代社会基本特征的集群反映。我们暂不考虑原始社会的情况,把传统农业社会的特性暂时称为传统性,把工业社会及其以后的社会(包括工业社会、知识社会、知识社会以后的社会等)的特性称为现代性,把现代性再分为第一现代性和第二现代性,其中第一现代性为工业社会特点的归纳,第二现代性为知识社会特点的归纳。① 其次,归纳了学校现代性的几个方面,其中包括人本性。这里的"人",指与学校有某种利益关系的所有人,包括学生、教职工、校长、家长、学校所在的社区中的人士、与学校有关的党政官员等,但最基本的是学生、教职工、校长这三类人。"以人为本",就是要高度地尊重他们的人格,高度地尊重他们的管理权、教学权、学习权、生活权、发展权,高度地尊重他们的政治权、经济权、文化权、健康权,高度地尊重他们在教学、学习、科研中的创新权、创造权,高度地尊重他们的工作权、休息权。② 随着教育现代化以及学校现代化的不断发展,学校的整体性的变革对学校教育工作人员提出了更高的要求,而赋权作为现代化标准的一个重要维度,对传统的教育管理体制提出了挑战,要求行政管理人员作出改变,改变以往的固守陈旧的思想观念和习惯态度,更新自身的管理理念,与时俱进,紧紧跟随时代的步伐,不断接受新时代进步与学校现代化进程中的新挑战,不断更新、完善与适应即是人的现代性的重要特征。

(2) 赋权要求改进传统教育体制,与教育现代化本质内核不谋而合

学校教育现代化是对传统学校教育的超越,是传统学校教育在现代社会的现实转化。学校教育现代化的实质,就是要突破传统学校教育的束缚,建立超越性学校教育机制。传统学校教育是历史上教育传统的积淀,泛指历史延续下来的整个学校教育思想观念、学校教育制度、教育内容和教育方法。我国传统学校教育是指中华民族在漫

---

① 罗荣渠. 现代化新论[M]. 北京:北京大学出版社,1993:8-17.
② 李继星. 现代、现代学校与现代学校制度——兼议学校的现代化与现代性[C]//中国科学院中国现代化研究中心. 第四期中国现代化研究论坛论文集,2006(08):193.

长的历史发展过程中积累、发展出来的归属于农业型的文化传统。它在中国历史上延续了两千多年。到近现代,随着"西学东渐"的强大潮流以及马克思主义的广泛传播,中国传统学校教育发生了巨大变化。当然,学校教育现代化并不否定一切的优良的学校教育传统,并不是完全"重起炉灶",而是根据新时代的要求,对其进行扬弃,进行批判继承,并加以创新和发展,从某种意义上来说,学校现代化的本质,就是对传统学校教育的批判、继承和发展,是超越传统学校教育的过程,是传统学校教育在现代社会的现实转化。[①]

教育现代化也包括教育观念的现代化。教育观念现代化表现为在学校教育现代化的过程中人的价值观念、教育观念的变革,传统教育的更新,表现为人的教育视野的拓展,现代教育意识的增强。学校教育观念现代化包括素质教育观念、开放教育观念、创新教育观念、终身教育观念等。[②] 无论是教育现代化还是学校现代化,其宗旨和内涵都是对传统教育体制的一种超越,不仅仅是物器上的,也是人的思想观念上的,从某种程度上而言,传统的学校管理系统与体制已经不能够完全适应教育现代化的要求,需要做出一些调整与改变。赋权是对传统的教育管理体制的超越,传统的教育管理体制是由上至下的单一线性式的管理方式,学校管理和行政权力的位移方向主要是从上级至下级,教师对于校长等高层领导们的学校管理意见与想法只能唯命是从,有碍于给予反馈和表达自己内心真正的想法,而赋权下的学校管理不断走向学校治理,而治理的主要特征是多元主体参与,而诸多不同个体能够参与到学校管理与治理事务中来的重要前提在于赋予个体一定的知情权、管理权以及话语权等等,即赋权。而赋权维度下的学校现代化建设对传统的教育系统提出了挑战,要求其作出改变与调整,实现赋权的重要基石在于对传统的管理体制的超越,将由上至下的、单向的、封闭式的管理方式改为双向协商与互动的、开放式的、多元化的管理方式,打通权力分配不协调而导致的双向沟通障碍,实现信息的对流,形成一个良好的学校治理与学校现代化环境。

(3) 赋权有助于实现教育公平,是学校现代化发展的重要基石与内涵映射

从以上对赋权的内涵界定来看,赋权是指拥有权力一方放弃自己的一部分权力,将自己的一部分权力下放或者分给那些权力相对较少的人,赋予他们一定的权力,使得他们能够有机会去亲自参与和处理一些学校日常事务。在学校现代化进程中,对于教师的赋权的内容主要包括赋予他们参与学校管理、校本课程的开发、校本教研活动

---

① 王铁军.学校现代化是教育现代化的基石[J].江苏教育学院学报(社会科学版),2000(04):1-5.
② 王铁军.学校现代化是教育现代化的基石[J].江苏教育学院学报(社会科学版),2000(04):1-5.

以及学校财政与后勤等多个方面的权力,不仅仅是让教师们对其拥有"知情权",知道和了解学校事务的一些基本情况,而且也要让教师有充分的"参与权"与"决定权"。笔者认为教师有权力和有义务参与学校发展规划与建设是一种教育公平的体现。学校现代化所提倡的教育公平是一种微观的公平、内部的公平以及过程公平。内部的公平主要体现在将关注点聚焦在学校内部,关注学校日常教学、管理等诸多活动,学校内部公平涉及学校整体育人目标的设置、学校课程的开发与安排、课堂教学中教师教学方法的使用、对学生学业表现的过程性及终结性评价等方面。学校内部公平关注的领域为学校管理、教师专业发展、学生成长、课堂教学与学校管理规章制度的建设等方面。而赋权给教师何尝不是对学校内部的一种关注,教师能够充分参与到学校课程的开发与安排以及课堂教学方法的探讨中的前提是赋权。

一旦教师拥有了根本的权力,就可以全身心地投入与参与到学校管理相关事务当中,这也是教育公平的一种体现。在参与学校管理、特色课程开发以及校本教研等活动中,教师的自身的专业素质也能得到提升;通过与其他参与者的协商、互动、交流,平日困扰许久的问题与疑惑也都迎刃而解了,过程中,教师们纷纷表达出自己对学校管理各方面的看法,在和谐愉悦的讨论氛围中进行知识和思想的碰撞,最后产生成果与结晶。为了验证该结论的正确性以及真实性,笔者与许多学校的一线教师作了深入的交流,他们给我的反馈即是希望学校校长在某些方面能够赋予教师们更多的权力,这样对一些想做的事情能够亲力亲为,提升做事的能力。同时,在这一过程中,不仅能够体验和感受到来自不同学校的文化,也能够得到意外收获。

2. 赋权维度下的学校现代化标准构建

(1)优化组织结构,规范学校管理,合理规划发展计划

前面提及赋权是对传统教育管理体制提出的一种挑战与要求。赋权要求由上至下的单一线性式的管理模式向扁平化的双向互动式的治理方式转变,是对传统管理体制以及组织结构的超越与革新。而科学的优质的组织架构是学校运转的基础,在赋权浪潮的带动与影响之下,科学的且稳固的组织结构显得尤为重要。科学的组织架构主要包括组织结构的完整性,按照组织的基本定义与内涵,组织内部的组成部分都承担相应的工作,起到相应的作用。学校组织结构内部的每一个部门、每一个职责都有它自身的运行机制与轨道以及在学校系统与组织中的地位与作用,因此,每一个部门都不可缺少,并且学校内部组织结构部门和岗位的设置应该尽量齐全。除此之外,科学的组织架构还应具有专业性,专业治理在学校治理中越来越得到重视。所谓的专业治

理即是让拥有相关领域的专业知识的专业人士处理和掌管专业领域的相关事务,将专业体现得恰到好处。专业的治理需要专业的人士,同时也需要专业的组织结构与运行机制,组织结构的专业性体现为组织结构应为学校治理设立相应的专业治理的机构,在某些问题的处理上,能够体现出其专业性,"闻道有先后,术业有专攻",对于学校现代化进程中出现的一系列的专业领域的问题需要专业的机构与人士来解决,例如教师专业发展中的问题,课程建设与开放方面的问题,等等。而合理制定相应的学校发展规划也是赋权维度建设中需要考虑的,合理的学校发展规划有效引领了学校整体性发展,为学校发展指明了方向,而在学校现代化进程中十分重视与强调学校管理层面对于合理制定发展规划的能力,这是学校现代化进程中管理人员必备的一种技能,而只有提前做好新学期新阶段的学校发展规划,学校工作人员的相关的学校工作才能够顺利、有序进行。

(2) 分权与放权,明晰权责范围,实现有效赋权

分权与放权是从两个不同维度来讨论赋权的过程。哈里斯(A. Harris)认为,分布式领导还称不上是一种完整的理论,它只是一种观察、分析和探讨领导实践的新的"概念透镜"。她把领导看成是发生在组织层面而不是发生在个体层面或小群体层面的活动,分析领导实践的恰当单元,不是占据领导职位的个人或少数几个人,而是整个学校。① 斯皮兰等认为分布式领导是指领导活动分布于领导者、追随者和情境相互作用的网中,情境构成了研究分布式领导的恰当分析单位。从以上不同学者对于分布式领导的定义中,我们可以理解分布式领导强调的更多的是组织层面,而不是个人层面。而在讨论分权的内涵时,不仅要从组织层面考虑,也要考虑到个人层面,因为分权不仅仅只是组织层面的问题,更是个人层面的问题,如不同分权主体之间的组织应是何种关系,抑或是应如何保证权力使用的顺畅、公平和公正,等等,在个体分权中,个体是否拥有分权的意识与能力,该如何协调自我权力与赋予他人权力之间的关系,又如何确保自身的权力的完整性,等等,这些都是在分权过程中应该考虑的问题。而在分权与放权的过程中,往往容易出现赋权过度、赋权不当以及赋权缺失的现象,笔者认为产生这些问题的原因在于权力职责范围不清晰,没有明确相应的权力与责任范围。常言道,权力有多大,责任就有多大。在学校赋权过程中,常常出现权力与所应当承担的责任不匹配的问题。权责不明晰直接导致了学校管理与运行进入非正常的轨道,

---

① 陈曼蔓,张凯歌,麻婧波.分布式领导的理论浅析与本土探索[J].科教文汇,2011(34):29-30.

使学校管理整个陷入"混沌"状态,失去了应有的平衡与保障,极大程度上降低了赋权的效率,也没有达到赋权的最终目的及期望的效果。因此,适当赋权,明晰职责范围是实现有效赋权的前提与基础,所谓有效的赋权应具有高效性、规范化与有序性等特征。

(3) 建立监督长效机制,鼓励多元主体参与

上文已经提及在我国的学校现代化标准构建中应充分考虑到教师的内在需求与感受,同时亦鼓励他们积极地参与到学校管理、建设与发展规划中来,这也是学校现代化进程中的必经之路。那么,应该如何确保教师的这种参与的积极性与持久性?笔者认为应建立相应的监督长效以及激励机制,用专业的知识与技能来支持与保障参与的效率与质量,这一点在学校现代化进程中是不容小觑的。给予履行责任行为的恰当的反馈,如给予良好履行责任者以奖励、不良履行责任者以追责,是保证学校领导与管理顺利、长效进行的基本手段。笔者认为可以通过设立定期述职的形式要求学校管理者学会自我总结与反省,以这种方式不断督促管理者不断进步与完善;还可以与合作指导院校达成协议,合作院校不定期来校检查学校办学情况,学校根据检查的宗旨与目的制定相应的应对计划与策划,在经过合作校方检查和审批之后,合作高校会根据学校阶段性的发展成效与情况给予一定的反馈与指导意见,以这种方式对履职者进行监督是一种可取的长效机制与方法。同时,每所学校的具体情况是不尽相同的,各所学校可以根据学校实际发展情况构建相应的长效监督机制,以确保赋权真正落实,而长效监督机制应该体现专业性、持续性与连续性等等。与此同时,构建相应的激励机制鼓励多元主体参与,我们所知道的激励的方式主要有两种:一种是精神上的鼓励,另一种则是物质上的奖励。在构建与实施激励机制之前,学校可以作初步的探寻以及调研,对教师的内在真实感受作一个基本调查,摸清该校的教师对于奖励的理解与喜好,是缺乏精神上的鼓励还是对物质上有更深层次的需求,学校可以依据具体情况而定。但是笔者认为物质上的与精神上的奖励不能完全割裂,只是如何确定给予比例以及给予方式的问题。基于教师发展的现状与需求的激励机制才是最奏效的。

(四) 作为柔性治理的"生态"

如果说,赋权是一种有关学校治理的刚性标准,那么生态则是一种治理的柔性标准,或者说,是一种刚性治理之下呈现出的柔性样态。近些年来全社会都把生态问题作为重中之重来抓,教育领域同样亟待树立可持续发展的生态观,致力于建设一种良

好和谐的教育生态。

1. 国外的学校生态研究及其启示

国外的学校生态研究起步较早,发展较为成熟,最初着重研究物理环境对儿童发展以及教育教学的影响,而后,研究范围不断扩大,扩展到了学校规模、班级规模、课堂座位编排等社会环境,以及学校氛围、班级氛围等心理环境。既有诸多关于生态型学校的应然研究,也有较为完备的学校生态评估指标体系。

国外生态型学校的应然研究方面。国外的生态型学校应然研究侧重于研究学校教育的价值和任务,以及何种教育教学实践及学校环境能够促使其根本任务的实现。汉密尔顿总结了过去十多年学校和课堂生态研究,指出学校是一种社会组织,学校学习不单单是学科知识和技能的学习,与之相对应的是"潜在课程"的价值和行为濡化。他也指出过去的学校生态研究忽视了学校的社会化作用,因此提出了学校生态研究的四个标准。[①] 第一,教学是连续的互动过程,而不是分散的投入和产出;第二,教师、学生、管理者、家长和其他人员的态度和感知也是了解学校和课堂的重要数据来源,学校生态研究的调查应当重点了解人们如何理解和感知学校中发生的一切,以及如何与他们的生活联系在一起;第三,人与环境的互动是学校生态研究必不可少的一个方面,传统的学校关注环境中细小的碎片,生态学的研究试图理解在物理和社会情境下人的行为,以及人与环境的互动对人的行为产生的影响;第四,理想的生态学研究不仅考虑即时发生的人与环境的互动,比如学校和课堂,也应当考察其他环境,比如家庭、社区、文化、社会经济系统对这种互动产生的影响。

詹姆斯·马雷(James Malley)和米切尔·贝克(Mitchell Beck)建构了无暴力生态学校框架。[②] 社会需求的变动要求学校为社会培养新的人才。工业时代的学校系统致力于培养有用公民以促进经济的扩张,后现代时代的生态系统聚焦于培养有归属感的健康和有生命力的市民。克劳福德(Crawford)进一步归纳了生态学校的五个特征[③]:第一,有归属感,并有机会获得情感支持;第二,对所有学生而言,学习是有用的且有意义的;第三,教师对学生持有较高的期待;第四,学生有机会获得教师的反馈;第

---

① Hamilton S F. Synthesis of Research on the Social Side of Schooling[J]. Educational Leadership, 1983, 40(5):65-72.
② Malley J, Beck M, Adorno D. Building an ecology for non-violence in schools[J]. International Journal of Reality Therapy, 2001, 21(1):22-26.
③ Crawford D, Bodine R, Hoglund R. The school for quality learning[M]. Illinois: Research Press, 1993:24.

五,尊重型的关系。

国外学校生态评估指标体系研究方面。在美国学校生态的研究中,学校氛围的研究是其主流,已经将近有一百多年的历史。最初的学校氛围研究主要侧重于心理方面,比如为学生提供一个能满足学生安全、尊重和信任等心理需求的环境,随后,学校氛围的概念外延逐步扩大,既包括了学校规范、价值、目标和文化等规范环境,也包括了人际关系和组织结构等社会环境,已基本等同于学校生态的概念。但对学校氛围的评估分歧较大,目前相对较权威的是由美国国家学校氛围评估中心(The national school climate center)于2000年颁布的学校氛围评估指标体系,其提出了美国国家学校氛围评估标准,如表4-1所示。该中心由美国哥伦比亚大学于1996年成立,专门致力于学校氛围的研究与测评。这套指标体系共有5个标准,16个二级指标和30个三级指标。[①]

表4-1 美国国家学校氛围评估标准

标准一:学校有相应的目标和政策以形成和维持正向的学校氛围。
标准二:学校能够促进每一个学生在社会、情感、道德和智力方面的可持续发展,以及促进每一个学生的参与。
标准三:学校有为促进每一个学生在教学和学校层面的参与的基础设施和机制建设。
标准四:学校每一个个体在学校中不被排斥,获得心理安全和发展支持。
标准五:学校创设有意义的实践、活动和规范,能够让学生参与,并推动学生公民和社会责任感的形成,以及社会正义承诺的实现。

另外一套应用较为广泛的评估指标是由美国教育部门(US Department of Education)开发的安全型和支持型的学校氛围评估指标,如图4-2所示。[②]

随着两套学校氛围评估指标体系的"相继问世",美国学校的生态评估越来越受到重视,逐渐形成了一场声势浩大的"学校氛围评估运动",各个州也颁布了相应的学校生态评估指标。比如芝加哥公立学校生态评估指标,这套指标共有4个一级指标、15

---

① Ciccone P A, Freibeg J A. School Climate and the National School Climate Standards [EB/OL]. (2013-02-01)[2024-12-21]. https://schoolclimate.org/wp-content/uploads/2021/05/sc-brief-standards.pdf.
② US Department of Education. Safe and Supportive Schools Model [EB/OL]. (2009)[2024-12-21]. http://safe supportive schools.ed.gov/index.php?id=33.

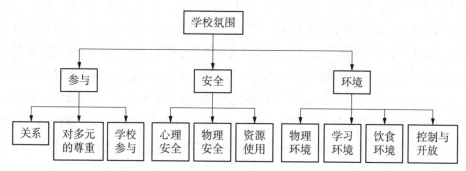

图4-2 美国教育部学校氛围评估指标体系

个二级指标[①]:(1)安全和有序:学生在学校环境中感觉到安全,免于伤害;(2)关系和互动:学校所有成员有质量地互动;(3)课程和教学:一系列实践策略推动高产出学习环境的形成,以推动学生参与学习,社会和情感技能得到发展;(4)学校环境和组织结构:创造不断使得学校得以改进的学校物理环境和组织结构。

2. 国内的学校生态研究及在评价中的体现

我国学校生态研究侧重于对学校生态系统构成和结构的研究。主要有两种类型,一种是侧重于对学校生态要素的分析,比较有代表性的有李军利用生态位原理提出的高等学校生态系统的三元模型,资金、设施、教师、学生、环境、声誉这6项要素构成了高校生态系统的6个方面,并分别形成了相互影响的资源开发利用能力、教学科研创新能力和环境声誉影响能力三元力量。[②] 但这一模型并不适用于基础教育阶段,比如科研创新能力不是基础教育阶段的重要目标。第二类是从系统观看待学校生态系统,侧重于分析学校内部相关联的子系统以及外部生态系统之间密不可分的关系。胡继飞把学校生态系统看作是由"人—活动—环境"构成并以人为主体的复合生态系统,包括自然生态和社会生态两个子系统。[③] 朱小蔓关于学校生态系统结构的研究相对贴近生态系统的内涵,她把学校看作是一个处于其他外部系统相互关联的生态系统。具体可以包括三个层次:一是学校教育系统与学校外部生态环境之间相互适应并达到动态平衡;二是学校生态系统内部子系统之间即学校内部的结构和功能、组织与管理、文

---

① Chicage Public School. School climate standards[EB/OL]. (2014)[2024-12-20]. https://www.cps.edu/search/?q=School%20climate%20standards&pageNumber=4&sortId=relevance.
② 李军.基于生态位原理的中国高等学校生态竞争研究[D].天津:天津大学,2006:160-161.
③ 胡继飞.论大班额背景下的我国学校教育生态[J].教育研究与实验,2006(04):39-43.

化与制度等生态因子之间的平衡和协调;三是学校内部生态系统与各子系统中物质、能量和信息输入和输出的平衡。①

从对国内外已有的相关研究综述来看,现代学校生态指标体系的构建主要侧重于安全的学校环境与学习氛围、多元的参与与尊重两个方面。多元的参与与尊重涵盖的范围和内涵比较广泛,涉及关系、多层次与多主体之间的参与等,例如教师、学生、管理者和家长以及社会等多方面有权力、责任和义务知道和明晰学校和课堂的各项数据的来源。多元参与这一特征在学校治理中也是重要的特征与体现,走向治理以及现代化的学校需要改变原有的由上至下传统的科层制的管理制度,以更为开放和长远的眼光和心态迎合、增加和融汇更多的来自不同机构和组织的主体参与到学校治理中来,而学校生态仍是走向现代化的学校现代化指标体系的构建中不可忽略的重要因素。随着可持续发展的生态观日益深入人心,生态文明建设成为了一项需要全民投入的重要任务。但是我国当前的学校评估仍然存在着一些问题,诸如当前学校生态评价体系仍处于效率指导下的评估模式;学校评估中的割裂式思维与系统性缺失;缺少健康生态的评估理念和评估方法,远远不能满足学校生态可持续发展的基本与长远目标和要求。因此,改变和完善学校教育生态指标体系的构建迫在眉睫。

现代学校生态指标体系构建的另外一个特征在于关注建设安全的学校环境与学习氛围。如应用比较广泛的由美国教育部门开发的安全型和支持型的学校氛围评估指标,该指标体系设有参与、安全、环境三个二级指标,在安全维度下设有心理安全、物理安全、资源使用,"心理安全"是指调查学生被取笑和侮辱的频次。"物理安全"主要调查学生在校园内以及上学的路上是否感受到安全。"资源使用"主要询问学生是否有充足的资源可以利用。"物理环境"主要涉及学生和教师厕所是否安全和干净。"学习环境"通过询问学生教师是否为他们的作业提供了反馈,并有益于他们作业的改进,教师是否同等对待所有学生来测评。"控制与开放"是指询问学生在学校能否自在地分享讨论学校的规则和政策。关注于学校安全的学习与校园氛围建设主要包括心理层面的安稳性、物质条件上的满足性以及教育资源的充足与普惠性等几个方面。而不管是多元主体参与或者是安全的学习与校园环境和氛围的建设,这些最终的目的都在于为学校生态的可持续发展创造一切必要的条件。

可持续发展是生态系统的内在属性,而可持续发展既是学校发展的目标,也是良

---

① 朱小蔓,刘贵华.功能·环境·制度:基于生态理念的现代学校制度建设[J].华东师范大学学报(教育科学版),2006(2):1-7.

性学校生态系统的状态。从国内的现代学校指标体系建设来看,可持续发展应该作为其中衡量的指标,而从个体而言,生态型学校意味着个体,包括教师和学生,能够获得可持续发展的机会,实现可持续发展的目标,在学校发展进程中,教育教学的水平与质量对整个学校的办学质量与档次有着直接的影响,因此,教师专业发展的可持续性是基础,而学生的可持续发展是其根本的价值追求。深入考虑和剖析教育生态的现状与可持续发展的内涵、全面地分析和考虑问题是构建我国的学校现代化指标体系的首要前提。

(五) 优质:学校现代化标准之终极目标

优质历来是我们办学的共同追求,但是,何谓优质,却并无公认的标准,这便为本研究留下很大的探索空间。

1. 什么是"优质学校":学校现代化的价值追问

下面先概述几种对优质学校的理解与定义。

(1) 优质学校是可持续发展的学校

东北师范大学马云鹏认为,优质学校作为一种文化,建基于一套假设体系和价值观系统,形成了相应的实施策略与路径,产生了一系列独特的问题与经验。他认为优质学校是一个永无止境的追求卓越与不断成长的过程。只要充分认识自己的位置,明确并且坚持变革的方向,采取有效的学校变革策略,每一所学校都有可能成为优质学校。相对其他学校,优质学校一般应具备以下特征:具有可持续发展的机制;在历史发展过程中,形成了共同的教育价值观;能包容各种个体差异;把"促进每一位真实的学生个体的发展"作为学校的办学追求;具有卓越追求的理想;充满创新精神。归根结底,优质学校是一种理性,一种文化。①

《中国教育现代化2035》和《加快推进教育现代化实施方案(2018—2022年)》出台后,教育部负责人就相关问题答记者问,数次提到"联合国2030可持续发展议程",指出"编制《中国教育现代化2035》,也是我国积极参与全球教育治理、履行我国对联合国2030年可持续发展议程承诺,为世界教育发展贡献中国智慧、中国经验、中国方案的实际行动","对标新时代中国特色社会主义建设战略安排,参照联合国2030可持续发展议程,在国家现代化和建设人类命运共同体的全局中考虑我国教育定位"。推进教育现代化目标的确定,以国家现代化建设的总体战略目标为依据,体现的是"国情";

---

① 马云鹏,等.优质学校的理解与建设[M].北京:高等教育出版社,2006:250-251.

与全球2030年可持续发展议程相呼应,体现的是"世情"。对接2030,主题是教育的可持续发展;对接2035,主题则是教育现代化。时间节点从2030年变为2035年,体现了不同主题的对接与转换,更体现了主题转换后的互渗与融合。教育现代化主题侧重于空间的布局,可持续发展主题则强调的是时间上的延续。[①]

怎样的教育现代化才是可持续发展的?第一,可持续发展的教育现代化是属于人的,其最终目的是人的现代化,即形成人的现代品格,培育出能自主、愿合作、善思考、勇创新的一代又一代新人,而不是只顾追求速度、规模甚至政绩的教育;第二,可持续发展的教育现代化是绿色的、生态的、环境友好的,而不是误导下一代把人生当作唯一跑道、只顾眼前"达标"、一味"透支"未来的短视的教育;第三,可持续发展的教育现代化是开放的、融通中外的,而不是故步自封、闭目塞听的,要融合古今中外教育精华、不断开创未来,培育既有家国情怀又具国际视野、能担起民族复兴大任的时代新人。[②]

(2)优质学校是立足于人的发展的学校

何为"优质学校",许多学者对此展开了研究,并且综述已有的相关研究,其形成了几个不同的"优质学校"学说。学生发展论认为,优质学校是立足于学生发展的学校,学生的全面和谐发展是优质学校的主要特征,成就合格健康的公民是优质学校的主要任务,不挑剔生源、拥有优质的课程与教学文化,以及实行结果平等的差异性教学评价是优质学校的应有之义。[③]

在上文中,我们一直不断地在探讨什么是教育现代化与学校现代化。多位学者认为教育现代化不仅仅是物器层面上的现代化,更应是人和制度上的现代化,而人的现代化主要体现在人的思想、观念与能力等方面的现代化。在学校这个大生态系统之内,所有的教职工以及学生、学生家长等都应该是受教育者,都应该在学校大系统之内接受心灵的洗礼与全身心的教育,都应该在学校这个大环境内受到好的熏陶与滋养,都能够在学校现代化进程中体验到变化的幸福感与成就感。受教育者不仅仅是学生本身,教师亦是受教育者,教育的获利者。在学校现代化进程中,通过搭建诸多各类的教师专业发展互动、分享与探讨的平台提升自身的专业素养与能力,向实现人的现代化迈进。同时,学校现代化下的优质学校必然也是关注于学生成长与发展的,这是毋容置疑的,无论是在素质教育的浪潮下,还是在应试教育的高压下,"一切为了学生"将

---

① 杨小微. 为了可持续发展的中国教育现代化[J]. 教育发展研究,2019(21):3.
② 杨小微. 为了可持续发展的中国教育现代化[J]. 教育发展研究,2019(21):3.
③ 吴亮奎. 功能、悖论和应有之义:优质学校的社会学分析[J]. 教育理论与实践,2011,31(19):26-29.

是不管什么类型的学校,抑或是不同发展阶段的学校的办学宗旨与目标。

(3) 优质学校是高效能的学校

优质学校一定是投入产出比高、加工能力强、办学效益好的学校。美国有学者认为,如果给你的是一流的学生,毕业生仍然一流,也许还不能肯定学校的办学是优质的。但招收的是二流学生,毕业生却是一流,那么它一定是优质学校。①

对于优质学校来说,办学效能既表现为数量维度的特征,即投入与产出的比值,还表现为质量维度的特征:从微观层面来说,一节课乃至一个教学环节的设计是否能使学生在知识与技能、过程与方法、情感态度与价值观三方面都能获得发展,起到"一石激起多层浪"的效果;从宏观层面来说,同样的教育投入能否满足多个主体的不同需要,包括学生的全面发展、教师和校长的专业发展、学校社会责任的实现等。英国现行的学校绩效发展性评估就包括学生的全面发展、教师的团队发展以及校长的领导力提升等多方面,其中学生发展是学校绩效评估的核心。在美国,学校一般每年至少会发布一份学校绩效责任报告,供学校利益关系人参考。学校绩效责任报告的内容至少涵盖学校目标、课程内容、学生学习成就、教师专业发展与学校经营适应力等多方面。在国内,华东师大戚业国教授认为,学校办学成果应该满足不同的利益关系人的不同需要,而不同的利益关系人的利益体现在对办学成果的要求上又是可以合并的,据此可以将其概为四个方面。第一,学生学业成绩的提高。对于学业成绩的内涵,还需要认真思考。第二,学生身心的健康发展。学生身心的健康发展和学业成绩是同等重要的,甚至更重要,因为身心发展是学业成绩的基础。第三,教师的专业发展,教师人生价值的实现。第四,传承文化,推动社会进步。②

2. 国外义务教育优质学校办学标准述评

"日本、韩国、新加坡具有重视优质学校教育的东方文化传统,三国的经济成就与社会发展都是与其优质学校的发展密不可分的,根据'经济合作与发展组织'的大数据统计分析,三国义务教育办学水平也属于世界一流,学生的学业水平位于世界前列。日本、韩国、新加坡在构建义务教育优质学校办学方面积累了许多成功的经验,值得我们学习与借鉴。"③基于对以上几个国家的义务教育优质学校办学标准的仔细研究与

---

① 周峰. 论优质学校的内涵及特征[J]. 教育发展研究,2009(12):11-15.
② 沈玉顺. 走向优质教育[M]. 上海:华东师范大学出版社,2006:136-137.
③ 程晋宽. 日本、韩国、新加坡义务教育优质学校办学标准论析[J]. 教育测量与评价(理论版),2014(10):9-15.

分析,笔者得出了当前国外的义务教育优质学校的建设具有以下几个方面的特征。

拥有较高的人力资源保障。义务教育优质学校具有较高的人力资源保障主要体现在:

首先,教师专业方面有着严格的标准与清晰的定位。教育职员养成审议会(简称教养审)将日本教师的专业标准具体化为:a. 立足于全球化视野的教学资质能力;b. 作为社会人在多变时代生存所需的资质能力;c. 教师教学所必需的资质能力。教养审对教师专业标准的新定位不仅强调教师的"专业性",还提出21世纪教师应具有"国际性"。另一方面,"解决课题的能力""处理人际关系的能力"也引入了教师专业标准。日本学者八尾坂修提出,研发课程的能力、交流沟通能力及信息处理能力,是教师适应新时代教学所应该具备的素质。① 日本旨在培养具有多方面能力、全能的教师。韩国义务教育体制是一个汇集了欧美式、日本式以及本国传统方式的混合体制,强调政治中立,也重新确立了人事行政制度的基本准则,使教师人事行政制度得到公正的发展,以教师专业标准对教育行政机关的工作人员、学校的行政领导者和学校教职工进行规范的选拔、任用、调配、培训、考核、奖惩、发放工资福利、流动、退休、退职。韩国优质学校实行教师岗前培训和教师聘任制,重视教师的在职培训,有计划地逐步提高教师的素质和专业水平。② 新加坡成功的教育不仅蜚声亚洲,在世界上也享有盛誉。新加坡的优质学校拥有一流的师资,能够提供优质教育,是与新加坡的教师选拔标准、晋升制度密不可分的。在新加坡,要成为教师只有普通教育学历是不够的。大学毕业生必须接受专业的师范教育,通过考核获得教师资格证书,才能担任教师职务。为了吸引更多的优秀青年投身教育,政府不仅提出在经济上为受培训教师交纳学费等优惠政策,而且实行师范生助学金制度,师范生享受国家助学金。新加坡政府还在教育信息化方面出台了"信息技术在教育中的应用规划",要求全国教师接受信息技术应用能力培训,并把它作为师资聘用资格的重要标准之一。③

其次,教师资格认证与聘任制度相当严格。日本教师资格的考核是由具有教师培养资格的大学或短期大学组织的。取得教师资格证书并不意味着就可以当教师,还要经过一定的筛选考试才能被正式任命。日本教师资格证书有多种类型,中小学教师许

---

① 程晋宽. 日本、韩国、新加坡义务教育优质学校办学标准论析[J]. 教育测量与评价(理论版),2014(10):9-15.
② 程晋宽. 日本、韩国、新加坡义务教育优质学校办学标准论析[J]. 教育测量与评价(理论版),2014(10):9-15.
③ 潘星华. 新加坡教育点评[M]. 新加坡:创意圈出版社,2006:24.

可证分为普通许可证、特别许可证和临时许可证三种。日本教师资格证书制度有以下特点：a.大学毕业后要经过严格的资格认证程序；b.教师资格认定机构和师资培训机构是分开的，能够保证教师资格认证的公正性；c.教师资格证书在流动时不受限制；d.证书的定期更换制度能够调动教师提高专业化水平的积极性。[①] 日本的教师聘任制度相对严格，教师的聘任首先由都道府县政府或市教育委员会通过聘任选拔考试，然后从通过考试且持有教师许可证的人员中筛选。日本的人才选拔的方式多样，同时对于教师的评价也非常多元。韩国的教师聘任制度的相对复杂之处在于许多中小学教员拥有了教师资格证，但是即使有了这个资格证也不意味着能够直接做教师，还要参加相应的公开的考试。韩国的教师过程性的评价以及对于教师资格的审定都非常严格。

具有卓越的课程与教学标准。不少学者呼吁以及指出学校的现代化不仅仅只是物的现代化，也是人的现代化，而在谈及人该如何获得现代性以及现代化的过程时亦不能忘记探讨课程与教学的关系，课程与教学在学校现代化进程中所起到的作用很大。第一，确立学校课程标准改革的标准，引领学校发展；第二，学校课程标准彰显其独特个性。韩国基础教育课程新标准的主要特征为：首先，通过实施"年级群"和"科目群"制度减轻学生负担，提高学习效果；其次，增设"创造性体验活动"，培养具有实践关怀与分享精神的创造性人才；第三，在强化高中阶段的基础学力的同时，注重学生的个性发展和前途指导；第四，赋予学校充分的自主权，运营特色多样的课程。[②] 新加坡优质学校的课程标准具有如下特点：首先，着眼于学生各方面素质的全面发展。新加坡是一个竞争性强、重能力、看实绩的社会，十分重视实施优质教育，而且以强有力的措施推进素质教育。其次，基于分流制度的分层课程要求，新加坡是将"精英教育"与"大众教育"结合得较好的国家。各个层级的课程既体现了学生发展的全面性，又在许多基础课程上有明确的能级差异，体现了学生对教育的选择性、自主性和适应性。第三，突出培养综合素质的实践课程。实践性课程在新加坡课程体系中占有重要的分量，他们通过多种形式的实践活动，培养学生的公民意识和自主活动、实践操作、团队合作、研究创新的能力。第四，实行着眼于学生主动发展的教学。培养学生终身学习、主动发展的意识和能力，是新加坡优质学校改革与发展的基本理念。新加坡总理李显龙曾

---

① 刘文华.日本教师管理制度及其启示[J].山东教育学院学报,2006(06):15-7.
② 梁荣华,王凌宇."全球化创造性人才教育"理念下的韩国基础教育课程改革——以2009年课程修订为中心[J].外国教育研究,2012,39(02):38-46.

说:"教育不仅是让人们掌握谋生技能,同时也是为下一代创造施展才能和实现抱负的机会。我们的目标不仅是传授丰富的知识,更重要的是,在新一代人的内心里点燃起求知的火焰。"总之,新加坡优质学校的课程教学推行"少教多学",倡导在解决问题中学习,积极开展创意教学,重视培养学生的创意思维和创造能力。①

具有优越的办学条件。日本、韩国、新加坡都是经济发达的新兴现代化国家,具有义务教育优质学校办学的经济基础,学校的办学经费有财政保障,学校物质设施先进,达到了较高的办学水准。② 义务教育优质学校的办学经费充足。在日本每年的国家财政支出中,教育经费的比例一般占有15%左右。义务教育经费占国家教育总预算的比例一直保持在1/2以上。而在经费如何分配的方面,日本更加倾向于对基础教育的投入,日本很重视基础教育。为确保义务教育的普及和提高,韩国政府重视对义务教育的经费投入。一是体现为"超前增长",保持义务教育高投入。二是体现为"集中投入",强化中央政府的责任,认为中央政府是义务教育投资的绝对主体。三是体现为"均衡发展",从经费投入上保证义务教育优质公平。优先投入和财政转移支付制度,保证了韩国义务教育的均衡发展,为韩国推行"高水平均衡化"教育政策创造了条件,实现了义务教育的优质公平。四是体现为"广辟税源",稳定义务教育财政经费来源。五是体现为"立法先行",保障义务教育财政经费。③ 加强学校基础设施的现代化的建设。日本文部科学省非常重视学校设施的建设,认为"学校设施并不是单纯的教育场所,它与学生的成长有着密切的关系,作为育人的环境,学校设施具有重要的作用"。日本优质学校重视基础设施的现代化建设,学校设施配备的基本方针如下。一是配备高性能、多功能,能适应变化的、有弹性的设施环境。学校设施要能应对教育内容、教育方法的变化,教育设备或者电脑等要确保高性能、多功能的学习环境。二是确保健康安全丰富的设施环境。作为儿童学习和生活的场所,学校要考虑到日照采光通风,保证环境良好,同时也要考虑到残疾儿童,形成具有防灾防犯罪的充分安全的设施环境。三是学校作为当地居民身边最近的公共设施,是街道建设的核心、生活学习的场所,要进一步积极推进其生活性。一方面,要建设学校无障碍设施,发挥其作为地区防灾基地的作用;另一方

---

① 徐惠仁.新加坡中小学课程与教学管窥[J].基础教育课程,2009(06):72-75.
② 程晋宽.日本、韩国、新加坡义务教育优质学校办学标准论析[J].教育测量与评价(理论版),2014(10):9-15.
③ 胡苹.韩国义务教育财政经费投入的经验及启示[J].基础教育参考,2005(09):28-30.

面,学校要配备景观和街道陈设的设施。① 韩国在学校基本设施的投入与建设方面相当重视,对各种学校基本设施,如教室、图书馆和运动场地等都进行了大量的改善。与此同时,也制定了相应的政策来推进教育信息化建设。韩国信息通信部还为中小学配备了30万台电脑,普遍建立电脑实习室和短距离通信网,并在全国100多个邮电局开设了"网络广场",向民众提供免费电脑教育,使人人都能掌握使用电脑和因特网的技能。②

3. 成为优质学校的前提条件

(1) 全面实现与达成公平、效能、赋权与生态

通过文献研究发现,许多学者对优质学校的标准与内涵作了明确的界定与剖析,有的学者认为成为优质学校的条件是具有优质的办学条件、具备较优越的基础设施的保障,同时也有完备与完善的学校规章与制度等等,但是笔者认为成为优质学校的基本前提是全面实现与达成赋权、公平、生态与效能,这是一个标准,亦是现代化学校的价值目标与追求,赋权、公平、效能与生态构成了学校现代化的标准网络,将学校这个大的生态系统圈起来了,从不同层面与维度对现代化学校提出了明确的要求,涉及学校系统与管理中的各个领域,如在上文中已提及的全面实现赋权,需要更新学校管理人员的治学理念、提升其学校治理能力,以及对传统由上至下的单一线性式的管理方式的超越与颠覆,"校长负责制式"的"一条龙"式的学校管理模式转变为多元主体参与与协商式的学校治理新格局。而公平维度更加聚焦到学校内部与微观层面,学校现代化的公平是关注于学校内部的更为微观的教育公平,因此,公平更加聚焦和关注于学校的内部,乃至教师课程教学以及学生的教育资源使用、获得公平待遇以及获得公平感等更为细节的方面。又如具有良好的学校生态才称得上是优质学校,在许多关于学校生态的构建的标准中,他们都从客观环境以及人文的环境两个方面对现代化学校的生态环境建设提出了要求,要求不仅仅是建立可持续发展的生态环境,也要从人出发调适和改变人的思想观念与认识,与时俱进,构建出可持续发展的生态环境,为现代学校的发展提供持续的保障与动力。"4E"涵盖了学校系统的各个方面,既有学校管理的顶层设计,又有发展规划与策略的具体落实;既有客观实施与环境建设,又有主观的人文环境的净化;既有对过去发展中的不足与经验的总结,又有对未来的展望与期许;既有专业人士的学校治理,又有多元化的治理方式;等等。实现与成为"优质现代化学

---

① 文部科学省. 学校设施整治[EB/OL]. (2013-12-22)[2024-05-15]. http://www.mext.go.jp/b-menu/shingi/chousa/shisetu/013/gaiyou/1292406.htm.
② 任翠英. 韩国义务教育改革述评及对我国的启示[J]. 基础教育参考,2007(12):26-30.

校"的根本前提是全面实现与达成"4E",这个概念的规定是从学理性上而言的,是一种理论上的探讨与分析,具体该如何落实还应依据现实情况,从理论上来讲,实现"4E"是成为优质学校的前提。

(2) 有充足的人力资源与物质基础

在上文分析个别国家的优质学校标准体系中的特点与优势时,许多学者总结出日本、新加坡与韩国的优质学校的特点在于,它们都有着较为雄厚的人力资源的保障以及较好的办学条件。这两点在学校现代化进程中都是非常需要的,也是紧迫的。例如,日本与韩国都有着比较完善和优越的选人与用人机制,值得其他国家学习与效仿。要成为优质的现代化的学校,必须有一套完善、流畅与熟练的治理机制,有一支专业素养高的教师队伍,有一群具有潜质的学生以及有一套支持保障系统等。人在教育现代化中起到了不可磨灭的重要作用,人在学校现代化进程中拥有着多重的身份与角色,不仅是学校现代化进程中的推动者与促进者,也是学校现代化中的"化"的对象。拥有较充足和优质的人力资源给学校现代化注入了新的发展动力与源泉。学者姚永强基于对现有学校评价指标体系所存在问题的反思,结合优质学校的三重性规定,认为优质学校评价指标体系应主要由本体性指标、效能性指标两部分构成,在本体性指标维度下,具体包括了人员条件、财物资源、组织管理、课程教学四个方面。他对人员条件的指标作了明确的规定与评价:领导班子结构合理,能够胜任各自岗位职责;师资配置充分,达到国家出台的中小学教职工编制标准;学生数量充足,容纳与学校办学规模相适应的学生进入学校学习;师生比例科学合理,应达到以上标准与要求。[①] 由此可见,拥有充足和优质的人力资源对于学校现代化过程中的优质学校建设极为重要。

成为优质学校,不仅需要强劲的人力资源作支撑与保障,同时也需要一定的物质基础。张新平指出:"通过教育思想更新改进学校,是很多学校实施学校改进的首选策略。但是,运用这一策略需要具备一些基础条件,例如:具有较好的办学物质基础,建立了一支素质较高的教师队伍和鼓励教师改革创新的管理体制与组织文化,形成了有利于学校发展的外部环境,等等。"[②]明确指出具有较好的办学的物质基础是学校成为优质学校路上的铺路石与垫脚石。1993年《中国教育改革和发展纲要》中指出逐步提高国家财政性教育经费支出(包括:各级财政对教育的拨款,城乡教育费附加,企业用于举办中小学的经费,校办产业减免税部分)占国民生产总值的比例,20世纪末达到

---

① 姚永强.关于优质中小学校的理解及其建设[J].现代中小学教育,2017,33(10):1-5.
② 张新平.义务教育优质学校的建设路径[J].教师教育学报,2016,3(01):78-92.

4%,达到发展中国家 80 年代的平均水平。计划、财政、税务等部门要制定相应的政策措施,认真加以落实。① 与此同时,《国家中长期教育改革和发展规划纲要(2010—2020年)》明确提出,到 2012 年实现国家财政性教育经费支出占国内生产总值比例达到 4%的目标。② 为确保按期实现这一目标,促进教育优先发展,《国务院关于进一步加大财政教育投入的意见》明确指出教育投入是支撑国家长远发展的基础性、战略性投资,是发展教育事业的重要物质基础,是公共财政保障的重点。党中央、国务院始终坚持优先发展教育,高度重视增加财政教育投入,先后出台了一系列加大财政教育投入的政策措施。③ 丰厚的物质基础以及优越的办学条件是成为优质学校的基本条件,在许多中小学的办学实践中,许多校长很苦恼以及纷纷抱怨想要落实与贯彻自己的学校管理理念的时候,往往会很束手无策,如当想专门为教师开展一系列的培训或者外出交流与活动时,学校没有足够的经费支持;又如,当想为了学生采购更多的书本与读物,为学生能够健康成长修建更多的录播室或者更多的特色教室的时候,这些计划也会因为经费不足而就此搁浅。许多新奇的想法不能实现,许多活动不能开展和落实,等等。因此,充足的物质办学条件与基础对于教师与学生的成长与发展起非常重要的作用,经费与物质办学条件的不足直接导致的教师专业发展与学生全面发展受阻,这是优质学校建设过程中需极力避免的。

---

① 中国教育学会. 中国教育改革和发展纲要[EB/OL]. (1993-02-13)[2024-05-15]. https://www.cse.edu.cn/index/detail.html?category=128&id=2280.
② 中华人民共和国中央人民政府. 国家中长期教育改革和发展规划纲要(2010—2020年)[EB/OL]. (2010-07-29)[2024-07-13]. http://www.gov.cn/jrzg/2010-07/29/content_1667143.htm.
③ 中华人民共和国中央人民政府. 国务院关于进一步加大财政教育投入的意见[EB/OL]. (2011-07-01)[2024-07-13]. http://www.gov.cn/zwgk/2011-07/01/content_1897763.htm.

第五章　中国学校现代化标准的研制过程

本章将扼要阐述基于现代化样本校试验的中国学校现代化标准研制过程及其区域性探索,并对学校现代化5个标准及其评价指标体系逐一进行解读。

一、基于现代化样本校的首轮学校现代化标准研制与实验

学校公平、效能、优质等方面的基本标准及其具体指标筛选;以柔性或定性为主的学校现代化评价尺度探索;指标系统构成上共性与个性的兼顾。

一所现代化的学校,要追求什么样的价值?答案一般是科学的、民主的、法治的、开放的、公平的,而且是可持续发展的。但是,如何将科学、民主、法治、开放、公平和可持续发展这样一些较为抽象的价值观念转化为可观察可测量可比较可分析的"尺度"呢?这需要一种有技术含量的转换。

合作共研期间,我们以赋权、效能、公平和生态为基本价值维度,展开了学校现代化标准及其评价指标的研究。过程中研究团队也意识到4个维度的集合可以用"优质"来标志,这5个关键词的英文首字母皆为"E",所以称之为"5E"标准(如图5-1)。

2017年经双方协商,确定合肥经开区2所小学、3所初中共5所学校为教育现代化样本校,与华东师范大学基础教育改革与发展研究所长期合作的翡翠学校,也自动成为样本校;确定嘉兴市海盐县2所初中、2所小学成为学校现代化样本校,其中有2所曾经是地道的农村学校;2018年开展了与重庆荣昌区的全面合作,其中11所项目学校(8所小学、2所初中、1所高中)确立为学校现代化样本校。经过样本校试验,来验证由课题组研发出来的"学校现代化5E标准"的科学性和可行性。具体从两个方面开展验证:一是依据学校现代化标准的基本精神,开发面向校长、教师和学生三类人群的在线调查问卷;二是将学校现代化标准转化为"学校现代化评价指标体

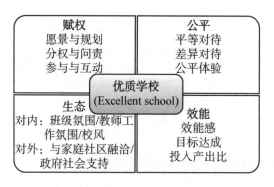

图 5-1 学校现代化 5E 标准基本框架示意图

系",作为教育现代化各样本校的改革与发展基本指南,并将其基本精神体现在各样本校的学校发展规划之中。

根据学校现代化标准框架研制出来的各个维度的指标如下,见表 5-1—表 5-5。

表 5-1 中国学校现代化标准之"赋权"维度

一级指标	二级指标	观 测 点
愿景与规划	愿景的清晰度、前瞻性	一个学校的良好发展,需要清晰的具有前瞻性的愿景。愿景的清晰度决定了学校发展方向的明确度,发展愿景的前瞻性决定了学校发展方向的正确性。
	愿景的认同度	真正的愿景绝不是挂在墙上的装饰,而是师生、家长均认同并愿意划入行动中的美好愿望。达到愿景的普遍认同,需要所有人共同参与描绘并不断深化。
	规划的科学性	规划是将学校美好的愿景转化为具体行动的理性行动。学校规划的科学性,既包括价值的正确性(遵循学校教育发展的基本规律,尊重教师与学生发展的基本需求,符合时代发展的要求),也包括规划的可行性。
	规划与评价的关联度	保障规划能够切实得到贯彻,就必须与学校的阶段、年度评价相结合。规划与评价的关联度是促使学校认真考虑制定学校计划并认真贯彻的基本保障。
分权与责任	组织架构的科学性	组织架构是学校运转的基础。组织架构的科学性主要指向两个方面:其一,组织架构的完整性,即各类各级组织架构是否完整,组织之间是否有相应的联结机制;其二,组织架构的扁平化,即学校组织结构是否考虑到进行民主管理与分权的可能性。
	权责结构的合理性	权力与责任是一对相应的概念,即有多大的权力就理应肩负多大的责任,因此权责的科学性要统筹考察,而且指向学校整体的权责结构。合理的权责结构体现为重心下移,权责清晰。这里的权责结构既指组织的权责分配,也指向不同层面组织负责人的权责结构。权

续 表

一级指标	二级指标	观 测 点
		责结构的衡量,可以采用正面权责清单(权力清单、责任清单)与负面权力清单(法不禁止,皆可为)的方式,综合考察。
	奖励与追责机制	给予履行责任行为恰当的反馈,如给予责任良好履行者以奖励、不良责任履行者以追责,是保证学校领导与管理顺利、长效进行的基本手段。基于教师、学生个体需求的奖励是值得倡导的机制;采用定期述职的形式对责任的履行进行监督是追责机制可以采用的长效形式。
	领导者的治理能力	管理层的管理能力决定了组织与个人使用权力完成相应领导工作的效能。学校的领导人员应该按照不同组织不同层次进行分析,包括校长、副校长、各处室主任、班主任、教研组主任等。
参与与互动	决策参与度	学校的愿景描绘、规划制定、年度教学与工作计划或总结、教师绩效工资等制度的制定,应充分听取相关主体(教师、学生、家长、社区负责人、社会组织)的意见,让相关主体参与决策,发挥适当的作用。
	行动参与度	根据行动的需要,相关主体有权参与行动的执行,比如家长有权参与学校食堂食品安全管理、学生课外活动等。在这里,所有人不仅仅是学校政策执行的接受者,也是合作者。
	评价参与度	多主体的综合评价是学校评价的基本方向。校长、中层领导、教师、学生、家长都有权参与学校评价,知晓学校年度教学与工作的基本情况。
	监督沟通机制	适当的监督是保证学校行为不偏离轨道的保障。学校的监督应该建设相应的常设机构,比如家长委员会、教代会常任机构、学生自治组织,对学校工作进行监督并向相关部门或者个人寻求解释、要求调整、提出建议等。

注:这一评价指标体系不是作横向的比较,而是指向增值性评价。我们关注的是学校作为一个整体,其内部效能和外部效能的综合。内部效能主要关注学校内部的组织状况和运作情况,以及教师和学生在学校中的发展状态和效果。外部效能关注的是家长和社区对学校的协助力度以及认同程度。

表 5-2 中国学校现代化标准之"效能"维度

一级指标	二级指标	观 测 点
内部效能	管理效能	学校愿景与规划合乎教育性、前瞻性 学校决策与管理能民主协商 组织工作效率高 追求革新、创意与进步
	教师效能	教师彼此间都愿意沟通与协调以解决问题 教师专业化发展水平 教师对学校的认同度
	学生效能	学生学业成就 学生学习意愿/兴趣 学生身心获得充分发展与成长 学生对学校的认同度

续 表

一级指标	二级指标	观 测 点
外部效能	社会效能	家长对学校的认同与支持度 家长协助并参与学校活动 社区能够有效地为学校提供资源和帮助

注:学校效能是指学校发挥某些积极作用的能力及其实际结果。这种理解概括了学校效能的两个方面:由学校的素质所构成的潜在能力以及由这种能力的发挥所实现的结果。由此,我们首先可以将学校效能分解为学校内部效能和学校效能所产生的结果(即外部效能或结果效能)。

表 5-3　中国学校现代化标准之"公平"维度

一级指标	二级指标	观 测 点
平等对待	权利尊重	如果班级更换班主任会事先告诉学生 在确定班级活动主题时,老师会征求同学们的意见 老师不允许同学对上课的内容进行质疑
	机会获得	你曾参与过校级学生干部的投票选举 班里每个同学都有机会报名参选班干部 老师会不让某些同学参加公开课
	资源享有	学校所有公共设施(如机房、图书馆等)向每个同学开放 学生的座位会定期轮换 你所在的年级有重点班、特色班或快慢班
差别对待	兴趣适应	有不同兴趣爱好和特长的同学可以选择不同的课程 班级岗位设置或班干部的产生会考虑到学生的兴趣和特长 学生必须参加学校或班级的集体活动,即使他们不感兴趣
	能力适应	某一学科特别好的同学可以免修或免考该门课程 老师会根据同学们的学习程度进行提问或布置不同的作业 老师关注班级整体进度,对学习进度较慢的学生辅导不多
	个性包容	学校允许学习成绩特别好的同学可以自主安排学习时间 老师会鼓励同学发表不同的意见 为了方便管理老师会打压学生的个性
公平交往	平等	所有学生都可以向学校领导或者老师等建言献策 老师教学时对学生的态度并没有因为成绩好或差而不同 成绩较好或者家庭背景等较好的学生在学校享有一些特权
	尊重	学生不会因为家庭条件等比较差而被瞧不起 你相信老师尽了最大的努力把课上好 老师会讽刺、挖苦或者打骂同学
	信任	在校学习或生活中遇到困难时,能够得到老师或同学的帮助 你相信你的班主任和老师们能够带好这个班 班里学习好的同学不会帮助学习困难的同学
公平体验	公平感	你觉得在学校你和其他学生一样受到了公平的对待 你觉得你和班里其他同学一样上课、考试、参加活动 你觉得学校里的一些奖励和惩罚是不公平的

续　表

一级指标	二级指标	观测点
	尊严感	你感觉在学校受到了来自各个方面的尊重 你感觉老师会耐心地教导你,不会辱骂或者体罚你 你觉得你的人格没有得到尊重,甚至会受到侮辱
	满意度	你发自内心地为自己是这个学校的学生而感到自豪 你在课堂上上课时会感觉很舒服 你并不认为你所在的学校或者所在的班级是一个好集体

注:观测点中,第一个为学校层面的观测点,第二个为班级层面的观测点,前两个观测点均从正面观测,而第三个是反向观测点。如"权利尊重"维度的三个观测点;如果班级更换班主任会事先告诉学生;在确定班级活动主题时,老师会征求同学们的意见;老师不允许同学对上课的内容进行质疑。

表5-4　中国学校现代化标准之"生态"维度

指标及观测点			
一级指标		二级指标	观测点
理念	对象		
可持续	学生	学生发展的可持续性	学校重视学生的学习能力和自主意识的培养 学校学习可以不断激发学生的兴趣 学生喜欢来学校上学 学生在学校学习具有获得感和满足感(美国) 学生具有环境意识,对环境有责任和敬畏意识(澳大利亚)
	教师	教师专业成长的可持续性	教师在教学过程中能够因自我价值得到实现而感受到快乐 教师对自己的工作现状感到满意 教师在学校内有较大的发展、进步空间,并有机会和资源实现发展
	学校整体	学校改进的可持续性	学校能够处理好家校关系,利用好家长资源 学校能够合理利用校内校外的各种资源,实现学校发展 创造不断使得学校得以改进的学校物理环境和组织结构(美国) 学校能够有效利用所在地的文化资源,将其转化为课程资源 学校运营情况良好,生源丰富
共生	学校教育系统与外部生态环境	学校教育系统与学校外部生态环境(政府、家庭、学区)之间的动态平衡	与国内外学校建立良好的伙伴协作关系 与家庭、学区形成相互尊重型的支持关系 与理论研究者维持共研共生的合作关系
	学校内部生态系统	学校内部的结构和功能、组织与管理、文化	学校的核心价值理念在学校各方面工作中都得到体现 学校的师生员工知晓和认同学校的办学宗旨、校训与校风 不同岗位教师之间配合默契,高效完成工作

续 表

指标及观测点			
一级指标		二级指标	观测点
理念	对象		
兼容		与制度、人际之间的协调与平衡（观测点还未能覆盖）	构建师生一体化的人际生态，实现教师与学生之间的和谐发展 学校管理者、教师、学生之间关系和谐，沟通充分
兼容	学校文化	学校文化的全纳性	就学校的设施和资源确保每一个学生都能够获得、运用和参与 对有特殊需要的学生的满足程度 解决边缘学生群体参与和学习上的困难
	学校氛围	学校的灵活性	学校的规范、价值与期待让学校中的每一个人都能在情感、社交和心理方面感受到安全 帮助处境不利学生群体利用学校支持实现自身的个性化发展

表5-5 中国学校现代化标准之"优质"维度

一级指标	二级指标	观测点
基础保障	学校基础设施	学校的教学楼、体育场地、校舍、绿化用地等能够满足学生发展需要
	学校课程设置	课程内容注重学理性与生活性的关系 实行国家课程与校本课程的交互式开发
	学校办学理念	学校的办学理念能够具体落实而不是挂在墙上的"口号" 班级规模符合现代化学校标准的规定
过程发展	学生发展的可持续性	实行全面发展的培养方式：道德品质、学习能力、交流合作、个性与情感 拥有平等、和谐的生生关系，没有被歧视感 拥有民主、和谐的师生关系 建立发展性学生评价制度
	教师专业发展的可持续性	教师能够制定年度学习计划（要完成的目标、学习经验、技能提升等） 教师能够落实并不断调整自己的年度学习计划 教师读书会交流（加纳多小学的启示） 教师能够主动学习现代化教学辅助技术
	学校课程开发的可持续性	定期邀请教师、学生，召开"课程对话"（加纳多小学的启示） 学校能够激励教师研究校本课程、开设社团活动 有完善的课程管理制度，能够创造性地执行国家课程方案

续 表

一级指标	二级指标	观测点
多元特色	学生评价方式	评价内容不局限于学业成绩,更包含学生个人爱好、参加比赛、校园逸事等 评价主体不局限于教师和学校,也可以包含家长眼中的孩子以及学生眼中的自己等 学生既能够准确评价自己,也能客观对待他人的评价
	教师专业发展方式	专家主题讲座 校内外教师工作坊 教师个人经验分享 教师对于自我的专业发展具有主动性
	学校管理方式	校长能够把管理权力下放到学校各个层面,以明确职责,加强问责 寻求社区、家长对学校的支持 校长具备搭建各种平台的能力(教师能力的提升者)
合作共享	学生学习共享	学生在课堂上利用小组合作方式学习研究 学生在社团中通过团体合作进行活动
	教师教学共享	教师们会定期相互听课并能够相互提供合理的反馈意见 教师们会定期分享各自的教学经验 教师们进行教—研—学活动
	学校发展共享	校长与其他成员共同计划活动、共同执行(共享校长权力) 整合课程资源(学科知识交融) 寻求 U-S 合作共同体以及兄弟院校的联盟

注:"优质"维度是比其他"4E"更上位的概念,从某种程度上讲,只有实现了"赋能""公平""效能""生态"之后才能称得上是"优质"。优质的基础是合格,这是在合格的基础上为了丰富教育资源,谋求学生、教师、学校的可持续发展而做出的系统性的设计。

以上是由课题组成员经认真讨论与磋商首轮建构的学校现代化"5E"标准,从以上图表中,我们不难看出该指标体系具有全面性与概括性的特点,但是在某些方面、某种程度上,面面俱到并不是"帕雷托最优",不一定是最好的选择。一方面,该指标体系每一个维度下的指标数量过多,可能给实验学校在落实方面带来压力与难题,不利于指标的落实与推进;另一方面,该指标体系不够聚焦,亦不够具体。于是,在这种情况下,总课题组展开了第二轮的指标优化与简化研究。

二、德尔菲法和专家工作坊的标准与指标研制

中国学校现代化标准的研制,在技术上经历了先做"厚"再做"薄"的过程,宗旨是简洁明快、便于操作。

(一)基于德尔菲法与专家工作坊的指标优化与简化

次轮的标准简化研究的基本做法是将16个一级标准、44个二级标准浓缩为一张简表(详见表5-6),将其发放给3类人群:(1)对教育现代化有一定研究的学者;(2)就读教育学原理专业的博硕士研究生;(3)一线校长、骨干教师和地方教育行政部门干部(如正副局长、督导处处长、地方督学等)。征询他们的相关意见和建议,请他们从44项二级标准中遴选出15项左右。

表5-6 中国学校现代化"5E"标准之一、二级指标统计表

赋权		效能		公平		生态		优质	
一级指标	二级指标	一级指标	二级指标	一级指标	二级指标	一级指标	二级指标	一级指标	二级指标
愿景与规划	愿景的清晰度、前瞻性 12	内部效能	管理效能 14	平等对待	权利尊重 5	可持续	学生发展的可持续性 9	基础保障	学校基础设施 8
	愿景的认同度 16		教师效能 8		机会获得 17		教师专业成长的可持续性 8		学校课程设置 12
	规划的科学性 4		学生效能 9		资源享有 9		学校改进的可持续性 15		学校办学理念 10
分权与责任	组织架构的科学性 4	外部效能	社会效能 13	差别对待	兴趣适应 4	共生	学校教育系统与学校外部生态环境之间的动态平衡 13	过程发展	学生发展的可持续性 14
	权责结构的合理性 18				能力适应 15		学校内部的结构和功能、组织与管理、文化与制度、人际之间的协调与平衡 15		教师专业发展的可持续性 13
	奖励与追责机制 8				个性包容 12				学校课程开发的可持续性 8

续 表

赋权		效能		公平		生态		优质	
一级指标	二级指标	一级指标	二级指标	一级指标	二级指标	一级指标	二级指标	一级指标	二级指标
参与与互动	决策参与度14			公平交往	平等7	兼容	学校文化的全纳性11	多元特色	学生评价方式14
	行动参与度12				尊重8		学校的灵活性2		教师发展方式4
	监督沟通机制3				信任7				学校管理方式2
				公平体验	公平感13			合作共享	学生学习共享5
					尊严感8				教师教学共享9
					满意度4				学校发展共享16

注：表5-6为中国学校现代化"5E"标准之一、二级指标。该表为将16个一级标准、44个二级标准浓缩成一张简表后发放给(1)、(2)、(3)类不同人群得出的结果统计表，数字意为投票总人数。

为了确保所有的二级指标都在16项以内，结合投票数最多与侧重柔性指标的原则，最终将该指标体系简化为如表5-7和5-8所示：

表5-7 中国学校现代化"5E"标准之一、二级指标(初次简化版)

赋权		效能		公平		生态		优质	
一级指标	二级指标	一级指标	二级指标	一级指标	二级指标	一级指标	二级指标	一级指标	二级指标
愿景与规划	愿景的认同度	内部效能	管理效能	平等对待	机会获得	可持续	学校改进的可持续性	基础保障	学校办学理念
分权与责任			社会效能						师生发展的可持续性

续 表

赋权		效能		公平		生态		优质	
一级指标	二级指标	一级指标	二级指标	一级指标	二级指标	一级指标	二级指标	一级指标	二级指标
参与与互动	权责结构的合理性	外部效能		差别对待	能力适应	共生	学校内部的结构和功能、组织与管理、文化与制度、人际之间的协调与平衡	过程发展	
	决策参与度			公平交往	尊重	兼容	学校文化的全纳性	多元特色	学生评价方式
					公平感			合作共享	
					公平体验				学校发展共享

表 5-8 中国学校现代化"5E"标准之一、二级指标(终极简化版)

一级指标	赋权			效能		公平			生态			优质			
二级指标	愿景的认同度	权责结构的合理性	决策参与度	管理效能	社会效能	机会获得	能力适应	尊重	公平感	学校改进的可持续性	学校内部的协调与平衡	学校文化的全纳性	学校办学理念	师生发展的可持续性	学生评价方式	学校发展共享

至此构成了一个有 5 个一级指标、16 个二级指标的简略指标框架,还有待在实践中进一步得到检验和论证。

(二) 指标体系"渐变"与"简化"的逻辑与特征

1. 减少硬性指标,以柔性指标为主

总课题组负责人杨小微教授曾撰文分析与评价了我国已有的部分省市的教育现代化指标,指出当前教育现代化评价指标及其体系存在着一定的问题,如评价指标大多指向显性和可量化对象,难以体现教育现代化内涵。教育现代化不仅仅是器物层面的现代化,同时还是制度的和人的现代化,但许多监测指标指向容易量化的有关办学条件和技术装备,如市级财政统筹和转移支付的水平、校舍建设达标学校的比例与中小学校园网联通率等,却很少有能反映师生的现代化素养和品质的指标,如反映教育领导与管理、教学过程互动状态、师生关系等的指标基本没有。[①] 在上文审视国内关于学校效能评价中出现的问题时,评价大多数指向可量化的对象,对于学生与教师内生的成长与发展关心较少以及缺少对学校过程性的评价皆成问题。而纵览国外的关于学校现代化标准的建设,它们的学校现代化标准大多集中在学校选址问题、学校校舍面积以及学校绿化程度、学校校园网联通率等基本的办学设施与条件层次问题上,缺少对人本位的关注与突出。鉴于"前车之鉴",为了避免类似的情况再次出现,学校现代化标准的构建中应尽量减少相应的硬性指标,多以柔性指标为主。例如,在第一版的学校现代化指标体系中,优质维度下的一级指标基础保障下的二级指标主要包括学校基础设施、学校课程设置、学校办学理念,学校课程设置的投票率最高,其次是学校办学理念,最后是学校基础设施。在最终敲定的学校现代化标准中,删除了学校基础设施指标。这意味着该学校现代化指标体系已经不再仅仅关注基础保障中的学校基础设施,而是上升到了更为高位和理论化的层面与高度,相较于先前的学校现代化指标体系,提升了一个层次。

2. 指标体现复杂性思维,侧重于系统整体性衡量

从最终的学校现代化标准(如表5-8)来看,该指标体现了较强的复杂性思维,侧重于从系统与整体的角度来评判与引领学校现代化发展。莫兰倡导的复杂性思维既有综合性,又有具体性;既有网络性,又有纵深性;既有历史性,又有前瞻性。他反对笛卡尔式的"分离"(分类)和"化简"(通约),不仅提倡错综复杂地交错和交织,而且尝试探索把过去、现在和未来,从传统时间概念的单向单线结构,转变成多向多维度的可能性。他提出必须充分考虑到"宏观的物质能量""生命体的物质能量"及"生命体的心理能量"三

[①] 杨小微.反思教育现代化指标体系[N].中国教育报,2017(04).

者之间的"三级交错,循环生成",鼓励人们在对现代性进行反思的基础上,在清算启蒙以来的理性主义和经验主义危害的同时,自觉地运用复杂性思维的方法,使自己首先成为自身生命及周围生活环境的主人,并对世界和生命的未来给予实际的和有效的关切,在自身实践可及的范围内,发挥每个人的潜能及智慧,监督和影响自己和社会及文化的发展。该指标体系并不是以单一的简单化的思维去看待以及解决问题,体现了一定的综合性与系统性,例如在谈及学校管理层面时,并不是仅仅讨论放权与赋权,同时也关注到不同主体参与到学校治理中,鼓励多元主体的参与。从每一个指标维度,我们都不难看出其体现出复杂性思维的特点,在分析与确定维度下的每个一级、二级指标时都会排斥线性与单一,以"一刀切"的思维考虑问题,都会追寻多方面的意见,综合地考虑。例如,在考虑学校生态建设维度时,不仅考虑了学校内部生态环境,也考虑到了学校外部的可持续发展以及共融、共通性;不仅讨论了"物化"层面的生态环境,也考虑到了"化人"层面的生态性。总之,仔细深究该指标体系会发现,其体现出了一定的复杂性。

3. 突出指标共性,彰显学校独特个性

突出指标的共性是本总课题组构建学校现代化的重要标准与维度之一。为了找到现代化指标中的共性所在,总课题组分析与对比了北京、广东、江苏、浙江、上海五个省市的教育现代化评价指标,通过对比与监测发现,五个省市的评价体系中的共性指标包括教育公平、经费投入与教师配置、开放度与国际化、学生综合素养与社会贡献、学习化社会、教育满意度六大方面。[①] 因此,为了突出共性指标,在本次的学校现代化指标体系的构建中已经尽量突出以上几个方面。突出共性原则的原因在于构建的学校现代化指标体系要具有推广性以及适应性。国内已有的教育现代化指标体系是在基于对国家政策的回应与响应以及根据自身省市发展特点与方向,结合自身学校教育建设中存在的一些问题与解决路径背景下产生的,有它自身的特点与个性。但是无论如何,也不能脱离国家政策以及共性,这些基本标准是学校现代化发展的基本保障与奠基石。在构建本次的学校现代化标准中,应秉持着保留共性,彰显个性的根本原则。在公平维度下,总共有平等对待、差别对待以及公平交往、公平体验四个一级指标,这一维度主要体现了教育公平这个共性指标,在平等对待一级指标下的二级指标主要删减了权利尊重、资源享有两个指标,保留了机会获得,该指标体现了指标的过程性,删除权利尊重的原因在于课题组在公平交往一级指标下保留了尊重的二级指标,在人际

---

① 注:该段文字参考与借鉴了华东师范大学杨小微教授在"走向2035:教育现代化的中国方案"会议中的发言。

公平交往中,尊重在某种程度上包含了权利尊重。平等对待、差别对待以及公平交往、公平体验体现了教育公平不同的多样化的考量与解读维度,将教育公平的内涵体现得淋漓尽致。在学生综合素养与社会贡献的共性指标下,涵盖了学生的能力适应、师生发展的可持续性以及学生的评价方式的多元等。

学校现代化标准在确保指标的共性的同时,也应该突出其独特的个性,有相同也要有所不同,给予各个学校以更大的发展空间。以往的教育现代化指标体系更多地侧重于宏观层面,较少关注学校内部与微观层面,而这一指标体系既涵盖了宏观指标,也将重点聚焦在学校内部微观层面上,这是该指标个性点之一。另外,从赋权、效能、生态、公平、优质五个维度,我们就能看出该指标体系的全面性与系统性,涵盖了现代学校发展的内生力、可持续发展性以及公平性等等,而又可以看出其彰显出的个性,在以往的学校现代化标准中很少有从这五个维度来探讨的,可谓是前所未有的创新,也为接下来的学校现代化发展提供了有利的借鉴。最终确定这五个维度作为学校现代化的重要考量指标并不是"天马行空"的凭空想象,而是经过专家们长期的智慧凝聚、磋商,基于实践不断打磨与修正得出来的,具有一定的理论与实践基础。另外,二级指标还包括学校改进的可持续性以及学校发展的共享这些指标,具有一定的前瞻性与学校自身发展的个性,针对这些不同的指标,学校可灵活性地选择不同的应对方式与策略。

三、学校现代化标准及其评价指标体系解读

课题组经过试验与理论探究最终形成了以"5E"("公平""效能""赋权""生态""优质")为基本框架的现代化学校标准及其评价指标体系。具体指标框架既有本土实际的经验,同时又有国际经验的借鉴;既有国家统一的要求,又具备区域特色;既有基础性指标又有特色指标。据此,针对每一个E,课题组进行了详细论证与解读,得出的具体框架如表5-9。

表5-9 学校现代化"5E"标准的一、二级指标

一级指标	二级指标
公平	公平感;尊重;能力适应;机会获得
效能	社会效能;管理效能
赋权	愿景的认同度;权责结构的合理性;决策参与度
生态	学校改进的可持续性;学校内部的协调与平衡;学校文化的全纳性
优质	学校办学理念;师生发展的可持续性;学生评价方式;学校发展共享

(一) 公平[①]:学校现代化评价的价值理性标准

现代学校公平的考量原则包括:(1)分配正义:平等对待和差别对待;(2)关系正义与承认正义:公平交往;(3)公平感知理论:公平体验。根据这三个原则以及前期的调研与讨论将平等对待、差别对待、公平交往、公平体验作为指标体系中的四个维度,与学校日常管理、课程设置、课堂教学、班级经营、人际交往等基本教育活动构成的具体观测点结合,便可形成学校内部公平的指标评价体系,具体如下。

1. 平等对待:权利尊重、机会获得、资源享有

在现代学校中,平等对待可以从三个角度来思考:权利尊重、机会获得和资源享有。一是权利尊重。在学校层面,权利涉及每个学生基本的发展权利,[②]具有基础性、平等性。权利一般只可被剥夺或被尊重,而不能被分配,因为许多权利是每个学生所"应得"的部分,不因外界是否配给而改变。二是机会获得。学校中的教育机会更多地指向教育过程中的机会问题,如学生的发展机会、师生互动机会、[③]参与学校或班级管理的机会和参与集体活动的机会。三是资源享有。学校教育公平和课堂教学、活动、管理等各过程中的资源分配密切相关,[④]教育资源又有不同的类型和表现形式,如学校基本设施等硬件资源和教师、课程等"软"资源。学校中的资源分配是考量现代学校公平问题时十分重要的底线式衡量标准。综合以上方面,我们形成了如下指标体系(见表5-10):

表5-10 现代学校公平评价指标体系之"平等对待"

一级指标	二级指标	观 测 点
平等对待	权利尊重	如果班级更换班主任会事先告诉学生 在确定班级活动主题时,老师会征求同学们的意见 老师不允许同学对上课的内容进行质疑
	机会获得	你曾参与过校级学生干部的投票选举 班里每个同学都有机会报名参选班干部 老师会不让某些同学参加公开课
	资源享有	学校所有公共设施(如机房、图书馆等)向每个同学开放 学生的座位会定期轮换 你所在的年级有重点班、特色班或快慢班

[①] 鞠玉翠,张萌.学校现代化评价的"公平"之维[J].中国教育学刊,2020(11):26-31.
[②] 刘复兴.我国教育政策的公平性与公平机制[J].教育研究,2002(10):45-50.
[③] 程晓樵,吴康宁,吴永军.课堂教学中的社会互动[J].教育评论,1994(2):37-41.
[④] 杨小微,李学良.关注学校内部公平的指数研究[J].教育科学研究,2016(11):5-12+21.

2. **差别对待:兴趣适应、能力适应、个性包容**

在平等对待的基础上,针对客观存在的各种差异,需要采取第二个补充原则:差别对待原则。差别对待的基础是学生兴趣、能力、个性等方面体现出来的个体差异。据此,该维度可以从3个二级指标和数个指标观测点进行分析(见表5-11)。

表5-11 现代学校公平评价指标体系之"差别对待"

一级指标	二级指标	观测点
差别对待	兴趣适应	有不同兴趣爱好和特长的同学可以选择不同的课程 班级岗位设置或班干部的产生会考虑到学生的兴趣和特长 学生必须参加学校或班级的集体活动,即使他们不感兴趣
	能力适应	某一学科特别好的同学可以免修或免考该门课程 老师会根据同学们的学习程度进行提问或布置不同的作业 老师关注班级整体进度,对学习进度较慢的学生辅导不多
	个性包容	学校允许学习成绩特别好的同学自主安排学习时间 老师会鼓励同学发表不同的意见 为了方便管理老师会打压学生的个性

其一,兴趣适应是差别对待的一个重要原则。赫尔巴特(J. F. Herbart)、杜威(J. Dewey)、克伯屈(W. H. Kilpatrick)等都曾专门论述过儿童兴趣与教育的关系,他们认为儿童的兴趣是教育的素材和起点。但学生的兴趣存在客观差异,因此教育应关照学生兴趣,不能一刀切,要采取差异化策略,这样才更加有助于学生发展。其二,关于能力适应。加德纳(H. Gardner)曾明确指出,每个人的能力水平在不同的情景中和不同方面有不同的体现。因而要关注学生能力的个体差异,并采取与之能力相适应的教育策略。其三,关于个性包容。学生的个性差异表现在多个方面,有学者将其分为稳定性的个性差异(如气质、性格)及非稳定性的个性差异(如需要、动机),[1]恰当处理可以丰富学校多样化的学习环境,助力学生个性发展。为此,学校应当尊重差异、包容个性。

3. **公平交往:平等、尊重、信任**

1986年,毕斯(R. J. Bies)在前人研究的基础上,进一步关注到人际互动公平,也就是人际交往过程中的公平问题。在教育领域,学生很多时候都处于人际交往中,因而公平交往也需纳入现代学校公平的考量范畴,具体见表5-12。

---

[1] 程向阳,华国栋.学生差异资源的教育教学价值初探[J].教育研究,2006,27(2):60-63.

表 5-12　现代学校公平评价指标体系之"公平交往"

一级指标	二级指标	观测点
公平交往	平等	所有学生都可以向学校领导或者教师等建言献策 教师教学时对学生的态度并没有因为成绩好或差而不同 成绩较好或者家庭背景等较好的学生在学校享有一些特权
	尊重	学生不会因为家庭条件等比较差而被瞧不起 你相信教师尽了最大的努力把课上好 教师会讽刺、挖苦或者打骂同学
	信任	在校学习或生活中遇到困难时,能够得到教师或同学的帮助 你相信你的班主任和教师们能够带好这个班 班里学习好的同学不会帮助学习困难的同学

其一,平等。交往过程中的平等可以从师生交往和生生交往两个层面来理解。这里的平等主要指人格上的对等和公民人身权利的平等,虽然教师某种程度上是知识权威的代表,但其不应以此自居。在交往过程中,教师要公平合理地对待和评价全体学生,不应高高在上,将学生置于被动或较低地位。其二,尊重。布伯(Martin Buber)在《我与你》中强调人与人之间应当在互相尊重的基础上展开交往,进而相互理解。[①] 尊重可以从两个方面来理解:一是自尊,二是人与人之间的互相尊重。除了传统意义上的"尊师重教",学生尊重教师以外,教师也应当尊重学生的人格、自尊心和基本权利,不侮辱学生。其三,信任。信任是人际交往过程中的重要价值基础,人与人之间的信任可以从认知信任、情感信任、行为信任[②]等方面来理解。曾有学者研究发现教育不公平与信任之间存在显著的负相关关系。[③] 因而,信任也有助于理解现代学校中的公平问题。

4. 公平体验:公平感、尊严感、满意度

这一指标反映出个体对外在公平对待状况公平与否的主观感受。虽然公平体验具有一定的主观性,未必全然可靠,但某种程度上却能从另一视角帮助我们更全面地理解学校中的公平状况。公平体验主要关注学生这一群体,其公平感、尊严感、满意度可以很大程度上反映出学校整体的公平状况,具体指标见表5-13。

---

① 马丁·布伯. 我与你[M]. 陈维纲,译. 北京:三联书店出版社,2002.
② Lewis J, Weigert A J. Trust as a social reality [J]. Social Forces, 1985,63(4):967-985.
③ 薛二勇. 教育公平与社会和谐关系的实证分析:基于国际报告中的国别比较与数据分析视角[J]. 清华大学教育研究,2009,30(5):60-66.

表 5-13　现代学校公平评价指标体系之"公平体验"

一级指标	二级指标	观测点
公平体验	公平感	你觉得在学校你和其他学生一样受到了公平的对待 你觉得你和班里其他同学一样上课、考试、参加活动 你觉得学校里的一些奖励和惩罚是不公平的
	尊严感	你感觉在学校受到了来自各个方面的尊重 你感觉教师会耐心地教导你,不会辱骂或者体罚你 你觉得你的人格没有得到尊重,甚至会受到侮辱
	满意度	你发自内心地为自己是这个学校的学生而感到自豪 你在课堂中上课时会感觉很舒服 你并不认为你所在的学校或者所在的班级是一个好集体

其一,公平感。学生的公平感主要体现为学生对自己是否被公平对待的主观感受。面对在学校经历的各种事情,学生会形成自己的基本判断。如在活动参与过程中、课堂教学过程中、接受资源分配时,倘若受到不合理的对待或经历了不公正的事件,那么学生会觉得不满或感到不公。其二,尊严感。尊重是公平交往的重要原则,从学生的视角出发,用其感受来衡量自身是否受到了教师、同学的尊重,可以从侧面反映出学生的公平体验状况以及学校的教育公平状况。其三,满意度。满意度是一个较为综合的指标,尽管满意度不等同于公平感,但是学生对学校、教师、教学等方面满意与否,很多时候都和教育公平有一定的关联。

(二)效能[①]:学校现代化评价的工具理性标准

学校作为一个师生相互作用的场所,既包含了教师、学生两大行为主体,也受到教育教学资源、外部社会环境等因素的影响。由此,我们将学校内部效能分解为行政效能、主体效能、资源/技术效能三个方面,主要关注学校内部的组织状况和运作情况,以及教师和学生在学校中的发展状态和效果;将外部效能具体化为社会效能,重点关注家长和社区对学校的协助力度以及认同程度。学校效能维度、一、二级指标和观测点所形成的框架如表 5-14 所示。

表 5-14　学校效能评价指标

维度	一级指标	二级指标
内部效能	行政效能	"决策—行动"转化力 "过程—成效"转化率

[①] 杨小微,金哲.效能:学校现代化评价的工具理性标准[J].苏州大学学报(教育科学版),2020,8(03):1-11.

续 表

维度	一级指标	二级指标
	主体效能	教师效能 学生效能 校长效能
	资源/技术效能	资源利用效能 技术支持能力
外部效能	社会效能	共育能力 社会影响

1. 内部效能维度的指标说明

内部效能维度由三方面的一级指标构成。根据学校管理基本要素包括"人""物""事"("财"与"物"可以互换,所以归并为"资源/技术"),那么,内部效能这一维度中,"主体效能""资源/技术效能"和"行政效能"分别对应于"人""物""事"。"行政效能"下设两个二级指标,即"决策—行动"转化力和"过程—成效"转化率,反映了从决策到行动再到效果的全过程。从决策向行动的转化,重点考察学校的顶层设计(愿景与规划)是否具有教育性和前瞻性,以及如何经由组织变革、制度创新的行动来体现学校行政层面的领导力和执行力;学校的内部治理需要学生、教师、家长的共同参与,包括参与学校规划的制定、改革方案的起草、教职工评优办法的商讨等决策。行动过程向实际效果的转换指标,则从总体上考察投入—产出的总比率,以及学校变革与创新成果及文化软实力。变革与创新是学校持续发展的动力,学校改进要不断革新办学理念和办学机制体制,激发学校组织的潜力和活力。"主体效能"实际上是学校作为一个社会组织的核心动力源,该指标下设教师效能、学生效能、校长效能三个二级指标,关注的是学校组织中最基本的主体群,三者具有紧密的内在关联度,即校长领导因素是影响学校效能的一项重要因素,校长效能影响教师效能,教师效能直接影响学生效能,而学生效能的高低则决定了教育产出的素质以及学校效能的高低。从文化现代化视角来分析,当下对学校文化的理解已经超越了"器物与空间"(条件装备技术和环境的现代化)的局限而深入"关系和意义"的层面,教师、校长和学生作为学校发展效能的主要利益相关者,应在良好互动的人际关系之下、在协商与合作的过程之中找到追求学校改进与效能提升的意义和价值;而且,学校现代化的核心在于人的现代化,这三类主体身上现代品质的养成,就是学校最大的"产能",其外显出来的绩效——成为现代化优质学校和培养具有现代品质的年轻一代,则是最大的"产出"。

"资源/技术效能"指标下设资源利用效能和技术支持能力两个二级指标。其中资源利用效能包含人力资源利用效能和物力资源利用效能两项测评点。技术支持能力包含技术支持教学形式变革和技术支持评价方式变革两项观测点。进入信息时代,学习和教学形式日趋多样化,利用信息技术变革传统班级授课模式,实现远程教学和线上学习已是不可逆的趋势。教育大数据、电子档案袋等技术的出现也实现了评价内容从学业成绩到综合素养、评价方法从量化到质性描述的转变。从现代化视角看,这一指标指向的就是器物层面的现代化,并非唯一的追求,但又不可或缺。

2. 外部效能维度的指标说明

这一维度的一级指标就是"社会效能",该效能从学校组织和动员外部力量的"能力"和"学校对外部的作用/影响"两个方面释放出来。社会效能下设共育能力和社会影响两个二级指标。其中共育能力包含家长协助并参与学校活动,社区为学校提供资源和帮助两项观测点。家校合作是一种良性的社会互动,能够通过家庭教育独有的优势来弥补学校教育的不足,共同营造开放和谐的育人环境,涵盖志愿服务、参与决策等多种形式。社区与学校同样存在双向交流与合作的关系,社区要为学校提供广泛的社会资源,如课外学习场所、社会实践基地等,帮助学校达成教育目标,同时可以借助学校图书馆、阅览室等教育资源,促进社区发展。社会影响的二级指标,一是指向社会关键群体满意度,主要是家长对学校的满意度、毕业生对母校的满意度、上一级学校对毕业生的满意度、社区对学校的满意度;二是指向教育主管部门及社会舆论的称许度。可以看到,这一评价指标体系力图克服前述我国学校效能(绩效)评价中重产出轻产能、重物质轻精神、重内部轻外部等弊端,并努力在关注增值、注重过程以及体现公平等方面有所作为。

(三) 赋权[①]:学校现代化评价的刚性治理标准

作为学校治理现代化评价标准之一的"赋权",涉及如下一些基本的评价指标,见表5-15。

表5-15 赋权维度下的学校现代化治理标准的基本构成

一级指标	二级指标
愿景与规划	愿景的清晰度(前瞻性)、愿景的认同度、规划的科学性、规划与评价的关联度
分权与问责	组织架构的科学性、权责结构的合理性、奖励与追责机制、领导者的治理能力
参与与互动	决策参与度、行动参与度、评价参与度、监督沟通机制

---

① 杨晓莹.赋权:学校现代化评价的刚性治理标准[J].苏州大学学报(教育科学版),2020,8(03):12-20.

1. "愿景与规划"维度的指标建构

一所学校走向现代化,需要有一个共同的愿景以及一个适切可行的科学的发展规划。学校愿景是指依据学校的使命、价值取向和未来发展目标,师生员工共同认同和期望的学校未来发展景象。而一个良好的学校愿景应该是明确、清晰且具有高度认可度的。一个清晰(构思良好)的愿景包括两个主要方面:核心理念(核心使命、核心价值观)和未来前景(10至30年的宏伟大胆冒险的目标、生动逼真的描述)。[①] 学校共同的美好的愿景是人们发自内心接受与认可的,而不是外铄的。而学校的共同的愿景一旦形成还需要学校人员付诸实践,努力实现。学校共同的愿景是就学校未来发展而绘制的美好蓝图,科学的发展规划则是触摸与实现这些蓝图的"天梯"。"学校发展规划的制定过程是'上上下下'反复沟通磨合,理解、领悟和认同核心理念,凝聚共识的过程。"规划的制定、实施、评价、调整重建内含着现代学校的基本运作机制(实践逻辑),其全过程也是学校管理层在实战中不断提升其决策、策划、组织、实施、自我监控能力的过程。[②] 从发展规划制定过程来看,全员参与是其重要特征;从其内涵特点来看,学校规划的制定应具有科学性以及一定的合理性,学校规划对于学校的未来发展有一定的指导性与引领性,科学的学校规划能够对当前学校正在进行与已完成的事务做出合理的判断与评估,并在此基础之上对学校规划及时做出微调与改进以适应未来学校发展需求,实现学校的发展愿景。规划应与评价紧密联系,在学校多元评价的基础上不断更新与完善规划。

2. "分权与问责"维度的指标建构

英国伦敦大学教育学院萨蒙斯的高效能发展学校指标体系首次明确提出了分权与问责评价指标,关于"分权与合作"的相关指标在其他指标体系中也有所提及。根据国外已有学校评价,分权已然成为指向"学校专业领导"与"共享目标"这两个方面的重要评测指标。应如何分权、如何确保分权的有序与高效等问题对学校组织结构提出了更高的要求。组织架构是我国学校运转的基础,其科学性主要体现在两个方面:一是组织架构的完整性,是否拥有一个完整且系统、运转娴熟的组织架构;二是组织结构的扁平化,当前的组织结构是否足以支撑民主管理与分权。在我国学校内部治理现代化中,学校合理分权与组织架构的科学性相辅相成,相互影响、相互制约、相互成就。合理的分权印证了组织结构的合理性;反之,组织结构的科学性助力学校内部赋权。

---

① 吉姆·柯林斯,杰里·波乐斯.基业长青[M].真如,译.北京:中信出版社,2006:239.
② 杨小微.治理视野下的学校现代化建设[J].教育视界,2016(21):4-8.

奖励机制主要针对在学校赋权中表现良好的个人或者组织,问责机制则起到一定的监督与惩罚作用。从某种程度上而言,奖励与问责机制存在的意义在于对学校员工起到一定的监督与激励的作用。

3. "参与与互动"维度的指标建构

"分权与问责"是为了多元主体更好地参与到学校治理过程中创造条件,那么"参与与互动"则是"分权与问责"产生的最直接结果,学校利益相关者一旦拥有相应的权力就可以参与学校治理,通过多元互动与协商实现学校内部治理。因此,将"参与与互动"作为赋权维度下的观测指标具有一定的合理性。我国学校现代化评价指标赋权维度下的"参与与互动"包括决策参与度、行动参与度以及评价参与度三个维度。三个维度构成了参与学校治理的全过程,从决策参与到实践落实再到评价考量。治理现代化首先体现为参与主体的多元化。学校领导、教师、学生以及家庭、社区等都应该是参与学校治理的主体。学校治理内容主要涉及校本课程开发、教师研训以及学生的培养等方面,但以往其中部分内容教师仅有知情权,没有参与权与决策权,多元主体参与学校治理的广度与深度有待提升。构建监督与沟通机制为多元主体参与与互动提供强有力的保障,也是多元主体参与治理的不竭动力。多元主体如何参与治理、以何种形式参与以及参与治理的效果如何、如何确保长效参与等都是构建监督与沟通机制需要考虑的内容。

(四) 生态[①]:学校现代化评价的柔性治理标准

关于生态,包括三种取向:作为学校理想的"生态";作为学校氛围的"生态";作为学校系统的"生态"。基于这三个标准,构建具体的评估指标,并不是要从学校的理想或氛围的角度界定"生态",而是从我国研究和实践中常见的学校作为系统的角度出发来理解"生态",一方面考虑学校内部的要素之间的关系,另一方面也涉及学校与外部系统之间的关系。但是,这并不意味着在指标建构上要把所有的要素或外部系统都整合进来,相反,这里采取的策略是紧扣标准,凸显学校内部的关键性要素(如学生和教师),关注校内外系统的直接性关联(如学校与家庭、社区),尝试形成具有引导性和操作性的"生态"指标。

1. "全纳"维度的指标建构

"全纳"作为学校发展评估的"生态"标准,与学校的根本使命——促进每个个体的

[①] 冉华,程亮.学校现代化的"生态"维度:标准与指标[J].中国教育学刊,2020(11):32-37.

发展紧密相关。2016年,联合国教科文组织明确将全纳与公平的教育确立为短期内全球教育的目标,与此同时,全纳与公平也成为国际上学校发展评估的高频词。从"生态"的层面来看,"全纳"意味着学校发展要面向每个学生,要形成包容性强的学校文化,要营造尊重和安全的学校氛围。具体到指标建构上,学校文化的包容性主要考察的是,每个学生是否有均等的参与机会,是否对处境不利的学生(如家庭困难生、学习困难生等)有相应的支持措施。同时,这里也设置了一个反向指标,询问家长和学生是否在种族、民族、文化、地域和家庭背景上遭受过歧视。在尊重与安全的学校氛围上,主要参考国际学校生态评估的指标体系,考察每个学生是否都能感受到尊重和心理安全,而在反向指标上,主要询问学生在学校是否受到过取笑、侮辱和欺凌(见表5-16)。

表5-16 "全纳"维度的指标

一级指标		二级指标	观测点
价值维度	领域维度		
全纳	学校文化	包容性	每个学生都不受排斥,拥有均等的参与机会 每个处境不利的学生都能获得积极的支持 学生在学校中受到过歧视(反向指标)
	学校氛围	尊重与安全	每个学生都能感受到尊重和心理安全 学生在学校中受到过取笑、侮辱和欺凌(反向指标)

2."共生"维度的指标建构

学校内外系统的和谐共生是良好的学校生态的特征,构成了学校生态评估指标体系的重要方面。这一维度主要设置两个二级指标:学校与外部系统之间的协同与平衡和学校内部各子系统之间的协调与平衡(见表5-17)。学校与外部系统的共生方面,主要考虑如何与家庭,与兄弟学校、博物馆、科技馆等校外机构形成协同关系,以及与教育行政部门的隶属关系。学校内部各生态系统的共生方面,首先涉及的是学校的核心价值理念(包括办学宗旨、学校文化、校风校训)是否能被学校的师生认可,是否能融入到学校各方面的工作中;其次涉及的是学校是否具备完善的现代学校制度,诸如年级组、备课组、教研组等,各部门之间分工合理、权责明确;第三涉及的是人际关系,主要考察学校管理者、教师、学生之间是否形成相互尊重、平等互动的关系。

表5-17 "共生"维度的指标

一级指标		二级指标	观测点
价值维度	领域维度		
共生	学校与外部系统的关系	学校与外部系统之间的协同与平衡	与其他学校之间结有伙伴关系 与家庭之间有相互支持的关系 与其他社会机构之间有合作关系 与教育行政部门有良好的关系
	学校内部系统的关系	学校内部各子系统之间的协调与平衡	核心价值理念能在学校工作各领域渗透与融合 学校的师生员工知晓和认同学校的办学宗旨、校训与校风 学校制度完备,各部门之间分工合理、权责明确 学校管理者、教师、学生之间关系和谐、沟通充分

3. "可持续"维度的指标建构

"可持续"既是学校发展的目标,也是学校生态的内在要求。但这不只是从整体上考察学校整体发展的可持续性,更关注学校系统中两个重要主体——教师和学生的可持续发展。尽管学校的可持续发展需要外部条件支持和内部结构优化,但最为根本的仍然是学校教师和学生的发展是否具有可持续性。衡量教师专业发展的可持续性,一是通过"教师有均等的发展机会和资源"和"学校有激发教师发展动力的奖惩制度和激励措施"来衡量教师可持续发展的保障条件;二是通过"教师对自己教学的满足感和认同度"这个观测点来测评教师对其工作的态度和认同度,以激发教师自我发展的动力。同样,学生发展的可持续性也包括学生发展机会与学生学习体验两个方面。就发展机会而言,学校摒除只为考试而准备的机械式学习方式,倡导自主、合作和探究的学习方式,并重视学生终身学习能力的培养。学校中人的态度和感知是学校生态研究的重要方面,一所生态型学校是学生愿意来上学的学校,也是学生获得满足感和获得感的地方。就系统而言,生态型学校意味着学校改进的持续性,首先,要制定科学合理的学校发展规划,以规划引领学校发展,避免改革的随意性;其次,学校要合理利用校内校外资源,包括家长资源、地方文化资源等;最后,设置一个结果指标以考察学校的生源情况和运营情况(见表5-18)。

表5-18 "可持续"维度的指标

一级指标		二级指标	观测点
价值维度	领域维度		
可持续	学生	学生发展的可持续性	学校重视培养学生的终身学习能力 学校倡导自主、合作和探究的学习方式 学校学习对学生具有吸引力

续 表

一级指标		二级指标	观测点
价值维度	领域维度		
			学生在学校学习具有获得感和满足感
	教师	教师专业成长的可持续性	教师有均等的发展机会和资源
			学校有激发教师发展动力的奖惩制度和激励措施
			教师对自己教学的满足感和认同度
	学校整体	学校改进的可持续性	学校制订有科学合理的学校发展规划
			学校能够合理利用校内校外的各种资源,实现学校发展
			学校运营情况良好,生源丰富

基于以上思考,进一步对这些标准和指标在学校情境中的适用性和可用性进行了评估,也利用这些标准和指标对一些学校的现代化水平进行了引领、监测和指导。根据"生态"指标本身的特性以及试测过程中的探索与总结,这些指标在实际应用中须注意以下几个问题。其一,刚性指标与柔性指标相互参照。如前所述,与"生态"这一柔性治理指标相对应的,还有一个"赋权"所代表的刚性指标,"赋权"指标明确清晰,辨识度高,"生态"指标则往往模糊隐性,甚至微不可查,但二者之间是可以相互比对和参照的。如果说"赋权"指标反映的是学校现代化发展中组织变革与制度创新的刚性效果,那么"生态"指标则更多地体现在学校内部的人际关系、组织氛围,以及校内外的互动与支持这些隐性的变化之中,实际评测中技术难度大,但也不是不可能有所发现、有所创新和有所收获。其二,评价方与受评方互动协商。自第四代评价理论起,评价活动不再推崇评价方高高在上指点受评方、受评方诚惶诚恐接受"判决"的不平等格局,而是强调施评受评双方要以平等的姿态参与评价过程,围绕指标要求与结果呈现之间的"吻合度"或"落差"展开讨论,其实也是一种真诚相对、共同研讨的过程。从生态学观点看,这是评价过程中双方主体之间一种必要的和谐,对"生态"的评价本身应是符合生态本义而不是"反生态"的,只有这样,才能找到优化评价指标与改进建设行为之间恰切的"度"。其三,鉴定甄别与改进优化相辅相成。生态评价也是一个通过评价促进教育生态优化的过程,生态评价需要对受评方生态建设状态进行甄别与鉴定,这种结果式评价又为受评方学校生态建设的改进与优化提供了依据,评价不止于鉴定,而要在鉴定之后与受评方一起研讨出改进的路向,这才能达到"以评促建"的目的。确立价值,建立标准,制订指标,虽不能直接达成学校现代化的鹄的,但依然是引导和辅助学校的现代化实践的重要工具。

(五) 优质[①]:学校现代化评价的终极标准

我国优质学校的整个发展轨迹大致如下:第一阶段是政策助力,从"重点校""示范校"到"新优质学校";第二阶段是学校内生,从"规范校"到"特色校"到"示范校";第三阶段是第三方评估的推动作用。就国外来看,具有启示意义的是以协作统领教与学的系统领导论、基于优势视角的欣赏型探究两大理论与方法。

优质学校标准体系可以检测出学校在结果方面达到"质的规定性"的程度和在过程方面"质的成长与提升"状况。[②] 为此,本研究根据国外研究动态与国内本土化调研,形成了优质学校标准体系的指标框架(表5-19)。

表5-19 优质学校标准体系的指标框架

一级指标	二级指标	观 测 点
A 基础保障	A1. 学校基础设施 A2. 学校课程设置 A3. 学校办学理念	A1.1 学校的教学楼、体育场地、校舍、绿化用地等能够满足学生发展需要 A2.1 课程内容注重学理性与生活性的关系 A2.2 实行国家课程与校本课程的交互式开发 A3.1 学校的办学理念能够具体落实,而不只是挂在墙上的"口号" A3.2 班级规模符合现代化学校标准的规定
B 过程发展	B1. 学生发展的可持续性 B2. 教师发展的可持续性 B3. 课程开发的可持续性	B1.1 拥有平等、和谐的生生关系,没有被歧视感 B1.2 拥有民主、和谐的师生关系,没有权威感 B1.3 建立发展性学生评价制度 B2.1 教师能够落实并不断调整自己的年度学习计划 B2.2 教师在读书会上有充分的交流 B2.3 教师能够主动学习现代化教学辅助技术 B3.1 定期邀请教师、学生,召开"课程对话" B3.2 有完善的课程管理制度,能够创造性地执行国家课程方案 B3.3 学校能够激励教师研究校本课程、开设社团活动
C 多元特色	C1. 学生评价方式 C2. 教师发展方式 C3. 学校管理方式	C1.1 评价内容不局限于学业成绩,更包含学生个人爱好、参加比赛、校园逸事等 C1.2 评价主体不局限于教师和学校,还包括学生眼中的自己、学生眼中的他人、家长眼中的孩子等 C2.1 专家主题讲座、教师工作坊的互动性 C2.2 教师个人经验分享具有主动性 C3.1 校长把管理权力下放到学校各个层面,明确职责 C3.2 寻求社区、家长对学校的支持

---

① 杨婷.优质:学校现代化评价的综合标准[J].苏州大学学报(教育科学版),2020,8(03):21-29.
② 邬志辉,陈学军,王海英.优质学校的概念、建设过程与指标框架研究[J].东北师大学报,2004(3):113-120.

续 表

一级指标	二级指标	观 测 点
D 合作共享	D1. 学生学习共享 D2. 教师教学共享 D3. 学校发展共享	D1.1 学生在课堂上用小组合作方式进行学习 D1.2 学生在社团中通过团体合作方式进行活动 D2.1 校长把管理权力下放到学校各个层面,明确职责 D2.2 寻求社区、家长对学校的支持 D3.1 校长与其他成员共同计划活动、共同执行 D3.2 寻求 U-S 合作共同体以及兄弟院校的联盟

优质学校标准的理论框架由 4 个维度和三级指标构成。4 个维度包括基础保障、过程发展、多元特色以及合作共享。这 4 个维度分别对应着优质学校建设过程中需要考察的 4 个方面:第一,基础保障是前提,包括基础设施建设、学校课程设置以及办学理念等 3 个方面,它是优质学校建设的起点;第二,过程发展是性质,在学校着手进行改进之前,对优质学校的建设这个行动做整体的定性,表现在学生培养、教师发展以及课程开发方面的持续性发展;第三,多元特色是目标,优质学校建设的最终目标是让每一个学生获得其成长所需的教育资源和体验,因此,教师发展方式与学校管理方式都要随之发生动态变化;第四,合作共享是手段,尽管优质学校建设的目标指向生命个体的发展,但是其建设的道路并非是一座独木桥,而是需要通过领导力的发挥,倡导合作共享的文化,让更多的学生、教师以及其他学校参与到优质学校建设的过程中来。因此,本研究构建的优质学校指标体系,不是一个理论上的概念定义或封闭的标准框架,它最大的特点是在考察现有学校离优质学校"有多远"的同时,为学校缩小这个距离提供了可能。正如邬志辉教授等所言,"好的指标体系就像一面镜子,可以让学校更清晰地认识自己,并明确未来的发展方向"。[①]

优质学校标准的指标框架共由 4 个一级指标、12 个二级指标以及 26 个观测点构成,每一级指标以及观测点的设定都是在相关理论基础与实践经验的探索中形成的。

1. 关于基础保障维度的指标说明

基础保障维度在总体上是对学校现状的总体考察,办学理念是对学校文化的考察,课程设置是对文化载体的考察,而基础设施是对学校硬件条件的考察,三者分别对应着"内涵—载体—外延"。需要说明的是,文化作为学校的灵魂与神经中枢,是全体

[①] 邬志辉,陈学军,王海英.优质学校的概念、建设过程与指标框架研究[J].东北师大学报,2004(3):113-120.

成员在长期相互作用中培养出来的共同遵守的价值标准。① 因为学校文化是一个隐性的评价指标,对它考察的观测点需要落到对学校理念的具体落实上而非理念本身的合理性上。学校课程的设置要注重学理性与生活性的关联性以及国家课程和校本课程的交互性,为了满足课程对每一个真实个体的关注,学科边界会趋向模糊,课程内容会趋向融合。② 因而,把课程内容的生活性(A2.1)与类型的多样性(A2.2)作为课程设置的两大观测点。

2. 关于过程发展维度的指标说明

过程发展维度主要指学生、教师以及课程在发展过程中的可持续性。OECD在1982年发起了ISIP,该项目提出了迄今为止被引用最多的学校改进定义:"一种系统而持续的努力,旨在改变校内的学习条件和其他相关条件,最终能让学校更有效地实现教育目标。"③这个过程将会渗透到学校教育的各个领域、各个主体。因此,在学生发展领域,将生生关系(B1.1)、师生关系(B1.2)、发展性评价制度(B1.3)等三个方面作为观测点;在教师专业发展层面,将对年度计划的调整(B2.1)、读书会的互动程度(B2.2)以及现代教学技术的掌握(B2.3)等三个方面作为其观测点,重点考察教师的学习力与适应力;在学校课程开发层面,将课程对话(B3.1)、国家课程(B3.2)以及校本课程(B3.3)作为观测点,重点考察学校是否具备灵活开放的课程开发机制以及是否能够协调处理国家课程与校本课程之间的关系。

3. 关于多元特色维度的指标说明

现代化从一开始就具有强烈的人文气质,所以主体性、民主是现代性的典型要素。④ 多元特色维度正是对这一要素的体现,它强调三种方式的转变,即学生评价方式、教师发展方式、学校管理方式。我国有学者曾说:"优质学校是一种兼容,呵护着各种不同性格、不同才智、不同个性、不同背景、不同层次的教师和学生。"⑤因而,对教师与学生的多样化、差异化培养便成为优质学校考核的侧重点。在学生评价方面,评价内容(C1.1)超越了"唯成绩是从"的评价标准,将学生的个人爱好纳入其中;评价主体(C1.2)超越了"唯教师是从"的主导性评价,加入了学生自评、学生互评、家长评价等多

---

① 谢翌,马云鹏. 优质学校建设的背景、理念与维度[J]. 教育发展研究,2007(10):34-38.
② 谢翌,马云鹏. 优质学校的基本理念与文化形态[J]. 教育研究,2008(8):62-66.
③ 梁歆,黄显华. 学校改进:理论和实证研究[M]. 上海:华东师范大学出版社,2010:8+16.
④ 杨小微. 教育现代化的路径选择[J]. 人民教育,2014(20):8-12.
⑤ 杨小微. 对标2035:学校教育现代化推进的方向与路径[J]. 人民教育,2020(Z1):17-20.

元评价方式;在教师评价方面,更加注重教师对于专业发展活动的主动性与互动性,注重教师在这个过程中的所想所得,而不是例行公事般地完成任务;在学校管理方面,强调校长对权力的下放(C3.1)、广开言路式地向社区和家长征求意见(C3.2)。优质学校的指标体系在以上三种发展方式上呈现出权力下放、多主体参与以及民主化管理等现代学校的特点。

4. 关于合作共享维度的指标说明

合作共享是现代学校倡导理念的重要组成部分,贝茨认为,"学校改进的关键在于协作关系的形成"①。只有通过与学校外人员的协同工作,才能变革学校内部(教学、课程、学校文化等)的教学条件,增强学校变革的能量。② 因而,合作共享作为优质学校建设的主要手段,关注学生在学校对小组合作方式的利用效率(D1);关注学校间和学校内教师在相互学习过程中对知识的获得感(D2);关注学校从计划的形成到执行是否融入了其他力量(D3)。总之,每个观测点都是从不同侧面考察团队成员的合作能力,但是无论是教师还是学生,其合作力的培养在更大程度上取决于自主权的享有。佐藤学曾说,只有真正给予学生学习权,他们才敢于挑战更高水平的学习机会。③ 我国有学者也说,教师必须被赋予必要的专业自主权才有可能成为研究型和创新型教师。④

从优质学校标准体系构建与指标阐释中可以看出,在优质学校建设的过程中,我们着重强调了教师、学生、课程、管理方式等四个元素,它们呈现着这样的关系:教师是优质学校建设的主力军,实现学生的个性化、差异化发展是优质学校追求的重要目标,而课程方案的调整、评价方式的改变、层级制度的打破、合作共享的构建等都在致力于这一目标的实现。优质学校不同于传统学校,它是教育现代化发展的必然样态,从本研究构建的优质学校指标体系中可以看出,它与传统学校最大的不同在于,优质学校在努力摆脱应试教育的束缚,从学校内部进行根本的系统性变革,旨在实现学生的个性化发展,为其终身发展奠定坚实基础。因为"学校的目标始终应当是:青年人在离开学校时,是作为一个和谐的人,而不是作为一个专家"⑤。

---

① 梁歆,黄显华.学校改进:理论和实证研究[M].上海:华东师范大学出版社,2010:8+16.
② 梁歆,黄显华.学校改进:理论和实证研究[M].上海:华东师范大学出版社,2010:8+16.
③ 佐藤学.学校的挑战:创建学习共同体[M].钟启泉,译.上海:华东师范大学出版社,2010:1.
④ 谢翌,马云鹏.优质学校建设的背景、理念与维度[J].教育发展研究,2007(10):34-38.
⑤ 爱因斯坦.爱因斯坦文集:第三卷[M].许良英,赵中立,张宣三,译.北京:商务印书馆,1979:146.

第六章 教育现代化样本区样本校试验研究

中国学校现代化标准及其评价指标的研制,尽管是经过了文献解读、理论探讨和专家咨询,但是否科学是否合理,还需要在实践中检验。为此,我们围绕标准及其指标的验证,开展了区域性试验,主要在与课题组合作的教育现代化样本区和样本校中进行。

一、教育现代化样本区/校试验概述

课题组以现代化学校标准为价值指引,以"公平""效能""赋权"和"生态"为基本变量,以领导与管理、课程与教学、班级与学生、学校与社区关系为主要领域,以学校变革典型经验及"中国学校发展数据库"大数据为基本参照,从学校发展标准、学校发展规划、学校治理与问责体系优化(含组织、制度和机制变革)、校长与中层干部领导力提升、教师专业发展、学校实践变革(包括课程、教学、班级建设等领域的变革)等多维度多层面持续开展研究与试验进而探索东、中、西部推动学校现代化的有效机制与可行路径。

教育现代化样本区的启动时间为2017年,其流程为课题组专家团队在启动时会进入到样本学校之中听课、听取汇报、与学校校长老师进行深入交流,在此基础上了解学校现阶段发展现状、优势与问题。随后在专家组引领下,以5E(公平、效能、赋权、生态、优质)为标准制定样本校三年(2017—2020年)建设规划,之后根据规划进行样本校建设,在这个过程中,会一直有课题组专家与学校进行沟通,最后总结样本校建设成效与经验,并进行反思。

数据收集方面,依据学校现代化标准的基本精神,开发面向校长、教师和学生三类人群的在线调查问卷,问卷发放分为三次,每次回答问卷人数为学校的三分之一,本章节第二部分的数据分析基于前两次数据的收集,案例部分基于各个学校的发展与评价。由于教育的研究具有长效性和滞后性,因此后续将会做更深一步的研究,届时将会将第三次数据与前面数据进行对比分析,同时将进行示范校推选,作为学校现代化样本校。

二、教育现代化样本区/校试验研究案例

中国学校现代化标准及区域试验项目主要以合肥经开区、嘉兴海盐县、重庆荣昌区等地为研究案例,展开其验证过程与经验凝炼。2017年经双方协商,确定合肥经开区5所学校(2所小学、3所初中)为学校现代化标准试验样本校(见表6-1),与华东师大基教所长期合作的翡翠学校,也自动成为样本校;确定嘉兴市海盐县4所学校(2所初中、2所小学)成为学校现代化标准试验样本校,其中有2所曾经是地道的农村学校;2018年开展了与重庆荣昌区的全面合作,其中11所项目学校(8所小学、2所初中、1所高中)确立为学校现代化标准试验样本校。经过样本校试验,来验证由课题组研发出来的"学校现代化5E标准"的科学性和可行性。具体从两个方面开展验证:一是依据学校现代化标准的基本精神,开发面向校长、教师和学生3类人群的在线调查问卷;二是将学校现代化标准转化为"学校现代化评价指标体系",作为教育现代化各样本校的改革与发展基本指南,并将其基本精神体现在各样本校的学校发展规划之中。

表6-1 学校现代化样本校一览表

地点	学 校 名 称
嘉兴海盐县(4所)	武原中学
	沈荡中学
	向阳小学
	齐家小学
合肥经开区(5所)	合肥市五十中学西校高刘分校
	合肥经开区六十八中南校区
	合肥市莲花小学
	合肥市明珠小学
	合肥市第七十二中学
重庆荣昌(11所)	盘龙镇第二中心小学
	荣隆镇中心小学

续表

地点	学 校 名 称
	吴家镇中心小学
	安富中心小学
	双河中心小学
	仁义镇中心小学
	荣昌广顺小学
	峰高中心小学
	荣昌安富中学
	荣昌仁义镇中学
	荣昌初级中学

（一）东部样本区/校：嘉兴海盐县

课题组在东部选择了浙江省嘉兴海盐县作为教育现代化样本区，其中4所中小学作为样本校，研究过程中也兼与杭州江干区的合作项目学校进行了某些维度的比较。

海盐县与华东师大基础教育改革与发展研究所的合作始于2017年9月份，其宗旨是探寻我国东部地区推进教育现代化的独特路径，同时也为正在研制中的中国学校现代化标准提供一个验证与试验的基地。

1. 样本校建设过程

华东师大课题组专家成员分为不同小组分别进入到样本校之中，通过听课、对各个学校进行深入了解、实践调研，明晰其现阶段的优势与不足，进而开始制定实施方案，具体关注点因校而异，既能够使学校达到各自领域的现代化标准，同时也能够促进其特色发展，形成辐射效应。下面是浙江海盐样本校建设测试数据（见表6-2、6-3）。

表6-2 海盐第一次数据（2017年第一学期）

省份	城市	学校	公平维度	赋权维度	效能维度	生态维度	总评
浙江	海盐		16.3	16.9	16.6	15.5	65.3
浙江	海盐	向阳小学	16.7	18.7	18.2	16.4	70.0
浙江	海盐	武原中学	16.0	14.8	14.7	15.2	60.7
浙江	海盐	沈荡中学	15.8	16.4	16.6	15.0	63.8
浙江	海盐	齐家小学	16.7	17.5	16.8	15.5	66.5

表6-3 海盐第二次数据(2018年第二学期)

省份	城市	学校	公平维度	赋权维度	效能维度	生态维度	总评
浙江	海盐		17.0	18.2	17.5	16.3	69.0
浙江	海盐	向阳小学	17.5	18.9	18.6	16.8	71.8
浙江	海盐	武原中学	16.5	18.2	17.2	16.0	67.9
浙江	海盐	沈荡中学	16.4	17.9	16.6	15.5	66.4
浙江	海盐	齐家小学	17.6	17.7	17.8	16.8	69.9

从已经收到的两次数据来看,浙江嘉兴海盐样本区在学校现代化5E标准之下总体上是有所提高的,从第一次的65.3到第二次的69.0。且在各个维度上都有所提升,在公平维度领域从16.3提升到17.0;赋权维度从16.9上升到18.2,提升最多;在效能维度从16.6上升到17.5;在生态维度从15.5上升到16.3,可以看出在海盐成效较为明显。从学校来看,基本上每个学校的得分也都是在提升的。首先,从总评来看,武原中学提升最多,具体原因可以参见本部分关于学校案例的具体分析。从赋分的高低来看,在第一次数据和第二次数据的测试中可以看到向阳小学的分值最高,但也能够看出其提升点也是最小的,可以推断其起点本身就比较高,因此进步的空间较小,但仍是有一定发展空间的。

从整体数据来看,无疑海盐学校的发展是符合预期甚至是超出预期的,但通过数据只能够看到变化和最终的结果,具体建设的进程以及其经验需要通过学校具体的案例来加以呈现。因此接下来的部分会以不同学校作为案例进行详细分析。

2. 向阳小学的"全人浸润教育"

海盐县向阳小学创办于1912年,于1997年被嘉兴市教育委员会授予"嘉兴市第二实验小学",是一所有着百年历史又具现代气息的省级城镇示范学校。学校现有朝阳、海沙、望海3个校区,在校学生3 459人,在编教师202人,专任教师本科及以上学历占92.07%(其中研究生学历11人)。其中,省名师名校长培养人员2名,嘉兴市名校长、嘉兴市名教师、市学科教学带头人9人,海盐县级名教师、县学科教学带头人、县德育名师、县学科教学能手29人。多年来,学校秉承"崇德、善学、求实、创新"之校训,坚持"向学求真,阳光卓越"之向阳精神,以培养全面发展又有个性特长的向阳学子为目标,全力推进全人浸润教育。"润泽生命成长,静听向阳花开",已成为向阳人共同的核心价值追求。

作为浙江省文明单位、浙江省示范小学，三年来，向阳小学以教育现代化样本学校建设为重要抓手，以推进向阳小学集团化办学为契机，全力推进一校三区办学。以课堂教学改革、校园文化建设、师资队伍优化为抓手，以制订学校现代化建设标准为载体，以主题讲座、专题交流、跟岗学习、导师引领等为途径，开展合作项目相关活动，不断提高教育品位，助推学校现代化建设，从而不断提升向阳小学的办学品质。

（1）成效与经验

凝练办学文化，凸显"全人浸润"办学理念。从2006年的"生命化教育"走到2012年的"教育生命化"，再到2015年提出的"全人浸润教育"，向阳品牌文化不断凝练。2018年，学校提出了：聚焦学生生命成长，全力推进全人浸润教育，即润泽生命成长，静听向阳花开。所谓"全人浸润"教育，是着眼于"完整的人"的教育，通过育人模式的转换与教育教学方式的变革，让学生润物无声地获得未来发展所需要的关键能力，实现人的整体发展。

现在的教育正在"替一个未知的世界培养未知的儿童"。因此，我们需要自问：小学生一年级跨入校园时的世界，与到他毕业跨出校园时的世界，还一样吗？教师眼中对于这个世界美好的追求，与学生眼中对于这个世界美好的追求，一样吗？教育是为了个体的成长，还是为了人类的进步？或者，这两者同等重要？2020年，学校又在已有办学文化的基础上，进一步完善了学校的办学理念，提出了"全人浸润，慧启未来"的教育主张，从教师、学生、课堂、课程等多个维度挖掘学校发展的突破点，实现学校的全人发展、全体发展、全域发展、全面发展，在学校办学思想、育人模式、队伍建设、学生发展、学校发展等内涵发展领域走出了一条属于自己的品质发展之路。

向阳小学的学校文化建设是"关注人的可持续发展"的"浸润式"育人理念的具体体现。吉祥物"阳阳"的设计，推进了向阳人的自我认定、阳光心态与微笑前行。向阳专属果园里，各色植物、果蔬孕育着收获的情绪和生命的美好；北门厅的向阳精神世界地图主题墙上，张张灿烂的笑脸分布在世界版图的各个领域，预示着向阳学子阳光大气地走向世界；向阳花铺成的阳光大道，寓意着不同个性的向阳花茁壮成长的向阳花主雕……随处可见、无处不在的文化景观，充满向阳气息，使向阳园成为润物无声的成长乐园，向阳小学全方位打造以人为本、积极向上、充满活力的向阳文化环境。

深化学校发展，提升"全人浸润"办学品位。向阳小学将办学目标重新定位在培养健康向上、百花齐放的向阳人，把教师队伍的目标定位在"着力打造自信阳光的教师队伍"，不断提升办学品质。

向阳小学的教育是开放共融、面向全社会的优质均衡教育,在海盐县创建全县域义务教育优质均衡发展县的过程中,向阳小学充分发挥了窗口学校的示范引领作用。教育部教育督导局副局长郭佳一行、广西柳州责任督学能力提升研训班一行、山东潍坊各市县教育部门和督导机构负责人、江西省委教育工委委员、省教育厅总督学曹伴好一行等先后来校调研、考察,对学校"优质"和"特色"凸显的教育实效给予了高度评价。

作为教师专业发展研修联盟学校、浙江省2019年第二批义务教育标准化学校、嘉兴市第二批"未来学校"培育试点单位,向阳小学还联合沈荡小学、齐家小学、百步小学、横港小学打造向阳共同体,以智慧共创、资源共享、优势互补、互惠共赢为宗旨,以学科为单位,以共同体各个学校为主体,着眼学生发展,引领教学业务创新求精,共研教学之道、质量提升之道、教师成长之道,加强校际特色项目交流,助推教师抱团成长,促进县域城乡学校一体化均衡优质发展。学校每年选派10多位名优教师去农村支教,将先进的教育理念、教学方法带到农村,"让城乡孩子共享优质教育",促进县域城乡学校一体化均衡优质发展。2018年,浙江省教育厅推行重大民生工程——"城乡携手同步课堂"千校结对帮扶工程,向阳小学与齐家小学成为了首批省级试点学校,还与丽水景宁畲族自治县梧桐乡中心学校结对,建立了"五同步"教学机制:同步规划、同步课程、同步研修、同步活动、同步发展。每周开展一次活动,包括线上同步直播、名师网络教研、线下教学研讨、德育沙龙、送教下乡等,促进了学校间优质、均衡发展。

学校每学年有序开展"校园文化六大节"特色活动,为学生提供了一个全面发展、张扬个性的平台,成为校园亮丽的风景线。这些精心策划的品牌特色活动项目,通过媒体报道、现场直播、平台推送等方式有效传播,极大地提升了活动的影响力,吸引了同行、社会的广泛关注,深受学生的喜爱,提升了活动育人的实效。

作为嘉兴市首批智慧教育示范校、之江汇教育广场应用试点示范学校,全校师生积极探索智慧校园建设的应用模式,借助物联技术对校园环境、教育资源、教学活动、师生素养等各个方面进行综合管理,全力推进向阳"智慧e路行"的智慧校园建设。在人人通空间建设中,六位教师的空间获得"省特色空间"优秀空间;"玩转Scratch——拓展性课程的开发研究"作为嘉兴市首批中小学智慧教育深度创新应用项目,先后多次在县、市级活动中进行交流与展示;拓展性课程选课平台正式上线,在课程建设中得以推行使用;学校成立的"创客工坊"努力为学生的创新思维和创造能力服务;信息中心在利用自媒体宣传报道和信息化建设中发挥出重要作用,微信公众号累计推送微文

2000余篇,自媒体的运用在更广的范围扩大了学校的影响力与知名度;数学学科先后开发出"智慧小火车"等课程,在全省学生中推广使用。

加大队伍建设,提升"全人浸润"教师品质。海盐县与华师大基教所合作3年,促进了教师队伍的良性发展,提升了学校教师的研究能力与专业素质,焕发出教师的教育生命活力。3年来,学校进一步完善了校本研训体系,促进教师专业成长;实行了多维的考核机制,实现"双一流"队伍建设。在每年的办学水平评估群众满意度测评中,学校均获最高满意率。

完善校本全域研训机制:学校创新研训载体,构建了"全员普适""段组分层""个性梯队"三维校本研训体系,促进教师专业发展。每学年,以"向阳论坛"为平台对全体教师进行专题校本研训;由学科分管领导负责,分8个大组开展集中性的校本培训;以学科组为单位开展主题性的研训活动。

"青蓝成长团"研修活动和"骨干教师自主发展提高班"两班研训态势良好,采用"自主＋集中"的研修模式,开展了"云上悦读汇"读书交流活动,读书征文比赛,两笔字每周打卡,阅读单每月打卡,青年教师备课调研、听课调研活动以及说课比赛等。两班在团队文化浸润下,在阅读、教科研、德育管理等各个领域迅速成长成熟起来,研训态势良好,很多名优教师就是从这里起步的。

在华师大基教所杨帆、王占魁副教授的指导下,学校从教育、教学、课程及科研等方面展开研训,直面教育教学一线问题。在专家把脉、现场点评、一对一提升的过程中,青年教师更加重视基本功训练,特别是对学生的研究,骨干教师更注重学习、实践、反思,名优教师重在"我的教学主张"的提炼和持续深入研究。3年来,组级开课周活动中共开课300多节,开课率达100％。青年教师参加县级以上课堂教学评比,均能获县一等奖以上。在一师一优课活动中,2位老师获国家级优课,6位老师获省级优课,全校晒课率达100％。

创新多元激励机制:从教师的长远发展出发,学校不断优化教师发展性评价激励机制,除了"团考奖"、个性化奖励办法(敬业爱岗奉献奖、魅力班主任奖、名师工程考核奖、信息化应用先进奖等),依托创新实践奖这一鲜活的评价机制,强力推进学校"一流"建设:"一流管理团队",打造思想开放、精诚合作、执行到位的集团化办学管理团队;"一流年段组",打造积极向上、和谐包容、具有向阳特质的年级团队;"一流学科组",打造具有自身显性学科特色的一流教学品牌,提升学科整体质量与影响力。每个学科组都在分管领导的组织下,从课题申报、校本教研、日常教学等方面,进一步推进学科组、课题组的品牌建设,使教师队伍和学科教学在县域乃至更大范围内发挥出优势和影响力。

推进向阳课改,突显"全人浸润"样态。向阳小学长期以来一直聚焦课堂实践,深化课程改革,借助课程和课题的研究推进教学的轻负优质发展,通过教学的进一步研究实践,加大加快课程与课题的推进实施,特别是这三年在华东师大基教所教授的指导下,不断促进课堂教学改革,形成具向阳特质的"全人浸润教育"的课堂教学新样式;实现了教学与研究的良性高质循环。

课堂教学重改革:向阳教育致力于全科发展的课堂教学改革,积极开展共同体校际教研、两校区大教研、项目研究、现场展示等教学研讨活动,提炼出生态开放、主体凸显、全科浸润、差异发展的"全人浸润"课堂四特质,并修改了课堂教学的评价标准,"轻负优质"成为了学校值得骄傲和自豪的特征。近年来,全国中小学导读指导课一等奖、省综合实践课堂教学一等奖、省教育技术应用能力大赛一等奖等数不胜数的课堂教学成绩与荣誉,无不彰显着具有向阳特质的课堂改革活力。

每学期,以常规调研与微调研为手段,通过期中统测统批、期末模拟检测、技术课期末质量调研、晨间活动调研、作业量、作业批改调研、调研后问题反馈与策略跟进等系列调研活动,加强教学质量的中期监控与过程性管理。三年来,在县研训中心期末学科质量调研中,所有调研学科全部获 A 等第。

课程建设创高质:作为市第七轮教科研基地、省教科研"百强单位"、省教科研先进集体,学校构建了"三级学习研讨网络",即校级课题学习交流会、学科组学习研讨、教师自主学习。主要通过"一线问题征集""系列课题论证""一题一课一报告""一题一沙龙"等形式,突显动态的研究过程。

自 2014 年起,学校以"儿童成长营"活动课程建设为载体,通过系列化主导课题的研究,不断引领学校特色科研深入开展。2018 年,"学科融合:'全人浸润式'主题实践课程实施的样态研究"新立项为浙江省重点课题。本课题定位于主题引领下的活动课程样态研发,是学校"儿童成长营"课程校本化实施不断走向深入的再次探索。如何在全人浸润、全科融合的方向下,有效提升主题实践课程的教育价值与实施效果,成为了摆在课题组面前的新问题。华东师大教授多次深入学校进行课程实施的专题探讨,充分肯定了该课题的研究价值,并在操作层面上,对课程资源的参与式拓展、课程开发的整合式设计、课程资源库的数字化建设,以及课程评价的循环式提升机制,提出了富有实效的指导意见和建议,也为课题成果的提炼奠定了扎实的基础。

在此基础上，学校充分挖掘校内外优势资源，创设高质量的特色课程。"阅读悦美"整本书导读课程获嘉兴市义务教育精品课程，"儿童成长营"课程获第五届"浙江省义务教育精品课程"。"心随手动"现代折纸课程、TED英语演讲课程荣获县一等奖，思睿桥牌、舌尖之旅DIY美食课程获县二等奖。学校社团学生参加各级活动比赛，取得了不俗的成绩：桥牌社团在省青年桥牌锦标赛中夺得冠军，学校成为中国桥协"十市百校桥牌普及活动"世界冠军进校园活动唯一小学；啦啦操社团获得省啦啦操比赛一等奖，市双冠王；铜管乐社团在市少先队鼓乐大赛中蝉联第一；在市青少年信息学竞赛中，荣膺十连冠。近三年，学校县级以上立项课题71项，教科研成果获奖县级以上52项；教师撰写的论文获县级以上荣誉288篇，在各级期刊发表74篇，收获颇丰。

聚焦学生发展，优化"全人浸润"育人模式。五育并举，德育为先。向阳小学致力于做有仪式感的"全人"教育。多年来，形成了课程育人、家校联动育人、评价育人、红船育人等德育特色，构建学校、家庭、社会"三位一体"的协同育人格局，以"五星级文明班""幸福班集体"强化班级管理，以"生命化德育""七色花开"，规范学生养成教育，提升班级管理特色；以家长学校、家长课堂、家委会、家校主题教育日等形式，形成家校共育管理范本；以"个性学生""向阳之星"等评价机制，激励向阳学子立志求学、务实求真、心向阳光、追求卓越。学校被评为"嘉兴市红船精神进校园示范校"、省防震减灾示范学校、市第二批中小学德育基地学校。

优化评价手段，促进学生全面发展：学校建立完整的学生评价体系，过程性评价与终结性评价相结合，建立学生成长档案，制定学生综合素质评价方案，能科学使用评价信息，关注各类学生需求。结合星级文明班五项竞赛，年级联系领导每周发放"表扬单"；推进凸显导向的过程性评价，按照"班级之星""年级之星""向阳之星"的操作程序选出学校"十佳向阳之星"，并以年级为单位举行"向阳之星推介会"，树立典型，传递正能量，并结合六一进行表彰。还经过宣传报名、分组现场海选复赛、终极才艺展示活动评出了个性学生，张扬学生个性，助推学生生命成长。通过教育教学手段的转换，学校不断创新教育活动的载体，过程化、系列化的德育活动浸染成就了乐观向上的阳光少年，使"全面育人、活动育人"的向阳特色文化更具张力、更有情趣，促进学生的个性发展。

向阳小学建立了12个校外教育实践服务基地，创生了"儿童成长营"这一教育载体，走出了一条学校教育与社会生活巧妙融合的浸润式教育路径，使五育并举真正落地，助推学生成为适应社会发展的"社会人"。浙江省"深度课改·课程育人"现场推广会在学校举行,儿童成长营育人模式得到高度评价,《中国教育报》进行了专题报道。

注重教育融合,促进学生社会化发展:学校基于学生的个性爱好差异与多样化需求,构建了学校、家庭与社会融合的"儿童成长营",建立了张乐平纪念馆、水务集团、公交客运中心等10多个校外实践活动营地。每学期,学生全员参与深入营地,并以小组合作的方式,开展实践研究。从选题、实施到成果展示,融"知、情、意、行"为一体,全科融合、全员参与,走出了一条学校教育与社会生活巧妙融合的浸润式教育路径,充分凸显了学校"基于生命成长的全人浸润教育"的整体优势。该成果获浙江省创新教育研究成果评比一等奖。2017年,浙江省"深度课改·课程育人"现场推广会在学校举行,儿童成长营的育人模式得到了高度评价,《中国教育报》对此进行了专题报道。

(2)设想或打算

关于课堂教学改革。目前通过开展"全人浸润教育"的专题研讨,提炼出了"全人浸润"教育理念下的课堂教学特质,对于如何进一步优化与推进并开展成果提炼,还有待进一步深入实践探讨。需要加大与华师大基教所等的合作,明确学校发展和育人的新路径,进一步凸显"全人浸润"之成效。

关于教师队伍建设。学校每年新增教师30名左右,如何打造一支师德高尚、学术卓越、勇于创新、充满活力、整体水平居区域同类学校前列的师资队伍,进一步提升教师的教学与科研水平,还需要更完善的教师梯队建设的顶层设计,使不同段层的教师都能得到长期的更优的发展。需要加快"请进来""走出去"的脚步,规划好教师跟岗培训、考察学习的计划,增加一线专家亲临学校手把手指导的次数,让更多教师有与专家面对面深入探讨的机会,加速教师队伍的高位提升。

关于校园文化建设。学校一校三区集团化办学模式已定,通过校园硬件文化、精神文化、制度文化三个层面,构建更具向阳特质的教学文化,提升学校的办学品位,使向阳品牌更鲜明。

3. 齐家小学的"和文化"与"齐家式"成长

海盐县齐家小学,创办于1937年,校址在沈荡镇齐家桥(现新丰村所在地)。学校占地面积达26688平方米,教学及辅助用房面积5159平方米,绿化集中面积14100平方米,拥有1个200米标准跑道,2个篮球场,3个足球场(其中1个为笼式足球场)。学校共有专任教师38人,中级以上职称35名,占专任教师的92%,大专以上学历38人,占比达100%。学校有13个班级,在校学生435人。"和教育"精品课程体系初步形成。齐家小学以"和文化"为办学理念,打造"和教育",已经构建二十多门拓展型课程。特色项目取得突破性成效。学校女子足球获得嘉兴市一等奖；学校虚拟机器人囊括海盐县、嘉兴市前三名，代表嘉兴市到省里参加比赛，取得佳绩；学校STEM项目开展得有声有色，深得学生、家长喜欢。初步构建"金字塔"式教科研体系。科研兴校、科研兴教。各科室以"项目研究"为切入口，教研组、个人课题为基础群，结合教育、德育开展研究，致力于课程和课堂改革，课题和论文较以往有质和量的突破。

（1）成效与经验

第一，"和文化"让美丽校园"鲜活"起来。

校园文化特色：海盐县齐家小学创立于1937年，历经八十多载，多次更名换址，现成为美丽雅致的"齐家小学"。"齐家"之名，来自传统文化中耳熟能详的"修身、齐家、治国、平天下"，极富文化内涵。学校以此为名，虽是乡名所致，却也因此彰显更丰厚之人文情愫，蕴怀更丰满之教育理念。八十载春秋写华章。学校确立了"和文化"为办学思想，抓"本真德育"，行"本色教学"，以"修身养性，齐家治国"为宗旨，面向现代化、推进小班化，成为了浙江省示范学校，浙江省小班化实验学校（嘉兴市2所），浙江省校园足球基地。欣然，一所"校舍一流，环境一流，师资一流，质量一流"的农村特色学校正在崛起。

创设小班化特色教学：学校2008年成为海盐县第一所小班化教育试点学校，2014年，成为浙江省小班化实验学校。通过长期实践，创立了一系列行之有效的小班化教学策略，特别是在基础性课程建设上实现了"四个当堂"（当堂作业、当堂批改、当堂辅导、当堂订正），构建了比较成熟的"五位一体"教学程式（预后导学—小组学习—班级展示—点评讲解—行为跟进）。我们深刻地体会到小班化教学的最大价值，在于班级人数的减少为师生互动、生生互动、人本互动的深入与延展提供了充裕的时间和广阔的空间，从而提升教学效果。

满足需要的特色课程：借着2015年新课改的契机，学校全力构建"和教育"课程体系，以"和文化"为指导思想，以"本真德育"和"本色教学"为理念，追求"和乐且孺""和而不同"的境界，在和谐发展、均衡发展的基础上，力求学生得到个性化的发展。在多年实践的历程中学校极力打造了一批批精品课程，以达到"让农村的孩子享受和城里的孩子一样的教育"。

省级精品课程——"躬耕乐道·小农夫"课程："躬耕乐道"出自《三国志》，意为亲自耕种，乐于信守圣贤之道。在实际教学中，"躬耕"即小农夫课程重视"做"，重视动手实践能力，"乐道"即以小农夫课程为载体，着力于各学科整合的研究与实践，将教师的教、学生的学和做系统结合,让"教学做"合一,让学生从做中学。该课程源于生活,以蔬菜种植为主题,创造性地把课堂教学和劳动实践紧密结合起来,让学生在种植课程中学习、实践,并获取真知,增强学生的实践能力和综合素质,从而促进学生的全面发展。

市级精品课程——"奇思妙想实践营"课程:"奇思妙想实践营"课程立足于学生快乐成长,强调动手实践、动脑思考感悟,以小组合作项目研究的形式引导学生进行探索研究。以主题统整的项目研究为主,通过主题式的系列活动,以任务驱动的形式进行深入探究,在丰富的生活情境中,让学生获得将知识进行情境化应用的能力。激励学生勤于思考,学会批判、乐于实践,勇于创新,逐步形成适应学生年龄发展、终身发展的一门实践活动型课程。

浙江省足球特色学校——"快乐足球"课程:通过研究实践打造了浙江省足球特色学校,拥有海盐县首个笼式足球场。也成功申报了"全国校园足球基地",并成为"浙江省校园足球基地"。

在体育组老师的刻苦指导训练下,齐家小学足球运动员在2016—2017年度嘉兴市青少年校园足球联赛中获得了全市小学女子乙组第三名(一等奖)的优异成绩。

非物质文化遗产——"草编技艺"课程:草编是中国传统的民间手工艺品,具有丰厚的文化底蕴和文化积淀,其价值不仅仅囿于一种经济实用链条,而且具有较高的审美愉悦和鉴赏功能。它是以棕榈叶、苇叶、玉米叶等具有韧性的草叶作为原料,经过绘画设计和编制产生的工艺作品。

学校聘请浙江省十大民间工艺大师,草编非物质文化遗产的传承人张中元老师来校执教。本课程主要使学生在熟练草编的基本动作和要领后,用干草进行大件成品的编制,之后进行加工处理,最后展出作品。同时把学生心中的那份纯真与热爱,融入草编作品中,使其充满生机与童趣。

第二,成立"乡村教育家"成长营,打造强师团队。

学校鉴于学校实际,全面开展"强师工程",秉承"强师就是强校,强师就是强生"的号召。学校成立了由校长亲自负责的"乡村教育家"成长营,努力培养"有思想、有情怀、有文化、有能力"的齐家教师团队。

经师易得、人师难求:教师不仅需要经验、理论,更需要健全人格的塑造,师者佛心。教师首先是一个完整的人,才能培养完整的人。学校将采用"走出去、请进来"的方式,组织"理论研究""文化研讨""道德实践"等活动。与华师大基教所结对,外聘教育界专家、学者来校指导。同时,学校组织购买"陶行知、魏书生、苏霍姆林斯基"等教育家书籍和相关资料,组织教师系统学习。此外,学校评选出齐家小学首届"乡村教育家"——陈水红,作为成长营的影响者。

术有专攻、各有所用:学校根据教师自愿报名确立了"学者型""创新型""特色型""业务型"几大类型。学校根据发展需求,坚持"现代与传统"相结合,学校与个人相融合的原则,一方面着力引进和开发"STEM""赛车""虚拟机器人""无人机"等现代技术为支撑的前沿教育。另一方面,积极开展"草编""面塑""园艺""皮影"等传统特色,搭建"小农夫种植园""阳光房""齐风堂"民俗馆等,聘请民间传统艺人和特级教师来校指导技能和理论,逐步从"技能教师"发展成"课程开发"的特色教师。努力践行"一名教师可以成就一所学校"的理念。

自主天地、塑造品牌:由教师自主申报,经过学校党政会议研究决定,校长代表学校与相关教师签约为期三年的"个人工作室",为部分教师成长提供个人发展的空间,定期考核。同时,根据教师需求,为教师发展牵线搭桥,提供项目引进、学习培训、成果刊出、品牌推广等相应帮助和服务。

第三,开展"乡村教育家之声",青蓝协同成长。

为教师展示自我风采提供舞台,同时,也激发他们进一步学习和实践的热情。学校拟每周举办一次"乡村教育家之声",以论坛形式让农村教师把自己收获的教育想法、教学特色分享出来。让教师间思想碰撞,引领青年教师不断提高教师自身修养和知识储备,提升其班级管理和教学管理的艺术,从而为学生健康成长、学校办学质量提升提供源源不断的动力。具体分为以下几种模式:

一是"四步论坛模式"。通过预约私人定制,让教师自己确定分享主题,先自己提前准备,然后通过教研组活动在组内进行讨论修改,最后再进行全校分享。

二是"三亮个性策略"。在乡村教育家论坛上引导教师将自己的教学观点、教育理念,尤其是自己的特色研修项目中的点点滴滴进行分享,相互取长补短,共同成长。

三是"二层激励策略"。网络层面:将教师的分享写成报道在学校网站、官方微信、钉钉家长群中进行推广,让教师获得成就感、幸福感。实物层面:由教科室负责整理教师的论文、案例、发言稿,分类汇编成校级刊物,装订成册。

STEAM课程群建设成果喜人。教育现代化样本学校建设以来我们努力建设STEAM课程群,积极钻研和开展STEAM教学,并成为了嘉兴市STEM试点学校,开发开设的STEAM课程先后被评为海盐县精品课程、嘉兴市精品课程。同时结合海盐县规划课题"PBL与STEAM统整运作策略的研究"继续完善STEAM教学,结合学校资源拓展课程内容融入了小农夫生态农场建模课程和赛车工坊课程,其中项目"发光的礼物"在2018年海盐县STEM教育优秀案例评比中荣获二等奖;小农夫生态农场建模课程在2019年被评为海盐县第四届精品课程;论文《基于"STEM-PBL"理念的课程设计与实践》在嘉兴市2019年中小学教学论文评比中荣获STEM教学论文一等奖;赛车工坊课程在首届长三角青少年电动方程式大赛中精彩亮相,经过三天紧张有序的比赛,齐家小学车队准备万全、顽强拼搏,战绩斐然,分别获得2019长三角青少年电动方程式大赛最佳工程团队二等奖、排位杆位奖二等奖、赛车设计奖三等奖等荣誉。

(2) 设想与打算

结合2020年立项的嘉兴市规划课题"'齐家式'乡村教师:修身·创特·智享培养路径研究"开展教师培养工作(见图6-1)。

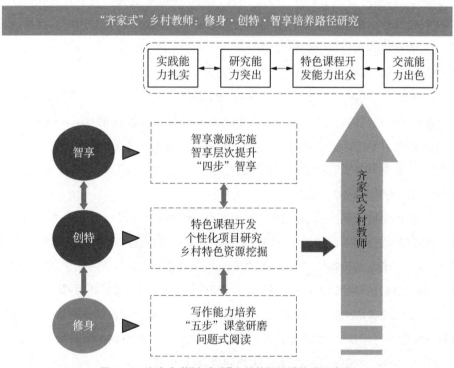

图6-1 齐家小学"齐家式"乡村教师特质构成示意图

何为"齐家式"乡村教师?由于学校名称是齐家小学,故而培养的是"齐家式"乡村教师,同时我们也希望其能扎根农村,以校为家,用爱心、细心去呵护和帮助每一位学生。

4. 武原中学的"生活力培育"与师生成长

海盐县武原中学创办于1956年11月,位于海盐县武原街道百尺南路8号,占地面积74 361.8平方米,建筑面积31 490平方米,绿化面积25 283平方米,经过几代人的努力,已经成为一所布局合理、环境优雅、拥有一流教育教学设施的现代化、网络化、生态化、园林化的初级中学窗口学校,是嘉兴市乃至浙北地区颇具知名度的"有文化底蕴,有个性特色,有品牌优势"的优质初中。

建校60余年来,学校以"积极进取,追求卓越"为精神,以《武原中学章程》为准绳,以"以人为本,务实创新,追求卓越"为办学理念,以"为学而来""学习改变生活"为教学理念,以"整体优化、开创特色、争创名校"为办学策略,以"培养可持续发展的人"为办学目标,以培养"四会一有"(学会做人、学会学习、学会生活、学会锻炼、学有特长)为教育目标,以"有文化底蕴,有个性特色,有品牌优势"为发展模式,以"真、实、美、勤、严"为校训,以"团结、民主、进取、求实"为校风,以"敬业奉献、正己爱生"为教风,以"尊师、守纪、勤奋、创新"为学风,逐步形成了"生活教育"的办学特色。获得了全国足球特色学校、浙江省城镇示范中学、浙江省文明单位、浙江省全日制先进学校、浙江省教科研先进集体、浙江省校本教研示范学校、浙江省百家教育创新优秀学校、浙江省50强优质教学特色办学跟踪单位、浙江省陶行知研究实验学校、浙江省绿色学校、浙江省卫生先进集体、浙江省健康促进学校金牌单位、浙江省德育教育基地学校等省市级荣誉称号160多项。

(1) 建设内容及过程

作为教育现代化样本校,学校以"生活力"培育为核心理念,从变革管理方式、促进学校内部治理现代化切入,发挥其在学校整体变革中的引领作用;进而围绕初中生活力培育工程的架构和实施,以及初中生"五育"固本行动,对课程进行整合与选择,不断丰富学校生活力培育拓展性课程。同时深入进行课堂教学改革,强化开放与自主,让每位学生在课堂学习过程中都得到平等的对待。此外,融合家庭和社会协同教育力量,推进五育并举,培育生活力。在样本校建设过程中,促进教师专业发展,以"一课三研"项目化校本研修等形式,推动全体教师的研修与成长。现展开阐述如下。

学校管理:营造生活力培育的学校管理文化。学校的"生活力培育"的育人体系,总体上体现了学校"文武相融、溯原求真"的价值观,拓展学校的教育资源,使教育的目标更明确,内容更贴近生活,符合学生的身心特点,活动更具操作性,其中也蕴含培育初中生的认知力和实践力,助推初中生生命力发展(见图6-2),推进"三力发展"的生活力培育的实施,促进学生全面健康地成长,使其具备适应终身发展和社会发展的必备品格和关键能力,推进活力校园建设效能,形成颐养身心的校园文化。

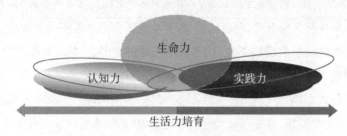

图6-2 初中生"生活力培育工程""三力发展"的运行图

课程研发:创生初中生"生活力培育"工程的课程运作模式。"生活力培育"工程聚焦了核心素养的文化基础、自主发展、社会参与三个层面,坚持立德树人,践行社会主义核心价值观,其中包含了"至真"立德课程和"文武"活力课程,实现全面而有个性的发展,推动学校可持续发展(见图6-3)。

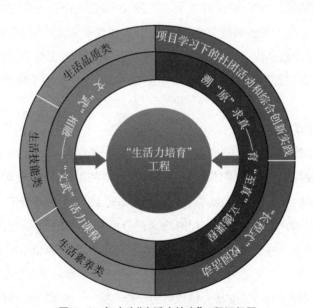

图6-3 初中生"生活力培育"工程运行图

——"至真"立德课程。

学校对德育、团队活动和心理健康等进行整体设计,紧紧围绕学校的"真、实、美、勤、严"五字校训,体现出溯"原"求真的办学思想,回归教育的本真,构建与课程相互呼应的德育和心育的目标和实践体系,并强化课程的综合性,体现核心意识:学生经历。在主题教育引领下,总体及阶段性目标都很明确,各类活动也因明确的目标而形成合力。在德育活动中,突出学生自主,融合初中生多种职业生涯体验,提升综合运用能力。

——"文武"活力课程。

围绕文"武"相融的理念,分生活素养类、生活技能类、生活品质类,构成层阶性课程体系,并根据学生发展特征,进行个性化的培养。学校与此相呼应,同时推出班际的足球和篮球联赛,以及科技节、艺术节等活动,还与体育局、司法局,核电公司合作开发"武动亮剑""盐邑书法""核协创新坊"等特色课程,该课程以培养"三力发展"为核心,聚焦核心素养,使学生在课程阵地上,提升生活力和实践力,最终滋养生命力,形成必备品格和关键能力,推进活力校园(见图6-4)。

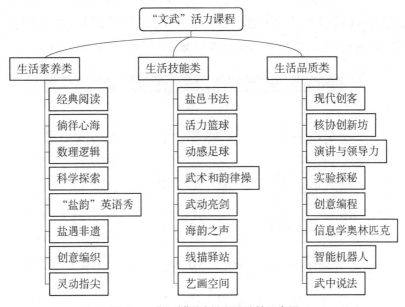

图6-4 "文武"活力课程层阶性示意图

教学改革:催生固本教育新样态的形成。基于初中生"生活力培育"工程的载体创新与运作,形成了"至真"德育样式,即"熏陶——活动——疏导"。依托了分年度德育"三步走"主题系列和"长程式"的校园实践活动,以及多元研习下的社团活动和综合创新实践。让学生在联系生活和自身知识经验的基础上,去主动建构德育内容,使学校思想道德建设系统化。学校还积极探索家校、社会合作教育的途径。利用家长的教育资源,建立教育资源库,开展职场体验活动和职业生涯咨询活动,与社区以及各种社会团体建立固定联系,协调社会力量支持和参与"生活力培育"工程,力求教育内容紧密联系青少年的生活,教育过程紧扣青少年主体,教育形式以引领渗透为主,让青少年更多参与,使他们乐于接受,善于接受,自我教育能力大大增强,思想道德面貌焕然一新,学校无一例违法事件发生。

同时,学校积极开发了系列拓展项目,与地方课程、国家课程构成整体,将生活素材有机引入课程教学体系,架设起课堂教学与社会生活间的桥梁。同时倡导学生主动参与、乐于探究、勤于动手,让他们"在学中做,在做中学",实现能力的强化与迁移,并养成健全的个性,为终身发展服务。学生也积极参与了课程的建设,学习的主动性、创造性不断强化,形成了教学双边互动的样态。

学校通过初中段体育"三维"并推的活动,实施强身健体的工程,为学生搭建成长的平台,迎合学生个体需要,助推学生学科素养形成,成为学校体育"固本行动"的范式,为健康人生和幸福人生奠基,彰显学校健康育人特色(见图6-5)。

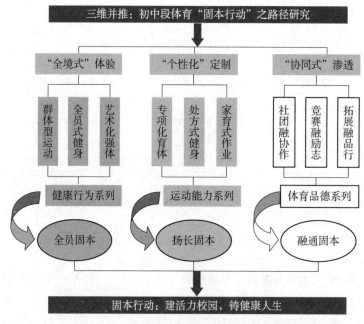

图6-5 初中段体育"固本行动"之路径创生图

教研与教师发展:致力于生活力培育导师的成长。学校在认真分析教师队伍结构和现状的基础上,以创建TDS省教师发展学校为契机,以塑造"生活力"导师为抓手,联合华东师大、湖州师范学院等高校,充分依托青年教师发展中心和骨干教师研究中心,以师德建设为基点,切实加强"一课三研"项目化校本研修,为学校的可持续发展提供强有力的师资保障。同时,学校也在校本研修方面作了深入有益的探索,确立了"基于问题,优化资源,共同行动"的校本研修指导思想,完善了校本研修的管理体制,为学校的可持续发展,提供强有力的师资保障,为海盐教育的均衡优质发展作出贡献。

学校采用的项目研究行动方式主要有三种:一是以"教"为着眼点、以课例为载体的教学型教研;二是以"研"为着力点、以课题为载体的研究型教研;三是以"用"为落脚点、以能力提升为主线的学习型教研,并将教育研究方法融入校本研修形式之中(见图6-6)。

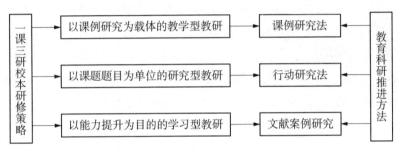

图6-6 "一课三研"校本研修样式流程图

家校共育:"生活唤醒式"协同项目合力引导。家庭作为学生"生活力培育"的重要途径,对学生行为的培养、品德的形成、个性的发展有着重要的影响。因此,学校通过成立家委会、开办家长学校等形式,加强家校联系,共同落实,形成合力,以取得教育的一致性,让家长充分认识"生活力培育"在家庭教育中的重要性。

家庭实验角:按照核心素养和课程标准的要求,协助家长设计家庭实验角,充分利用家用替代品,完成家庭生活小实验和其他可行的探究实验。

图书漂流:利用学校图书馆,开展图书漂流活动,满足家长教育和学习型社会的需求,以书交友,以书会友,对家庭教育提供支持,促进青少年的成长与发展。

家长资源库:利用家长的教育资源,建立家长教育资源库,开设如"帮助孩子尽快适应初中生活"(初一)、"指导孩子如何交往"(初二)、"面对初三孩子,家长该做些什么"(初三)以及现代职业和物联网运用等交流讲座,保持"四会一有"目标养成的一致性。

社区参与:"志愿联动式"社会化项目融合介入。社区参与是运用本社区教育、文化等资源,以促进本社区人的发展与社区发展为目标的各类教育活动。以促进人的发展为原则的各种各样的社区教育,可以满足和解决初中生各种各样的教育需求和社会问题。

社区联动项目:学校与社区以及各种社会团体建立固定联系,协调社会力量支持和参与"生活力培育工程",如举办"交通法规驻心中""我与税收""预防青少年违法犯罪""进社区送温暖""五水共治、垃圾分类""创建文明卫生城镇"等活动,以及"雏鹰假日小分队"、军营生活之旅、逃生技能演练、科普和环保节能减排等主题活动,拓宽"生活力培育"的渠道。

亲近乡土项目:组织学生开展"二史一情"(近代史、现代史、基本乡情)教育,开发"生活力培育"地方资源,组织乡土地理考察,地方文化探寻,公民意识体验活动,运用所学知识与技能,走近自然,走进社会,自觉宣传生活常识,用实际行动,为家乡的发展献计献策,改善家乡的生活环境、生活质量。

志愿者项目:组织学生开展"关爱他人、奉献社会"多种相关活动,增强初中生的社会责任感。如组织学生开展"敬老爱幼"活动、老年公寓义务劳动、康复医院公益活动、智障学校服务活动等,了解相关人群的生活现状,携手创造更加温馨的生活,并从中获得更多的人生启迪。

(2)成效与经验

一是学校管理与文化建设长足发展。具体体现在:

完善办学思想,推进素质教育。学校能全面贯彻党的教育方针,严格执行国家的教育法律、法规和章程,深入推进素质教育。全体教师都有着正确的教育观和质量观,面向全体学生,关爱困难学生,尊重学生的个性发展。全体学生具有科学的成才观和价值观,在日常丰富多彩的校园生活中,以德为先,注重实践。在全校上下的共同努力下,一个校风正、学风浓的校园已经形成。

推进发展规划,提升学校品位。根据校情,武原中学发展性评价工作领导小组,继续推进科学合理的学校发展规划——《武原中学"教育现代化"的实施方案》,然后根据发展规划又制定出学校各部门的工作计划,最后根据工作计划,层层分解为各个层级、各个班级的日或周的工作安排,从而形成了一个符合科学发展的体系。而在组织计划的实施过程中,能够做到:领导到位,实施到底;检查到位,反馈准确;整改及时,总结客观。力争确保学校的递进式持续发展。

改善办学条件,促进学校发展。学校不断丰富传统的校园文化内涵。以"美丽校园"建设为载体,以打造"一校一品"为目标,精心设计校园文化建设方案,推进核协创新坊、微格教室、班级文化展示墙、学校文化厅工程及校史陈列室建设,创建县级档案室,有效推进学校文化传承。以学校门户网站为平台,构建数字化校园,实现一站式服务,满足全体师生在教学、管理、科研、学习、生活等活动中的公共服务需求,凸显"以生为本"的武中文化。以报刊、新闻、网络、学校微信公众号平台为载体,将学校、教研组、备课组中的工作重点、亮点、办学业绩等正能量的信息及时地报道,让社会、家长能够更多地了解学校、参与学校管理,推动了学校工作的深入发展,极大提升学校的社会认知度,引起了良好的社会反响。

二是课程开发与体系建设成效显著。

学校根据本校传承的校园文化和学校特色建设的需求,以及教师专长和学生实际,满足不同学生的个性化发展的需求,以培养"学会做人、学会学习、学会生活、学会锻炼、学有特长"的"四会一有"智慧武中学子为教育目标,建构以初中生"生活力培育"为主题的拓展性选修课程体系,突出兴趣性、活动性、层次性、选择性,推进差异化教育,实现每一位学生全面而有个性的发展。本学年,学校的拓展性课程包括了知识拓展类课程、体艺拓展类课程、实践拓展类课程3大类。每个大类里面又包含了许多子课程,如经典阅读、盐韵英语秀、海韵之声、现代设计、动感足球、手工创意、核协创新坊、科学实验等,共开设大走班课程23项,并与县体育局、司法局,核电公司共同合作开发"武动亮剑""武中说法""核协创新坊"等特色课程,从3年实践后的师生反馈情况来看,取得了较好的成效,在精品课程的评比中,获市精品课程2项,县精品课程一等奖2项,二、三等奖6项。在县课程纲要评比中获一等奖2项、县三等奖1项,学校课程建设在全县初中学校中名列前茅。

三是课堂教学改革彰显以学生发展为本。

学校严格按照国家课程标准,开齐、开足各门课程,一切从提高学生的综合素质出发,全面促进学生的健康成长。依托生活力培育的实施和五育固本行动,加强对学生的研究,提高课堂教学效率,形成切实有效的针对性辅导策略。加强课程、教材研究,增进与高中、小学的交流,更准确地把握课程精髓,提高使用教材的能力。继续实施学科成绩的动态管理,开展各年级的质量分析,依托技术手段,增强学科分析的针对性与过程变化的直观性。继续开展学业负担学生座谈摸底调查,家长问卷调查和意见征求,及时反馈,推进轻负高质。加强中考研究,组织毕业班老师进行近几年中考试题的收集整理,强化复习的针对性、实效性,关注对重点学生的跟踪分析,向研究要质量。

积极依托校际平台、学科基地建设、网络教研,加强教学有效性研究。

3年来积极参加与各校的交流活动,一方面利用外校来校访问的机会做好与来访学校的交流,另一方面组织部分教师、教研组长等去杭州、上海、湖州等地学校学习研讨。同时积极参与嘉兴市11校联盟活动,资源共享,既相互受益,又相互学习。积极组织和开展体育艺术2+1活动,课间操活动,初一、初二年级的篮球联赛、足球联赛活动,初一年级的参观零碳屋远足活动,组织好全员运动会、创新科技节、"潮源杯"语文节、《南湖晚报》小记者活动等。

2018—2020年这3年,学校在中考上在公立学校中以绝对优势获得第一名。期末考试,七、八年级总分均量值在公立学校中位列第一。该校成绩为全县后20%的人数,是在教育局两年的考核中,除了博才实验学校外最少的。3年来学校重视学生个性发展和特长培养,学生有良好的学习习惯,善于思考,勤于学习,教学成绩稳步上升,学校文化课质量信誉得到社会和家长认可。

3年来学校重视学生个性发展的需求,让能飞的飞起来,会飞的飞得更高。通过竞赛磨炼、提升学生的思维品质,为其未来更高阶段的学习奠定扎实的基础,学校在竞赛路上越走越宽,多点开花。在第28届"希望杯"全国数学邀请赛中,12人获国家奖,20人获市级奖,86人获县级奖;在第十九届全国中学生作文大赛中有18人获全国奖,73人获市级奖,108人获县级奖;第二十五届海盐县青少年科技创新大赛共有24人次获奖;嘉兴市第六届中学生语文阅读竞赛中40人获市级奖,43人获县级奖;"海韵之声"合唱团荣获省校园文化艺术节二等奖;在第二十届全国中学生作文大赛中有18人获全国奖,102人获市级奖;2018年体艺队啦啦操比赛中获得2个市一等奖;海盐县中小学生乒乓球比赛中男、女乒乓球获得中学团体组冠军;在第二十六届海盐县青少年科技创新大赛中有3项获县一等奖,另有50项获县二、三等奖;校击剑队在2018年省青少年击剑锦标赛中,男女团队获6金5银3铜的成绩。以校园篮球和足球联赛驱动的2个体育课程特色项目在2019年市县比赛中均取得优异成绩:男女篮球队双双蝉联县中小学篮球联赛冠军,代表海盐县参加嘉兴市比赛,2020年女队取得省篮球比赛二等奖,创历史新高。

四是教学科研与教师成长稳步推进。具体表现在:

注重班子素质提升:既合力又合心。学校领导班子的素质高低,直接影响着发展的内驱动力、向心力和执行力。学校全体班子成员,互相尊重、互相信任、互相合作,逐步形成了"人本管理与人文管理,民主管理与规范管理"有机统一的态势,努力追求人文色彩的管理艺术。作为学校的管理者,我们努力提高服务意识和责任意识,建立自我约束和目标管理机制,从而提高制度的执行力、规划的落实力。作为学校的领导层,我们还倡导"管理者成为工作的合作者"的理念,强化"全心全意为学校,真心实意为学生"的作风,提升领导者就是服务者,即为教育教学服务的工作品质。同时健全每周例会制,安全首遇责任制、重大事项集体研究制等规章制度。

加强教师队伍建设:既重能更重德。加强思想政治工作,把职业道德建设放在师资队伍建设的首位。重视师德教育,打造乐于奉献的教师团队。学校继续开展群体师德创优活动,开展先进教研组、先进个人、优秀班主任、五星级党员、工会积极分子、教科研先进、各科优秀指导老师、班会课优质课优秀者、班主任基本功大赛优胜者等评比活动,并在教师节进行表彰。扎实开展"师德素养提升"活动和党的群众路线教育实践活动,为深入贯彻落实"社情民意大走访、'八八战略'大宣讲、思想观念大解放"活动要求,广泛宣传"八八战略"思想,倾听群众呼声,深入了解社情民意,及时反馈群众意愿。利用暑假和开学前的时间,积极参与共建单位新光社区和教育局所属的宜家社区的宣讲和走访活动。组织以党员为主体的艺术教师排练文艺节目,送戏下乡,到文明结对单位——通元镇丰义村、新光社区进行文艺演出,丰富了文明结对的内涵,以学校和党员教师的正能量,去促进和谐文明社会的建设。

推进教师专业发展:既创新又共进。学校深化校本教研的内涵发展,创新研训思路,谋求教研文化的和谐共进。我们从结合实际教学问题中寻找"突破点",从成功经验中寻找"生长点",从教育发展中抢占"制高点",关注关键教育事件,优化教师教育教学行为,在提高校本教研质量上做好工作,打造武中项目化"一课三研"校本研修模式,并拓展学科教研特色。利用青蓝工程、名师工程、中坚工程,开展好教学实践活动。开展好教坛新秀、双高课评比、教学开放日等活动,促进青年教师快速成长。重视名师学科带头人再提升工作,依托城乡结对共同体和名优教师下乡支教,学科带头人课堂教学展示等活动,促进教师发展,广泛提高各层面教师的教育教学能力。

针对学校教师群体的特点,着力推进教师分层培养模式。落实骨干教师研究中心与青年教师发展中心的工作要求,加强考核,完善评价。强化青年教师成长工作坊建设,督促青年教师真正重视理论学习、教学研究的作用,突出教学业务和科研能力的考核,制定动态、量化、显性的考核标准。实施骨干教师导师互助制,邀请市县各类名师、市县教研员等担任导师,加强引领与指导,扩大武中名优教师群。3年来,学校中涌现浙派名师培育人选2人,市县级名校长培养人选2人,市级名师2人、市级学科带头人

2人,县级名师4人,县学科带头人、德育名师和教学能手15人。学校有10多位骨干青年教师在市省级比赛中脱颖而出。

五是教育科研推进产出可喜成果。

学校重视教育科研,以教师为主体,以教育教学问题为重点,以师生共同发展为目标的校本研修,努力探索具有学校特色的教、学、研一体化的网络教研机制,确立了理论学习制度、对外交流制度、学科整合研讨制度以及教研考核制度,扎实开展常规调研、专题调研,创新研讨模式,开展课堂教学展示周、德育论坛、学科论坛等研讨活动;建立了学校网络办公系统和微信公众平台,从事省市县级课题研究30多项。

3年来,教师论文获奖(或发表)近150篇,其中省级以上和核心刊物发表10多篇。"初中生'生活力培育'工程的架构和实施""'三维'并推:初中段体育'固本行动'之路径研究"为省规划课题;市教育学会课题3项、省市陶行知研究会课题2项,县级课题25项。嘉兴市第十届教科研规划课题成果二等奖1项,三等奖1项,市教育学会重点课题二等奖2项,三等奖2项,嘉兴市陶研会二等奖1篇,浙江省师干训成果一、三等奖各1篇,在县第十一届教科研优秀成果评比中成绩优异,名列县初中学校榜首,一等奖1项,二等奖3项,三等奖4项。3年编印教育论文集《自主管理——追寻德育的诗和远方》《点亮心灯:将心理健康教育融入日常初中教育》等。

六是家校社共育及其机制创新渐具特色。在落实家校共育方面,主要取得了如下工作成效:

开设论坛,更新观念。七年级安排了"家校携手,让孩子养成良好的行为习惯""帮助孩子尽快适应初中生活""谈孩子独立意识的培养"等讲座。八年级安排了"搭准青春脉搏,预防未成年人犯罪""了解孩子,指导交往"等讲座。九年级安排了"心理健康与家庭教育""面对初三孩子,家长该做些什么"等讲座。讲座以学校学生中的真实事件为案例进行剖析,试图改变家长的观念和教育方法,指导家长进行科学的家庭教育,变单一的说教为引导孩子在生活中体验,提高家庭教育的实效性。

经验交流,学习借鉴。学校改变了家长学校教师"一言堂"的方式,设立家长论坛,邀请优秀家长介绍成功的家教经验,实现家教资源共享。

双向联系,形成合力。教师通过上门家访、电话联系、网络沟通等方式,随时与家长保持联系,设计了专门的家校联系本,人手一册,在家校密切联系中,指导家长开展科学的家庭教育,从而形成教育的合力。

社区参与和社会实践方面,也形成了双向运行有效机制。

以"生活力培育"为核心,开展生活力培育的社会实践,组织丰富多彩的校内外活动,增加学生的生活体验,内化学生的品德素养。

构建双联协作的机制。初一年级的主题词为"习惯与奠基",重点培养学生的习惯养成力,初二开展中华传统文化教育活动,包括中华经典诵读活动、体育、艺术、科技、读书节等活动。初三开展社会法治宣传活动,使学生在活动中得到文化的熏陶,增强责任意识与法治意识。

完善学生的组织体系。组织义工社学生参加校内外公益劳动,培养学生服务社会、回报社会的意识。3年来,义工社开展垃圾减量分类社区宣传、"浙"一片天结对帮扶、援疆捐书捐文具、送红歌进老年公寓、废旧电池回收、全名造物废物再造、社区志愿者服务等各类公益活动,活动形式多样、内容丰富多彩、教育意义强烈,收到了校内外的一致好评。

开展文明进社区活动。继续执行垃圾减量分类模式,开展"绿色校园,我出力"活动,全校42个班级均有垃圾分类管理员,每天记录班级垃圾数量和分类情况,一周统计一次,定时上报,在班会课、日常集会中注重培养学生形成低碳环保意识,追求健康文明的生活。

开展社区教育联防。初一新生入学时开展"心理晴雨表"摸底调查,对初查可能存在问题的学生及时跟进,做好疏导工作,并做好社区联防服务。同时开展安全教育、文明教育进社区活动,开设送教到各年级学生和家长的讲座、每月出刊心灵港湾、每周开展心理咨询等,扩大教育影响力。

5. 沈荡中学的"农耕教育"与学校现代化发展

沈荡中学是一所农村初中,也是市级陶行知实验学校,自成为教育现代化样本校以来,在"农耕教育"文化共识之下,秉持现代教育的公平、效能、赋权、生态和优质等理念,持续开展现代化学校试验,在研制学校现代化标准的同时,显著促进了学校的内涵发展和质量提升。

(1) 成效与经验

在华师大课题组专家的引领下,在全体教师中开展了教育现代化理论系列学习。如2018年7月15日《人民日报》上的《大势所趋:加快教育现代化是建设教育强国的关键》《中国教育现代化2035》,2019年2月23日《经济日报》登载的《教育部解读〈中国教育现代化2035〉和实施方案》,华师大基教所杨小微所长发表的《从优质到现代化:学校发展的目标与评价》。通过持续的系统学习,全体教师尤其是学校管理团队对于学校现代化的基本特征有了较为清晰的认识,并在专家指导下进一步提炼学校的办学理念——遵循规律、因材施教、以人为本、和谐共生的"农耕教育",使之更为符合现代化学校的"科学、民主、公平、开放与可持续发展"这一观念特征。

然后,经过一系列的宣传引导,通过持续开展"农耕教育"理念指导下的教师培训工程、校园文化建设、学生各类实践活动、家长开放日等家校互动活动,使得"农耕教育"的教育理念逐渐深入全体师生的内心,而且家长和社区也普遍了解了学校的办学理念。办学成效可概述为如下几个方面。

——学校治理体系正在完善,整体治理能力提升明显,连续2年获得政府奖励。

行政团队不断提高思想认识站位,在更高的维度上科学制定年度发展目标,系统规划实施的具体措施和路径,以爱岗敬业的师德素养提升培训来引导全体教师聚焦课堂教学,聚焦教育教学研训,严谨治学,关注每一位学生,公平对待每一位学生,呵护每一颗幼小的心灵。学校更以构建体现全面质量观的教师考核评价体系来推动和确保教师的教学行为规范高效。在学业成绩中,学校一直非常关注后20%的学生数指标,并作为评价教师教学成绩的三大核心指标之一,近2年来的4个学期,全校18个班级90个班级学科指标的后20%学生数100%下降。学校始终开齐开足规定课程,积极开设拓展课程,组织学生参加上级组织的各级各类文体比赛并获得优异成绩。学校始终坚持平行分班,师资力量也均衡分布,让每一位学生都有机会获得教育的公平对待。正是这样的公平,高效激发了全体教师的工作效能,有效营造了一个人人奋勇争先的良好教育教学生态,无论是德育管理、教师业务比赛、课题论文比赛,还是后勤建设保障,学校都能获得较为优异的成绩。在2019年的中考中,学校九年级整体均量值增量为0.46,名列全县所有初中段第一名。学期初,因为2020年中考学校各项指标进步明显,所以在县教育研究中的学期初各教研长会议上,学校代表针对语文、数学、英语、社会几个学科做了经验介绍,是全县唯一。学校也因此连续2年获得县发展性评价一等奖。

——高效使用办学条件、装备资源及信息技术,引领全县农村中学。

2017年秋季以来,在华东师大专家的高位引领下开始创建,学校的办学理念得到集中提炼,"农耕文化"作为学校的核心文化也得到校内外的广泛认可,音乐美术拓展课题精品化建设成效显著,甚至在全市都有一定的影响。尤其是,在专家指导下相继完成高品质的拓展楼改建、党建长廊、劳动基地"滋味园"、录播室等硬件设施的建设,使得学校的办学设施设备在软硬件上在全县初中段名列前茅。因此,在全国教育优质均衡县创建中,学校被局领导选中作为唯一的农村中学展示学校。随着这百年一遇之机遇的降临,学校获得了大量的建设资金支持,省市县各级领导十多次亲临现场指导。经过和谐有序的高强度、高密度建设,学校彻底脱胎换骨,以内外兼修的活力自信面貌吸引全国各地的领导和专家。

——"家门口"优质学校初步建成,社区百姓对学校的满意度创新高。

一所优质学校首先一定是让社区百姓愿意将孩子送进来的学校,是一所能让本社区家长放心,学生引以为傲的学校,是一所能让全体学生都能经常性感受到老师关爱的学校。学校近年来,始终向德育要质量,狠抓学生的良好行为习惯的养成教育和尊老爱幼传统美德的培育,因此校风朴实,学生在校外普遍知书达理,显示较高的品性修养水准,从而得到社区百姓的高度认可。立德树人是学校的首要任务,我们在高效践行这项任务。

——理念先行,管理团队持续学习,不断提升对教育现代化的理解至关重要。

作为一所农村中学,学校领导非常容易将工作重点放在重点高中生源选拔及学生中考成绩上,误以为只要这两项考试成绩好,可以一俊遮百丑,其他工作可以务虚一点。这样的办学格局势必将限制学校的全面建设,更不可能建设教育现代化样本学校。

2019年2月,中共中央、国务院印发了《中国教育现代化2035》。这意味着教育现代化是我国教育未来发展至少15年不变的大方向、大趋势。人类历史发展的无数事实证明,欲成大事则必顺大势而为。教育现代化是一个宏大的系统工程,学校作为育人的基本单位,必将在此大潮中大有作为。为此,学校管理团队静下心来,在华东师大专家尤其是杨小微所长的引领下开展深入系统的学习,在学习中不断提升对教育现代化各项特质的认识,并全力以此来指导学校的办学,从而不断提升学校抓住教育现代化大潮的能力,促进学校由优质农村中学向现代化农村中学演变。

只有学校领导的办学格局大,视点高,创新精神强,干劲足,才会不满足于现状,才会积极向县教育局各级领导主动汇报学校的教育现代化发展愿景,争取领导的各项支持。哪怕有时局领导的经费支持力度有限,学校也会想尽办法,充分挖掘校内现有资源,主动开展各项有利于学校长远发展的教育现代化建设工程。学校前两年就一直在这样做,事实证明,前期学校主动开展的各项建设,大部分都走在上级布置开展前。我们的教育现代化建设在农村中学办学的一些方面起到积极的引领作用,很好地体现了样本学校的探索实践和辐射价值。

学校的拓展楼建设就是我们为迎接教育现代化新浪潮主动提出来的,前期设计比较超前,后来经过华师大专家和局领导的多次指导,最终建设效果很好。自去年以来,来自全国各地近二十批次的领导前来参观,普遍给予了肯定评价。

虽然主动作为式建设会牵扯大量精力,尤其是暑假期间校长和总务主任基本每天都在校,但是只有这样的大格局、高站位、强拼劲,学校的发展才会得到更好的机遇。机会不是等来的,是拼出来的!只有上下一心地顽强拼搏,学校内外各项教育现代化事业才会协调发展,构建起一个充满张力的和谐发展生态,学校的办学品位、内涵发展才会有持续提升空间,才更有可能建成优质学校。

——团队有机整合,高效落实专家的指导意见。

基于学校办学中存在的突出问题,华师大专家给予了高屋建瓴的指导,使得我们的视野一下得到了延伸,突破了原有的认知边界。

好的指导也需要高效落地,才能成为美丽的景色。为此,学校在局领导的指示下,组建了专门落实华师大专家意见的工作小组,由校长任组长,副校长主抓落实,各科室正职协同配合,从而组建起一支强有力的创建队伍。如副校长亲自抓紫薇园的建设,从开始阶段的整体布局规划,到葫芦种子的选择,再到指导学生育种、现场带学生种植,每周带学生浇水除虫管理,全部亲力亲为。其他校级领导也是如此,从而带出了一支不怕苦、想干事、能干事的管理团队。进而高效引领了整体教师团队的建设。学校行政人员常加班到晚上八九点。这种热火朝天的工作氛围,确保了专家指导意见的高效落地,各项建设成效,也不断显现。

——争取机遇,搭建平台,才能高效发挥现有教育装备与现代信息技术的优势。

"互联网+"时代的到来,催生了教育领域深刻的变化,极大地改变了传统教育教学的模式与运行规则。学校应该搭建平台引领教师突破常规,多利用现代新媒体、新技术,打造智慧课堂,实现现代化教育装备与信息技术的深度融合,有效促进深度学习的实现,不断提升学校的教学现代化层次。但是总会有部分老师不太愿意学习与实践新技术,这是正常现象。学校借助省级政府数字化转型重大示范试点项目(之江汇教育广场系统)海盐试点的时机,积极争取成为嘉兴市"精准教学"项目组实验学校和海盐县"之江汇"教育广场"应用推广示范校"。

2019年4月19日,海盐县"之江汇"教育广场智慧课堂展示与研讨初中专场活动在学校进行。来自学校七至九年级三个年段的四位中青年党员教师分别承担了语文、数学、科学和社会四门学科的观摩教学课,他们通过对"'之江汇'教育广场+互动课堂"软件的熟练运用,充分展示了现代新媒体、新技术给教学带来的便利与魅力,用一个平板实现了现代教师离开讲台深入学生的新型课堂,实现了传统课堂形式华丽转身的改革，实现了每个座位都是"学霸区"的教学优势。技教相长点燃梦想，"之"教融合点亮课堂。

学校以信息化教学促进全面提高教育质量为宗旨，以完善教育装备硬件设施及配套建设与管理，逐步完善适应新形势下的学校教育装备运用，推进教育装备管理规范化、使用正常化、效益最大化。学校规定老师开课须运用多媒体技术，制作电子稿课件与教学设计，教学过程在电子白板上互动呈现，课后相关电子材料都要上交教务处以用作各备课组考核。学校开展培训并推荐教师通过之江汇教育广场开展教学。指导教师运用之江汇云平台教学助手开展高效备课，并在每个教室安装360随身Wi-Fi，方便老师通过手机无线连接电脑互动课堂上课。

(2) 问题与反思

——公平作为学校现代化标准的基本尺度，在当前农村中学诉求越来越强烈。

一方面是，学生希望每一位老师都能公平对待自己。这一点，已经得到了广泛的重视，并设置有评价机制，如对后20%学业指标予以一定程度的保障。当然，具体到每个班，每个学生，这里的路还很漫长。但是，另一方面，教师希望学校管理层尤其是校长能公平对待自己，这一点，却只能依赖于校长的治理理念与个体品行，还没有得到足够的重视，更缺乏有效的评价机制予以保障。实际操作中，除师德问题外，教学业绩是教师绩效评价最重要的指标。但是，现在本地区几乎所有学校还是用绝对指标来作为唯一指标，而不是用相对指标的"增量"来对老师的业绩予以更科学的评价。这与县教育局已经主要采用"增量"指标来评价一所学校的整体教学成绩不一致。这个问题如果不有效解决，学校的现代化达成度很可能会受到业内专业人士的广泛质疑。

——"多主体参与"的现代化学校治理体系在现实中很难实现。

当前的学校承担了太多的附加功能，教师尤其是班主任基本上都是"表哥、表姐"，几乎每天都要填好多表格，而且其中有些在完成时间上都非常急。这是当前各校的普遍生态。在这样的现实压力下，普通教师很难有精力去参与学校层面的治理。校长负责制，在现实中很多时候就演变成校长一言堂。遇到一位优秀的校长时，这种体制基本没有问题，而且优势明显，能确保各项措施的高效落地。但是，当遇到一位事业心不强的校长时，学校治理的整体效能将大打折扣。无论如何，教师参与学校治理最现实的平台就是每年召开一次的教代会。

办现代化学校，教师是关键。今后学校将持续构建高效的师德修养培育机制，提升教师立德树人的效度；优化教师绩效考核机制，提升学校治理效能；强化教师专业校本培训机制建设,提升教师的执教综合能力,从而提升学生的学业增量值。

(二)中部样本区/校:合肥经开区

2013年起,合肥经开区启动了与华东师大基础教育改革与发展研究所的合作,2016年,华东师大杨小微教授团队开启了"中国学校现代化标准研制及区域试验研究"的重大项目,经开区成为学校现代化样本区,其中5所学校成为样本校。

1. 样本校建设过程

课题组与合肥的合作源于2017年9月份,课题组专家成员分为不同组别分别进入到样本校之中,对各个学校进行深入了解,实践调研,明晰其现阶段的优势与不足,进而开始制定实施方案,依托于样本校建设规划,具体关注点因校而异,进行样本校建设,在建设过程中,课题组专家团队不断跟进,随时指导,及时反馈并反思,最终形成样本校建设报告,既能够使学校达到各自领域的现代化标准,同时也能够促进其特色发展,形成辐射效应。下面是合肥经开区学校现代化标准试验样本校数据(见表6-4)。

表6-4 合肥第一次数据(2017年第二学期)

省份	城市	学校	公平维度	赋权维度	效能维度	生态维度	总评
安徽	合肥		16.1	15.2	15.4	15.3	62.0
安徽	合肥	合肥市五十中学西校高刘分校	15.4	14.1	15.2	14.2	58.9
安徽	合肥	合肥市明珠小学	16.3	13.7	13.2	15.7	58.9
安徽	合肥	合肥市第七十二中学	15.6	15.7	16.0	14.8	62.1
安徽	合肥	合肥市经开实验高刘小学	15.7	15.3	15.5	14.9	61.4
安徽	合肥	合肥市莲花小学	17.6	17.3	17.3	16.8	69.0

注:由于翡翠学校后期未继续参与试验,因此去掉其数据。

表6-5 合肥第二次数据(2019年第二学期)

省份	城市	学校	公平维度	赋权维度	效能维度	生态维度	总评
安徽	合肥		16.2	16.8	16.4	15.5	64.9
安徽	合肥	合肥市明珠小学	16.6	17.0	16.5	15.6	65.7
安徽	合肥	合肥市莲花小学	16.5	17.0	16.7	16.0	66.2
安徽	合肥	合肥经开区六十八中南校区	15.6	16.5	16.2	14.9	63.2

注:第二次数据收集高刘小学与高刘分校未参加。

从两次收到的数据来看,尽管部分问卷收集不全,因此只能够就收到的数据进行分析,但数据仍具备一定的分析意义。首先,从整体数据来看,中部地区得分也是在上升的,从第一次数据的 62.0 到 64.9,且四个维度也都是呈现上升的趋势,尤其是赋权维度和效能维度,从第一次数据来看,中部地区最开始的数据显示出对于赋权和效能不够重视,但是从其上升趋势来看,作为现代化样本试验区,课题组对其帮助和提升还是很大的。其次,从学校差异来看,第一次数据和第二次数据中莲花小学的得分都是最高的,具体分析见下面部分莲花小学的案例。最后,从不同学校数据变化来看,明珠小学变化最大,从一开始的 58.9 到 65.7,尤其在赋权和效能维度,其发生变化的机制以及具体原因详见后面明珠小学的分析。

从整体数据来看,无疑中部地区学校的发展也是不错的,但通过数据只能够看到变化和最终的结果,具体建设的进程以及其经验需要通过学校具体的案例来加以呈现。因此接下来的部分会以不同学校作为案例进行详细分析。

2. 七十二中的"和美课程"与深度教学

合肥市第七十二中学前身为肥西县一所乡镇初中,2007 年划入合肥后,迁址到合肥经济技术开发区南部工业园区。2016 年,随着合肥经开区教育布局的调整,七十二中与合肥六十八中实行一体化管理。这所学校的办学历史、区域位置以及生源构成的特性,对研究不同类型学校如何推进教育现代化,具有较高的研究价值。经过四十年的办学历史发展,在局部方面形成了一定的经验。2016 年学校迁入新址,办学条件提档升级,成为一所设施先进、功能齐备的现代化新型学校。学校自 2017 年起,在合肥经开区教体局与华东师大基础教育改革与发展研究所的合作发展框架中,被遴选为教育现代化样本学校,同时也是中国学校现代化标准的实验学校,秉持"公平、效能、赋权、生态、优质"的价值取向,开始了探寻教育现代化中部路径之旅。

(1) 成效与经验

首先,以现代学校"规划发展"的运行模式作为破解困局的先决条件。

《礼记·中庸》有云:"凡事预则立,不预则废。"作为基教所教育现代化研究样本校以后,七十二中紧紧围绕主管局提出的"一校一策"这一合作指导思想,向专家团队"主动靠拢"。通过积极参与基教所开展的实地调研、问卷调查、校长访谈、培训研讨、观摩学习等多种活动,学校管理者逐渐厘清思路,牢固树立起"规划发展"的思想。经过一年的反复论证,学校最终出台了《三年发展规划(2018—2021)》。学校由过去"做发展规划"走上了"规划发展"的现代学校发展之路。

其次,以构建现代学校文化作为破解困局的精神保障。

现代学校的一个重要功能就是将上一代的文化内容经过价值批判和取舍,去粗取精,去伪存真,传播给下一代。作为一个有着悠久办学历史的老校,七十二中有着深厚的文化积淀。在基教所专家团队指导下,该校结合实际,凝练出了新时期"立德成人,和美共生""笃行信道,自强不息"等办学理念、校训、"三风"以及学校精神。立起了新时期学校发展的精神支柱。积极推进学校核心价值观引领下的现代学校制度建设和校园文化建设,重建了含师生评价、质量标准、运行机制等较为全面的管理制度,逐步形成了学校新时期愿景、目标、品牌、载体、机制、制度等方面的办学要素系统,并通过理念解读、行为渗透等方式,不断让新时期学校文化成为师生共识。努力实现学校科学、民主、多元治理的管理格局。目前,学校现代文化的特质在管理、运行中逐步显现,其导向功能、凝聚功能、规范功能逐步增强。

第三,以遵循教育现代化理念的发展项目作为破解困局的有力推动。

"更加注重以德为先,更加注重全面发展,更加注重面向人人,更加注重终身学习,更加注重因材施教,更加注重知行合一,更加注重融合发展,更加注重共建共享"是《中国教育现代化2035》提出的推进教育现代化的八大基本理念。

在基教所专家团队的指导下,七十二中把是否符合"理念"要求作为找准项目以及项目推进的主要依据,将教育现代化背景下的课堂教学改革、校本课程开发、德育模式探究三大核心项目作为推动学校破解困局的强大动力。

一是以"深度教学"研究为载体的课堂教学改革与教科研推进项目。 在项目实施过程中,七十二中全面参与六十八中教育集团国家级课题"大面积促进初中生深度学习的教学行动研究"(简称"深度教学"),紧紧围绕教师"教什么?怎么教?"、学生"学什么?怎么学?"开展行动研究。两年多来,在集团的带领和支持下,通过专家指导、同步研训、诊断式视导、集体备课等多种形式,使得"深度教学"的教学观念和方法在七十二中得到了植根与发展,教师专业水平和学生学业质量得到不断提升。

二是以"和美课程"开发为主体的校本课程开发研究项目。 七十二中围绕"和美共生"的办学追求,积极探索开发校本"和美"特色课程。另外,在一年内分六个节日主题,以各学科组为主体,结合学科特点,设计、开发"惠风六节"系列活动课程。构建了学生核心素养提升的有效形式和长效机制。

三是以"班主任工作坊"建设为切入点的现代德育模式探究项目。 班级工作是学校德育工作的基本单元,班级工作的好坏对学生的德育教育的成败有着直接的影响。

七十二中以"班主任工作坊"建设为切入点，着力打造班级工作研究团队和导师团队，配合班级、学生评价机制改革的跟进，使得民主管理、自治自育得以落地。

（2）反思与发展

在教育集团的坚强领导下，在基教所的引领下，七十二中在破解办学困局的过程中做出了不懈的努力。三年来，该校校风、教风、学风发生了巨大的转变，以"惠风六节"为主体的校园文化活动蓬勃开展，校本"和美课程"体系已经基本构建完成。学校管理不断走向规范化、精细化、现代化。书法教育等办学特色日益凸显，在各级各类比赛中崭露头角。学校成功遏制住了教学质量逐年下滑的趋势，从2017年开始，连续三年中考校均分取得了每年近30分的涨幅。2018年学校被合肥市列入第四批新优质学校创建校，并顺利通过中期验收。这一系列的变化不断刷新着社会各界对这所老校的认识。在学区生源基数保持不变的情况下，近三年来，该校生源快速回流，在校生数与2016年相比实现了翻一番。走教育现代化的发展之路，让这所有着42年办学历史的老校重新焕发出了勃勃的生机。

2020年，杨小微教授在《对标2035：学校教育现代化推进的方向与路径》中正式提出了学校现代化的"5E"标准，即公平、效能、赋权、生态和优质。对标"5E"，结合杨小微教授关于学校在教育现代化推进路径上的指导，七十二中今后一个时期主要将围绕既定的三年发展规划中的重点项目，不断丰富其内涵，融入新理念，努力迈向教育现代化。

一是基于深度学习的学业质量提升行动研究这一核心项目，七十二中将继续参与集团国家级课题"大面积促进初中生深度学习的教学行动研究"，在围绕教师"教什么？怎么教？"、学生"学什么？怎么学？"的行动研究中，努力构建"三为"课堂，即："为学而建（教学资源、环境/空间）"，让学习真实发生；"为学而教"，让学习真诚而灵动；"为学而评"，让学习真有所获。

二是在现代学校制度建设项目中，在新建制度的基础上，将"赋权"的思想进一步融合于制度的修订之中，逐步将课程教学改革的责权下放给学科教研组、备课组和一线教师，将学生发展工作改革的责权下放给年级组和班主任，形成共商共治的趋势。实现学校科学、民主管理，形成惠风和畅、和美共生的校园文化氛围，使学校成为师生共同成长的精神家园。

三是在"和美共生"课程开发研究项目中，在前一个时期"美美十艺"校本特色课程和"惠风六节"校本活动课程探索的基础上，深入思考校本课程与核心素养之间的关系,提升教师校本课程的开发能力,不断优化课程形式和内容,融入"共享共建"的理念,积极引入主题式整合或STEM、STEAM之类的项目化学习,引导学生综合运用各学科知识、技能和方法以及生活经验来创造性地解决分科课程的缺陷与不足。使学生全面和个性发展和谐并进,力促教育内涵优质发展。

四是在现代型班主任专业发展项目,以及教师队伍建设工作中,将"研修"作为教师专业成长的核心要义,进一步凸显教师作为主动学习者的地位。将学校现代化进程中的治理体系建设、治理能力提升、校本课程的研发、教学与评价的一体化等,有机融入教师的研修活动,通过教师的学习、研究、实践、反思和重建,在提升学校教育现代化水平的同时,打造一支具有现代教育意识和素养的教师队伍。

五是信息化智慧校园推进项目中,将以学校2019年新建的"信息技术中心"为依托,从学校各种资源平台管理的整合出发,不断提升其在学校管理、教学、教研、德育的实施和评价中的作用,不断促进学校管理上的赋权、教育过程中的公平、教育行为的效能,打造学校现代教育的文化生态。

3. 明珠小学的"明心见性"与"发现课堂"

合肥市明珠小学位于佛掌路与青翠路交叉口,2007年9月建成投入使用。学校前期为朝霞小学汇林园校区;2016年8月经合肥经济技术开发区管委会批准,独立办学,更名为合肥市明珠小学。

独立办学以来,在上级主管部门的正确领导下,借助经开教育强劲东风,全体明珠人凝心聚力,建章立制,规范办学。学生养成教育初见成效,少年宫课程精彩纷呈,主题活动丰富多彩,教研教改成果斐然,教学质量稳步提升,家校合作和谐共融,得到周边群众广泛认可。在继承原校优良传统基础上,围绕"明珠""绿色"两个元素征集校徽,确立了"明心见性,珠玉人生"的办学理念,以"发现教育"为办学特色。学校坚持优质、开放、服务,坚持质量立校、科研兴校、特色靓校,不断提升学校办学水平,以"格物致知,诚意正心"为校训,形成了"有爱求真、向善致美"的校风,以"慧眼识珠,爱心育人"为教风,形成了"乐学善问、勤思力行"的学风。学校现有一批优秀"体艺"社团,如啦啦操、花样跳绳、戏曲、极速轮滑、橄榄球等。学校先后荣获特色大课间安徽省一等奖,合肥市素质教育示范校,合肥市家教名校,合肥市橄榄球体育项目传统校,经开区办学品质提升奖,经开区教育系统先进集体等荣誉称号。自2017年起,在合肥经开区教体局与华东师大基础教育改革与发展研究所的合作发展框架中,学校被遴选为教育现代化样本学校,同时也是中国学校现代化标准的实验学校,秉持"公平、效能、赋权、生态、优质"的价值取向,开始了探寻教育现代化中部路径之旅。

(1)样本校建设过程

项目启动阶段。2017年6月19日下午,华东师范大学教授、华大师大基础教育改革与发展研究所所长杨小微一行来到明珠小学,深度调研学校现代化建设与发展,并在合肥市明珠小学举行了合肥经开区与华师大基教所合作推进区域教育现代化签约仪式。

杨小微一行深入明珠小学,通过参观校园、走进课堂、观看学校独立办学一周年宣传纪录片等多种形式,进一步了解学校发展历程、今后发展目标及具体举措,为学校把脉问诊。他们充分肯定了学校前期所做的努力和探索,并与学校校长、管理团队和老师们互动交流,共同探讨学校未来发展之路。针对学校发展过程中面临的困惑,基教所团队立足学校实际,开出了个性化"菜单",提出了具有前瞻性和可操作性的建议,为深化学校文化建设、提升办学品质提供了有力指导。

理念提炼阶段。在华东师大基教所科研专家团队的指导下,根据学校校名"明珠"二字提炼出了"明心见性,珠玉人生"的办学理念,以"发现教育"作为学校的办学特色。这一办学理念体现了全体明珠人以发现教育为特色,帮助每个孩子发现自我的本心真性,精雕细琢、塑造闪亮卓越、熠熠生辉的珠玉人生。在此基础上,确定了"有爱求真、向善致美"的校风,"慧眼识珠、爱心育人"的教风,"乐学善问、勤思力行"的学风,和"格物致知,诚意正心"的校训。学校的"三风一训"与学校的办学理念和办学特色一脉相承,为创建"公平、效能、赋权、生态"为特征的优质教育提供现代化的思想指引。

规划编制阶段。实现"公平、效能、赋权、生态"为特征的优质教育,仅有现代化的办学理念作为指引仅仅是空中楼阁,还需要具体的路径进行实施。为此,华师大基教所科研专家团队对学校的三年发展规划进行多轮论证。2018年4月12日,基教所在合肥市莲花小学针对教育现代化样本实验校三年发展规划进行了集中论证定稿,最终从学校发展的基础状况分析、学校的教育理念和办学目标定位、学校规划的主要项目和措施、保障措施四个方面确定了学校的三年发展规划。学校根据三年发展规划稳步推进各个项目任务,学校的办学品质不断提升。

成果产出阶段。经过三年多的努力,学校在实施和验证学校现代化标准方面取得了可喜的成效,主要体现如下:

建立健全了学校规章制度,做到依法治校。学校是育人的地方,制定校规校纪,不仅是必要的,而且是必须的。华东师大基教所所长杨小微在《对标2035:学校教育现代化推进的方向与路径》一文中提出了将"赋权"作为现代学校基本标准之一,学校以此价值理念为指导,于 2018 年 8 月充分研讨,召开数次教代会,研制了学校独立办学以来第一本管理制度汇编,它的出台是学校管理工作规章化、制度化的一个重要标志。这本制度汇编收集整理了学校章程、文化建设、办学理念、各种职责、党支部工作、德育工作、教师队伍管理、教学常规管理、教研教改和后勤服务等,涵括了学校工作的各个方面。

有了这本制度汇编,我们的办学目标和教育教学的全过程就有法可依,有章可寻。管理更加规范、科学与精细。

深化课堂教学改革,建构"发现课堂"教学模式。学校以"发现教育"作为学校的办学特色,为了深入推进"发现教育法"在课堂教学中的应用,学校在申报合肥市第四批新优质学校的创建中,将"发现课堂"作为创建项目。为此,华东师大基教所项目校定点指导专家程亮教授多次来到学校深入课堂,通过听评课,召开教研组专题会议,哪怕身处美国时依旧通过视频连线的方式,指导学校"发现课堂"教学研究。经过程亮教授的指导,初步建构了"发现课堂"教学模式,分别为基于发现问题的课堂导入,基于发现知识的课堂新授,基于发现意义的课堂运用,基于发现自我的课堂评价(见图 6-7)。学校的"'发现教育法'在小学课堂教学中应用的实践研究"也作为合肥市 2020 市级课题成功立项。

"发现教学法"在小学课堂教学中应用的教学流程

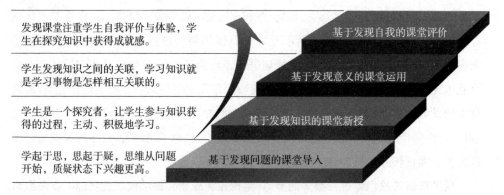

图 6-7 "发现教学法"在小学课堂教学中应用的教学流程图

建构多元"发现课程",形成"小明珠课程"体系。学校课程是用来满足学生多样化需求的知识媒介和成长跑道。学校提供课程的质量,在很大程度上决定着学校的教育品质。在基教所专家团队的指导下,学校以"发现教育"为办学理念,坚持立德树人,发展素质教育,着力推行课程改革,建构了多元"发现课程",创建"小明珠课程"体系。即"明珠圆润课程""明趣亮珠课程""明德连珠课程""明行研珠课程""明润慧珠课程"。

构建教研共同体,教师专业化发展成效显著。明珠小学教师队伍年轻,平均年龄29.7岁,许多老师正处于专业发展的上升期,有热情,但经验不足。在华师大基教所"公平、效能、赋权、生态"现代化价值理念指导下,通过团队发展,扎实推进"青蓝结对工程""年级组集体备课""赛前小组磨课""明珠时光"读书沙龙,"班主任工作坊"等教研形式让老师们在团队中成长,合作共生。同时学校借助市区两级"名师工作室""导师来了""明珠人才"等活动平台,凸显教师作为主动学习者的地位,引领教师走专业发展之路。近三年明珠小学多位教师课堂教学在全国大赛获奖,教学教研工作实现大突破。

以市级课题为引领,创建市级家教名校。学校大部分家长为进城务工人员和祖居户居民,进城务工人员工作繁忙,无暇照顾孩子,祖居户自身教育水平不高,对教育的重视程度不够。实现教育现代化,家长理念的提升尤为重要,在基教所专家团队的指导下,学校多措并举,有效促进了家校共育。定期召开明珠大讲堂,邀请家庭教育讲师,分年段进行家庭教育的理论和实操指导;定期召开班级家长会,及时就班级情况及孩子的学习、在校生活表现和家长进行沟通;定期开展家长开放日活动,让家长全面了解孩子一日的校园生活;定期开展大家访活动,深入学生家庭,寻找孩子在校表现背后的成长密码。学校根据校情,申报市级课题"进城务工随迁子女学习习惯养成教育的实践研究",于2019年9月顺利结题,2020年5月被评为合肥市第六批家教名校。

特色大课间勇夺安徽省一等奖,彰显学校办学特色。学校秉承"明心见性,珠玉人生"办学理念,在基教所专家团队的指导下,对学校的大课间进行大胆的革新,将橄榄球作为学校体育特色项目,引入大课间活动,学校体育组自主创编了橄榄球操《向快乐出发》,分年级段创编趣味横生的橄榄球游戏。学校橄榄球特色大课间活动,2017年、2018年连续两年蝉联经开区桂冠,2018年在荣获合肥市一等奖第一名的基础上,更是勇夺安徽省大课间评比一等奖,2019年10月31日,中国体育杂志社一行记者慕名来校拍摄采访大课间活动。橄榄球项目已经成为学校一张新的名片。

成功创建市级素质教育示范校,全面提升学校办学品质。2018年12月17日,学校被合肥市教育局评定为合肥市第五批素质教育示范校,这份荣誉的取得是对学校三年独立办学的充分肯定,标志着学校办学品质的全面提升。不仅凝聚了全体明珠人三年的开拓创新,不懈努力,更是体现了"合肥经开区教育现代化样本校建设项目研究"在学校结出了丰硕的成果。

(2) 成效与反思

样本校建设成果综述。三年来,合肥市明珠小学以党的十九大报告为指导思想,落实立德树人根本任务,加快教育现代化进程,发展素质教育,推进教育公平,培养德智体美全面发展的社会主义建设者和接班人。在经开区社发局的正确领导下,在华师大基教所由杨小微教授领衔的科研专家团队的指导下,提炼出了"明心见性,珠玉人生"的办学理念,以"发现教育"作为学校的办学特色,确定了"有爱求真、向善致美"的校风,"慧眼识珠,爱心育人"的教风,"乐学善问,勤思力行"的学风,"格物致知,诚意正心"的校训。在此办学理念指引下,编制了《合肥市明珠小学三年发展规划(2017—2020)》,为学校的发展提供了可行性发展路径。建立健全了学校规章制度,做到依法治校。对学校管理进行了革新,管理重心下移,如:中层领导对教师、班主任及教研组都能以分权、放权和监权的方式实施赋权,且将责权合并下放,从而调动起基层人员的积极性和责任心。在课程建设方面,学校教学管理部建构了"多元发现课程",开发了"小明珠课程"体系。深入推进课堂教学改革,建构"发现课堂"教学模式,培养学生的自我发现、自主合作探究的学习能力。在教师的专业发展方面,通过"青蓝工程""班主任工作坊""读书沙龙"等多种方式提升教师专业化能力,凸显教师主动学习者地位,培育出一批市区内享有一定知名度的名师。在学校的办学品质方面,学校先后获得特色大课间活动安徽省一等奖,合肥市素质教育示范校,合肥市橄榄球体育传统项目校,合肥市家教名校,经开区办学品质提升奖,经开区教育系统先进集体等荣誉称号。

问题及其反思。《中国教育现代化2035》提出了推进教育现代化的八大基本理念,即:更加注重以德为先,更加注重全面发展,更加注重面向人人,更加注重终身学习,更加注重因材施教,更加注重知行合一,更加注重融合发展,更加注重共建共享。正如华师大基教所所长杨小微在《对标2035:学校教育现代化推进的方向与路径》一文中指出的,特别要关注"因材施教"和"知行合一"这两个直指学校教育现代化内涵式发展的重要理念。班级授课制的特点,家长唯分数论都将限制"因材施教",如何将学生学到的知识转化为能力、转化为素养,这是未来将要深入思考和实践的。

如何将"区域教育现代化样本校项目研究"中提出的以"公平、效能、赋权和生态"为基本价值维度的评价标准与我区当前正在创建国家级"义务教育优质均衡发展区"

进行有效结合,具有重大意义。

学校在管理重心下移的过程中,通过分权、放权和监权的方式实施赋权,在责权下放的过程中,做得还不够好,主要原因是中层班子成员的"赋权"意识不够,还存在依赖性,主动性、创新性都亟待提升。

学校目前正在开展市级课题"'发现教育法'在小学课堂教学中应用的实践研究",其中"制定'发现教育法'在课堂教学中应用的评价标准"是本课题研究核心内容,如何制定这一标准,目前还没有明晰的思路,需要在接下来的实际课堂教学中不断进行提炼、论证、应用、总结,需要华师大基教所专家团队继续给予指导。

下一步发展的设想。学校管理的重心继续下移,依靠公平优质的教育资源,实现教育效能提升,创建教育生态平衡。坚持走内涵式发展道路,不断提升学校办学品质,办学特色鲜明,成功创建合肥市第四批新优质学校。

思考校园文化与新校扩建如何融入,打造环境优美、功能教室齐全的现代化的学校。

加强教师队伍建设,培育一批德艺双馨、专业过硬,在省市级有影响力的名师。

坚持德育为首,五育并举,不断提升学生心理和体质健康,为孩子未来奠基,提供可持续发展动力。

不断深化推进课程改革,优化丰富"小明珠课程"体系,让课程助力学生发展。以市级课题"'发现教育法'在小学课堂教学中应用的实践研究"为载体,深入推进课堂教学改革,建构"发现课堂"教学模式,培养学生自我发现、自主探究的发现素养,真正实现让学习真实发生,让学习真诚而灵动,让学生真有所获。

以智慧校园为抓手,全面提升学校信息化水平,为办一所现代化学校提供技术保障,这些技术的支撑,又使学校管理上的赋权、教育过程中的公平、教育行为的效能以及学校的文化生态变得可能、变得方便、变得和谐。

以橄榄球为学校特色项目,丰富橄榄球运动文化内涵,将橄榄球这一体育特色融入到校园文化中,享誉省内外。

以学业水平绿色评价为抓手,深入分析各科教学优劣势,找准切入口,加强教育教学过程管理,提升学校的教学质量。

总而言之,合肥市明珠小学作为"经开区教育现代化样本校建设项目"实验校,三年来,在华师大基教所高端专家团队的指导下,确定了学校的办学理念、明晰了发展路径,健全了规章制度,丰富了课程体系,革新了课堂教学,提速了教师专业成长。学校的办学品质得到了显著提升,学校成为了闪耀经开的一颗璀璨明珠。

4. 五十中学西校高刘分校的特色课程与"十星"评选

合肥市五十中学西校高刘分校创建于1969年,原名安徽省肥西高刘中学,2013年8月并入合肥市经济技术开发区,更名为合肥市第七十九中学,2018年7月,更名为合肥市五十中学西校高刘分校,位于合肥市经济技术开发区高刘镇河滨路2号,是经开区一所公办寄宿制初中。

学校规模由高峰时的2700多名学生减少到400多人,教师超编制但年龄偏大,活动力不足,变压器负荷小、电路老化造成办公条件难以改善,尚存教师房改的D类危房在校园内,封闭管理难度大。教育教学质量在低谷徘徊。自2017年起,在合肥经开区教体局与华东师大基础教育改革与发展研究所的合作发展框架中,学校被遴选为教育现代化样本学校,同时也是中国学校现代化标准的实验学校,秉持"公平、效能、赋权、生态、优质"的价值取向,学校开始了探寻教育现代化中部路径之旅,也找到了学校自身的转型发展之路。

(1) 建设过程

2016年12月26日,课题组第一次进入到学校进行调研,学校在2017年2月至5月,积极主动筹备申报工作。学校成立以校长为组长的工作组,进一步认真梳理学校办学的优势与劣势,主动与华师大基教所联系,介绍学校实施区域教育现代化项目的积极性、主动性,以及一些潜在的优势,顺利完成申报工作。

2017年6月19日,华东师范大学基础教育改革与发展研究所宁本涛和程亮教授,复旦大学高等教育研究所副教授徐冬青等一行5人莅临学校调研,学校就教育教学、教师队伍等方面现状和存在的问题作了汇报,专家们实地考察了校园文化,观察了课堂教学,现场了解寄宿制实施情况。经过调研,初步拟定合肥市五十中学西校高刘分校为经开区与华东师范大学基础教育改革与发展研究所合作推进区域教育现代化项目学校。

2017年10月18日,华东师大团队来到高刘分校,宣布区域教育现代化项目学校建设正式启动,学校立即启动区域教育现代化项目学校实施工作。在实施过程中,修订了三年发展规划;与社发局、空港办配合,开展学校改扩建规划工作,改变学校面貌;加强教师队伍建设,继续派出教师到南片学习,并引进新教师,为学校注入活力;开展校园文化、班级文化建设,以现代文化育人,特别是引导学生做美德少年、新时代好公民;着力建设寄宿制学校,做好留守儿童教育和生活辅导,为北区群众排忧解难,并提升学校教育工作满意度。加强教学教研工作,研究课堂教育、研究学情、研究现代教育方式,全员参与;大力引进和编制特色校本课程;完成中期评估工作。

(2) 经验与反思

教育理念趋向现代化。进入本校的学生,学业水平大多不理想,自信心不足;留守儿童多,家庭教育欠缺,许多学生都有不良的行为习惯。基于这种学情,依据美国著名心理学家霍华德·加德纳的"多元智能理论",即每个学生都有自己的优势智能,学校提出适合这一教育对象的教育理念"实施多元评价,促进每位学生快乐成长",改变以文化课成绩为主的评价方式,实施多元评价,并以"十星"(运动之星、才艺之星、劳动之星、孝敬之星、诚信之星、环保之星、读书之星、创造之星、礼仪之星、自立之星)评选为项目,将此理念渗透到各学科教学过程中,渗透到各项实践活动中,培养学生自信心,激发学生学习兴趣,发挥学生个性特长,让学生在综合素质方面得到较大提升,教师获得了教育经验,学校取得了可喜的教育成果。近3年,学生中有780人次荣获不同"星"称号,在参加国家、省、市、区各项比赛中,获国家级奖励1人次,省级奖励3人次,市级奖励76人次,县区级奖励174人次。

治理体系趋向现代化。提高行政治理水平。学校健全了管理制度,涉及教育教学管理、财务管理、民主管理、校务公开、安全教育与管理、教师考核与聘任等,充分吸引广大教职工参与学校管理,培养教职工的主人公意识,变管理为治理,有力保障学校教育教学工作顺利开展。学校评优、聘任工作,多年来没有出现过争、吵、闹现象。

提高教育教学治理水平。以立德树人为核心,全员参与德育,全科渗透德育,学校德育工作丰富多彩,突出社会主义核心价值观的培养,有效促进学生身心健康。以教研组、年级部为单位,开展教、研、学互助,倡导学术民主,促进教育教学民主化管理、科学化管理。语文教研组在组长黄发忠老师带领下,全体老师踊跃参与教研,积极展示教学风采,成为学校的先进教研组。

提高综合治理水平。学校安全工作的开展扎实高效,坚持隐患排查制度,能保障教室、公寓、消防、饮水机、电路等设施设备安全,能对师生开展预防性安全教育,积极、主动开展安全演练,对突发性安全事件有可操作的预案。学校2019年荣获经开区平安校园称号。

特色课程适应现代化教育需要。学校能根据学生的兴趣、爱好、学业发展、个人需求开设校本课程和开展综合实践活动课程,培养学生创新精神和实践能力。建立了师生系统性评价体系,突出过程性评价和发展性评价。为了适应学生个性发展和综合素质提升,进行了课程开发。

编写校本教材《采撷生活的浪花》,并围绕课程开展课题研究。市级课题"'写生活,增实效'教学实践与研究"于2019年4月结题,在引导学生体验生活、总结生活经验、享受生活乐趣方面取得良好成果,促进"读书之星"健康成长;夏帮付老师为此撰写的论文《让作文教学走向学生生活》在《新课程》杂志上发表。

社团老师开发的特色课程"中国象棋入门""中国象棋文化(1-2)"深受学生喜爱,每学期均有3—5名不等的学生在经开区中小学生象棋比赛中获奖,激发学生热爱传统文化的情感,培养了学习兴趣。

教师队伍建设适应现代化教育需要。学校领导重视教师队伍建设,每年多次在行政会议、教职工会议上讨论、布置相关工作,召开专题会议研讨教师队伍建设工作。学校分别挂牌合肥市王莉名师工作室和经开区刘亮荣名师工作室,依托名师工作室对本校教师的培训方案,带动教师专业发展。目前,有2名合肥市骨干教师和1名经开区骨干教师。近3年来,教师个人获国家级奖励9人次,省级奖励11人次,市级奖励40人次,县区级奖励131人次。

学校办学水平得到提升。学校积极开展"五育"活动,内容丰富,形式多样,促进学生在德智体美劳各方面有所发展,体现出"合格＋专长"的培养目标。

学校制定了教师专业发展五年规划,教师制定了自我专业发展三年规划,教师专业成长明显,在教育教学、教研科研方面成绩较为突出。

学校教育教学成果得到学生家长和社会认可,周边群众对学校教育教学和管理的满意度达96.9%。学生数逐年增加,学校办学规模有所扩大;在"实施多元评价,促进每位学生快乐成长"的理念引领下,教育公平进一步体现。

2016和2017学年度获得经开区品质提升奖,2019年九年级学业水平考试成绩总分平均提高40多分,教育教学质量得到巩固和提升。学校获国家级奖励1项,省级奖励1项,市级奖励2项,县区级奖励12项。

2019年12月,心理咨询室通过市级认证,2020年1月,荣获经开区"平安校园"称号,2020年6月通过合肥市新优质学校验收认证,7月荣获经开区"家教名校"称号,8月荣获经开区"素质教育示范学校"称号。

学校教育现代化建设的反思。学校教育现代化建设是教育发展的必然,学校加快加强教育现代化建设是教育人义不容辞的历史责任。3年的教育现代化建设工作,也值得反思。

重建后的学校硬件达到合肥市一流水平。学校硬件现代化不是学校教育现代化。硬件只是教育现代化的物质前提,它是冰冷的,没有思想的;学校如何把它点化成有思想、有文化内容、有积极向上热情的文化象征,值得探究。

理念现代化也不是教育现代化。学校有了适合学校个性化发展的理念只是学校教育现代化的精神前提。怎样把教育理念转化为学生成长的内在动力是教育人研究的最重大课题。现代化的理念不能只在口头上,要做到知行合一,教育出德才兼备的人才,这方面还需要勇于自我革新才行。

特色校本课程开发有利于加快学生认知能力培养,促进学生体验生活和强化实践意识。但是,如何把独具现代化的特色校本课程与国家课程结合起来,不加重学生学业负担,甚至减轻学生课业负担,这方面仍然需要花大气力研究。

5. 莲花小学:"莲精神"香远益清,"真君子"卓然而立

合肥市莲花小学建校于1972年,学校前身为肥西县二十埠窑厂小学,现有45个教学班,在校学生2 131人,教师120人。教师平均年龄31.8岁,师资力量强,结构合理。

学校名为"莲花",而莲素来被称为"花中君子",学校从"学莲精神,做真君子"这句话中,引申出"办香远益清之校,育卓然而立之人"的办学理念,以书法教育为特色,践行"一笔一画练字,一言一行立品"的特色理念,倡导"习书—思贤—修身"的特色文化,弘扬传统国学经典,致力培育具有"莲花精神"的"少年君子"。学校自2017年起,在合肥经开区教体局与华东师大基础教育改革与发展研究所的合作发展框架中,被遴选为教育现代化样本学校,同时也是中国学校现代化标准的实验学校,秉持"公平、效能、赋权、生态、优质"的价值取向,开始了探寻教育现代化中部路径之旅。

(1) 样本建设过程

项目启动后,学校依托华师大专家团队在内涵发展上努力实现再提升。积极对照现代化样本校的各项评估指标,进一步推动教育公平,提高工作效能,变革管理模式,改善教育生态,提升办学质量。积极拉近与现代化样本校之间的距离。

夯实基础。三年来,根据办学需要,学校的物质条件进一步优化,不仅增设了学生食堂、地下停车库、室内运动场、音乐厅等服务于师生的建筑设施设备,还围绕"莲文化"和"书法教育特色"进行了校园物态文化的升级改造。一个"闻得到墨香,看得见诗意"的校园正在建成中。

强化规范。学校进一步完善制度建设,印制了《合肥市莲花小学制度汇编》,电子

书同步在网站上发布。将学校制度纳入教师校本培训的内容,摘录一些大家关注度高的制度编入《莲花小学入职一本通》,要求教职员工从踏入莲小大门的那一刻起就要有制度意识和规范意识。

突出特色。沿着"习书—思贤—修身"的育人轨迹,学校进一步亮化书法教育特色,三年来,被评为全国书法教育示范校(安徽省唯一一所)和全国中小学中华优秀文化艺术传承学校。目前,国家语言文字传承基地校工作正在申报中。书法教育的影响力在区域范围内进一步扩大,每年承接来自省内外的教育考察团达五十余批次。

(2) 成效与反思

三年来,在华师大专家团队的指导下,学校在样本校建设中取得了明显的成效。其中,杨小微教授一行多次来到莲花小学,就学校的校园文化建设和特色定位给予了专业指导。黄书光教授是负责学校实验项目的专家,多次到校指导或是与校领导进行线上沟通,对学校发展规划的落实情况和"现代君子"理念与课程建设的高度融合给予了肯定,也对学校的教科研工作和教师队伍建设提出了进一步的要求和指导性建议。在专家团队的推介下,学校多次参加高规格教育论坛或研讨活动。通过京沪教育论坛、第十一届学校改进与伙伴协作学术研讨会等活动,进一步了解教育发展的动态和新思想、新理念。通过随堂听课、师生问卷、家长问卷、教师座谈会、班子成员座谈等了解教师职业样态和师生家长对学校发展的期待,梳理教师队伍成长的困惑和学校发展的问题,找差距、补短板。突出成效表现在以下几个方面:

构建了"现代君子"校本课程体系。在课程建设中,突出学校特色和学生成长,旨在培养"基于童心、知行合一的现代君子"。打破各类课程之间的壁垒,将学科课程、社团课程、活动课程进行有效融合。

丰实了学校理念文化。专家团队在调研学校发展的基础上提出,学校的办学理念过于冗长,"三风一训"也有措辞不准确的地方,还有待继续完善。

制定了学校新一轮的三年发展规划。在专家团队的指导下,进一步规范了规划文本,对项目选择进行理性的筛选和修正,使学校新一轮三年发展规划可操作性、可评估性更强。

(三) 西部样本区/校:重庆荣昌区

在2017年深度调研的基础上,华东师大基础教育改革与发展研究所于2018年与重庆市荣昌区签署了第一轮合作协议,同时启动了教育现代化样本区样本校项目。双方合作开展了四大行动:①素质教育发展行动,主要从城乡选择3所初高中和8所小学(中心小学)共11所基地校开展课程创新、课堂变革与评价改革一体化行动,这11所基地校同时也是学校现代化标准试验的样本校;②城乡教育一体化行动,在全区8个学区的范围内开展,提出了三级多维联动机制、教师柔性流动机制、资源共享机制、优质学校示范机制、发展性协商式督导评估机制;③"三名"(名校长、名教师、名教研员)工程培养行动,对130多名自愿报名、综合遴选出来的学科教师、班主任教师、校长、教研员进行多种形式的培训与研修引领;④初高中教学质量提升与学业支持行动。

建设过程: 中国学校现代化标准研制及区域试验课题组派出研究团队,分为不同小组分别进入到样本校之中,对各个学校进行深入了解,实践调研,听取校长老师的汇报,走入课堂之中,明晰其现阶段的优势与不足,进而开始制定实施方案,基于"5E"标准,专家团队与学校一起建立样本校建设规划,具体关注点因校而异,进行样本校建设,在建设过程中,课题组专家团队不断跟进,随时指导,及时反馈并反思,最终形成样本校建设报告,既能够使学校达到各自领域的现代化标准,同时也能够促进其特色发展,形成辐射效应。

数据分析: 课题组根据前期研制出的学校现代化标准及相应的指标体系,开发了相关问卷,对样本校的校长、教师、学生分别展开了问卷测试。以下是前后两次测试的结果(见表6-6、6-7)。

表6-6 荣昌第一次数据(2017年第二学期)

省份	城市	学校	公平维度	赋权维度	效能维度	生态维度	总评
重庆	荣昌	样本校均值	16.1	13.8	15.0	14.8	59.6
重庆	荣昌	仁义镇中心小学	16.7	17.0	17.1	16.0	66.8
重庆	荣昌	双河中心小学	16.1	13.4	13.6	15.8	58.9
重庆	荣昌	吴家镇中心小学	15.4	15.3	16.2	14.4	61.3
重庆	荣昌	安富中心小学	16.8	13.1	13.8	15.6	59.3
重庆	荣昌	峰高中心小学	16.5	17.2	17.2	15.8	66.7
重庆	荣昌	盘龙镇第二中心小学	16.0	14.6	15.3	15.3	61.2
重庆	荣昌	荣昌广顺小学(36名学生参加)	15.6	3.7	10.0	10.3	39.6
重庆	荣昌	荣隆镇中心小学	15.8	15.8	16.6	14.9	63.1

注:第一次数据缺失了三所学校的数据。

表 6-7 荣昌第二次数据(2020 年第一学期)

省份	城市	学校	公平维度	赋权维度	效能维度	生态维度	总评
重庆	荣昌	样本校均值	15.2	14.2	14.0	14.7	58.0
重庆	荣昌	仁义镇中心小学	16.0	15.5	16.1	15.4	63.0
重庆	荣昌	双河中心小学	16.2	15.9	16.2	15.3	63.6
重庆	荣昌	吴家镇中心小学	15.1	13.8	13.8	14.2	56.9
重庆	荣昌	安富中心小学	16.3	15.5	16.2	15.7	63.7
重庆	荣昌	峰高中心小学	16.5	14.5	14.1	15.7	60.8
重庆	荣昌	盘龙镇第二中心小学	16.2	17.1	15.8	15.7	64.8
重庆	荣昌	荣昌广顺小学	16.4	16.2	16.1	15.3	64.0
重庆	荣昌	荣隆镇中心小学	10.9	7.7	6.7	11.1	36.4
重庆	荣昌	荣昌仁义镇中学	15.8	16.0	15.9	15.1	62.8
重庆	荣昌	荣昌初级中学(最低,只有5人参加)	13.0	9.4	8.1	14.4	44.9
重庆	荣昌	荣昌安富中学	14.8	14.2	14.5	13.5	57.0

从其数据来看,西部地区与中部和东部地区不同,前面两个地区的数据都是上升的状态,但是重庆荣昌地区的数据从整体来看是处于下降状态的,其原因一是数据本身存在一定问题,例如有3所学校(荣昌仁义镇中学、荣昌初级中学、荣昌安富中学)第一次数据缺失,其次学校参与人数的变化也会对数据产生影响,就像荣昌初级中学参与做问卷的只有5人,不具有分析意义。同时在做的过程中,校长、教师和学生参与的情况也会有所影响,当然除却外部原因,内部原因更值得注意与分析,即在整个作为现代化样本校的过程中,是否存在一定的问题。因此,这部分数据能够给予课题组最大的启示是从不同的学校出发。首先,处于数据提升状态的学校有3所(双河中心小学、安富中心小学、荣昌广顺小学)。其次,处于降低状态的有4所学校(仁义镇中心小学、吴家镇中心小学、峰高中心小学、荣隆镇中心小学),具体原因可以通过后面部分的分析加以判断。

由于荣昌区教育现代化样本校数量较多,限于篇幅不能一一详细展开阐述,下面重点围绕各样本校建设的特色经验与成果来择要介绍。

1. 荣隆镇中心小学的"大美课程"与"育美课堂"

荣隆镇素有"英雄故里,山水荣隆"之美誉,荣隆镇中心小学位于其间,学校由辛亥革命时期蜀军都督张培爵先生于1913年主导创建,历经百年风雨洗礼。学校现有本部和东民村小。得益于荣昌区义务教育均衡发展,学校设备设施得到了巨大改善,为学校开展全面素质教育奠定了坚实的基础。

(1)"大美课程"理念丰富、框架完善

学校秉持"英雄荣隆,大爱至美"的办学理念,围绕"立美育人,尚美达人"目标,实现"各美其美,美美与共"的校园生态;结合"荣隆学区:构建大美教育特色,打造幸福荣隆教育"框架全面落实国家课程,丰富和完善"大美立德""大美启智""大美健体""大美艺术""大美劳动"等校本课程,开发了特色鲜明的"课本剧",将原有校本课程进行整合和拓展,实现特色课程表现化、趣味化、生活化,培养审美能力和创造美好生活的能力。

学校开发研制了"大美课程"框架体系,如图6-8。

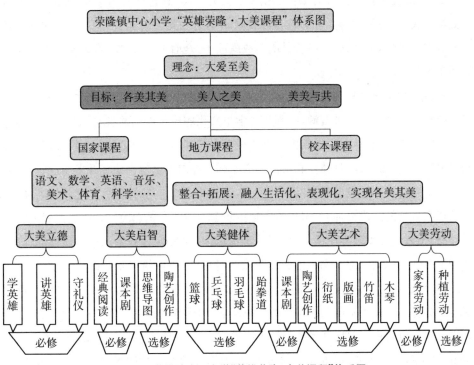

图6-8 荣隆镇中心小学"英雄荣隆,大美课程"体系图

学校特色课程的目标、思路、实施过程与方法更清晰、易实施。

特色课程的目标。实施"共性+个性"的五育融合特色课程。共性以课本剧为载体,全校统一实施;个性课程结合学生兴趣爱好和依托师资优势分组分项目实施。

课本剧集舞蹈、音乐、文学、绘画、表演于一体,是通过师生的再次创作和学生的创造性表演,将课文中看不见、摸不着的文学艺术形象地展现在舞台上,让学习活动活起来。课本剧新颖的形式增添了学生的学习兴趣,自创的内容发展了学生的思维,将抽象的文学变为直观形象的艺术,同时又提高了学生阅读的质量,培养了审美的情趣,寓教于乐,使学生的智能、体能、情感、社交、写作、表演、审美等综合素质得到全方位的培养与展示,实现五育融通。分组实施大美立德之"学英雄、做榜样"教育活动,融合爱祖国、爱集体、爱家乡等德育教育;开展大美体育之篮球、乒乓球、羽毛球、跆拳道、跳绳等实践活动;开展大美艺术之陶艺、衍纸、版画、竖笛、木琴和空灵鼓等特色活动;开展大美劳动之家务劳动和种植劳动。

特色课程的思路。实施"英雄荣隆,大美教育",通过德育与美育的融合成就孩子心灵之美;通过智育与美育的融合成就孩子灵秀之美;通过体育与美育的融合成就孩子健康之美;通过劳动与美育的融合成就孩子创造之美。以学生为主体,既注重个性又充分发展个性,成就孩子"各美其美",成就孩子"全面+特长"发展,彰显和谐共生的校园生态,实现"美美与共"。

特色课程实施过程与方法。①充分调研。在课本剧特色课程实施之前,我们分析了农村孩子的现状和教师资源,特别是对学生文化底蕴与需求的状况等进行了行为分析和策略分析,为有针对性地实施特色课程奠定了基础。②明确目标。特色课程目标确定清晰,遵循可行性、具体性和层次性的原则。在课本剧特色课程开发的过程中,我们根据基础课程和特色课程相结合的要求,站在提高学生学科和综合素养的高度,制定了切实可行的达成目标,为课程的实施指明了方向。③精选内容。特色课程内容来源教材,拓展延伸到现实生活;坚持正确价值取向,课程内容的组织遵循连续性、顺序性和整合性的原则。课本剧特色课程开发的过程中,我们结合学段的差异性,低段以童话剧、寓言剧为主;中段以童话剧、小品剧和小话剧为主;高段以话剧、歌舞剧和英语课本剧为主。兼顾了不同层次学生的兴趣需求,为课程的连续实施搭建了知识和技能阶梯。④价值共享。定期开展校园课本剧展演大赛,让课本剧资源从班到年级再到校园得到共享,走出校园、走进社区、走进生活,成为师生喜欢的课程资源。⑤积极评价。在课本剧特色课程实施的过程中,我们从学生和教师两个角度进行了多维度(包括:剧本生成、道具制作、语言表达、人物刻画、情感表达、感染力等)跟进评价,助推校园课本剧的持续和深入发展(见表6-8)。

表6-8 荣昌区荣隆镇中心小学课本剧评价量化表

荣昌区荣隆镇中心小学课本剧评价量化表			
项目	具体要求	分值	得分
剧本创作	改编自课本或文学作品,主题鲜明,故事情节完整,有创造性;	20	
育人价值	彰显立德树人和核心素养,实现育人目标;	20	
语言	普通话标准,语言畅通、清晰,语调符合人物性格;	20	
姿态	落落大方、自然,举手投足与内容相符,能表现人物性格;	10	
情感	感情基调、故事内容和情节相符;感情流露自然得体;	20	
服装道具	服装符合剧情人物的性格特点,自制道具符合剧情需要;	5	
效果	有感染力,舞台效果好,观众反应好;	5	
	合计	100	

(2)以育美为特征的"三为课堂"基本成形

育美"三为课堂"教学改革思路。在华东师大基教所专家的指导下,学校课堂教学改革理念是构建育美"三为课堂",即:为学而建,为学而教,为学而评,达到教—学—评一致性。新一轮的教学改革要求在促进学生学习的策略和方法上有进一步的推动,强化为学而教的理念;不仅研究教材,更要研究学生;不仅关注知识增长,更要关注能力发展;不仅谋划教的策略,更要实施为不同学生学习历程而教的策略;不仅要聚焦一节课的教学内容,更要整体研究学科课程的核心概念、知识体系和育人价值。

聚焦课堂教学设计,从学生需求和研读课标教材出发,开发学习工具(学习单),制定教学设计。研究学生的身心发展规律和认知成长规律,研究学生的学习需求,研究课标和教材等制定精准的教学目标。选定恰当的教学内容,优化合理的教学结构,制定翔实的课堂活动方案。从有利于学生健康学习、深度学习的视角,合理选择课堂教学手段与互动媒介,综合学科教学资源,开发学习工具。为学而教,进一步关注学生发展的需要,实施"学"的策略。

育美"三为课堂"是课堂教学研究的传承与创新。以"为学而教"为中心,以"为学而建"和"为学而评"为抓手构建生态课堂。"为学而建"是为"为学而教"建资源,明确教师和学生的任务,做到教师"四定"和学生"三步"。教师"四定"即教师对教学内容定育人价值、教师定目标、教师定教学结构、教师定课堂活动方案;学生"三步",即学生课前预习、课中探究、课后延展。"为学而评"将教师评价和学生互动评价贯穿整个课堂,实现课堂"三实",即双案导学实、合作互学实、评价促学实(见图6-9)。

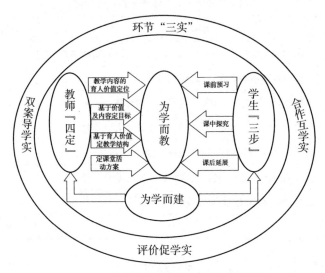

图6-9 育美"三为课堂"教学范式结构图

完善教学评价量表。育美"三为课堂"不仅注重资源的整合、教学过程的优化,更加强化"学"的评价,聚焦课堂目标分解,注重评价的匹配和跟进,开发评价工具,形成多元学习评价。在平等、民主的互动中关注学生发展的需要,促进学生间的互帮互助互评,让评价起到正向激励的作用。在专家指导下,学校初步制定了育美"三为课堂"评价量表,多次组织教研组成员对评价量表进行研读,在集思广益的基础上修改完善,从而指导我们评价每一堂课,分析每一节课的得失,更好地促进教学改革;向着明亮的地方——全面提高学生素质、成就美好人生前行;提升教育品质,实现幸福荣隆教育(见表6-9)。

表6-9 荣隆镇中心小学育美"三为课堂"评价量表

荣昌区荣隆镇中心小学育美"三为课堂"评价量表					
授课教师:		学科:		授课时间:	
授课课题:		授课班级:		评价人:	
评价板块	评价指标	评价标准			权重	得分
为学而建 (20分)	教学设计	1. 认真研读学科课程标准和教材。			6	
		2. 结合教学内容和学生身心特征以及认知水平制定准确的学习目标。			6	

续 表

评价板块	评价指标	评价标准	权重	得分
为学而教 (50分)	教学准备	为达成学习目标准备辅助教学资源,如课件、微课、视频、课文录音、教学案和导学案等。	8	
	教学目标	目标正确、具体;教学活动中围绕目标开展活动,教学环节清晰。	10	
	教学内容	1. 教学内容具有科学性,体现学科育人价值。	5	
		2. 突出重点,突破难点,释清疑点,抓住关键。	8	
		3. 讲授知识正确,应用知识紧密联系生活实际。	4	
		4. 演示实验(或示范)符合要求,操作合理。	5	
	教学策略	1. 教学思路清晰,教学方法合理,引导学生掌握自学方法,培养学生自学能力。	8	
		2. 帮助学生形成正确概念;开发智力,培养能力。	5	
	学习环境	气氛活跃,兴趣浓厚。	5	
为学而评 (30分)	课堂呈现	1. 反馈及时,调控得当,教师对偶发事件处理恰当。	8	
		2. 教学过程中体现学生的主体地位。	6	
	教师表现	语言清晰、严谨,富有感染力,板书规范。	6	
	学习效果	达到本节课的教学要求,实现教学目标,每个学生在参与学习过程中有不同的增长。	10	
评价结论	简单评语		总分	

(3) 建立教师成长的长效机制

一是加强教师职业道德建设。二是深入实施"青蓝工程",促进青年教师专业成长。三是搭建教师专业成长平台。借助与华东师大基教所、重庆南坪实验小学合作的契机,通过"跟岗学习""走出去,请进来""互联网+""校本研修"等方式努力为骨干教师成长搭建平台,助力教师发展和名师成长。四是大力支持教师参与课题研究,特色教研组和工作室建设。

建立教师成长机制的关键,是以样本校为中心,辐射和带动农村学校的教师发展,缩小城乡学校教育师资力量和办学水平的差距,促进区域城乡一体化发展。荣隆镇中心小学成为全区首批样本校以来,建立与区域学校互动机制,激活区域学校内部管理和教育资源,推进区域一体化课程建设和课堂教学改革,促进区域教师专业成长,全面提高教育教学质量。

具体做法包括:样本校领导和骨干教师常态化指导区域学校,帮助完善学校管理制度和上示范课,促进共同发展。样本校组织区域内学校开展师生项目式学习和交流,共同开展教育科研和教学研究,通过网络信息技术和常态化学科集体备课实现资源储备和共享。样本校利用现有优势课程资源带动区域学校同步实施,利用优势师资指导区域学校提炼和开发具有自身特色的校本课程。样本校派出区域学校学科短缺的教师(特别是英语和艺术学科教师)开展走教和支教,区域学校选派教师到样本校跟岗学习。

2. 安富中心小学的"陶韵课程"与"5+5课堂"

安富中心小学在90余年的办学历史中,秉承"开智、奠基"的办学理念,以"诚实、求真、文明、自信"为校训,以"学雷锋、做传人"为校风,以培养"品德高尚、基本扎实、特长鲜明、理想远大"的好少年为目标,培养"乐学、好学、勤学、会学"的品学兼优的社会主义接班人。

从1963年毛泽东同志号召"向雷锋同志学习"开始,学校坚持"用雷锋精神办学育人",全方位展开德育探索,积极投身教材教法改革实验,大力推进素质教育,形成了"一个理念,两大亮点,三个阵地,四种精神,五项活动"的"12345"学雷锋育人特色。

(1) "陶韵课程"的理念、目标与框架

基于学校的文化传承以及地处中国三大陶都之一的安富陶生产基地的区位优势,将学校课程的整体形态描述为"开智课程",其中最具本土特色的就是"陶韵课程",开智课程的核心理念是:五育融合、学为中心。着力促进学生的全面发展,以"学为中心"为前提,稳抓德育、智育、体育、美育、劳动教育五育,让立德树人和"五育"并举双重理念落实、落细,教好每名学生,让学生成为生活和学习的主人。开智课程的主要目标是:"立德、开智、育美、奠基。"立德,是立高尚之德;开智,是开学识之智;育美,是育阳光之美;奠基,即是奠幸福之基。下面重点阐述一下"陶韵课程"的内涵与框架。

陶韵课程的目标和思路。一方土汇一方灵,一片陶承一片情。为充分利用本地的乡土美育资源——荣昌陶(也是"非遗"文化资源),学校将陶韵特色的课程目标设立为以下四点:

一是充分运用荣昌陶美育资源。以严格遵循教学大纲为行动前提,探索适宜学生认识观和审美观不断变化的教学方式,在继承民族精神、感受文化风采的过程中,让课堂教学绽放出新光芒。二是陶艺美育与德育渗透融合。让学生在亲自动脑、动手的过程中领悟民间艺术的魅力,体会陶艺作为祖国文化遗产所蕴含的智慧结晶和精湛技艺,在自觉和不自觉中接受民族美学和精髓文化的熏陶,在感受美的同时培养和增强民族自尊心和自豪感。三是陶艺与现代元素有机结合。传统与现代的关系是对称而非对立,按现代意识再创造、振兴陶艺,会赋予陶艺新的时代特征和生命活力,年轻一代直接或间接地积极参与,也有助于形成保护和振兴传统工艺的氛围,实现吸收传统、再铸传统。四是陶艺的创作空间由学生主导。"玩泥"是孩子的天性,在捏陶制陶的过程中,学生充分发挥自己的主观能动性、创造力和想象力,无形间养成一种终身受用的高尚志趣,学会欣赏美、创造美,并主动向他人介绍美,真正实现了"艺术来源于生活并美化了生活"。

陶韵课程研究思路可概括为如下几个方面:

一是课程研究资料的搜索和整理。访问本地的民间艺人,寻找当地的艺术品,考察荣昌陶的制作流程、工艺;邀请当地的民间艺术家来校举办讲座,介绍荣昌陶特有的民间艺术并指导学生现场制作民间艺术作品;整理实地考察成果,收集、归纳和整理原生态的传统美术题材和作品。

二是低、中段年级开设陶艺课程。通过陶韵课,低年级学生通过观摩录像、图片和实地观摩等,感受陶艺作品的创作方法、材质、造型与色彩的特点;中高年级学生运用多种陶艺材料和工具,通过泥条、泥板、捏塑等方法表现所见、所闻、所想,逐步养成善于发现、勤于思考、大胆想象和追求创意的习惯。

三是组织学生参加陶艺相关的比赛活动。为给予"小小陶艺师们"充分的自我展示平台,学校组织学生以个人或集体合作的方式参与到与陶艺有关的比赛活动中,如"陶都杯"重庆市首届青少年陶艺大赛、重庆市中小学艺术节美术作品展、重庆市学生才艺艺术大赛等,在参与创作、尝试创作、学会创作的过程中,感受创作带来的喜悦和成功。

四是成立制度健全、活动丰富的陶艺社团。陶艺社团是以陶土为制作材料来引导学生进行塑造的工艺美术课,学校定期组织社团学生走出校园,参观安陶博物馆以了解荣昌陶的历史、特点等知识,同时拓展陶艺作品的教学形式,如用丙烯材料上色、用釉上彩在瓷盘上创作等。让学生在参与陶艺学习、制作、欣赏的同时,感受优秀中国传统文化的魅力,了解陶瓷艺术何以成为中华民族的瑰宝。

五是编写以陶艺为载体的校本资源。"工欲善其事,必先利其器。"学校陶艺校本教材从小学生的年龄特点、兴趣、能力、需要等特征出发,内容涵盖陶艺知识、技巧及学生所熟悉和喜爱的题材,并吸取民间美术的营养,为不同水平的陶艺教师提供参照,让教学成为学生发展个性、开发潜能、实现自我的美好天地。

六是不断完善校本资源。美术教师在课堂和活动中使用后,及时了解教师使用情况以及学生的信息反馈,不断对资源进行整合重组,让校本资源更贴近学生的认知世界。

陶韵课程的过程与方法,大致体现在如下几点:

一是走近荣昌陶。荣昌陶作为"中国四大名陶"之一,体形优美典雅,色彩绚丽光洁,有"薄如纸、亮如镜、声如磬"的美誉,学校力求从各个角度丰富学生对荣昌陶的认识和了解。首先,了解历史文化:以文化授课形式为主,利用多媒体展现陶韵历史发展的时间轴及各时期陶韵特点,让学生对陶韵历史文化在宏观层面上有客观立体的初步认识。其次,实地参观考察:组织学生集体参观荣昌安陶博物馆和荣昌国家级示范性综合实践基地制陶馆,将已学习到的陶韵文化与博物馆中的实物陈列相结合,做到理论与现实结合,让学生更加全面且深刻地认识陶韵文化。

二是建成两个"室"——建陶韵工作室和陶艺陈列室。陶韵工作室划分为烧制区、素材区、制作区、深造区。其中烧制区采用电窑烧制;素材区为学生提供范本陈列,辅助学生进行陶韵艺术创作;制作区为学生准备从泥到器,每个步骤所需要的工具及制作空间;深造区面向有一定陶韵制作基础的学生,制作更为复杂的作品所用。陶艺陈列室,主要用于陈列学生第一次烧制的陶韵成品及学生自制的优秀代表作品、师生代表获奖作品等。

三是开发陶韵课。根据各年级组学生的思维能力、动手能力制定陶韵制作的难易程度,有针对性地组织学生循序学习,不断提升。制定陶韵完成情况跟进表,善于发现陶韵课程成绩优异的学生,根据学生陶韵制作水平再进行分班提升化专项学习,且遵从学生自愿原则,以一种使自己快乐的方式"手筑"新世界。

四是引入优质资源。外聘安陶博物馆陶艺大师入校指导教学,与荣昌区国家级综合示范实践基地、安富初中、安富中学建立友好的合作关系,丰富课程资源。借助专业的指导,促进学校间陶韵班交流活动,不断丰富学生的陶韵认识及陶韵制作的创作能力,积极尝试不同陶韵类型和风格的制作探索,为学生学习陶韵提供多样性选择。

五是开展课题研究。开展与陶韵课程有关的课题研究,学校申报的"荣昌陶在中小学乡土美术教学中的探索与实践"课题研究为期2年,着重探索在陶艺生成的过程中,如何把教学与情操的陶冶、文化修养的培育、科学技术的探究相结合,让学生成为陶韵课堂课内和课外的主体,做到眼中有陶、陶中有艺,进而研究利用荣昌陶资源进行民间艺术教育的有效策略和方法,形成荣昌中小学民间美术教育模式。

六是采编校本资源。在实践研究的基础上,编写出有价值、可应用的陶韵校本资源《陶艺》,生动介绍陶器成型之拉坯、盘条、泥板成型、注浆成型等工艺,以及结合陶韵相关知识及学生在制作过程中需要应用的内容,创作和完善釉下彩绘、树叶的装饰、可爱的小动物等活动教案,切实提高学生陶韵制作水平,养成健康的审美情趣和生活方式,为未来参赛或活动助力添彩,也让文化的共享与传承相得益彰。

在全体师生、家长及社会有关人士的努力之下,学校陶韵课程取得了可喜的阶段性成果。在2019年重庆市首届青少年陶艺大赛中,学校战果辉煌,荣获3个一等奖、4个二等奖、7个三等奖,优秀成果的取得来源于学校在平日里对陶韵课程的重视,教师对自身的严格要求和对学生的耐心辅导,学生的灵动、童趣和"匠心常伴"。小小"陶艺师们"通过自己灵动的思维充分发挥艺术想象,创作了一件件主题鲜明、创意独特、生动有趣的陶艺作品,一个个泥团、一只只瓷盘在他们手中创意绽放,溢出心灵的想象力和创造力,堪称"思维在指尖上的跳动"。

陶艺是现代教育中开发和培养人创造性设计思维的一种造型基础,陶韵特色课程是丰富而生动的造型训练课。在学生动脑、动手的过程中,美好的小学校园生活在泥土的气息中得以留下痕迹,艺术的种子在心里逐渐生根发芽,创新的动力在他们的人生道路上萌发生机,童年不同样,还待我型我塑,还待接续传承!

(2)"5+5"课堂教学模式的形成与推进

学校初步形成"三为课堂"理念下的"5+5课堂"教学模式。当前,经济社会快速发展,课程改革进入深水区,随着区域教育布局、改革和研究有序推进,课堂教学研究之路需要更贴近课堂教学本质。在华东师大基教所专家的指导下,荣昌区形成课堂教学改革理念"为促进学而教",提出了在义务教育阶段学校加强"三为课堂"建设。学校受华东师范大学叶澜教授提出的"五实"课堂的启发,即扎实、充实、丰实、平实、真实,再结合学校师资水平和生源结构,提出"5+5课堂"教学模式,即"导、学、教、练、总"五个教学环节加"平实、真实、扎实、夯实、丰实"五点基本要求。此教学模式体现"以学生为主体"的现代教育思想,有利于打造高效学习课堂。在此基础上,学校制定配套的"5+5课堂"评价量表,并在学校全面铺开。

(3)中心校辐射机制建设

学校逐步建立了"制度共建、教学共研、资源共享、团队共进"的合作运行机制。在学校管理上,共同推进学校章程制度建设,打造特色校园文化;在教育教学上,共同参与教研教改,每次华东师大专家入校指导都要邀请学区内的行政老师一起参与学习、共同提高;在资源运用上,优势互补,取长补短;在队伍建设上,采取支教、走教实现教师交流,本学期王美芬老师就到石燕完小支教,采取行政干部互派实现干部交流,还可通过师徒结对、影子培训等形式共同锻造团队。此外还可以让校际班级、学生结对,建立更多的互动空间。

3. 广顺小学的"生活课程"与"五有体验课堂"

荣昌广顺小学创建于2012年9月,地处农村,环境静美。学校系由多校合并而成,形成了学校教学模式和思想观念多元格局。现有教学班25个,学生1060人,教职工79人,辖村小3所,是全国足球教育特色学校、昌元学区艺术教育基地和体验教育示范校。

学校作为素质教育发展基地校和现代化标准试验校,自2018年9月启动以来,在华东师大基教所指导下,确定了《学校五年发展规划》、"学校育人文化""学校课程及课堂建设"等学校内涵,发展方向明确,路径清晰,动力充足。

(1) 学校文化理念系统的提炼与形成

经反复研讨,学校育人文化方面确立了"体验生活,积淀素养"的办学宗旨,明确了践行"事事追问,天天行动"的育人路径,确立了"爱阅读,好运动,知感恩,善创新,会生活"的育人目标。

立足学校办学宗旨,构建了"生活课程",提出"用生活来教育,为生活而教育,给生活以教育"的课程理念,实施"用以致学"的体验教学策略。相应地,建构了"体验式课堂范式",明确课堂的关键要素中,育心是本位,体验是常态,把目标、自学、点化、生成和评价融为一体。在此基础上确定了"三为课堂评价体系",在教学设计,教师行为,学生行为,教学效果四个维度寻找生活课程的期待性评价要点。

特别值得一提的是,学校注重从校名中挖掘教育意义。广顺小学,由地名"广顺"命名,也蕴含教育意义。"广"在于"广博深情、广泛厚爱、广通灵巧","顺"在于"顺势、顺应、顺变","广"是全面发展夯基础,"顺"是遵循规律育个性。"广"是指整个的生活需要和可能,如兴趣、情趣和崇高。"顺"是指服务于健康生活的节律和个性成长的需求,如民主、创新和个性。由此提炼出学校办学理念:以广致顺,幸福生活。

在这一理念指引下,学校修订了办学目标,即:办一所孕生幸福教育的乡村小学。其含义可诠释如下:

——学校是清朗的,体现在"正向、开放和多元"。

——教育是柔美的,体现在"内容开发生活之真,方法追求人文之善,目标指向人性之美"。

——师生是阳光的。体现在"大气、灵动和自信"。

(2)"生活课程"的原则与体系

生活课程建设的原则,概言之,就是生活课程立足于生活又回归生活,以生活为内容、为手段、为目的。

一是用生活来教育。把课标中的"知识、能力、情感"的生存观连接孩子的现实生活,积累知识,习得能力,涵养德行。

二是为生活而教育。把课标中的"健康、安全、幸福"的生活观对应孩子的现实生活,并引发孩子对美好生活的思考和追求。

三是给生活以教育。把课标中的"习惯、素养、精神"的生命观融入孩子的现实生活,在学中思,在思中做。

生活课程的体系建设,正在过程之中,但思路基本明确。在生活课程的结构方面,明确了如下方面的共识:

一是生活课程追求真善美,每天发现真善美,表达真善美,创造真善美。每课四问,身体感官有没有触动?知识能力有没有收获?习惯意识有没有改变?道德情操有没有提升?

二是生活课程重心在做。每天有记忆,每天有思考,每天有行动。所有的记忆都应该是体会,而不是背会,所有的思考都要有关联,所有的行动都要产生认知,实践是教育的利器。

三是生活课程突显研究和改变。每天研究教育内容和样态,每周研究教育方法和平台,每月研究孩子需要和可能。不断地研究和改变,促进教师与学生共同走向真善美的境界。

(3)"五有体验课堂"的结构、内容与评价

所谓"五有",是指"有认知、有体验、有合作、有思维、有情感",是对教师组织课堂教学、引领学生有效学习的提示与提醒。

"五有体验课堂"结构范式,关注如下几个方面:

一是先育后教,以情导学。这是课堂的引入过程,需引起孩子学习的意向。课堂的成功与否首先在于能否引发孩子多大的学习欲和积极性,所以点燃和唤醒是关键的一步。

二是丰富具象,先做后学。这是体验课堂标志,充分利用资源,将抽象的知识具体化,创设具体情境,给孩子五官感应和动手做的过程,从而生成亲历性知识。

三是发现问题,生生互助。这是学生相互学习的过程,也是体验课堂的精华和精彩的过程。以小组合作学习,项目分工学习等形式整活学习场景,在群体学习中,发现更多的问题和解决问题的方法。

四是刻意训练,生成素养。这是教师在体验课堂中最重要的环节,需要在发现学生问题和需求的基础上,提供不同层次的训练内容和方法,帮助孩子各尽其兴,成长为最好的自己。

五是评价点化,指向生活。这是教师对课堂内容和效果的总结,并将课程内容和孩子的兴趣与兴奋引向课后和未来的生活,促使知识的生活实践性运用。

"五有体验课堂"内容范式,聚焦于课堂目标的学习方法和策略,具体是指:

一是有认知的效果。注重习得知识和提升能力的方法引导。

二是有体验的过程。在听说读写思等感官系列上的训练和素养生成。

三是有合作的氛围。在明确分工与协作中完成学习任务,借助群体力量发展。

四是有思维的触碰。孩子在课堂中能产生时空关联的想象和深度思考,能引发改变的意识和创新的意念。

五是有情感的生成。孩子的理想信念、爱国情感和生活正能量被加强和巩固,不断累加自信、仁爱、友善的情感素养。

"五有体验课堂"评价,不只是分析和判断,更是点拨和引导。具体要点如下:

一是为学而建的资源,有目标设计、内容选择、工具运用和差异性分析4个维度。为学而建关键是把准课堂目标,在研究学生和学生生活,学生需求和教学可能的基础上对接课标,解压教材,并适度选用学习资源,配套学习工具,创设学习情景。

二是为学而教的策略,有对学生学习方式、方法、技术、环境的支持4个维度。为学而教指课堂实施,以学定教,改进学的方式,达到学的意义。有"先育后学,先学后教,创设情景"等思路和方法,让孩子在课堂上有记忆,有思考,有行动,使学习的结果结构化、生活化。

三是为学而评的方法,有评价的质量,评价的数量,评价主体多元,评价方式多样4个维度。为学而评要巩固孩子能力与素养,引发孩子兴趣与需要,增强孩子热情与信心,是对学习的重新认知和建构,帮助孩子走向课后的能学、会学和爱学。

4. 峰高中心小学的"扇韵课程"与课堂教学评价

峰高中心小学开办于1921年,当时是男女分校,即"荣昌县第二女子小学"和"荣昌县第四男子小学",校址分别设在南华宫和万寿宫,各校均有6个班,共250人。1931年,两校合并,男女混编,定名为"峰高乡小学"。

2011年,秉承"人无全才、人人有才、扬长避短、人人成才"的教育理念,峰高中心小学办学的精神、理念与传统得以积淀,学校确立了"以人为本,向上笃学"的核心办学理念,走内涵发展之路,以学校校园文化建设为载体,以校徽、校旗、校歌的创作为切入点,引领师生深刻领会学校办学理念,全力提高学校教育教学质量,向着"力争经过3年努力,基本形成具有'向上'特质的学校文化,成为质量理想、规范和谐的一流学校"的办学目标挺进。

2014年9月,学校整体搬迁至新校区,现有中心校、建设小学两个校区。学校弘扬"做更好的自己"的校风,致力师资队伍建设,发展内涵,争创一流,圆满完成了各级各项目标任务。学校先后荣获中华优秀文化传承基地、中华优秀文化传承学校、全国集邮示范基地;重庆市绿色学校、重庆市美丽校园、重庆市非物质文化遗产传承教育基地等荣誉。

2018年学校成为区素质教育发展行动基地校和中国学校现代化标准试验校,在华东师大专家的多次调研和悉心指导下,学校修改完善了三年规划,学校课程体系也基本成形:在"以人为本,向上笃学"理念下,形成了峰小扇韵课程体系框架,如图6-10所示。

目前,课程建设已经形成一定的规模和特色,科任教师编写了特色课程纲要,积累了特色课程案例,编写多本校本教材。学校特色课程建设中,我们深感资源和特色是课程建设的生长点。学校扇韵课程建设坚持教室专用化、课时固定化、教材规范化,使特色课程建设立体化、直观化和成果化。这样,既扩大了课程影响力,又物化了校园文化环境。让学生在扇韵课程文化的浸润中,充盈心灵,涵养生命,得以健康快乐地成长。

在扇韵课程框架之下,学校的课堂教学改革也初见成效。在华东师大基教所专家组的推动下,荣昌区课堂教学确立了"为促进学而教"的改革理念,在此基础上,提出了在义务教育阶段学校加强"三为课堂"(即"为学而建,为学而教,为学而评")建设。其中,"建"在资源,"教"在策略,"评"有实效,这三个方面都与学生的"学"相关联,明确了课堂中学生学什么,怎么学,学得怎样。学校根据学校实际情况,经过教师们广泛讨

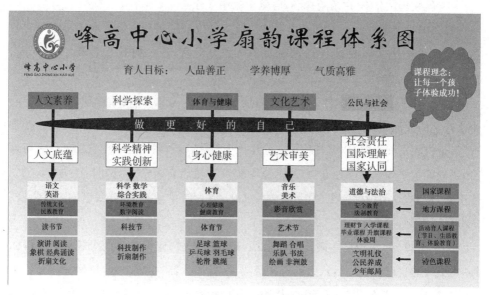

图 6-10 峰高中心小学扇韵课程体系

论,提出学校的"三为课堂"范式。即:课前做好充分准备,包括教师准备和学生准备;课堂进程充分活动,包括小组交流、教师点拨;强化"学"的评价,包括对照学科标准,指标清楚易测,评价贯穿学习全过程,评价主体多元。

在前期的课堂教学改进下老师们的教学观念发生了巨大变化,体现为"四突出、三转变"。"四突出"即:突出学生,充分发挥学生主体作用,完全改变教师讲,学生听的局面;突出学习,整个教学过程处处突出学生的学习、质疑和探究;突出合作,全班分成若干小组,每小组 2—4 人,无论是课前准备还是上课时的学习,每位学生都必须在小组内充分发挥其应有的作用;突出探究,让学生通过自主学习、探究获得知识,形成能力。

"三转变"即:变教师灌输式的教为学生自主性的学,使学生获得学习动力;变"听懂了"为"学懂了""会学了",使学生掌握学习方法;变"他律"为"自律",使学生获得自信、自尊,激发内在的学习潜能。

在初步形成"三为课堂"教学范式后,学校在前期的课堂评价量表的基础上,组织各教研组讨论制定了新的"三为"课堂构建量化表。评价项目为三个板块:一是教师表现,分为学习目标制定、教材处理、教学过程、教师素质四个方面。二是学生表现,分为学生课堂参与状态、交流状态、思维状态三个方面。三是教学效果,指体现学科特点、达成学习目标、发挥学科育人功能的情况(详见表 6-10)。

表 6-10　重庆市荣昌区峰高中心小学课堂评价量表

课题		时间	
评价内容		权重	得分
1. 能根据课标、教学内容及学生实际设计恰当、具体、可检测、可达成的学习目标。 2. 教师具有明确的目标意识,能用目标引领教与学,发挥学习目标的导向功能、激励功能和评价功能。 3. 落实知识、能力、情感目标,注重引导学生进行自主、合作、探究性学习,促进学生全面、可持续发展。		10	
1. 能深入理解课程标准,认真钻研教材,正确把握重点、难点。 2. 能用"三为"课堂理念处理教材,教学结构设计合理,内容适量。 3. 深刻理解教材的编排意图,遵循学生的认知规律。		5	
1. 体现教师是学生学习的组织者、引导者、合作者。 2. 教师能创设宽松的学习氛围,提供学生主动学习的学习方式,为学生留有充分的学习、思考时间与空间。 3. 引导学生积极思考,在自主探索、合作交流、动手实践中去经历知识的形成过程。 4. 尊重学生人格,关注学生的个性差异,使不同层次学生有不同的收获,体验成功的喜悦。 5. 充分发挥信息技术的优势,为学生的学习和发展提供丰富的教学资源。 6. 关注学生的学习过程,课堂评价方式多样化,充分发挥评价的激励作用,达到教学评一致性。		20	
1. 教态亲切、自然、富有亲和力。 2. 教师具有驾驭教材的能力,能对课堂教学进行有效的组织、管理和监控。应变能力强,富有教学机智。 3. 教学语言精练,富有感染力,板书设计科学,字体规范。		5	
学生主体地位突出。独立思考、主动实践获取学习信息;积极参与学习活动;大胆质疑问难;敢于运用多种方法进行探究性实践。不同层次的学生都有所收获。		25	
课堂气氛和谐活跃,师生、生生主动交往,愉快交流,互相促进,共同发展。主动与他人合作,虚心听取别人的意见,敢于发表自己的独特见解。		10	
学生思维灵活、活跃,善于独立思考,敢于质疑问难。		15	
体现学科教学特点,达成学习目标,发挥学科育人功能。		10	

作为基地校和试验校,也在辐射引领方面发挥了引领作用。主要做法如下:

首先是片区内学校共研共建。通过集体备课制,共同备课,共同研课磨课,共同参与上课评课,形成优秀课例资源共享。其次是以项目促发展。通过领雁工程等项目共同开发"糯米变变变"校本课程,通过送教、互派教师等项目实现共同学习,共同发展。第三,采取结对帮扶。城区学校与高新区实验小学结对,定期共研、互学,辖区内采取送课、共研课题等方式共同促进。课程开发采取学区内十几所学校联合行动"1+4+N"计划,共同参与,优势互补,共同进步。目前4所镇所在地中心校形成了各自特色。

5. 吴家镇中心小学的"阳光课程"与"五育并举"

重庆市荣昌区吴家镇中心小学位于吴家镇棠房街67号,距荣昌城区36公里。2004年,台湾省台塑集团王永庆老先生捐资40万元,重修教学楼。由于王老先生推崇勤劳、朴实、宏志、明德理念,他希望每位学生都应该发扬、推广光明正大的思想道德,故吴家镇中心小学又取名吴家镇明德小学。

2018年6月学校成为区素质教育发展行动基地校及中国学校现代化标准试验校,在华东师大基教所专家指导下,经过调研、对话和研讨,确立了学校发展规划及课程、教学等方面的改革蓝图。具体内容如下:

① 提出"建阳光课程、育宏德之人"的办学观念,引领镇小学生不忘根本,成为一名"明德、勤朴、宏志"的人。基于办学理念和育人目标,学校在特色课程建设上提出"幸福孩子,成就老师"的课程理念。在研讨中学校意识到,特色课程建设需要抓梯级建设、抓中心、找重点;还需要和其他课程相融合,由点带面,由一个王牌特色辐射引领多个重要特色。目前学校开设了四点半课程,组建多种活动小组,由兴趣活动小组逐步向学校特色项目发展,并设立"开心农场",将学校操场周围水泥护坡利用起来,结合村镇小学背景优势,在中高段年级开展种植花草、农作物等实践活动。

② 立德树人、五育并举。在德育方面,学校举办班主任成长经验论坛和青年教师成长论坛,以求通过提高教师思想来影响学生行为。在智育方面,参与吴家教育共同体,牵头主办吴家学区教育教学共研活动及三为四定课堂建设;新增远程同步互动课堂以及录播室的修建利用,以达到城、镇、村学校资源共享,让农村孩子也能享受到高质量的教育,达到教育均衡、体现教育公平。根据学科特点将信息技术融入到学科中,打造智慧课堂、高效课堂。结合华东师大基教所的指导,学校正在筹办数学错题资源库、语文微课资源库。在体育方面树立健康第一的教育理念,开齐开足体育课,课间操和室内排舞,让学生即使在下雨天也可以上体育课,帮助学生在体育锻炼中享受乐趣、增强体质、健全人格、锤炼意志。在美育方面坚持以美育人、以文化人,提高学生审美和人文素养,由学院路小学和学校合作举办科技节综合实践展示活动;还有学生绘画作品展览走廊(下校区一楼书法室走廊)、美术室手工作品展览。在劳动教育方面,阳光种植特色课程的开展、种植课程校本教材的研发已逐步走上正轨,根据学情分年级设置课程,将种植课程纳入课表:一年级认识植物、二年级认识植物的种子、三年级诵

读有关植物的诗、四年级了解植物种植过程、五年级写植物观察日记、六年级制作植物卡片。学校因地制宜,将学校空地规划为各班种植区,供学生进行植物走秀、植物卡片、植物贴画等成果的展示。

③ 在中心校辐射机制建设方面,学校正以阳光种植为指引,有序推进其余各校的特色建设,如铜鼓镇中心校的书法特色;清流镇民族小学的民族文化进校园;吴家镇海棠中心小学的速叠杯;吴家镇十烈中心小学的体育自编操;吴家镇代兴中心小学的剪纸及孝、笑文化;吴家镇荣江完小的橡皮泥手工制作。

尽管是农村学校,但现在的孩子几乎都是在温室里养育,衣食无忧,通过阳光种植课程,最大限度让学生获得书本以外的知识,同时体验父辈们种庄稼的不易,进而养成节约的习惯。展望未来,一个特色课程的建设需要长时间的积累和发展,因地域、办学条件、师资等因素,实施城乡一体化有一定困难。学校将迎难而上,遵循教育规律、坚持改革创新、培养德智体美劳全面发展的社会主义建设者和接班人。

6. 盘龙镇第二中心小学的客家文化与"启智课堂"

学校地处重庆荣昌的西北边,与四川隆昌接界,坐落于盘龙镇。盘龙镇有近4万多客家人,是重庆市最大的客家方言岛。学校始建于2015年11月,2017年2月投入使用,占地面积15133平方米,建筑面积6627.3平方米。学校原是盘龙镇中心小学的一个分校,于2017年10月19日,学校独立并命名为"盘龙镇第二中心小学"。

2018年6月学校成为荣昌区素质教育发展行动基地校及中国学校现代化标准试验校,在华东师大基教所专家指导下,经过实地考察和对话研讨,确立了学校文化建设的内涵与框架,肯定了学校在"启智"课堂教学模式等方面的前期探索。

学校地处重庆市最大的客家方言岛,学校的"客家文化寻根课程"与当地文化契合度高,是非常有特色的,这一特色课程理念新、定位准。在此基础上学校厘清了特色课程的基本架构,建立了客家文化特色班级,开办了客家舞蹈班、客家歌谣和方言班、客家实践班、客家礼仪班等,以落实特色课程的实施。

在客家文化理念及特色课程架构之下,学校还进一步探索了"启智"课堂的教学新模式,"启智"课堂所依据的是由"思维内容—思维方法—思维品质"构成的三维立体结构模型。在教学过程中,具体表现为:首先,基于学生的已有经验,设计适当的活动导入,激发学生的活动兴趣。其次,创设良好的活动情境,激起学生的认知冲突,促进学生的积极思维。在活动过程中,让学生掌握思维方法,训练学生的思维品质,从而提高学生的思维能力。再次,引导学生及时总结所学方法和经验教训,并将这些方法应用和迁移到日常生活和学科学习中,培养学生的自我监控能力、分析问题的能力、解决问题的能力、创造能力等。最后,运用课后活动来拓展学生的思维,使所学思维方法技巧再次得到巩固。

遵循面向全体学生原则,促进每个学生全面发展的原则。通过课程培养学生的思维能力,以知识为载体,以思维方法为主线,训练学生的思维品质,创设良好的教学情境,激发学生认知冲突,促进学生积极思维,加强学生自我监控能力的培养以及对知识和方法的应用迁移能力。

"启智"课堂特别注重知识和能力的迁移,整个课堂贯穿着"思维训练"这一主线,以培养学生能力和思维为主。在设计上,"为迁移而备""为迁移而教""为迁移而学"。在知识的教学和学生的活动中,让学生掌握思维方法,训练学生的思维品质,指导学生学习,培养非智力因素,形成了课程开发的思路。

教学环节设计依据学生学习流程而开展,即从情境导入、方法感悟、方法归纳、方法运用、评价反思、迁移巩固等六个环节开展"启智"课堂教学(如图6-11)。

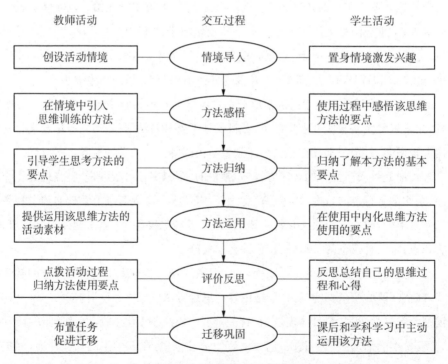

图6-11 盘龙镇第二中心小学"启智"课堂教学六环节示意图

从"启智"课堂教学模式六个要素入手,以培养学生思维为目的,以师生互评、同伴互评的方式制定"启智"课堂的评价表,引领学生形成正确的世界观、人生观和价值观,引导学生全面个性地发展,促进学生健康成长(见表6-11)。

表6-11 荣昌区盘龙镇第二中心小学"启智"课例评价量表

授课人:		课题		时间:
评价项目		评价要点	权重	得分
教学设计	教学目标	1. 依据课程标准、教学内容及学生的实际,确定教学目标。 2. 教师发挥教学目标的导向功能、激励功能和评价功能。	20	
	教材处理	1. 认真研读教材,理解教材的编排意图。 2. 根据教学目标,灵活运用教材。	5	
教学活动	教学过程	1. 能创设恰当的情境导入,激发学生学习兴趣; 2. 在情境中引入思维训练的方法,引导学生感悟方法的要点; 3. 引导学生思考方法要点,归纳方法并运用; 4. 教师布置拓展任务,促进学生迁移巩固思维方法,提高学生思维能力; 5. 合理利用信息技术,为学生提供丰富的教学资源。	20	
	教师素质	1. 教师具有驾驭课堂的能力,应变能力强; 2. 教学语言精练、准确,富有感染力; 3. 板书设计科学,字体规范。	5	
学生活动	参与状态	1. 学生能主动思考,参与到学习之中; 2. 主动积极回答问题,乐于交流分享。	20	
	交流状态	1. 主动与他人合作,虚心听取别人的意见; 2. 能清晰表达自己的观点。	10	
	思维状态	学生思维活跃,善于独立思考,敢于质疑问难。	10	
	教学效果	1. 完成既定的教学任务,目标达成度高; 2. 学生思维发展。	10	
综合评定得分(总分100分)				

7. 仁义镇中心小学的"育苗课程"与"两点三要素课堂"

学校始建于1919年春,离城区22公里。校园布局合理,教学区、生活区、运动区三区分明,树心楼、怀仁楼、仁艺楼三楼各具特色。百年文化积淀,逐步形成了学生乐学、教师乐教的学习和工作氛围。

近几年来,学校以创建义务教育均衡合格区、第二批市级领雁工程项目为契机,加强校园文化建设,努力打造"绿色校园、成长乐园"的"二园"文化。学校扎实推进教研教改工作,倡导"把时间留给学生、把方法教给孩子"的教学理念,实施课堂教学改革。学校教学质量稳步提高,连续4年被评为荣昌区"教学质量十佳学校"。

学校于2014年成功创建重庆市乡村少年宫,开设有音乐、舞蹈、书法、美术、乒乓、田径、跳绳、踢毽、演讲、手工、科技创新等兴趣小组,培养学生的艺体特长,提升学生的综合素质。

2018年,学校迎来了荣昌区探索教育现代化西部路径的大好机遇,成为素质教育发展基地校和中国学校现代化标准试验校。学校先后经历了"建办学文化体系""强辐射带动作用""成教育现代化学校"三个建设阶段,在学校文化理念体系构建、"育苗课程"建设、"两点三要素"教学模式打造等方面取得了阶段性成效。

(1) 理念:"怀仁爱之心,行正义之事"

近几年来,学校以创建义务教育均衡合格区、第二批市级领雁工程项目为契机,加强校园文化建设,努力打造"绿色校园、成长乐园"的"二园"文化。形成"让每一棵幼苗茁壮成长"的课程理念,探索形成"育苗课程"基本框架。扎实推进教研教改工作,倡导"把时间留给学生、把方法教给孩子"的教学理念,实施课堂教学改革。

学校还通过"寻找仁义人"活动,挖掘身边的好少年故事、家庭故事、老百姓的故事。通过故事教育孩子,培养"怀仁爱之心,行正义之事"的仁小好少年。建立"小学校大讲坛"栏目。邀请仁义名人现身说法,开发德育课程。以"课堂教学改革"为抓手,助力教师专业化成长。进一步优化师资队伍,建设一支素质精良的教师队伍。落实教师培养计划,针对不同层级的教职工制定学习研修计划,以建设"名师培养工程"等方式加强教师的能力提升。通过用制度选人、用奖励激人、用研修育人、用比赛练人、用评课促人,引领教师、激励教师、发展教师、成就教师,促进教师专业成长。

(2) 课程:"让每一棵幼苗茁壮成长"

为贯彻落实国家、地方和学校三级课程管理新举措,从学校实际出发,打造与本土文化资源相融合的特色课程体系,形成"让每一棵幼苗茁壮成长"的"育苗课程"建设体系。立足本土实际,梳理课程育人体系。选拔师资队伍。为了使"育苗课程"正常开展,学校在全体教师中选拔工作敬业、有一定艺术特长的教师作为"育苗课程"的先行者和实施者。活动课程的设置方面,学校结合孩子的年龄特点和认知水平,尤其是农村孩子的实际状况,分低、中、高三个学段开发手工、艺术、素养、体育、科学5大类课程,开发了篮球、乒乓球、手工制作、绘画、奇文阅读、趣味数学、科技小发明等共29个课程项目,供学生自愿选课,保障人人参与。收集整理各种活动的过程资料,优秀案例,反思与总结,规范归档,做好校本教材开发,挖掘利用好课程资源。学校将"育苗课程"开课时间定为每周三的下午,实行走班教学。为了便于管理,还制定了相应的管理制度和考核办法。向家长和社会开放,举办课程活动、作品展示会,加大宣传,争取资源。联合学校、家庭、社区,形成三位一体教育网络,得到了各方主体最大限度的支持和理解。

(3) 课堂:"把时间留给学生、把方法教给孩子"

遵循"把时间留给学生、把方法教给孩子"的理念,改变学生的学习方式和教师的教学方式,在课堂教学中推广"两点三要素"教学法。所谓"两点三要素"包括"起点"和"终点",两点之间,则是过程,包含着"创设情境""搭建支架"和"课堂评价"三个要素。首先是组织全体教师学习解读"两点三要素"课堂理念,努力尝试"合作学习"课堂教学策略与方法。然后是分层级进行落实,从行政到骨干教师,再到所有教师。根据学校要求,分学科分年级集体备课,共享教育智慧,形成合力。邀请荣昌区学科名师、教研员入校指导,助推活动有效实施。结合学校教学模式开展"三会"提升能力。学校通过"两点三要素"课堂教学设计大赛、"两点三要素"课堂教学实践展示、"两点三要素"教学思考展评活动的开展,做到人人参与、人人提升。开展"三课""一赛"活动,即骨干教师的示范课、同课异构课、新教师的"诊断研讨课"和每学期"每人一节好课"比赛活动。平时注意收集、制作教师教学案例集,收录教师优秀教学视频,以丰富课堂教学改革的可利用资源。

8. 双河中心小学的"雅竹六质"课程与"5+35"幸福课堂

双河中心小学的前身为荣昌县双河乡国民中心小学,创办于民国18年(1929年),原校址设在双河乡南华宫(现双河新世纪幼儿园处)。1937年学校成为中国共产党地下党组织的秘密活动场所。1939年春,中共荣昌县委转移至双河,成立"中华民族解放先锋队",发展大批学生党员,开展抗日救亡运动。至1949年12月7日荣昌和平解放时,学校一直为党的地下革命前沿阵地。

学校现有村小一所、附属幼儿园一所。2018年9月迎来了荣昌区与华东师大合作探索教育现代化西部路径的新契机,学校成为素质教育发展行动基地校和中国学校现代化标准试验校。在华东师大基教所专家组、重庆市牵手合作校的指导下,开展了学校发展规划编制、课程体系建设、特色文化发展等节点工作,最终形成了"以竹育人,以竹雅行"的学校文化核心理念,初步构建起了"雅竹六质"特色课程体系,并开展了"5

+35"幸福课堂的新探索。

(1) 以校本教研推动学校发展

首先,在华东师大基教所专家组指导下,在与区内外专家同行的频繁互动中,学校发展规划研制、课程体系建设、特色文化发展有序推进。其次,学校于2018年11月承办了全区教育科研现场会,于2019年承办了基地校现场会,展示了学校在教育科研工作中所取得的一些成果。第三,区语文、数学、音乐、美术学科工作室等多次送课到校;学校也成为语文骨干教师示范课活动学校,语文、数学国培上课示范校,对学校教师的素质、学生的表现非常满意。最后,在荣昌区第三期领雁工程项目中,学校与荣昌区联升小学、双河治安中心小学组成了牵手学校,我们借助申报的"5+35"幸福课堂这个课题,与联升小学、治安中心小学老师相互送课,上课的老师得到了成长,听课的老师也受益匪浅,起到了"头雁领飞,众雁齐飞"的作用。

(2) 以课程教学改革落实育人目标

学校从国家课程、地方课程、学校课程三大类课程开展学校课程体系建设。国家标准课程:落实国家课程标准,结合校情、学情,优化国家课程实施,以"5+35"幸福课堂为突破口,提高全体教师的教学水平和质量。在校本特色课程方面,学校"雅竹六质"课程的开设始终坚持德智体美劳全面发展,始终坚持对学生进行价值引领和人格塑造,促进学生个性学习,促进学生终身学习,关注学生的学习效率。主要以弘扬祖国优秀传统文化,地方文化、学校文化为载体,开展了"非物质文化""传统文化""体育与艺术""劳动与科技"4大类29门活动课程。在德育课程方面,主要围绕弘扬优秀传统文化,以"德育为先、能力为重、全面发展"的教育理念为指引,利用学校的地域文化优势,大力实施"传承红色基因工程",弘扬红岩精神,引导双小学生从小树立共产主义远大理想和中国特色社会主义共同理想。向上向善、忠于祖国、忠于人民,从小争做双小好少年。开展了丰富多彩的学校德育活动课程。初步构建学校"12345"学校德育课程体系。进一步完善学校、家庭、社会三位一体的多元化德育管理、教育体系。

(3) 立德树人促进学生发展

第一,利用道德与法治课、学校"12345"德育课程体系、校本课程等课堂教学,寓德育工作于学科教学之中,对学生实施立德树人教育,加强德育与学生生活和社会实践的联系。第二,通过学校"5+35"幸福课堂的课前5分钟学生展示,学生走上讲台轮流当"小老师",学生讲、学生学,把学习和课堂组织管理交给学生。学生更自信了,眼界更开阔了,语言表达能力、交流能力更强了。第三,开展我是小主人活动,包括"我是学校小主人""我是家庭小主人""我是社会小主人"。通过让学生参与校园广播站、德育银行、德育超市等实践活动,促进学生全面发展。第四,保证学生每天参加体育活动时间不少于1小时,认真参加体育大课间活动。树立健康第一的指导思想,切实加强体育工作,使学生掌握基本的运动技能,养成坚持锻炼身体的良好习惯。第五,鼓励学生根据本人兴趣爱好参加学校的特色课程活动,在促进学生德、智、体、美、劳五育均衡发展的基础上,发展学生的一种特长,培养其个性和兴趣爱好。

在华东师大基教所专家的引领、指导下,在上级主管部门和社会各界的关心、支持下,我们"不忘初心,砥砺前行",通过"走出去、请进来、全辐射"的形式,为干部、教师搭建培训、学习和交流的平台,促进教师专业成长;通过"5+35"幸福课堂,将"竹"文化(特别是内涵文化)和各学科教学深度融合;聚焦课堂教学,进一步完善"雅竹六质"课程体系和"三为课堂"范式。

9. 安富中学的"宏毅课程"与教学质量改进

学校始建于1927年,已有90年办学历史。经过近几年的修建完善,校园各类设施设备齐全,环境优美。学校秉承"宏毅"传统,确立了"为学生的未来负责"的办学理念,坚决贯彻"一个理想,三条路径"的工作思路,以建设"铸渝西名校,育天下英才"的学校为办学目标,发扬"自强不息,安富天下"的安中精神,不断创造出新的教育成就。2018年荣昌区启动了教育现代化西部路径探索,安富中学成为素质教育发展行动基地校和中国学校现代化标准试验校。

(1) 宏毅课程的理念、目标与实施

坚持"责任为首,创新为体,体艺为翼"的特色课程理念,坚守"培养全面发展而富有个性的人"这一课程目标,面向全体学生,让学生德智体美劳等基本素养都得到培育。在全面发展的基础上,顾及每个学生身心发展的特点,发展其优势智能。因材施教,让学生的兴趣和特长得以生长,引导学生多元发展。最终,培养德才兼备、兼具个性的安中学生。

宏毅课程分为基础型课程、拓展型课程和个性化课程三个层级。基础型课程是全体学生必修的课程,初中包含13门,高中包含14门。保证所有学生都享有在一定领域内的学习权利,获得知识、发展智力,为学生的全面发展奠定基础。拓展型课程是基于基础型课程,学校依据培养目标,通过对学科课程的延伸和跨学科课程整合而开发的校本课程。作用与价值在于满足不同学生学业需求,提升学生学业水平。个性化课程是依据学生个性特长、兴趣爱好、智力优势以及未来职业需求,由学校提供,适合学生个性化发展的课程,旨在培养学生的兴趣爱好,发展学生个性特长,为满足学生未来职业需求做准备。

学校共出版了4本校本特色课程教材,分别是:宏毅校本教程——柔道基础教材,宏毅校本教程——陶艺实作教材,宏毅校本教程——中学生生涯规划教材,宏毅校本教程——荣昌文化教材。

(2) 教学质量改进走向制度化、规范化

学校建立健全了教学管理制度和教学质量的评价体系,注重强化学校内部各项教学工作的科学管理。计划制定、备课、授课、批改、辅导、复习、考试、成绩评定、业务检查、听课指导等常规教学环节,基本能做到严格要求、规范管理、常态化、长效性发展。我们彻底贯彻"分层教、严管理、重激励、快反馈"的教学策略,努力提高课堂教学效率。学校认真贯彻执行党的教育方针政策,教育教学成绩突出。近几年高考上线率都保持在99%以上,本科上线率保持在50%以上。后续学校将继续加强教学环节的行动研究工作,采取多种形式,丰富校本教研的途径,提高教研活动的质量,力求做到办学有特色,校本教研有提升,为教育教学质量的提升保驾护航。

除了常规教研工作,学校教师还积极投入微课题教研探索:动员全体教师结合自身工作实际和任教班级的具体情况投入到微课题教研中来。校本教研,就是为了改进学校的教育教学,提高学校的教育教学质量,从学校的实际出发,依托学校自身的资源优势和特色进行的教育教学研究。校本教研基于校级教研活动的制度化规范,其基本特征是以校为本,强调围绕学校自身遇到的问题开展研究。学校是教学研究的基地,教师是教学研究的主体,促进师生共同发展是教学研究的直接目的。而微课题教研就能很好地实现校本教研的目的。

对于高考要求的科目——语文、数学、英语、物理、化学、生物、历史、政治、地理,由教务处和教科处组织规划,教研组和备课组具体实施落实。以备课组为单位或备课组内不同层次的班级为单位,组织开展微课题教研。

第一阶段主要是抓住教学工作的一个环节深入研究:高一年级重点是如何规范课前预习以及课中的笔记规范研究、强化学习习惯的养成等;高二年级是课后作业的分层设计研究、后进生转化等;高三年级是周测试卷的编制及月考试卷的编制、一轮复习的高效实施等。

第二阶段是在第一阶段工作的基础上,加强理论学习,专家引领指导,特别是借助华东师大基教所的专家团队,形成符合学校实际的可复制可推广的研究成果。争取实现每个学科都有校本教研成果,针对学校学生的实际情况有相应的对策和办法。

第三阶段是在区内学校以及市内学校推广学校的教研成果,进一步提高学校的校本教研水平,为下一步教研工作奠定坚实的基础。

在新的历史发展机遇面前,安中人时刻不忘党和人民赋予的历史重任,将继续以"一轴两翼三工程四校园"的办学思路为指引,坚持"立德树人"教育根本任务,不断追求一流的教育,富有特色的教育,努力把学校建设成为教育教学成绩优异、特色鲜明、全面发展的市级示范特色高中,为荣昌教育事业的蓬勃发展再谱新曲、再创辉煌。

10. 荣昌初级中学的"因材启智"与"顺性养正"

荣昌初级中学始建于2003年,原属荣昌中学初中校区,2005年独立成校。现有82个教学班,学生5000余人,教职工305人。2018年荣昌区开启教育现代化西部路径探索之旅,荣昌初中有幸成为素质教育发展行动基地校和中国学校现代化标准试验校。

按照学校发展和建设的总体思路和阶段推进、点面结合、分步达成的原则,秉承"启智养正,因材顺导"的办学理念,以"点化教学——西部初中现代化学业质量改进的实践研究"为课题,全面开展教学改进与质量提升的实践研究,积极推进"参与互动的学校治理体系""因材启智的教学体系""五育融通的课程体系""顺性养正的德育体系""多维有效的评价体系"五大发展战略体系的构建,全面提升教育教学质量。其成效与经验,集中体现在以下五个方面。

(1) 初步构建了"参与互动的学校治理体系"

工作成效:一是进一步理清了学校管理思路,修改完善了《学校章程》,形成了学校办公会主导、多中心协同参与的管理体系,实现了管理重心下沉,落实了"赋权"的现代化学校管理思想,提高了管理效能。二是构建了校长办公会领导下的处室负责、年级组落实的三层管理、责任体系;建立了"日常工作以年级组为管理单元,课程教学以学科组为业务主体"的运行机制,推动了中层处室职能由"管理、指挥、组织"转向"服务、指导、协调",提高年级组和学科组的执行力和创造力。

特色亮点:一是各年级组建了管委会,由一名副校级领导任年级主任,成员包括各中层行政、年级党支部支委和各学科备课组长,全面负责年级德育、安全、教学、后勤等的管理,管委会成员既有分工,又相互协作,同时实行年级组管委会成员的值班和挂班蹲点机制,实现了年级事务的精细化管理。二是组建了语文、数学、英语、道法、历史、生物、地理、体育以及综合学科等各大学科组,分别由一名教学经验丰富、教科研能力强的市级、区级骨干教师担任大学科组长,分别负责本大学科的教学、教研、教改以及教师培训等工作,基本实现了教学工作的专业化引领,也弥补了原行政管理团队专业背景不全面所带来的不足。

(2) 基本形成了"因材启智的教学体系"

工作成效:一是形成了以"点化教学——西部初中现代化学业质量改进的实践研究"为课题驱动的质量改进体系;二是探索、推行了基于核心素养的"点化教学"基本模式;三是完善、实施了集体备课机制;四是建立了课堂录播、大数据分析以及翼课网等教学支撑平台;五是完成了全学科的教学资源库、配套题库和试卷库的建设。

特色亮点:一是转变了教师教学理念,丰富了有效教学手段,将"讲堂"变为了"学堂",突出了"教师主导,学生主体"的新课改思想;二是将教师对知识的传授转变为学生对知识的生成,突出学生的参与式、互动式、体验式学习;三是以绘制思维导图为载体,让学生自主完成知识体系的梳理、构建与运用。

(3) 初步打造了"顺性养正的德育体系"

工作成效:一是完善、实施了《学生一日常规》《班主任一日常规》,规范学生日常行为,形成了良好的班风、学风;二是根据学生年龄特点,分年级开展了系列德育主题活动,以活动为载体,构建德育活动体系,传承中华民族传统美德,弘扬社会主义核心价值观;三是开展了以德育案例为主要内容的"说班"活动;四是拟定了《荣昌初级中学激励性班级建设方案》,启动激励性班级建设活动。

特色亮点:一是两个"一日常规"的实施,做到了德育的精细化管理;二是德育主题活动的开展,实现了活动育人的基本策略;三是"说班"活动切实提升了班主任的专业素养和管理水平,达到了相互交流、共享班级管理好方法、好经验的目的,诠释了新时代教师的教育智慧。

(4) 初步构建了"五育融通的课程体系"

工作成效:一是在落实国家课程标准的基础上,以"启智养正,因材顺导"的办学理念为指南,结合校情、学情,优化国家课程实施,建立了国家课程校本化资源库;二是挖掘荣昌区域文化资源,打造富有荣昌区域特色、具有传承弘扬价值的校本特色课程;三是依靠本校师资资源,建设契合各学科特点的校本选修课程(学科拓展课程);四是利用本校师资优势和社会资源,构建适合学生特长发展的第二课堂活动课程。

特色亮点:一是丰富了国家课程的使用,完成了"教课程"到"用课程教"的转变;二是体现了课程的地域文化特色,对本地域传统文化起到传承与弘扬作用;三是契合学生的个性特点与兴趣爱好,促进学生特长发展。

(5)初步构建了"多维有效的评价体系"

工作成效:一是完善了课堂教学评价量表;二是建立了以大数据为支撑的学业质量评价系统;三是完善了学科组、班主任工作以及学生成长评价体系。

特色亮点:一是课堂教学评价更加关注教师的"引导"与"点化",更加关注学生在学习中的思维过程和知识生成;二是对学科组及学科教师重在集体备课、上课、听课、评课等教研活动中的有效性评价;三是注重学生在学习过程、日常行为、综合素质等方面的发展性评价,重在学生成长的过程。

11. 仁义镇初中的"闪光课程""铸魂工程"与质量改进

仁义镇初中是一所农村单设寄宿制初级中学,多次融合、多次征地,环境优美、校舍场地达标、功能室齐全。2018年荣昌区开启教育现代化西部路径探寻之后,仁义镇初中是最后一所进入的素质教育发展行动基地校和中国学校现代化标准试验校,也是农村初中的代表。

(1)学校文化的顶层设计

根据中国学校现代化标准试验校的使命,结合对学校现代化五个标准,即"公平、效能、赋权、生态、优质"及学校文化传承的理解,经对话研讨,形成了如下学校文化理念系统的顶层设计:

——办学目标:办受人尊敬的学校,做眼中有人的教育。

——育人目标:做一个脸上有笑、心中有爱、眼中有光、生活自律、学习自觉、性格自信的"三有三自"受人尊敬的社会主义建设者和接班人。

——教师目标:做一个脸上有笑、胸中有仁、行中有义,教书自律、育人自觉,生活自得的"三有三自"受人尊敬的好老师。

——办学愿景:做闪光教育,创魅力镇中,与城区比肩,建成渝西现代化乡镇示范中学。

(2)"闪光课程"的理念与构成

在学校已有的课程改革基础上,经过调研和讨论,学校形成了"闪光课程"的核心思想、一个理念、三个内涵和四个关键词。核心思想是"存在即价值",一个理念是"让每个生命都闪光",三个内涵即"生命因美好而存在,因存在而有价值,因有价值而受人尊重",四个关键词则是"尊重、激发、创造、共生"。

"闪光课程"的基本架构,如表6-12所示。

表6-12 仁义镇初中"闪光课程"基本框架

课程类型		基本素养 道德素养	人文素养	科技素养	健康素养	审美素养	劳动素养	生活素养
闪光课程结构								
基础课程	内容	思想品德、主题班会、团队活动	语文、历史、讲座	数学、物理、化学、生物、信息	体育、心理健康教育、眼保健操、集体跑操	美术、音乐	劳动教育、劳动心态、校园保洁	礼仪、安全、环保
	形式	在国家课程实施的过程中,采取补充、删减、重组等方式进行国家课程的二次开发。						
拓展课程	内容	仁义文化、法制教育	经典名篇、仁义文化	科技创新活动	舞蹈、武术、球类活动、田径、心理健康教育	器乐、陶艺、创意绘画、书法、校园剧	烹饪、烘焙、奇趣生物、种植	消防教育、交通教育、禁毒教育;入学礼、拜师礼
	形式	结合基础课程的教学,采取综合实践、社团活动、专题讲座、经纬大讲坛等形式自主开发,相互渗透。						
综合课程	内容	升旗仪式、社区活动	初一春游、初二秋游、读书节	科技活动及成果展示	运动会、新生军训	才艺表演	课后服务	疏散演练、重要典礼
	形式	升旗仪式、社区活动	春秋游、读书节	科技节	田径运动会、达标运动会、军训周	艺术节	课程展示	疏散演练、开学散学典礼、退队仪式、入团宣誓、高校仪式

(3) 德育"铸魂工程"品牌

一个目标,是培养受人尊敬的好学生;两个方面,是"有仁有义、顶天立地";"三有"即有担当、有仁爱、有底线;"三能"即能自强、能自信、能自主;"三会"包括会自觉、会反思、会合作;四个阵地,即活动、课程、课堂和环境;最后是五育并举、综合育人。可简称为"12345铸魂工程",其相互关系见图6-12。这一学校德育品牌所包含的全部内容及其内在关联性,如图6-13所示。

图 6-12 12345 铸魂工程关系图

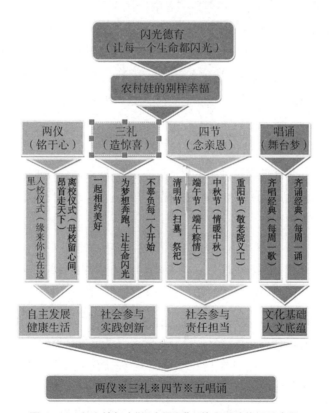

图 6-13 仁义镇初中"闪光课程"之德育活动体系示意图

297

（4）教学质量改进的方案与行动

初中是基础教育系统中比较困难的一个学段，往往被称为"洼地"或"豆腐腰"。仁义镇初中作为农村初中，更是备感困扰。在学校办学目标的激励之下，在"闪光课程"的框架之中，在华东师大专家组指导下，仁义镇初中开启了"教学质量改进与学生学业支持"的探索之旅。

仁义镇中学质量改进与提升方案由五个具体方案构成，即：学业成绩分析方案、课堂教学改进方案、班级管理改进方案、学业综合评价改进方案和教师专业发展方案。

质量改进与提升的五大行动，包括对应于五个具体方案的相关行动，即"一处三级"制治理优化行动、"三为"课堂模式群探索行动、闪光理念下激励型班级建设行动、积分综合评价制度创新行动和项目制专业成长促进行动。

三、教育现代化样本区/校试验研究反思

在进行探索性试验后，即以选取的现代化样本区和样本校进行以学校改进为主题的大规模行动研究，从而验证和优化标准及其指标体系，探明现代化学校建设的路径，在此过程中，无论是学校或者区域教育现代化发展，还是教育现代化理论的创新等方面，都取得了一定的成就，但同时也会有一些问题。因此，在试验的基础上，课题组进行了研究反思。

（一）成效：文化引领、特色兴校，辐射共享

围绕学校现代化标准而进行的区域性试验探索，一方面要印证所研制出来的标准是否科学合理，另一方面也要推动地方教育和学校发展的现代化进程，因此，其成效的判别也要从这两个方面展开。

1. 普遍意识到文化理念在引领学校现代化发展中的特殊意义

公平、效能、赋权、生态、优质皆是教育现代化的基本价值追求，将之作为标准提出，便具有明确的导向作用，而进一步作为理念凸显，更是要在现代化建设过程中将它转换为每个人的教育信念。在区域试验中，每一所基地校、试验校都在自己学校的发展规划中将这些标准作为价值"坐标"凸显出来。尤其值得肯定的是，这些学校不是照搬这五大标准、理念，而是基于本土文化特质和学校文化传承充分地阐述其中的内涵。

例如，东部试验校中，海盐县向阳小学在学校文化的研讨中提出了"关注人的可持续发展"的"全人浸润式"育人理念；齐家小学开展了"和文化"建设，提出了"齐家式"师生成长的目标；武原中学建构了"生活力培育"的育人体系，从总体上体现了学校"文武

相融、溯原求真"的价值观;地处农村的沈荡中学,则在遵循规律、因材施教、以人为本、和谐共生的理念下开启了"农耕教育"的旅程。

中部的学校现代化标准区域试验中,合肥经开区明珠小学从校名的"明珠"二字提炼出了"明心见性,珠玉人生"的办学理念,并以"发现教育"作为学校的办学特色;合肥莲花小学名为"莲花",而莲花素有"花中君子"之美誉,因而,学校从"学莲精神,做真君子"这句话中,引申出"办香远益清之校,育卓然而立之人"的办学理念,以书法教育为特色,践行"一笔一画练字,一言一行立品"的特色理念。

再看西部试验区,荣隆镇中心小学秉持"英雄荣隆、大爱至美"的办学理念,围绕"立美育人,尚美达人"目标,追求"各美其美,美美与共"的校园生态。广顺小学因地名而得名,通过字义解读,"广"在于"广博深情、广泛厚爱、广通灵巧","顺"在于"顺势、顺应、顺变","广"是全面发展夯基础,"顺"是遵循规律育个性。"广"指向整个的生活需要和可能,如兴趣、情趣和崇高。"顺"的对象是健康生活的节律和个性成长的需求,如民主、创新和个性。由此提炼出学校办学理念:以广致顺,幸福生活。而仁义镇中心小学,则提出了"怀仁爱之心,行正义之事"的办学理念和"让每一棵幼苗茁壮成长"的办学目标。

无论是从校名中挖掘适合当代师生滋养浸润的文化内涵,还是从学校所在地域的文化资源中萃取提升其教育意义,都体现了一种文化自觉的意识、文化自信的态度以及文化自强的决心。正是这些作为核心价值取向的办学理念在学校顶层设计中的定格与定位,才使其领导与管理、课程与教学、研修与教师成长、班级与学生发展、学校环境文化以及家校社共建共育等各个领域都找到了思想的"定盘星"和行动的出发点。

2. 致力于内涵式发展,凸显了学校现代化特色

在教育现代化样本校或学校现代化标准试验校的建设过程中,各校都对自身发展历程、当下境况、存在的问题、优势与机遇等进行了系统的梳理。在此基础上,结合华东师大课题组常态化的指导,学校在理解"公平、效能、赋权、生态、优质"5大标准(也称"5E"标准)内涵的基础之上融入了学校自身的文化特质和办学主张,成为指导学校内涵式发展的顶层设计。依托于学校三年发展规划,各校在领导与管理、课程与教学、研修与教师成长、班级与学生发展、学校环境文化以及家校社共建共育等各个领域中直面问题、透析原因、寻找对策,不断地研究、实践、反思和重建。在此过程中,每所学校都在原有基础上获得了可喜的发展,甚至形成了自己独有的文化底色。

有的试验校在系统变革中形成了具有标志性的育人形态,如"全人浸润"育人模式、"生活力培育工程""农耕教育"等;有的学校在课程开发与实施领域,构建了"大美课程""育苗课程""宏毅课程""闪光课程""扇韵课程""雅竹课程";有的学校在课堂教学变革中,形成了"五有体验课堂""育美课堂""点化课堂""效能课堂"等课堂新样态。

特别值得一提的是原属于乡村的学校,如海盐齐家小学第一次获得国家层面专家的持续引领,不仅使得学校整体环境彻底改观,制度建设逐渐成熟,办学思路也基本明晰,还能更好地激发学校教师的二次成长,实现乡村教师从教书匠向乡村特色教师进阶的态势发展,以便更好地服务学生,促进学生的发展,从而使乡村教育得以振兴,进一步推动乡村振兴。

3. 现代化理念下的学校自主发展与辐射带动,形成了共建共享的局面

样本校与试验校的选取,关注到东中西部、城市乡村以及处于不同发展时段和水平的学校,这些学校之间开展了多维度多层次多平台的互动和合作,不仅探索出了示范、引领、共享机制,还能将现代化学校标准及其实现路径推广到样本校、试验校以外的其他区域和学校。通过专家引领、同行互助以及自主钻研,不同的学校在自我发展的过程中能够成为不同层次学校的发展模板,成为典型性的真实样本,形成一线校长、一线教师等一线教育工作者对于学校现代化标准的理解,并通过自身的创建实践过程来印证这些标准是否有普适性。尤其是对于农村地区来讲,通过样本学校的创建,学校的教育现代化建设能获得高层次专家和领导的持续引领,使得这些学校现代化办学理念站位更高、现代学校治理水平提升更快、学校物质硬件设施设备和现代教育信息技术的利用更有效,学校的整体样貌焕然一新。在乡村教育振兴的意义上,补齐一块短板、竖起一个样板,唯其如此,才真的有望"办好老百姓家门口的每一所学校"。

4. 在研制草拟标准可行性的同时进一步丰富学习现代化评价的理论框架

遴选样板区和样本校,开展学校现代化标准的区域性试验的初衷,一是要验证课题组研制出来的标准是否科学、是否可行,二是要借此试验,推动学校加快实现教育现代化。5年来,初衷基本实现,而且丰富扩充了我们对学校现代化的理解。在进行试验的过程中,每所学校都会基于自己学校实情加深对"5E"标准的解读,进而丰富其内涵、完善其框架,且在试验的过程中能够检验具体评价指标的适用性。从问卷数据能够看出东中西部的数据是具有一定差异的,因此在推广的过程中指标框架需要根据地

区的不同做出相应的修正和调整,以期能够真正满足不同地区不同学校现代化发展的需要。

(二) 问题与不足

1. 关于标准的理解与体现

在总结提炼过程中发现,部分学校对于"5E"标准的理解不够深入,甚至有些误解。如把"公平对待"窄化为"平等对待",在关注效能的同时又不能顾及公平,忽视了教育的"效益";赋权方面,有"分权"和"放权"但忽略了"监权"或"问责";对"公平""生态"这类"软"指标难以把握;有时只是从单一的结果(如分数)角度去理解优质。在专家的进一步引领解读之下,各校先后形成"一校一策"的具体实施方案,力图成为学校未来发展的风向标,在后续实践中进一步完善和调整。有的学校提出,公平作为学校现代化标准的基本尺度,在当前农村中学诉求越来越强烈。然而,由于多年来过分关注成绩和分数的惯性,教育过程中教师公平对待每位学生、校长公平对待每位教师的意识一时半刻难以树立起来。

2. 关于试验推进的力度与均衡度

东部的集团化、西部的学区化,相较于单个校,在推进教育现代化方面的力度更大。东部集团化办学进程中,本土强校基础上的集团,推进力度又不如有大学或科研机构介入的集团化办学强。在区域性探索的行政治理方面,样本校与区域内其他学校之间交流协同的管理难度较大,也就是说,样本校辐射和带动区域学校的力度不及"集团化办学"的力度。有的试验校还提出,"多主体参与"的现代化学校治理体系在现实中很难实现,这既涉及多方利益主体对学校或集团治理的介入,也涉及对行政区层面管理的介入。

教师仍然是最大的难题,柔性流动机制最初推进较为困难,后期出现转机,逐渐走向常态化。在优化师资和资源共享方面,仅靠样本校难以建立对区域学校课程建设、课堂教学改革、教师培训等制度化、固定化、常态化指导监督的机制。需要地方行政部门的制度和机制保障才可能实现。

就学校内涵式发展各个领域来说,课程开发、课堂变革的力度普遍较大,成果和经验较为丰富,而班级建设、家校共育等方面的进展及效果较差,主要表现在农村家庭教育的缺失和家长对素质教育的认识偏差大。这些又反过来拉低了课堂教学改革和特色课程建设的成效。华东师范大学基教所专家入校指导以来,学校在课堂教学范式和特色课程建设上有很大突破并初见成效,但是也有些学校的"三为课堂"教学范式的量化评价不够到位。

3. 关于试验的基础和动力

对"公平、效能、赋权、生态和优质"五个学校现代化标准进行试验,需要一定的基础条件,比方说试验区、试验校应是达到"基本均衡"的地区及具有一定办学质量和水平的学校。尽管我们所选择的样本区都是达到了基本均衡验收标准的地区,但其遴选的样本校、试验校之间的发展水平仍不平衡,各校投入试验的动力强弱程度也不相同。甚至可以说,由于对教育现代化的理解不同、办学价值取向不同,即使是办学水准和实力相当的学校,在投入力度、认真程度等方面也是参差不齐的。这个问题的彻底解决,既需要规范,又需要激励。

4. 关于标准的验证与修改

因结题时间紧张,本研究未来得及对五大标准进行系统的归因分析,只能以定性的方式对标准的可行性进行认定。数据收集方面也不够规范,如各校参与测试的人数参差不齐。荣昌的参与学校面比较广、学校数量比较多,导致部分数据缺乏或无效。相较而言,中部地区合肥和东部地区海盐的数据就较为规范一些,收到的数据也更为可信。因此专家团队需要进一步激发这些学校的参与热情,并且让其明晰参与研究的规范,以保证数据的规范与有效性。

(三) 反思与改进

项目的结束并不意味着研究的终结。本研究虽然取得了较大的成就,课题也顺利获得验收通过,但也应清醒地认识到上述问题依然存在。课题组要在系统总结经验和教训的基础上,深入反思,为后续研究展开重建。首先,从理论自洽性和实践操作性上完善指标框架,使其更具有推广辐射效应;其次,在实践领域,将挖掘、积累的教育资源形成资源库,实现资源的共享与共建;最后,在研究过程中发现一批做得很好的学校,要继续跟进指导与提携,为其他学校提供样本,向全国推介现代化样本校建设范本,通过论坛或实地观摩的形式产生更大的辐射效应,也为本研究团队正在进行中的未来学校探究提供有益的经验和借鉴。

一些试验校也对研究提出了中肯的意见和诉求,如针对性需要进一步加强。更深入地走进课堂,走近师生,对师生成长进行有效诊断。带着问题进课堂,对师生的教与学进行有针对性的研讨。创造更多条件进一步加强一线教师的学习领会,通过"走出去""请进来"等方式,为一线老师提供更多学习的机会和平台,让样本校建设更接地气、更入人心。

第七章　现代化进程中"未来学校"的想象与实创

2018年,华东师大启动了"学科共享交叉"项目群计划,作为教育部人文社会科学重点研究基地之一的华东师大基础教育改革与发展研究所,申报了"现代化进程中的未来学校探究"项目并在2020年获批立项。这一项目可以说是华东师大基础教育改革与发展研究所多年坚持推进基础教育学校现代化发展的一次顺理成章的延续性研究,体现了基教所的一贯优势和研究特色。该项目正在进行之中,本章就其与学校现代化最为关联的部分展开探讨,阐述项目组对未来学校的想象与实创。

一、国内外未来学校研究进展与评述

国内外已有一部分研究者开展了对未来学校的研究,这里从学习与借鉴的角度,对未来学校相关研究文献作一综述与评点。

(一)未来社会中的未来教育

未来学校是何种样态?除了参考相关研究者见仁见智的答案,还需要与对未来社会、未来生活以及未来学习的研究密切关联起来。

1. 未来社会变化与教育

未来社会将是以流动性为显著特征的液态社会,是全民终身学习的学习型社会,是城乡融合的生态文明社会,是信息科技支撑的智慧社会。未来社会的流动性表现在:社会形态不再固定不变,内在结构稳定性弱化,流动性是这个时代的显著特征。液态社会是理性减退、概念增加的创新时代,知识的生产、学习和创新成为经济社会发展的根本动力,不断出现的新信息、新知识、新技能、新产业、新业态、新职业将改变人口迁徙的路线图和人口分布的新地图,教育的目的和学习的组织方式需要被重新审视。与之相应,教育系统将更具发展性、生长性和创新性。主要表现为四个特征:一是未来学校教育重心将越来越低,低龄儿童保育教育将成重中之重,学习目标将聚焦于创新与创造,未来教育体系中,学习需求有多少种,就会创造多少种学习途径;学习者将以自主学习、合作学习、创新学习、混龄学习为主,跨越国界的全球化学习格局将最终形成,每一位学习者的学习轨迹将完全不同,统一完整的学制概念将成为历史。二是趋向全民终身学习的学习型社会:共产主义有望在教育领域率先实现,教育与生产生活无缝对接,人人都是教师,人人都是学生,全民终身学习体系将日臻完善。三是走向城乡融合的生态文明社会,田园教育将整合城乡二元教育,由于生态文明社会更加关注绿色、可持续发展等重大命题,因而田园教育将成为教育发展新的生长点。四是走向信息科技支撑的智能社会,"人工智能+教育"将更具叠加、聚合、倍增效应,智能时代以追求幸福为最高目标,精准化教育服务私人定制得以实现,学习与教学形态更加智慧多元。[1]

也有论者指出:学习社会是一个以学习为中心的社会,其精神在于促使每个人在一生中,持续进行有意义的学习,同时学习资源亦能遍布社会各个层面,使人人皆可在需要学习或有意愿学习时,达成继续学习的愿望。许多人相信,学习社会可以为现存的经济与社会问题,寻找出解决途径,同时借此可建立一个更清明、更进步的社会体系。贾维斯认为学习社会是一个未来式的概念与理想。[2]

很多人在提到未来社会的时候,都会提到马克思和恩格斯对于未来社会的科学猜想。马克思、恩格斯在回答资本主义发展提出的现实问题和剖析资本主义的过程中,对未来社会的组织状况、发展方向和基本特征等问题,作了科学的历史的预测和天才的设想。未来社会是自由人的联合体。实现人的全面和自由发展是未来社会的本质特征。最根本的是生产力的充分发展。未来社会的政治特征:消灭阶级差别,国家自行消亡。未来社会不是一种一成不变的东西,是经常变化和改革的社会。[3] 马克思关于未来社会的预见,至少包括两层基本含义:代替资本主义的未来共产主义新社会,是一种理想的社会制度,是人类社会发展由"必然王国"向"自由王国"的飞跃;[4]它使每个人得以全面而自由发展,或者说是以人类本身的发展为目的的真正的"自由王国"。

---

[1] 张家勇.教育现代化畅想:未来社会将全面形塑教育新图景[J].中小学管理,2018(06):22-24.
[2] 吴明烈.台湾学习型城市的发展[J].终身教育,2018(2):68-79.
[3] 何根海,季正矩.科学认识马克思恩格斯对未来社会的历史预测[J].当代世界与社会主义,2008(6):4-6.
[4] 马克思恩格斯全集(第25卷)[M].中共中央马克思恩格斯列宁斯大林著作编译局,译.北京:人民出版社,1974:926-927.

展望未来社会,不能不谈到它的大数据背景,"与农业革命、工业革命时代不同,数据(信息)逐渐代替土地、劳动力、资金等成为大数据时代核心的生产要素。在教育领域,以互联网、云计算、大数据(含教育数据挖掘与学习分析)、人工智能等为代表的信息技术不断成熟,将推动教育主要业务的全面数字化,所有数据可以随业务流程无缝流转。在教育业务全面数字化的过程中,越来越多的数据呈井喷式涌现"①。

创新创业也是未来社会中教育发展的重要背景。当今社会已经进入第四次工业革命时期,一个以物联网、智联网、人工智能等技术为标志的智能机器时代。机器取代了很多职业,人类社会进入变革时期,教育也应进行新的"革命"。传统的教育实际上是把人作为智能机器组装,压抑了学生的个性。

"在智能机器时代,泛在学习创造了智能化的学习环境,学生可以从任何地方获取资源,在多样的空间、以多样的方式进行学习。未来我们应思考如何利用技术转变教育,帮助每个孩子发现自己的天赋,并把激情和天赋转变为对社会有价值的东西和事业。"②

2. 未来教育的走向

第一,未来教育的数字化。未来将"学习环境无缝地融合信息空间和物理空间,使得任何学习者都可以随时随地地获得学习支持",该移动式数字化学习不再是传统意义上的教授关系,学生可自由选择时间、地点以及学习内容、方式进行学习。第二,未来教育的个性化。随着信息技术进步与人工智能发展,"智能化与个性化的学习将成为未来教育模式的主要特征"。第三,未来教育的交互性。新型媒体促使教育形态转向,"将不断地改变着人与人、人与世界的联络形式和交往关系",未来教育规划成功与否,取决于沟通理解、协商互动,而不是政治权力、行政交易或是专家权威。第四,未来教育的国际化。"今天的孩子们不是在中国或者美国长大,而是在全世界长大,所以应以多元性、国际化的教育视野来培养未来的人。"综上,我国未来教育形态将呈现数字化、个性化、交互性、国际化四个基本特点。③

(二) 未来学习与未来学校形态

1. 未来学习方式与学习空间

未来学习是"泛在的"或者说"无边界的"学习。率先试水未来学校的美国费城学

---

① 余胜泉. 大数据时代的未来教育[J]. 中国民族教育,2017(Z1):8-11.
② 高思,赵云建. 创新创业教育与未来教育——访美国堪萨斯大学教育技术专家赵勇教授[J]. 中国电化教育,2017(8):7-12.
③ 熊杨敬,王北生. 我国未来教育研究的回顾与反思[J]. 教学与管理,2018(27):17-20.

区"21世纪先锋学校",其创意一是学习方式上的"无课本课堂、无边界课堂、非固定作息、个别化进度、研究性学习,二是学习环境上的""整全的学习环境、多维的学习环境、经济的学习环境"。①《描画未来学校的模样——"2016新教育国际高峰论坛"综述》一文提出未来学校将发生的改变是:学习共同体将取代传统学校;倡导"走进真实情境";实现"小规模"回归。而学习将发生的变化是:学习内容趋向定制化、个性化;网络学习日益成为常态;游戏更多地嵌入学习过程。教学方面,教学内容聚焦核心素养,课程设置则从独立走向整合。②

许多关于未来学校的论述,都不可避免地要谈及未来学习方式与学习空间。曹培杰梳理了学校的历史变迁,分析了国内外相关实践现状,提出未来学校的四个发展趋势:未来的学习空间将从"为集体授课而建"转向"为个性学习而建";未来的学习方式将突破强调标准统一的传统教学秩序,允许不同学生用不同的时间学习不同的内容;未来的课程将根据真实问题设置主题,通过跨学科整合,加强知识学习向实践创新的迁移;未来的学校管理将采用弹性学制和扁平化的组织架构,不再拘泥于传统的年级和班级的管理体系,利用大数据提供精准的教育管理服务。未来学校倡导重新设计学校,通过空间、课程与技术的融合,探索"互联网+"背景下的学校结构性变革。③

未来学习空间的变化,不仅与未来的学习方式转变相关,而且也与未来生活空间密切关联。《未来生活空间》一文提到在未来,我们将有更多的空间选择。通过空间的变形和建筑的规划,我们可以创建属于自己的生活空间组合,而我们的生活空间可以因不同的功能和时间而变化,我们的生活空间仿佛有生命一样,满足我们功能上和情感上不同的需求,提高我们的生活质量。通过一个简单的推拉,创建不同的空间单元,并提供不同功能上的需求。通过这个空间变换,我们的生存空间将不会再有固定的格局,也可以连接到内部和外部。提高生活质量,创造一种新的生活模式。④

未来的学习需要智慧的学习环境,"智慧学习环境是数字学习环境的高端形态,是社会信息化背景下学生对学习环境发展的诉求,也是有效促进学习与教学方式变革的支撑条件。智慧学习环境的目标是使得学习场所能够感知学习情景,识别学习者特征,提供合适的学习资源与便利的互动工具,自动记录学习过程和评测学习成果,以促

---

① 冯大鸣.21世纪先锋学校的创新及预示——对美国费城"未来学校"的考察与评析[J].全球教育展望,2007(6):67-71.
② 杨晓梦.描画未来学校的模样——"2016新教育国际高峰论坛"综述[J].中小学管理,2017(2):32-34.
③ 曹培杰.未来教师的三种能力:读懂学生、重组课程、联结世界[J].人民教育,2017(Z3):43-47.
④ 许佳楠.未来生活空间[J].城市环境设计,2016(03):147.

进学习者有效学习。智能空间(Smart Space)是智慧学习环境的一种实体形式,也是智慧学习环境实现的基础,是嵌入了计算、信息设备和多模态的传感装置的工作或生活空间,具有自然便捷的交互接口,以支持人们方便地获得计算机系统的服务。智能空间作为信息时代的产物是具有动态、主动、可思维、开放、多变等特性的建筑空间"①。

2. 未来课程与未来课堂

CCR(Center for Curriculum Redesign,美国"课程重构中心"的简称)的白皮书和报告旨在回答这样一些问题：21世纪的学生需要学习什么？学习什么样的课程内容能帮助学生应对不确定的未来？在谷歌能回答学生所有问题的时代,我们应该教授学生什么？CCR的成立者兼主席查尔斯·费德(Charles Fadel)指出,21世纪的课程必须摒弃二分法,需要既关注STEM,也关注人文和艺术；同时注重健康的心理和身体；扩展教育的定义,不仅包括知识(学术的和基于能力的),也包含技能、品格和元认知；既注重过程也注重结果；同时关注个人的需求和社会的目标；包含全球和地方的视角；包含文化多样性,也尊重地方风俗；发展技术技能。②③

杨宗凯认为"未来的教室一定是云端教室,包括电子课本、电子课桌、电子书包、电子白板……在资源方面,由模拟媒体到数字媒体,再到网络媒体,资源最终都在教育云上,内容达到极大丰富,从而满足个性化的学习"④。许亚锋等将未来课堂视作一个研究术语,认为它是对以人本主义、建构主义和环境心理学等相关理论作指导,以信息、智能、人机交互等技术作为支持的新型课堂学习空间的统称,通常从空间重构和技术促进两个方面展开设计与开发。⑤《启动学习革命》一书中这样写道："未来教室(未来课堂)＝无所不在的学习环境＋电子书包＋随意教室＋远距离实验室＋高互动教室＋相连教室。在未来教室里,学习无处不在,还可以进行班际、校际甚至国际交流。"⑥

3. 未来教师与未来学生

职业未来学家协会前主席与联合创始人马哈菲认为,未来教师相当于图书管理

---

① 陈卫东,叶新东,许亚锋.未来课堂：智慧学习环境[J].远程教育杂志,2012,30(05)：42-49.
② 邓莉,彭正梅.迈向2030年的课程变革：以美国和芬兰为例[J].湖南师范大学教育科学学报,2018(1)：99-108.
③ Fadel C. Deeper Learning: Beyond 21st Century Skills [M]. Bloomington: Solution Tree Press, 2015: 181-182.
④ 杨宗凯.教育信息化十年发展展望——未来教室、未来学校、未来教师、未来教育[J].中国教育信息化,2011(18)：14-15.
⑤ 许亚锋,叶新东,王麒.未来课堂的设计框架研究[J].远程教育杂志,2013,31(04)：83-91.
⑥ 陈德怀.启动学习革命[M].台北：远流出版事业有限公司,2002.

员,传统教师的角色终将过时,并被"学习促进者"这一角色所替代。图书管理员不必是专家,不需要通读每一本书,但是他知道内容在哪里,是否可用,怎么找到它。"教师的作用将会是倾听学生的需要、兴趣,并帮助学生实现目标,成为学生自主学习的引导者。"①

面对一个被重新定义的未来世界,"未来教师"要葆有悲悯心与仁爱心、要胸怀大视野与大格局、要拥有智慧力和学习力、要坚持独立性与思想性。② 教师的学习力是未来学校的核心竞争力,教师要主动运用自己擅长的学习方式进行学习,一切要以对学生学习产生的实际效果为检验标准,学校要将教师学习与学校变革紧密联系起来。未来教师要成为最懂学生学习需求的人,这才是教师职业的核心竞争力。教师转型是"互联网+教育"的第一要务;未来教师要成为"读懂学生的分析师";未来教师要成为"重组课程的设计师";未来教师要成为"联结世界的策划师"。③

教师自组织是未来学校的标志。"未来学校行动研究"梳理出可操作、可复制、可传播的阶段性成果:协同化治理、实践性研究、生长型课程、分享式学习、多元化发展等5大核心系统。④ 当学校管理开放和文化形成之后,就会自下而上涌现出一些自组织。教师自组织是一所学校发展成未来学习型学校的标志之一。自组织会产生一些研究项目,项目组和个人工作室就是我们未来学校协同化治理结构的产物。

《2016美国国家教育技术计划》指出了要学什么的问题,学校要培养21世纪能力:认知能力和非认知能力,认知能力包括批判性思维,复杂问题解决和协作能力,以及学生学习过程中的代理意识(自我选择学习内容和方法,自定学习计划,有意识地将自己融入学习的各个环节);非认知能力包括智力开放性、责任心、自我引导、自我调节和意志力等。然后提出5种技术改进和促进学习的形式。⑤

国际教育技术协会(ISTE)2016年发布了新版ISTE学生标准,ISTE学生标准作为一个国际化标准,在全球范围内有着广泛影响力。新版ISTE学生标准包括赋权学习者、数字公民、知识建构者、创新设计者、计算思维者、创意沟通者、全球合作者,共7

---

① 人民网.2030年的教师什么样:相当于图书管理员[EB/OL].(2014-10-20)[2024-05-15].http://edu.people.com.cn/n/2014/1020/c1053-25870832.html.
② 谢凡."遇见"未来教师[J].中小学管理,2017(6):1.
③ 曹培杰.未来教师的三种能力:读懂学生、重组课程、联结世界[J].人民教育,2017(Z3):43-47.
④ 杨珍琪.教师自组织是未来学校的标志[J].湖北教育(综合资讯),2017(3):72-73.
⑤ 徐鹏,刘艳华,王以宁.准备未来学习,重塑技术角色——《2016美国国家教育技术计划》解读及启示[J].电化教育研究,2016,37(8):120-128.

大能力维度28项指标。它有4大特色:新标准旨在为学生学习赋权,培养学生终身学习能力;新标准以新时期学生关键技能定位学生信息技术能力发展;新标准淡化学生"技术素养",突出"学习法素养";新标准是信息技术与教学融合指导框架,体现学生信息技术与学习深度融合能力。① 该标准蕴含4大核心理念:学习赋权、公民意识、创造与设计、思维与技能。该标准强调教学论导向,而非技术工具导向,即关注学生如何更好地利用恰切的技术变革学习方式。采用多途径、多渠道的方法,确保了其有效性、实用性和适用性。旨在从更加广阔的视野改变教育实践工作者对未来学习的认识,勾勒出未来学习者的新图景,为教育实践工作者引导学生从容面对未来学习指明了方向。②

4. 未来学校及其形态

"未来学校"一词始于2006年,是美国费城学区和微软公司为了改变美国陈旧过时的学校模式,而建立的一所学校,这所未来学校的基本目标就是将教学过程与科学技术进行深度融合,使学生的学习方式与21世纪的工作方式非常接近,打消学生从学校走向社会时出现的可持续发展障碍,从而为大学和社会输送合乎时代要求的毕业生。这所学校的创新之处有:(1)学习方式上,无课本课堂、无边界课堂、非固定作息、个别化进度、研究性学习;(2)学习环境上,主张整全的、多维的和经济的学习环境;(3)管理方式上的创新,表现在三方协同管理、微软知识注入、多类专家介入。③ 此后,世界各国纷纷效仿美国发布符合自己国家的未来学校建设标准,例如瑞典关于学习空间的变革、欧洲学校联盟的未来教室实验室(FCL)项目、俄罗斯关于学校与外部社会关系的未来项目、日本的"超级高中"建设计划、新加坡联合发起的"智慧国2015"项目以及法国的《重建共和国基础教育规划法》,均是以"未来学校"为旗帜。虽然,目前"未来学校"已经成为国内外研究的热点,但是,国内外关于未来学校的定义还没有形成一个统一的界定。④

2014年,世界教育峰会(WISE)针对"2030年的学校"对645位世界各国教育专家

---

① 王永军. 技术赋能的未来学习者——新版ISTE学生标准解读及其对我国中小学学生信息化学习能力建设的启示[J]. 中国远程教育,2019(04):17-24+92.
② 尹睿. 未来学习者,你准备好了吗——美国ISTE《学生标准》解读及启示[J]. 现代远程教育研究,2018(01):58-67.
③ 冯大鸣. 21世纪先锋学校的创新及预示——对美国费城"未来学校"的考察与评析[J]. 全球教育展望,2007(6):67-71.
④ 张生,曹榕,陈丹,等. "AI+"时代未来学校的建设框架与内容探究[J]. 中国电化教育,2018(5):38-43+52.

进行了调查,其调查结果如下:近半数受访者认为在线内容将成为重要的知识来源;2030 年之后个人能力备受推崇,超过实践能力和学术知识;学校文凭将受到职业认证的挑战,职业认证和同行认可度超过学校文凭;学习将成为终身追求;教师的角色转变为学习的指导者;课程内容将更为个性化,以适应每一位学生的需求;65%的专家认为教育所用语言不再是本地语言或本国语言;88%的专家认为大数据将在教育中大有可为,成为构建教育社区的有力工具;70%的受访者认为政府将不再是经费的主要来源,来自家长和企业的经费将超过政府。①

杨东平在题为《通往未来学校的教育公益》的主题发言中提到未来教育、未来学校的特点:第一,它必然是以儿童为中心的、善待儿童的教育,追求真善美的价值,关注儿童的生命成长和幸福人生,重视个性发展和创造性。第二是实行个性化教学,项目式学习、STEAM 教学等。第三,未来学校是"开环学校",传统的学校的边界、围墙将被打破,学校、学生、社会、家庭融为一体,开展家校合作,学校逐渐演变为社区的多重的学习中心,多种教育资源的进入,文凭的重要性逐渐被其他的各种证书所取代。第四,是基于人工智能、物联网的智慧校园,泛在教育环境,功能强大的在线学习平台,全天候的网络学习;游戏成为重要的学习方式;等等。②

朱永新则指出了未来学校可能发生的 15 个变化:(1)学校将会成为学习共同体,而非一所所孤立的学校;(2)开学和毕业没有固定的时间;(3)学习的时间弹性化;(4)教师的来源和角色多样化;(5)政府买单和学习者付费将并存;(6)学习机构一体化,学校主体机构与网络教育彻底打通;(7)网络学习更加重要;(8)游戏在学习中发挥更加重要的作用;(9)学习内容个性化、定制化;(10)学习中心小规模化;(11)文凭的重要性被课程证书取代;(12)考试评价从鉴别走向诊断;(13)家校合作共育;(14)课程指向生命与真善美;(15)幸福完整的教育生活。③

(三) 关于未来教育/学校的制度与政策

《国家中长期教育改革和发展规划纲要(2010—2020 年)》④明确指出要"更新人才

---

① WISE. 2014 WISE Survey:"School in 2030"[EB/OL].(2014-07-01)[2024-07-25]. https://www.wise-qatar.Org/app/uploads/2019/04/wise-survey-school-in-2030.pdf2.
② 杨东平. 通往未来学校的教育公益[EB/OL].(2018-01-08)[2024-07-25]. https://mp.weixin.qq.com/s/IlCaAZPi8Ea6-QQmE46gvg.
③ 朱永新. 未来学校的 15 个变革可能[EB/OL].(2017-11-23)[2024-07-25]. http://www.sohu.com/a/206135362_398116.
④ 中华人民共和国教育部. 国家中长期教育改革和发展规划纲要(2010—2020 年)[EB/OL].(2010-07-29)[2024-07-25]. http://www.moe.gov.cn/srcsite/A01/s7048/201007/t20100729_171904.html.

培养观念,创新人才培养模式,适应国家和社会发展需要,遵循教育规律和人才成长规律,深化教育教学改革,创新教育教学方法,探索多种培养方式,形成各类人才辈出、拔尖创新人才不断涌现的局面"。

从国外的实践与研究来看,在英国,2002年英国政府开始未来教室计划,政府拨款750万英镑,改造萨瑟克地区的金斯代尔中学。英格兰财政大臣戈登布朗拨款为十几所地方教育机构建造教室,新教室结合了新的虚拟技术构建的虚拟影像,让孩子们更好地体验和了解世界。①

信息技术是缩小教育差距、促进教育公平的有效途径,是实现个性化学习和终身学习的必然选择,信息技术必将在未来教育变革过程中发挥重要作用。为此,2015年12月美国教育部教育技术办公室发布了《2016美国国家教育技术计划》,从学习、教学、领导力、评价和基础设施五个方面,制定了美国未来五年教育信息化的发展目标和计划。《计划》包括的五大部分中,学习是核心(以最大程度地促进教育公平为目标,聚焦利用技术变革学习体验)。其他四个部分都是围绕学习的,其中基础设施是其他部分顺利运转的基础,领导力属于顶层设计,教学负责把顶层设计的愿景付诸实践,评价负责对其余四个部分的价值作出判断,并依据评价结果进行适当调整,最终目的是促使学生有效学习的发生,实现技术支持下真正意义上的教育变革。"②

"明日学校"作为OECD一个重要的国际学校变革项目,以未来思维构建学校发展的前景,以具体的变革思路指引和重塑各国学校教育的变革策略和发展路径(见表7-1)。③

表7-1 SFT项目实施计划范例

	英格兰	新西兰	芬兰	荷兰
实践项目	未来视野(Futuresight)	中等学校的未来(Secondary Futures)	步入未来的教育(Education into the Future)	分享革新知识(Sharing Knowledge for Innovation)
变革目标	帮助学校领导者具备未来思维能力,指导学校决策和实践。	形成广泛视野,设计20年后的中等学校教育。	针对不同地区及不同人群教育效果,为未来学校教育变革选择方案。	强调学校之间、学校和机构之间的知识交换。

---

① 菲尔·雷维尔.英国"设计"未来教室[J].今日教育,2002(4):30.
② 徐鹏,刘艳华,王以宁.准备未来学习,重塑技术角色——《2016美国国家教育技术计划》解读及启示[J].电化教育研究,2016,37(8):120-128.
③ 段晓明.未来学校教育变革的图景——基于SfT项目的分析[J].外国中小学教育,2009(09):1-3+54.

续表

	英格兰	新西兰	芬兰	荷兰
具体措施	积极支持参与国家事务;致力于合作学习过程。	创设空间筹划未来;提供教育未来思维工具;引导人们参与国家教育系统的未来选择;以信息交流支持变革。	为学校计划制定和决策提供研究数据;提高不同层次教育系统的预见能力和革新能力;加强不同层次教育机构的发展。	建立一个有效实现教育机构之间知识运转的组织;创设一个促进课堂实践和教育科学之间有效交流的介质;提供一个分享教育革新知识的可行性平台。
关注焦虑	绩效;自主;多样;合作。	社群联系;社会影响;激励教师;学生第一;技术应用。	公平质量;健康成长与发展;终身学习;未来学习。	课堂实践、教育研究、教育支持、教育政策互相之间的紧密联合;非集权化、学校自主权、民主参与的联合。

资料来源:"Schooling for Tomorrow" The Framework for Country Engagement in Phase 3。

祝智庭等人"通过全景式国际调研,透过 Alt School、可汗实验学校等新式科技学校,虚拟学校、STEM 课程学校,达·芬奇学校,'野趣学习'学校和 MTC 学校等典型案例的分析,从教育理念、课程设置、教学组织、学习方式、学习空间、技术可为因素六个方面归纳各类未来学校的特征,并阐述未来学校采用的主要创新策略及成功设计模式。在此基础上,透过学校变革系统性思考、教育与技术关系的分析、Alt School 萎缩现象的析因来再思考未来学校的发展"[①]。

与本研究选题最为相关的莫过于"智慧学校/校园""智慧课堂/教室"了。在教育部关于印发《教育信息化2.0行动计划》的通知中,提出了智慧教育创新发展行动,要求以人工智能、大数据、物联网等新兴技术为基础,依托各类智能设备及网络,积极开展智慧教育创新研究和示范,推动新技术支持下教育的模式变革和生态重构。在智慧教育创新示范方面,协调有关部门,支持在雄安新区等一批态度积极、条件具备的地区,设立十个以上"智慧教育示范区",开展智慧教育探索与实践,推动教育理念与模式、教学内容与方法的改革创新,提升区域教育水平,探索积累可推广的先进经验与优秀案例,形成引领教育改革发展的新途径、新模式。还要求开展以学习者为中心的智能化教学支持环境建设,推动人工智能在教学、管理等方面的全流程应用,利用智能技术加快推动人才培养模式、教学方法改革,探索泛在、灵活、智能的教育教学新环境建

---

① 祝智庭,管珏琪,丁振月. 未来学校已来:国际基础教育创新变革透视[J]. 中国教育学刊,2018,305(09):57-67.

设与应用模式。

各地对于推动智慧学校、智慧课堂的热情也日益高涨。上海市静安区提出要在区域内建设一批"苹果教室"和"未来智慧教室",在市西高中启动"智慧校园"网络建设工程,在区教育学院建成学科应用网站、教育教学资源库等,有效支撑个性化教育的探索和实践。

2019—2021年,通过规范建设、评估督导和示范引领,西安将建成100所智慧校园,各区县和开发区至少创建1所省级智慧校园示范校。

长沙市教育信息化工作推进大会公布了《长沙市教育信息化"十三五"规划》。根据规划,到2020年,长沙将建成1000个"智慧教室"、100所"智慧校园"试点校、5个"智慧教育示范区县(市)"。

国内几家互联网及信息技术行业的巨头,也纷纷与大中小学联手行动,大力推进这项工作。华为智慧校园解决方案已应用于全球70多个国家和地区,部署于2000多所高校与科研机构和50多万所中小学,服务学生超过8.58亿,并与全球400多所院校开展华为ICT学院项目合作,每年培养学生超过1.5万人。未来,华为将继续加强与上海市浦东教育发展研究院的合作,共同探索科技创新与基础教育结合之路。

河南省电教馆决定与腾讯联手在全省范围内推广"智慧校园"建设。据悉,2018年至2020年,河南省计划分3期开展"腾讯智慧校园"试点工作,共遴选100个试点区域、1000所试点中小学校。

百度教育旗下产品线——百度智慧课堂,是百度教育在基础教育和高等教育领域重点打造的一款资源服务平台,与其合作的学校超过1000所。通过百度AI技术以及百万级专业知识图谱,串联优质教育资源,提高教育资源流通效率,从而推动区域化教育资源共享。百度将VR与传统教学相结合,集合了VR硬件设备、VR课堂管理平台以及VR教育资源三个方面的积累,"试图构建一个可交互的沉浸式VR课堂"。

(四)已有研究相关代表性成果及观点评述及本研究发展或突破的空间

在评述之前,先以文献量统计来考察一下相关研究的总体情况。下面是利用中国知网对近15年(即2004—2018年)中文文献进行相关检索的结果(见表7-2)。

再选择文献中讨论较为多的主题词,采用主题词搜索方式,图7-1为近15年相关中文文献发表情况:

表7-2 近15年未来学校及其相关概念的研究文献量统计

检索词	未来学校	未来社会	未来教育	未来学习	未来课堂	未来教师	未来学习空间	未来生活	未来学生	未来教育+政策	未来学校管理	未来学校治理	未来学校评价	未来学校+制度	未来学生+评价	未来师生+关系	未来教育+体验	未来学+教育	未来学校+理论
主题	426	2314	1179	925	440	514	34	318	360	5	142	4	17	3	12	10	11	23	5
篇名	248	292	725	125	220	129	8	308	12	0	0	2	0	0	1	1	4	5	1
关键词	260	536	667	99	299	294	0	318	1	0	0	0	0	0	0	0	1	0	0

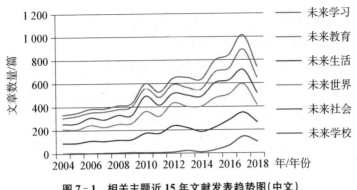

图 7-1 相关主题近 15 年文献发表趋势图(中文)

观察文献数据不难发现:(1)总体看来,有关未来社会、未来学习、未来学校的探索,一直呈现上升趋势,2014 年以来有一波明显的上升势头;(2)未来世界、未来社会、未来教育、未来学习等关键词下的文献最多;未来教师、未来课堂、未来学校、未来学生、未来生活的文献量次之;(3)从篇名检索结果来看,文献仅个位数甚至为 0 的关键词有未来学习空间、未来教育体验、未来的学校管理、治理、制度、评价等等,表明相关领域缺少足够关注,未来学与教育、未来学校理论也不受研究者重视。形成的盲点和弱关注点,恰恰也为本研究留下相当充足的空间。

代表性的成果和观点,比较集中反映在与"未来社会""未来教育""未来学校""未来学习"这几个与教育密切关联的热词上。概言之,(1)未来社会是以流动性为显著特征的液态社会,是全民终身学习的学习型社会,是城乡融合的生态文明社会,是信息科技支撑的智慧社会。(2)未来教育在形态上将呈现数字化、个性化、交互性、国际化四个基本特点。(3)国内外关于未来学校的定义还没有形成一个统一的界定,但以儿童为中心、以学习为中心,学校作为一个开放的、个性化的、以游戏为主的学习共同体等,已经相对成为共识。关于未来学校特征的描述,杨东平、朱永新的观点较有代表性。(4)未来学习是"泛在的""无边界的"学习;未来学习内容是定制化、个性化、项目式的,游戏更多地嵌入学习过程;未来学习的时间是弹性的、"开环"式的;网络学习将日益成为常态,且是全天候的;未来学习是深度的,是技术与内容深度融合的;未来学习还是终身的、可持续的。

对上述成果和观点略作评述,大体上可概括为四多四少:

——畅想多、实证少。发挥想象力描述未来学校形态的多,进行科学猜想和严谨论证的少。文学想象力(如科幻作品)固然是有助于激发研究热情的,哲学思辨也是富有未来眼光的,但科学实验与实证是不可或缺的。

——乐观的多、全面的少。对未来热情讴歌的多,理智对待未来可能发生的问题的少。曾几何时我们被未来学家托夫勒的《第三次浪潮》、奈斯比特的《大趋势》的远见所折服,而后又被罗马俱乐部的《增长的极限》所惊倒,乐观的和悲观的未来主义相继登场;而当下,赫拉利的《人类简史》与《未来简史》又以漫画式的写作风格,重新审视人类历史的宏大叙事,掷地有声地讨论人工智能时代下的不平等问题,触发了21世纪全球性人类焦虑。事物总是具有两面性的,预测学校的未来,同样要有周全的考虑。

——就未来谈未来的多,从历史和现实中发现未来的少。当下关于未来学校的讨论,较多是从未来社会和未来学习的变化来推导未来课程、未来课堂、未来学校的变化,这固然没错,但并不全面、透彻。时间的一维性,同时也意味着继承性和连续性,历史中一定藏着现代性的端倪,现实中一定有未来的种子,因而,本项目的研究需要从这个意义上发力。

——关注"用技术改变现状"的多,注意到"依学理预见未来"的少。智慧学校、课堂的建设是迄今含有未来元素最多的研究与实践,但主要侧重于用新技术改变教育、学校、课堂的现状,体现的只是技术及技术理论上的前瞻性。未来研究尚需聚焦未来社会形态及特征的重大改变及其对人类学习与发展的深远影响,因此,探究未来学校,要有基于人类关怀的未来发展视角。

二、教育现代化未来学校的理论想象与方案设计

为应对未来社会学习泛在化趋势的挑战,从样本区、样本校的行动研究中,选取部分表现突出的卓越学校作为"未来学校"样板展开深度研究。通过纵向的赋权增能和横向的联合协同,促进这些试验性的"未来学校"在区域层面发挥推进教育现代化的示范和引领作用。

(一) 未来学校建设的总体问题及探究对象

总体问题:顺应全球性现代化发展的趋势,秉承中国文化及中国学校发展的历史传统,立足当下中国学校改革与发展的生动实践,聚焦未来社会中的未来学习,探究未来学校的基本形态与实现路径。具体包含如下方面的问题:(1)如何在社会发展的现代性反思中重新定义现代教育及现代学校的性质与功能;(2)如何顺应社会现代化发展要求进行自我调整、自我更新,走出应试教育陷阱,找到学校自身现代化与社会现代化协同发展的共振频率;(3)如何基本准确地描画未来学校图景,能否以哲学思辨、文

学想象与科学预测相结合的方式,为学校现代化的未来发展探寻正确的方向和恰切的路径。

研究对象:本课题所聚焦的"学校",特指为6—18岁儿童提供基础教育的学校,一般统称为"中小学",这些学校具体包括如下三种类型:(1)作为历史对象的学校:是在历史长河中内含现代性元素或根基且对今后学校现代化发展具有启示意义的学校,以及环绕或影响学校发展的所有相关环境与背景;(2)作为现实对象的学校,是那些坚定地面向未来致力于未来学校探索的、具备典型意义的、可作为研究样本的学校;(3)作为未来可能出现的学校,即真正的未来学校,它们是眼下尚不存在,但极有可能凸显于未来的学校形态,包含有未来学校的特质、具备未来学校的特征,是当下学校十分向往的未来存在。

(二) 未来学校建设的主要内容

1. 历史学视域下的学校现代化转型研究

主要探讨如下问题:西学东渐背景下中国现代学校的肇始、成形与发展;西方教育现代化在中国本土化历程中呈现的经验与教训;现代化思想与本土文化传统在冲突与交融中体现的独特的现代性与未来性等。

2. 哲学、社会学视域下的社会发展与学校变迁研究

现代化/现代性理论精髓及其对教育变革和学校发展的深层启示;形成中的未来学对未来学校探究的价值和意义(未来学尽管不成熟却引发了对未来社会、未来学校及未来学校本质和形态的畅想);人口学及所属的社会学、经济学中的人力资本理论、文化学视野下的学校教育学、与学习者密切相关的心理学等多学科交叉视域下,因聚焦未来学校所产生的思想力量。

3. 未来学视野下学校变革的社会期许与现实困境研究

未来学眼光下的现实研究不同于以往归因式、对策性的调查研究,其关注重心是在现实中发现未来元素和发展趋向。聚焦改革开放以来我国学校变革实践中那些具有未来学校初始态的典型经验梳理,作为学校存在其中的家庭、社区和社会环境对学校现实生存与未来发展的影响和作用。

4. 未来学校的形态预测、多维度实验及区域推广与验证研究

对社会的未来发展开展多向度的预测;不仅对未来学校诞生的社会条件,也对其社会动力进行预测;综合采用定性的预测和定量的预测。基于预测、理论创新和现实问题诊断,从未来学习空间、未来课程、未来课堂、未来教师学生特质及其新型关系等

多个维度展开模拟式实验;在取得初步实验结果之后,扩大学校样本展开区域性推广与验证研究(多维度实验与区域性试验研究任务分别由子课题三、四承担)。

5. 未来学校的治理体系与政策支持研究

对尚不存在的未来学校进行政策和制度方面的研究,也是一项需要取提前量的工作,可能难度极大,这需要大胆的想象和小心的论证相结合;基于对现实学校发展政策制定与实施的经验、问题和困局的观察与反思,构思未来教育图景中的治理架构和政策重点。

(三)未来学校研究的基本框架与探究主题

1. 基本框架

以未来学校为焦点,从理论、历史、现实、政策及预测五个方面加以探索(见图7-2)。

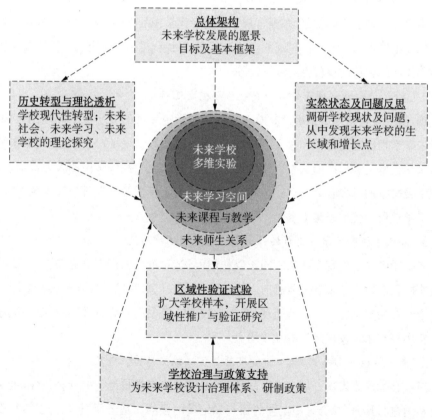

图7-2 未来学校探索的基本框架示意图

2. 探究主题

本项目子课题的设置,与前述研究内容及总体框架大致对应,但由于理论逻辑与行动逻辑之间的差异性,又非完全对应。大致由如下5个子课题构成。

(1) 主题一:中国学校的历史转型与未来学校理论透析

研究未来学校应从研究历史出发。该子课题力图以历史学、哲学、文化学、社会学等多学科的交叉视角,在梳理社会现代化脉络的同时,理清学校现代化发展线索,展开阐述其现代性转换的节点;揭示其内含的现代化元素与根基,阐明其当代意义和价值;从历史中发现未来,提取对未来学校创建具有启示意义的思想灵光和经验体验。

未来社会将是以流动性为显著特征的液态社会,是全民终身学习的学习型社会,是城乡融合的生态文明社会,是信息科技支撑的智慧社会。未来教育将更具发展性、生长性、创新性,学习目标将聚焦于创新与创造。未来学习是泛在的又是聚焦的,是广域的又是有深度的,是合作的、互动的又是创新的、个性化的……这些大胆的猜测与畅想,可以激发研究热情,但更需要展开深入的探究。本项目将从教育学、人口学(社会学)、政治学、经济学、文化学、心理学等多学科交叉切入,利用学习学、美学、生态学、信息科学、人工智能技术等新兴科技成果,透析未来社会中未来学习的性质与特征,进而聚焦于未来学校,探讨其可能的形态。

(2) 主题二:中国学校发展的实然状态及其反思研究

从学校变革经验中发现未来学校的生长域和增长点,同时也要关注改革开放以来我国学校变革进程中存在的现状与问题,尤其是远离现代性、缺少未来眼光的问题。将从众多改革实践中提取具有未来学校初始态的典型经验加以梳理,如应特别关注集团化办学、委托管理及管办评分离、新优质学校、校本教研和校本课程开发、上海教改经验国际输出等典型经验。还将从学习化社会的视角考察学校与家庭、学校与社区的互动与合作所产生的具有未来性的因素或特征。

(3) 主题三:未来学校形态的多维度实验研究

① 未来学习空间与学习方式研究(涉及学习学、建筑学、美学、生态学、技术学、信息技术学、计算机科学、互联网理论、人工智能理论等多学科交叉应用)。

② 未来学校课程与教学研究(涉及哲学、知识社会学、课程学、教学论等多个学科)。

③ 未来教师与未来学习者研究(需要教师学、学习学、伦理学、心理学等多学科支撑)。

除常规性研究方法之外,该子课题拟尝试未来社区、学校、课堂模拟场景的体验式实验方法。

(4)主题四:未来学校的区域性推广与验证研究

考虑到最发达地区可能蕴含更多的现代性和未来元素,本子课题拟将研究域锁定东南沿海地区(尤其是深圳及长三角地区),从区域经济学、民族学、地域文化学等多学科综合视角展开研究,不仅从这些地区学校变革的历史经验中去发现未来学校的生长域和增长点,而且将模拟式未来学校多维度实验的初步成果,在扩大研究样本的前提下,进行一些推广性、验证性的试验研究。本研究将吸收深圳和长三角地区的优秀校长和锐意改革创新的局长参加本研究。

(5)主题五:未来学校治理设计和政策支持研究

这一主题探索需要政治学、政策学、管理学、领导学、组织行为学等多学科共同聚焦研究。所见文献中较少见到未来学校治理这类探讨,因而这是一个具有超前性的难题,但仍然可以基于现实去发现未来,即以现代治理的眼光,透析学区化集团化办学、委托管理及管办评分离、一校多校、一校多区、学校章程与发展规划、协商式发展性督导机制等创新举措及实施经验,发现未来学校治理的元素乃至雏形,再基于未来学校性质、形态及特征的推论,提出未来学校治理及相关政策建议。

三、教育现代化"未来学校"初创的成果、经验及反思

正当未来学校计划即将启动之时,中国及世界遭遇了突如其来的规模大、持续时间久、影响范围广的新冠疫情,在抗疫斗争中,教育战线坚持"停课不停学",以网课、电视"空中课堂"、腾讯课堂、"晓黑板"等多种方式,在保证正常学习的同时,开创了广泛应用教育现代化信息技术推进教学方式转变的大好局面,也带给我们关于未来学校、未来学习、未来教育的更多启发与思考。总课题组抓住时机成立调研组,先后对上海及长江沿线部分中小学两万多名师生和家长进行了在线调研,在展示现状的同时也提出了我们对未来学校、未来课程及未来学习的设想和展望。

(一)今天的在线学习与未来学习之间存在的距离

上海及长江沿线的受访者大都表示:本次疫情之下的"全市空中课堂+各校线上教学"这种模式还不能算得上"在线教学",还只能说是"在线教学"的一个雏形,或体现了线上教学的某些特征。不过,这对我们探讨未来学校形态及未来学习方式、走向全时空的全新育人模式有着相当重要的借鉴意义。

1. 理解未来学校和未来学习的特性

未来教育在形态上将呈现数字化、个性化、交互性、国际化等基本特点。未来学校尽管目前尚无公认的定义,但以儿童为中心、以学习为中心,学校作为一个开放的、个性化的、以游戏为主的学习共同体,相对已成为共识。无论未来学校作为实体机构是否依然存在,也无论其名称是"学习中心""学习空间"还是依然称为学校,其形态、特征及功能都将发生巨大的变化。受访的上海教师表示:实现了以学习为中心的在线教学,才是真正显现了未来特征的教学,这种教学应具备"资源利用最大化""学习行为自主化""学习形式交互化""教学形式个性化""教学管理自动化"等特征。就我们目前的在线教学而言,"资源利用最大化"做得很好,也因其可回放等特点使"学习行为自主化"得以实现,但"教学形式个性化"的实现难度较大,平时线下教学要做到做好已经很难,在目前师生无法面对面交流的时期,这一问题显得更有挑战性。

2. 迎接未来学校从优化当下的在线学习开始

未来的学习是"泛在的""无边界的"学习,其内容是定制化、个性化、项目式的,游戏更多地嵌入学习过程;学习时间是弹性的、"开环"式的;网络学习将日益成为常态,且是全天候的;未来学习是深度的,是技术与内容深度融合的;未来学习还是终身的、可持续的。

"恢复正常教学后,网络教学是否还有必要进行下去?"这是在线问卷中的"未来一问",六成左右的教师认为疫情过后线上教学可以继续下去,中西部教师似乎信心更足;城乡之间无显著差异。家长中建议继续保留在线教学的,东部只占10%,中部15%、西部20%,但50%左右的家长表示"可以考虑",明确表态"没有必要"的家长,东部43%、中部32%、西部28%。近七成的学生表示"还是学校学习更适合我",希望网络教学继续存在的小学生比初高中生低11%;近90%的学生都表示更喜欢到学校去上课。尽管师生对于在线教学的持续性态度不尽一致,但这是一种良好的发展征兆,也是在线学习走向未来的现实基础。

本次调研所反映出来的网课中师生互动频次低、互动质量不高等问题,表明现在实体学校中已然发生的多维多层、多群多向的互动以及项目式、研讨式学习等形式未能很好地融入在线教学。如果网络学习会在未来社会成为常态,那么,继续因循守旧是难以实现我们对未来学习的期许的。

毫无疑问,未来社会的线上学习,应能完整地体现未来学习的泛在化、无边界、项目化、全天候、有深度、可持续等基本特征,而今天的网课与真正的未来学习之间还存在相当的距离。

(二) 面向未来学习,对当下在线学习的对策建议

显而易见,在这场预演与未来学习预设之间的较大差距,必须不断缩小才可实现我们美好的预期。这场线上教学的演练的最大意义和价值在于"预警",接下来我们可以跟进"预设"和"预期",并从容不迫地开启一场新的试验。

1. 上海受访教师对空中课堂改进的建议

全市录播课可加强课前预习的针对性,可以采用预习思考题或课前导学案的方式。如语文学科可以提前布置一些指导性更强的预习作业。虽然现在也有预习作业,但只是宽泛的"预习第 x 课",缺乏具体的指导性,而上课的时候学生需要面对较长的文本以及覆盖面较广、思考较深入的问题。如果在预习作业中布置几个具体的思考题,那么第二天上课就能够有较强的参与感和投入度。

全市录播和各校直播互动可以考虑如何更为有机地融合。有人建议各学校可安排学生与教师在同一个直播间观课,当空中课堂的老师们留时间给学生们进行互动和回答时,各校任教的老师可以直接进行互动提问,这样离真实课堂更进一步,比课后孤立进行 20 分钟的互动更具有时效性。有中学教师建议空中录播时间可适当延长,各校语文数学外语学科的线上互动可集中在一个时段内进行。还有建议将"空中课堂视频"做成直播和回看两个版本,直播版因时间限制不必改动,回看版多一些交互环节,比如给出足够的思考时间、为一些客观题添加可交互的控件(如选择、填空等,朗读环节设置录入语音等)。

希望能针对不同年龄段的学生,设置多样化教学风格,吸引其注意力。特别是低段孩子,上课的形式更应生动有趣,比如引入卡通人物,整体设置游戏情景,使其很快投入其中,主动学习。

2. 调研组对学校、教师及教育行政部门的建议

调研组基于上述材料,也对教师、学校和教育行政部门提出如下建议:

① 中小学教师可深入探寻在线学习的独特优势,尝试将项目式、游戏式、合作式的学习引入在线课堂,不再简单"拷贝"线下学习。发挥"在线学习"的开放、互动、随机、激趣、技术增值和满足自主学习需求等优势,形成与实体学校互相补充、共同发展的格局,遵循线上学习的特点,彰显线上学习的优势。在自由开放、个性化学习、一对一、泛在学习、交流分享、项目学习、资源共享等方面,挖掘在线学习的价值空间。各地区需要从自己线上线下的实际出发,扬长补短、避弱就强,有效地制定在线学习规划,

逐步放大在线学习的独特优势,使线上线下相得益彰,合力促进深度学习、引领教学改革。

② 学校一方面应高度关注教师、学生和家长信息及媒介素养的提升,另一方面也要不断加强学校技术力量对教师在线教学的支撑,提升线上学习互动质量。针对前述师生及家长的信息素养问题,应以其相关核心素养为抓手,积极进行媒介及信息素养教育的普及工作。虽然我国已经普及了多种媒介技术,也大量运用于人们的日常生活工作之中,但与在线学习的高要求相比还有较大距离。为此,不仅是信息技术相关知识技能的普及,更需要加强媒介参与意识、信息筛选能力、信息使用中批判选择能力以及伦理道德意识等内容的普及教育。

上海受访教师表示,尽管"晓黑板"平台已经频繁地升级,但所提供的评价系统仍有待完善。如在开展课程讨论时,学生参与的学习时间记录,参与讨论的情况次数,完成具体学习任务的情况反馈,可以由系统自动生成数据,供教师分析和参考,让教师从机械的事务中解脱出来。上海有些学校为了提升学生自我学习管理能力,开展了线上"以评促学"的活动,比如每天、每周都会根据学生的学习反馈情况,及时发布光荣榜,兑换相等数量的云币,类似的做法值得借鉴。

③ 建议教育行政部门大力推进全民在线学习的基础设施建设。上海市这次能迅速集聚优秀教师资源、紧急调动专家和教研员参与评审和把关,推出质量上乘的大规模在线教学,展现了政府的责任感和行动力,也表明其主导下社会各方力量携手共建、共创和共享的极端重要性。加强和加快教育教学网络综合平台建设,着力于充分满足教学直播、师生互动、作业专递、学习评价及学生管理、教师研训及专业培养、家校互动及资源整合、学校领导与管理等综合性要求。充分发挥制度和体制优势,由国家教育部、工信部等部门组织、指导专门队伍,实施在线教学基础平台的深度研发。研发技术人员要深入学校和课堂,深谙课程建设与教学改进的过程,才能做出好用的在线教育"工具"。教师教学的操作台、学生观看的显示屏、师生的移动教学和学习设备、教师备课和研修的电脑等设备,要做到视窗统一、智能化程度高、教师易学易操作,配备网络与学生学习机(无游戏等功能)的双向支持,等等。

④ 以技术拉动均衡,以"弯道超越"姿态迈向未来学习化社会。在线学习是进入知识社会和后工业社会后所诞生的一种新型学习形式,针对工业社会产生的实体学校学习制度的局限,通过在线学习的新形势引领下的学习革命,突破传统的学习观念及时空概念,意义深远。上海空中课堂的实践,不仅启动了一种"全市空中课堂+各校在

线互动"的混合式在线教学模式,而且开创了"优秀名师示范于备课上课＋各校教师专注于作业、指导与测评"这种崭新的教师群体教学的分工模式。这一创新今后能否持续,或者会否产生更加多样的分工协同形态,前景可期。

在线教学并不只是对发达地区情有独钟,在线学习所具有的优势,以及作为支撑的技术平台的开放性和共享性,使其在克服落后地区信息沟通、资源不足等方面的缺陷上更有得天独厚的长处。从数据来看,对于疫情过后线上教学可以继续下去,中西部教师似乎信心更足;建议继续保留在线教学的家长中,来自西部和中部的都要高于东部,可见部分家长已形成很好的心理基础。因此,发挥在线学习突破时空限制、弥补优质资源不足以及助力学习能力提升的优势,以技术拉动均衡与公平、实现中西部及落后地区的快速发展是完全可行的。借助在线学习的共享特征及"弯道超越"的突出优势,东中西部携手迈进未来学习化社会则指日可待。

后记

本书作为教育部人文社会科学重点研究基地"十三五"规划重大项目的最终成果之一,凝聚了众多参与者的心血和智慧。项目结题前初稿已经成形,结题后又经过了反复的打磨,力图把研究过程中的所行所思尽量完整地呈现出来。

项目立项之后,华东师范大学基础教育改革与发展研究所的同事们,如程亮教授、鞠玉翠教授、复旦大学徐冬青副教授等核心成员,在本项目研究的目标定位、现代化学校标准框架研制、学校评价指标和量表开发以及试验学校的遴选和指导等诸多方面,都给予了无私的支持和智慧的奉献。黄忠敬教授、黄书光教授、李家成教授、宁本涛教授、唐汉卫教授、董轩教授、王占魁教授、李林教授、刘世清教授、王丽佳副教授、游韵副教授、杜明峰副教授、徐继节老师等也给本项目研究提出了很好的意见和建议。在项目的中期评估中,评审专家郑金洲等多位教授给出了许多有价值的意见和建议,帮助我们进一步厘清了公平与效率、赋权与生态等核心价值标准之间的逻辑关联及深化扩展的方向。本项目主要依托浙江省嘉兴市海盐县、安徽省合肥市经开区、重庆市荣昌区三地教育现代化样本区,三地共21所教育现代化样本校在本研究中发挥着基础性、前提性的作用,贡献巨大,特向嘉兴海盐县教育局叶惠玉副局长,合肥经开区李应天局长、彭桂贞副局长,重庆荣昌区李劲渝副区长、区教委郭永雄主任、雷华初主任等领导,21所样本学校校长及全体老师表达诚挚的谢意。

项目推进过程中,课题组部分成员陆续撰写了两组专题文章发表在国内学术期刊上:(1)《中国教育学刊》2020年第11期,包括《从优质到现代化:学校发展的目标与评价》(杨小微)、《学校现代化评价的"公平"之维》(鞠玉翠、张萌)、《学校现代化的"生态"维度:标准与指标》(冉华、程亮);(2)《苏州大学学报(教育科学版)》2020年第3期,包括《效能:学校现代化评价的工具理性标准》(杨小微、金哲)、《赋权:学校现代化评价的刚性治理标准》(杨晓莹)、《优质:学校现代化评价的综合标准》(杨婷)。此外,课题组成员也有不少相关文章相继公开发表出来,如《义务教育阶段学生公正体验的实证研究——基于学校内部公平数据库的报告》(李学良、杨小微,《华东师范大学学报(教育科学版)》2018年第4期)、《从"以教定学"到"为学而教":中国教学走向现代化的40年》(杨小微、胡雅静,《全球教育展望》2018年第8期)、《从"选拔为先"到"素养为重":中国教学评价改革40年》(朱丽,《全球教育展望》2018年第8期)等,这些都为推进本项目研究贡献了可贵的力量。

本书的成书可谓是一个"集大成"的过程,很难像通常那样明确标注撰写某个章节的某位作者,而只能概略地提出参与了本书写作或有其他贡献的研究者,包括华东师范大学杨小微、鞠玉翠、程亮教授,复旦大学徐冬青副教授,上海教育评估院朱丽副研究员,本书写作期间在读的博士生李学良、冉华、杨晓莹、张秋霞,已毕业的硕士生张萌、金哲、胡雅静、罗丽、胡燕、朱琪雯等。

本书的面世,还要特别感谢华东师范大学出版社教育心理分社彭呈军社长的大力支持和督促,感谢为本书编辑、出版和发行付出心血的所有同志。